中共党史党建学丛书

丛书主编　岳奎

★

# 百年建设历程与经验研究精编

主　编　◎ 岳奎

副主编　◎ 吕宏山　杨可心　董芮　史逸杨

华中科技大学出版社
http://press.hust.edu.cn
中国·武汉

图书在版编目 CIP 数据

百年建设历程与经验研究精编/岳奎主编.—武汉:华中科技大学出版社,2023.3
(中共党史党建学丛书)
ISBN 978-7-5680-9145-9

Ⅰ.①百… Ⅱ.①岳… Ⅲ.①中国共产党－党的建设－文集　②中国共产党－党史－文集　Ⅳ.①D26-53　②D23-53

中国国家版本馆 CIP 数据核字(2023)第 039400 号

百年建设历程与经验研究精编　　　　　　　　　　　　　　　　　　　　　　岳奎　主编
Bainian Jianshe Licheng yu Jingyan Yanjiu Jingbian

| | |
|---|---|
| 策划编辑:周晓方　杨　玲 | |
| 责任编辑:林珍珍 | |
| 封面设计:廖亚萍 | |
| 责任校对:张汇娟 | |
| 责任监印:周治超 | |
| 出版发行:华中科技大学出版社(中国·武汉) | 电话:(027)81321913 |
| 　　　　　武汉市东湖新技术开发区华工科技园 | 邮编:430223 |
| 录　　排:孙雅丽 | |
| 印　　刷:武汉开心印印刷有限公司 | |
| 开　　本:787mm×1092mm　1/16 | |
| 印　　张:21.5 | |
| 字　　数:382千字 | |
| 版　　次:2023年3月第1版第1次印刷 | |
| 定　　价:59.90元 | |

本书若有印装质量问题,请向出版社营销中心调换
全国免费服务热线:400-6679-118　竭诚为您服务
版权所有　侵权必究

# 编写说明

习近平总书记在党的二十大报告中指出："全面建设社会主义现代化国家、全面推进中华民族伟大复兴，关键在党。我们党作为世界上最大的马克思主义执政党，要始终赢得人民拥护、巩固长期执政地位，必须时刻保持解决大党独有难题的清醒和坚定"，"我们要落实新时代党的建设总要求，健全全面从严治党体系，全面推进党的自我净化、自我完善、自我革新、自我提高，使我们党坚守初心使命，始终成为中国特色社会主义事业的坚强领导核心"。[①]新时代，我们党毫不动摇地贯彻全面从严治党的战略布局，在管党治党上取得了历史性成就。坚持党的建设新的伟大工程是进行伟大斗争、推进伟大事业、实现伟大梦想的决定性力量与坚强组织保障。历史与现实证明，党的建设质量关乎党和国家事业的全局，把党建设得坚强有力是推进我国各项事业长远发展的内生动力与关键所在。

目前，国家正式设立中共党史党建学为新的一级学科。这一决定的出台，一方面，体现出党和国家对于中共党史党建研究、人才培养、社会服务工作的高度重视；另一方面，也必将在实践中极大地促进中共党史党建学科的快速发展。党和国家的需要就是我们从事教学研究的出发点与着力点。在教学

---

[①] 《习近平：高举中国特色社会主义伟大旗帜 为全面建设社会主义现代化国家而团结奋斗——在中国共产党第二十次全国代表大会上的报告》，2022年10月16日。http://www.gov.cn/xinwen/2022-10/25/content_5721685.htm

实践和人才培养过程中我们发现，作为全新的一级学科，中共党史党建学科建设还处于高速发展、逐步完善的过程中。这一现实情况使得中共党史党建专业的研究生对党的建设相关前沿问题与学界研究动态存在了解不足、研究不够深入的现实问题。

高质量的学术论文是我们汲取学术营养、拓展研究视野的精神食粮。为了更便于中共党史党建学、马克思主义理论等相关学科的研究生了解党的建设学术前沿问题，学习中共党史党建的最新研究方法，掌握最新理论研究的动态，我们诚邀长期从事中共党史党建研究和教学的专家学者大致按照党的建设具体内容，主要从2021年公开发表的关于中共党史党建百年建设相关学术论文中择取19篇论文合编成册，供中共党史党建和马克思主义理论专业的研究生阅读。希望本书能使读者对党的建设百年历程有一个初步的了解，起到"窥一斑而知全豹"的作用，并对相关专业研究生的学习起到党史知识的支撑作用。

本书由岳奎教授主编，其在本书的总体策划、组织协调、学术论文的选取原则与内容设计整体方案上进行了统筹安排，并负责本书具体的编辑整理工作与统稿校订等事项。参与本书具体编辑工作的人员分工如下：史逸杨负责第1—8篇文章的全部文本校对、正文格式设置、脚注格式设置和书稿最终版本的文本整合及格式统一工作；董芮负责第9—12篇文章的全部文本校对、正文格式设置以及脚注格式设置工作；杨可心负责第13—16篇文章的全部文本校对、正文格式设置以及脚注格式设置工作；岳宗凤负责第17—19篇文章的全部文本校对、正文格式设置以及脚注格式设置工作。

需要特别说明的是，为了便于读者阅读，我们在尊重原作者论文内容的基础上，作了一些必要的编辑整理工作。具体编辑整理的内容包括：未录入原文中的中英文摘要与关键词，对于注释内容统一采取脚注的形式并重新整理。由于时间仓促，加之编者能力有限，在整理与编辑的过程中，难免存在一些纰漏，请读者多批评指正。

编者<br>2022年5月

# 目录
Contents

| | | |
|---|---|---|
| ○ 陈金龙 | 中国共产党百年历史的主题主线 | / 1 |
| ○ 齐卫平 | 论中国共产党建党百年形成历史决议的功能 | / 10 |
| ○ 刘红凛　蒋英勃 | 百年党章发展演进与依章治党 | / 23 |
| ○ 齐卫平 | 中国共产党百年奋斗形象塑造的话语表达 | / 41 |
| ○ 李斌雄 | 中国共产党自身建设百年基本经验研究 | / 57 |
| ○ 齐卫平 | 党的政治建设百年实践：历史经验与现实创新 | / 76 |
| ○ 岳　奎 | 中国共产党政治建设百年回望及当代启示 | / 92 |
| ○ 尤国珍　杨凤城 | 中国共产党百年思想建设的探索历程与基本经验 | / 113 |
| ○ 丁俊萍　赵　翀 | 党的组织建设：百年回望及经验启示 | / 125 |
| ○ 刘红凛 | 党的组织路线的百年历史演进与时代要求 | / 158 |
| ○ 齐卫平 | 党的作风建设：百年回望及经验启示 | / 170 |
| ○ 周良书　李　强 | 中国共产党百年作风建设的基本经验 | / 202 |
| ○ 林绪武 | 百年党的纪律建设的特点、经验和启示 | / 215 |
| ○ 姚宏志 | 中国共产党纪律建设的百年历程及基本经验 | / 224 |

- 唐皇凤　杨　洁　中国共产党从严治党的百年历程和基本经验　/ 236
- 齐卫平　中国共产党制度建设百年实践历史纵论　/ 255
- 丁俊萍　颜苗苗　中国共产党百年来统一战线工作的历程和经验　/ 269
- 丁俊萍　王　欣　中国共产党党性教育的百年历程及经验　/ 298
- 陈金龙　章　静　中国共产党百年历史视域下的新时代　/ 322

参考文献　/ 334

# 中国共产党百年历史的主题主线

陈金龙

中国共产党的百年历史多姿多彩，是一幅绚丽的画卷，透过历史的面相，我们能够发现贯穿其中的主题和主线。习近平总书记在党史学习教育动员大会上指出，树立正确党史观，"要坚持以我们党关于历史问题的两个决议和党中央有关精神为依据，准确把握党的历史发展的主题主线、主流本质，正确认识和科学评价党史上的重大事件、重要会议、重要人物"[①]。学习中国共产党历史，首先要把握贯穿百年历史的主题主线，抓住历史的主流本质。那么，中国共产党百年历史的主题是什么、主线是什么？把握中国共产党百年历史主题主线的方法又是什么？这些都是庆祝中国共产党成立一百周年之际亟待回答的问题。

## 一、中国共产党百年历史的主题

习近平总书记在党史学习教育动员大会上指出，"我们党的一百年，是矢志践行初心使命的一百年，是筚路蓝缕奠基立业的一百年，是创造辉煌开辟未来的一百年"，"我们党的百年历史，就是一部践行党的初心使命的历史，就是一部党与人民心连心、同呼吸、共命运的历史"[②]。中国共产党百年历史的主题，蕴含在中国共产党的初心使命之中。为人民谋幸福，为民族谋复兴，为世界谋大同，是中国共产党的初心使命，也是中国共产党百年历史的主题。

---

① 《在党史学习教育动员大会上的讲话》，《求是》2021年第7期。
② 《在党史学习教育动员大会上的讲话》，《求是》2021年第7期。

习近平总书记在党的十九大报告中指出:"不忘初心,方得始终。中国共产党人的初心和使命,就是为中国人民谋幸福,为中华民族谋复兴。"①这里从为人民、为民族两个维度对中国共产党的初心使命进行了阐释。2017年12月,在中国共产党与世界政党高层对话会上,习近平强调:"中国共产党所做的一切,就是为中国人民谋幸福、为中华民族谋复兴、为人类谋和平与发展。"②这里对中国共产党初心使命的诠释,增加了为人类的维度,彰显了中国共产党人的世界情怀和国际担当。2018年4月,习近平在会见联合国秘书长古特雷斯时提出:"我们所做的一切都是为人民谋幸福,为民族谋复兴,为世界谋大同。"③这里从为人民、为民族、为世界三个维度对中国共产党初心使命的概括,诠释了中国共产党百年历史的脉络,成为中国共产党初心使命的经典表达。

人民是历史的创造者,也是中国共产党的力量源泉和执政的最大底气。中国共产党来自人民、依靠人民、服务人民,全心全意为人民服务是党的宗旨,以人民为主体、以人民为中心是中国共产党的价值取向,为人民谋幸福贯穿中国共产党百年历史的全过程。党的一大通过的《中国共产党第一个纲领》提出,推翻资本家阶级的政权,消灭社会的阶级区分,消灭资本家私有制,没收机器、土地、厂房等生产资料归社会公有,为的是消除社会不平等,改善人民生存境遇,让人民过上好日子。随着农村革命根据地的建立,人民对于中国共产党存在和发展的重要性凸显,关心群众生活、为人民谋利益的意识得到强化。毛泽东指出,要得到群众的拥护,"就得和群众在一起,就得去发动群众的积极性,就得关心群众的痛痒,就得真心实意地为群众谋利益,解决群众的生产和生活的问题"④。土地革命的开展,实现耕者有其田,就是为了满足人民的基本生活诉求。抗日战争时期,为诠释中国共产党和国民党的区别,毛泽东强调:"我们共产党人区别于其他政党的又一个显著的标志,就是和最广大的人民群众取得最密切的联系。全心全意地为人民服务,一刻也不脱离群众;一切从人民的利益出发,而不是从个人或小集团的利益出发;向人民负责和向党的领导机关负责的一致性,这些就是

---

① 《十九大以来重要文献选编》(上),北京:中央文献出版社,2019年,第1页。
② 《习近平谈治国理政》(第3卷),北京:外文出版社,2020年,第436页。
③ 《习近平会见联合国秘书长古特雷斯》,《人民日报》2018年4月9日。
④ 《毛泽东选集》(第3卷),北京:人民出版社,1991年,第138页。

我们的出发点。"①这是对党的宗旨的系统阐释，也表达了中国共产党的行为特征。在延安，中国共产党在尽力帮助人民发展生产的同时，为减轻人民负担，开展大生产运动，让人民通过自己动手，实现丰衣足食。新民主主义革命的胜利，使人民获得解放，有了当家作主、参与政治生活的机会。中华人民共和国成立后，中国共产党的奋斗目标就是让人民过上幸福生活，解决温饱问题、人民生活总体达到小康水平、全面建设小康社会都指向人民生活水平的提高。中国特色社会主义进入新时代，习近平明确表示，"人民对美好生活的向往，就是我们的奋斗目标"②。脱贫攻坚战的胜利、区域性整体贫困的解决、绝对贫困的消除、全面建成小康社会目标的实现，意味着人民生活水平的提高和幸福感、获得感、安全感的提升。为人民谋幸福，是贯穿中国共产党百年历史的主题之一。

中国共产党诞生于民族危亡之际，自登上中国政治舞台起就担负着实现中华民族伟大复兴的使命。党的二大通过的宣言提出，"推翻国际帝国主义的压迫，达到中华民族完全独立"③，将实现民族独立作为中国共产党的奋斗目标。全面抗战爆发后，毛泽东明确指出："我们共产党是无产阶级的先锋队，同时又是最彻底的民族解放的先锋队。我们要为完成这一任务而苦战到底。"④中国共产党的中流砥柱作用，是促成抗日战争胜利的关键因素，彰显了中国共产党为谋求民族独立的担当和努力。新民主主义革命的胜利赢得了民族独立，为实现中华民族伟大复兴创造了前提条件。中华人民共和国成立后，中国共产党致力于通过国家现代化实现中华民族伟大复兴，并找到了实现中华民族伟大复兴的正确道路。党的十三大报告在诠释社会主义初级阶段内涵时，将社会主义初级阶段界定为"实现中华民族伟大复兴的阶段"⑤。党的十五大报告在诠释社会主义初级阶段时，重申社会主义初级阶段是"在社会主义基础上实现中华民族伟大复兴的历史阶段"⑥。中国特色社会主义进入新时代，随着改革开放的顺利推进、综合国力的提升和第一个百年奋斗目标的实现，实现中华民族伟大复兴摆上议事日程。党的

---

① 《毛泽东选集》（第3卷），北京：人民出版社，1991年，第1094—1095页。
② 《习近平谈治国理政》（第2卷），北京：外文出版社，2018年，第4页。
③ 《建党以来重要文献选编》（第1册），北京：中央文献出版社，2011年，第133页。
④ 《毛泽东文集》（第2卷），北京：人民出版社，1993年，第42页。
⑤ 《十三大以来重要文献选编》（上），北京：人民出版社，1991年，第13页。
⑥ 《十五大以来重要文献选编》（上），北京：人民出版社，2000年，第16页。

十八大报告将"实现社会主义现代化和中华民族伟大复兴"①作为建设中国特色社会主义的总任务,强化了实现中华民族伟大复兴对于建设中国特色社会主义的意义。2012年11月,习近平在参观《复兴之路》展览后指出,"大家都在讨论中国梦,我以为,实现中华民族伟大复兴,就是中华民族近代以来最伟大的梦想"②。以中国梦来表达中国共产党人实现中华民族伟大复兴的追求,进一步彰显了为民族谋复兴的历史主题。党的十九大报告指出,"中国特色社会主义进入新时代,意味着近代以来久经磨难的中华民族迎来了从站起来、富起来到强起来的伟大飞跃,迎来了实现中华民族伟大复兴的光明前景"③。从中华民族发展的历史进程来看,全面建设社会主义现代化国家面临的任务,就是基本实现现代化,建成社会主义现代化强国,实现由富起来到强起来的历史性跨越,进而实现中华民族伟大复兴。为民族谋复兴,这是贯穿中国共产党百年历史的主题之二。

中国共产党是富有世界眼光和国际担当的政党。毛泽东、蔡和森发起成立新民学会时,就以"改造中国和世界"为旨趣。党的二大通过的宣言指出,中国共产党的目的是"渐次达到一个共产主义的社会"④,这是党的最高纲领。共产主义社会的实现不是就一国来说的,而是就国际社会而言的。在新民主主义革命过程中,中国共产党通过多种方式加强与共产国际、苏联及其他国际组织、国家、政党的联系,在赢得国际社会认可、支持的同时,拓展自身活动空间和视野,为国际社会的和平与发展做出了重要贡献。1938年7月,毛泽东在同世界学联代表团谈话时指出,"中国的抗战,同时也就是帮助世界人民反对共同的敌人","世界和平不能分割,世界是一个整体,这是现在世界政治的特点"⑤。中华民族的抗日战争是世界反法西斯战争的东方主战场,为世界反法西斯战争的胜利做出了重要贡献。中华人民共和国成立后,中国共产党提出和平共处五项原则,这成为处理国际关系的重要准则;"三个世界"划分的理论,关注和强调国家主权独立、自主外交和国家安全,为世界新秩序的生成和建立提供了新的价值标准和路径选择。改革开放以来,邓小平关于和平与发展时代主题的判断,对国际关系和国际秩序的建构产生了重要影响;中国积极参与联合国维和行动,履行大国责任,为

---

① 《十八大以来重要文献选编》(上),北京:中央文献出版社,2014年,第10页。
② 《习近平谈治国理政》(第2卷),北京:外文出版社,2018年,第36页。
③ 《十九大以来重要文献选编》(上),北京:中央文献出版社,2019年,第7页。
④ 《建党以来重要文献选编》(第1册),北京:中央文献出版社,2011年,第133页。
⑤ 《毛泽东文集》(第2卷),北京:人民出版社,1993年,第133页。

维护世界和平发挥了重要作用。中国特色社会主义进入新时代，习近平提出构建人类命运共同体的倡议，是实现人类持久和平和共同繁荣的价值理想，是推进国际变革和重塑国际秩序的中国方案，得到国际社会的响应和认同；"一带一路"国际合作平台的搭建，为沿线国家带来了发展机遇；中国提出的"共商共建共享"的全球治理理念，针对全球治理的重大问题、具体问题提出的中国方案，对全球治理、国际秩序建构产生了重要影响。这些主张和行动，充分体现了中国共产党为世界谋大同的胸怀和担当。为世界谋大同，是贯穿中国共产党百年历史的主题之三。

中国共产党百年历史的主题，是中国共产党历史之"纲"，统领中国共产党历史发展。从历史主题出发，才能准确理解中国共产党百年历史的意蕴，把握中国共产党百年历史的旨趣。

## 二、中国共产党百年历史的主线

历史主线是历史主题的逻辑展开，中国共产党的百年历史，是为践行初心使命而不懈奋斗的历史，是为推进马克思主义中国化而不断进行理论创新、理论创造的历史，也是为保持党的先进性和纯洁性而不断加强自身建设的历史。这是中国共产党百年历史的主线，也是中国共产党百年历史发展的三维面相。

中国共产党的百年历史，是团结带领人民进行革命、建设、改革的历史。为人民谋幸福，为民族谋复兴，为世界谋大同，是在不懈奋斗的过程中实现的。建立中华人民共和国、确立社会主义制度、推进改革开放和中国特色社会主义建设事业，是中国共产党百年历史成就的三件大事，具有标志性意义。中国共产党之所以能成就三件大事，关键在于从中国的国情出发，选择了正确的道路，即新民主主义革命道路、社会主义改造道路、中国特色社会主义道路。江泽民在庆祝中国共产党成立70、80周年大会上的讲话，胡锦涛在庆祝中国共产党成立90周年大会上的讲话，都用三件大事来勾勒中国共产党历史。习近平在庆祝中国共产党成立95周年大会上的讲话，基于三件大事，集中概括了中国共产党的历史贡献。他指出，完成新民主主义革命、建立中华人民共和国的历史贡献，"实现了中国从几千年封建专制政治向人民民主的伟大飞跃"；完成社会主义革命、确立社会主义基本制度、推进社会主义建设的历史贡献，"实现了中华民族由不断衰落到根本扭转命运、持续走向繁荣富强的伟大飞跃";团结带领中国人民进行改革开放和中国特色社会主义建设事业,"实现了中国人民从站起来到富起来、强起来的伟大飞跃"①。中国共产党的百年历史,从实践维度而言,就是为践行初心使命而不懈奋斗的历史。

中国共产党百年奋斗的实践,是在科学理论指导下进行的,马克思主义和中国化马克思主义是中国共产党的指导思想。习近平在党史学习教育动员大会上指出:"我们党的历史,就是一部不断推进马克思主义中国化的历史,就是一部不断推进理论创新、进行理论创造的历史。"②马克思主义传入中国,先后经过了日本途径、西欧途径和苏俄途径,中国社会性质先后经历了半殖民地半封建社会、新民主主义社会、社会主义初级阶段的变迁,时代主题先后经历了战争与革命、和平与发展的演变。中国共产党在百年历史发展过程中,把马克思主义普遍原理与中国实际、时代特征结合起来,实现了马克思主义中国化的两次历史性飞跃,形成了毛泽东思想和中国特色社会主义理论体系两大理论成果,邓小平理论、"三个代表"重要思想、科学发展观、习近平新时代中国特色社会主义思想,是中国特色社会主义理论体系的组成部分。与时俱进是马克思主义的理论品格,也是中国化马克思主义的显著特征。中国共产党的百年历史,从理论维度而言,就是为推进马克思主义中国化而不断进行理论创新、推进理论创造的历史。

中国共产党是具有自我革命精神的政党,在领导革命、建设、改革的过程中,为保持党的先进性和纯洁性而不断加强自身建设、推进自我革命。习近平在党史学习教育动员大会上指出,"党的百年历史,也是我们党不断保持党的先进性和纯洁性,不断防范被瓦解、被腐化的危险的历史"③。党的一大通过的《中国共产党第一个纲领》,包含党的制度、党的纪律的规定。比如,"中国共产党彻底断绝同黄色知识分子阶层及其他类似党派的一切联系";党员"在加入我们队伍之前,必须与企图反对本党纲领的党派和集团断绝一切联系",这是保持党的独立性、先进性的规定。又如,"在党处于秘密状态时,党的重要主张和党员身分应保守秘密";"党员除非迫于法律,不经党的特许,不得担任政府官员或国会议

---

① 《十八大以来重要文献选编》(下),北京:中央文献出版社,2014年,第342—343页。
② 《在党史学习教育动员大会上的讲话》,《求是》2021年第7期。
③ 《在党史学习教育动员大会上的讲话》,《求是》2021年第7期。

员",这是关于党员的纪律要求。①党的二大通过第一部《中国共产党章程》,对党员、组织、会议、纪律、经费作出明确规定,成为加强党的建设的总依据。此后,党章历经修改,对于规范党的建设发挥了重要作用。党的五大决定成立中央监察委员会,这是加强党的建设的重要举措。古田会议的召开、延安整风运动的开展、七届二中全会上"两个务必"的申明、党的三大作风的形成,记录了中国共产党加强自身建设的历史。随着改革开放的推进,中国共产党强调党要管党、从严治党。党的十五大报告提出:"从严治党,是保持党的先进性和纯洁性,增强党的凝聚力和战斗力的保证。"②新时代全面从严治党扎实展开,坚持反腐败无禁区、全覆盖、零容忍,反腐败斗争压倒性态势已经形成;党的建设总布局得到调整,党的政治建设摆在首位,党的制度建设贯穿党的建设的各方面,体现了中国共产党加强自身建设的新思路。中国共产党的百年历史,从党的建设维度而言,就是为保持党的先进性和纯洁性而不断加强自身建设的历史。

中国共产党百年历史的主线,从三个维度呈现了中国共产党历史的面相,勾勒了中国共产党历史发展的进程,对于中国共产党历史的把握具有提纲挈领的作用。

## 三、把握中国共产党百年历史主题主线的方法

准确把握中国共产党百年历史的主题主线,需要正确的方法论。以大历史观评价中国共产党历史,将中国共产党作为一个整体来看待,着眼百年历史的大局,才能准确把握中国共产党百年历史的主题主线。

大历史观要求以宽广的视野观察历史,将中国共产党历史置于中华民族发展史、中国近现代发展史、世界社会主义发展史、人类文明发展史的进程中去评价,以凸显中国共产党对于中华民族、中国近现代历史、世界社会主义运动、人类文明发展作出的历史贡献。习近平在庆祝中国共产党成立95周年大会上的讲话指出:"中国产生了共产党,这是开天辟地的大事变。这一开天辟地的大事变,深刻改变了近代以后中华民族发展的方向和进程,深刻改变了中国人民和中

---

① 《建党以来重要文献选编》(第1册),北京:中央文献出版社,2011年,第1—2页。
② 《十五大以来重要文献选编》(上),北京:人民出版社,2000年,第49页。

华民族的前途和命运，深刻改变了世界发展的趋势和格局。"①中国共产党的百年历史，根本扭转了中华民族不断衰败的命运，迎来了中华民族从站起来、富起来到强起来的伟大飞跃，这是对中华民族历史发展的巨大贡献。中国共产党的百年历史，实现了由半殖民地向主权独立的转变、封建专制政治向人民民主的转变、"东亚病夫"到世界大国的转变，这是对中国近现代历史发展的伟大贡献。中国共产党的百年历史，使世界社会主义摆脱危机、走出困境、重现活力，彰显了社会主义的制度优势，展现了社会主义的光明前景，这是对世界社会主义发展的重要贡献。中国共产党的百年历史证明，中国已成为促进世界和平与发展、推动构建人类命运共同体的强大力量。同时，中国作为世界上最大的发展中国家，中国特色社会主义道路为发展中国家走向现代化提供了经验与智慧，中国共产党的理论创新、理论创造也为人类思想史提供了新的积累，这是对人类文明发展的创造性贡献。将中国共产党历史置于中华民族发展史、中国近现代发展史、世界社会主义发展史、人类文明发展史的坐标下评价，才能凸显中国共产党对于中国和世界历史发展作做出的贡献，把握中国共产党历史的主题主线。

中国共产党百年历史发展是一个过程，大致可以划分为新民主主义革命时期、社会主义革命和建设时期、改革开放和社会主义现代化建设新时期、中国特色社会主义新时代四个历史阶段。把握中国共产党历史的主题主线，要将百年历史作为一个整体来考察，从历史阶段的联系中把握百年历史，不能简单将历史割裂开来。历史的发展具有继承性，新民主主义革命时期的历史，为中华人民共和国成立后中国共产党的历史发展创造了前提、奠定了基础，没有新民主主义革命赢得民族独立、人民解放，也就没有中华人民共和国成立后中国共产党的历史发展。同时，新民主主义革命时期积累的经验，为中华人民共和国成立后的道路探索、制度建构、理论创造提供了借鉴。中国特色社会主义道路的探索，经历了改革开放前和改革开放后两个时期，不能将二者简单割裂开来，更不能相互否定。没有改革开放前对社会主义建设道路的理论思考与实践探索，没有改革开放前完整工业体系和国民经济体系的建立，也就没有改革开放的顺利展开，正如习近平指出的，"我们党领导人民进行社会主义建设，有改革开放前和改革开放后两个历史时期，这是两个相互联系又有重大区别的时期，但本质上都是我们党领导人

---

① 《十八大以来重要文献选编》（下），北京：中央文献出版社，2014年，第342页。

民进行社会主义建设的实践探索"①。改革开放前的社会主义实践探索为改革开放后的社会主义实践探索积累了条件，改革开放后的社会主义实践探索是对前一个时期的坚持、改革、发展。新时代改革开放取得的历史性成就、发生的历史性巨变，也是在新时期的基础上展开的。因此，考察中国共产党的百年历史，要将其作为一个整体来考察，从不同阶段的历史联系中来审视，如此才能把握中国共产党历史的主题主线。

中国共产党百年历史包含诸多历史细节，把握百年历史的主题主线要着眼大局，不能拘泥于历史细节，更不能因为历史发展的曲折而遮蔽历史的主题主线。历史细节对于支撑中国共产党历史主题主线至为重要，但对中国共产党历史的学习和把握不能局限于细节，而要从历史细节中抽象出历史本质，跳出历史细节把握历史主题主线。中国共产党历史上曾一度发生"左"、右的错误，但这些错误属于探索中的错误、前进中的错误，并且中国共产党依靠自身纠正了这些错误。这些错误放在中国共产党百年历史全局中，是局部而不是整体，是支流而不是主流。在评价中国共产党百年历史时，不能因为局部而遮蔽整体，更不能因为局部而否定整体。跳出历史的细节，登高远望，才能一览众山小，把握中国共产党历史的主题主线。

总之，准确把握中国共产党历史的主题主线，是党史学习教育首先应该明确的问题。把握中国共产党历史的主题主线，才能对中国共产党历史贡献做出客观公正的评价，才能对中国共产党历史经验作出科学总结和升华。

（本文发表于《广西师范大学学报（哲学社会科学版）》2021年第3期，略有删改）

---

① 《习近平谈治国理政》（第1卷），北京：外文出版社，2018年，第22页。

# 论中国共产党建党百年形成历史决议的功能

齐卫平

2021年11月8日至11日召开的党的十九届六中全会审议通过了《中共中央关于党的百年奋斗重大成就和历史经验的决议》（以下简称"历史决议"），这是在1945年党的六届七中全会通过的《关于若干历史问题的决议》、1981年党的十一届六中全会通过的《关于建国以来党的若干历史问题的决议》的基础上，以中央全会庄重形式形成的第三个历史决议。事实和经验表明，善于对历史作出总结、汲取经验教训是中国共产党的优良传统，形成历史决议对党的事业发展有着重要的功能性作用。在建党百年的重要时刻，党中央形成历史决议，对党的整个奋斗实践作出全景式的历史叙事，体现了以史为鉴、开创未来的战略考量。本文拟从历史决议的功能角度研究建党百年形成"历史决议"的重大意义，以期对加深读者对于党的十九届六中全会精神的认识有所裨益，对读者深刻领会"历史决议"内容有所帮助。

## 一、保存党和人民百年奋斗的集体记忆

时间流逝，光阴如梭。1921年成立的中国共产党已度过了100个春秋，经历了一个世纪的风云，走过了一段非凡无比的路程。"这100年，是人类社会充满动荡和剧变的100年，既有生产力极大发展、社会空前变革、人类文明巨大进步，也有战乱频仍、生灵涂炭、人类文明遭受极大破坏。这100年，中国发生沧

桑巨变，换了人间。产生这一巨变的根本原因，在于有了中国共产党。"①中国人民和中国共产党因书写了中华民族几千年历史上恢宏的史诗而受到世界关注，中国和中华民族因绘就了人类社会发展历史上的壮美画卷而受到普遍赞誉。

中国取得的百年奋斗成就首先要归功于中国共产党，正是因为有了它的领导，近代以后中华民族发展的方向和进程才发生了深刻变化，中国人民和中华民族的前途和命运才发生了深刻变化，世界发展的趋势和格局才发生了深刻变化。这三个"深刻变化"有着厚重的意蕴，印证着中华民族跌宕起伏而又波澜壮阔的历史进程，从苦难到辉煌、从落后到先进，中国人民在中国共产党的领导下彻底改写了自己的历史，也深刻影响了世界。

在世界历史上，中华民族灿烂了几千年，它在长期实践中创造的思想文化、科学技术和生产力，为人类文明进步作出了不可磨灭的贡献，各国历史学家对此也作出了共识性的肯定评价，普遍给予了赞誉。对中国人民来说，历史拐点发生在1840年，那一年西方列强发动对华侵略的鸦片战争，使中国沦为半殖民地半封建社会，国家蒙辱、人民蒙难、文明蒙尘，中国的世界领先地位被颠覆，中华民族遭受前所未有的劫难。伟大的中国人民为救亡图存进行了可歌可泣的英勇斗争，向国外寻找救国救民真理，探索各种改革、改良和革命的方案，以期"亟拯斯民于水火，切扶大厦之将倾"（孙中山语），但是这样的愿望没能实现，所有的努力都以失败而告终。"中国迫切需要新的思想引领救亡运动，迫切需要新的组织凝聚革命力量。"②中国共产党在顺应历史大势中应运而生，在中华民族迫切需要时脱颖而出，力挽狂澜的政党登台了，扭转乾坤的希望出现了。从此，中国革命面貌焕然一新，中国人民在迷茫的摸索中看到了曙光。

落后就要挨打，中华民族受压迫、遭耻辱的那段历史令中国人民刻骨铭记，悲惨的命运永志不忘。中国共产党一经诞生，就以高度的历史自觉和精神主动确立为中国人民谋幸福、为中华民族谋复兴的初心使命，并矢志不渝、不懈奋斗。"一百年来，中国共产党团结带领中国人民进行的一切奋斗、一切牺牲、一切创造，归结起来就是一个主题：实现中华民族伟大复兴。"③这个鲜明的主题彰显了

---

① 《中国共产党的历史使命与行动价值》，北京：人民出版社，2021年，第1页。

② 《中共中央关于党的百年奋斗重大成就和历史经验的决议》，北京：人民出版社，2021年，第4页。

③ 《在庆祝中国共产党成立100周年大会上的讲话》，北京：人民出版社，2021年，第3页。

中国共产党的先进性，突出了马克思主义政党历史实践的人民性，中国人民在中国共产党始终不渝地实现这个主题的带领下，一步步走向中华民族伟大复兴的胜利目标。"实践充分说明，历史和人民选择了中国共产党，没有中国共产党领导，民族独立、人民解放是不可能实现的。"①这个历史结论得到中国人民的高度认同，成为广大人民群众拥戴和支持中国共产党的思想基础和政治前提。

中国共产党的功劳簿上最大的军功章属于中国人民，正是因为有了广大人民群众的支持，中国共产党才领导人民取得了举世瞩目的辉煌成就。人民创造历史是唯物史观的核心观点，中国共产党百年奋斗历史的主题集中体现了这个核心观点，即坚持用唯物史观把党的奋斗历史与人民创造历史紧密相连，使实现中华民族伟大复兴的全部实践过程变成紧紧依靠中国人民的历史过程。党领导革命、建设、改革和新时代伟大实践能够获得胜利，都离不开人民群众的巨大付出。习近平指出："淮海战役的胜利是靠老百姓用小车推出来的，渡江战役的胜利是靠老百姓用小船划出来的。任何时候我们都要不忘初心、牢记使命，都不能忘了人民这个根，永远做忠诚的人民服务员。"②中国共产党领导新民主主义革命、社会主义革命和建设、改革开放和社会主义现代化建设、中国特色社会主义新时代实践所创造的伟大成就，都是团结带领全体人民共同奋斗的结果。"历史在人民探索和奋斗中造就了中国共产党，我们党团结带领人民又造就了历史悠久的中华文明新的历史辉煌。"③事实充分说明，没有广大人民群众的支持，中国共产党不可能创造出辉煌成就，党的事业也不可能兴旺发达。

历史是人民创造历史活动的足迹记录，留给社会的是一种集体记忆，它使人们在回顾过往时能够审视自己是怎样一步步走过来的，曾经发生过什么样的事情、遭遇过什么样的经历、看到过什么样的情景以及得到了什么样的收获。中国共产党在建党百年的重要时刻，以召开中央全会的隆重形式审议通过"历史决议"，目的是把党和人民不懈奋斗的历史完整、全面、系统地保存起来，以便人们更深入地了解历史、更清醒地认识自我。"历史决议"把党的百年奋斗划分为新民主主义革命时期、社会主义革命和建设时期、改革开放和社会主义现代化建

---

① 《中共中央关于党的百年奋斗重大成就和历史经验的决议》，北京：人民出版社，2021年，第8页。
② 《论中国共产党历史》，北京：中央文献出版社，2021年，第13页。
③ 《在党史学习教育动员大会上的讲话》，《求是》2021年第7期。

设新时期、中国特色社会主义新时代四个发展阶段,以精辟的概括把四个历史时期党团结带领中国人民不懈奋斗的前进足迹载入史册。"历史决议"具有的保存集体记忆的功能,为全党全国各族人民提供了一部学习党史的生动教材,党和人民百年奋斗的历史足迹在这个精湛读本中得到清晰的显示。

## 二、存储党团结带领中国人民创造奇迹的重要信息

党和人民百年奋斗书写的史诗,构成中华民族五千多年发展史上的壮丽篇章,绘就了人类社会发展史上的壮美画卷。"一百年前,中华民族呈现在世界面前的是一派衰败凋零的景象。今天,中华民族向世界展现的是一派欣欣向荣的气象,正以不可阻挡的步伐迈向伟大复兴。"[①]纵观世界,这样一幅沧海桑田般的国家面貌巨变独一无二地发生在中国,每个中华儿女为之自豪,全体中国人民为之振奋。

与中国历史上的任何时期相比,1921年到2021年的这段历史分量都特别厚重。党团结带领中国人民干成的事情、取得的成就、实现的进步,成为恢宏史诗中浓墨重彩的亮丽一笔。从开天辟地的建党,到改天换地的新中国建设,到翻天覆地的改革开放发展,再到取得历史性成就和发生历史性变革的中国特色社会主义新时代伟大实践,中国共产党奇迹般创造的历史成就熠熠生辉。把党团结带领中国人民创造的重大成就总结出来,就是"历史决议"体现的储存功能。

全面总结党的百年奋斗重大成就是"历史决议"的主要内容。中国共产党百年奋斗历史在不断取得伟大胜利的实践中向前推进,取得的成就不胜枚举,"历史决议"难以举尽概全。对内容丰富的党的百年奋斗成就进行总结,既需要有历史思维的方法,也需要有战略思维的方法,以做到总结历史与开创未来相统一。从"历史决议"文本来看,关于党的百年奋斗成就总结起来具有以下四个特点。

第一,总体性。在"历史决议"的序言中,概括了四个伟大成就,即创造了新民主主义革命的伟大成就,创造了社会主义革命和建设的伟大成就,创造了改革开放和社会主义现代化建设的伟大成就,创造了中国特色社会主义新时代的伟大成就。从"历史决议"立足党的百年历史进行整体总结来看,党的百年奋斗成

---

① 《在庆祝中国共产党成立100周年大会上的讲话》,北京:人民出版社,2021年,第22页。

就创造具有过程性、连续性和发展性的特征。这四个伟大成就的整体概括在序言中开宗明义地提出，代表着以阶段的标识性概念带出下面四个历史时期的成就创造，从而把党的奋斗发展历程贯通起来，形成对党的全部历史成就的全面检阅和整体书写。这是对党的百年奋斗成就的总体性概括。

第二，全面性。作为党的百年奋斗成就全景式的展示，"历史决议"总结党的奋斗成就贯穿于全部实践过程，创造的成就体现历史的积累。"历史决议"在对四个历史时期的叙事中，都包含对成就的总结。如新民主主义革命时期，以"实现了中国从几千年封建专制政治向人民民主的伟大飞跃"概括成就；社会主义革命和建设时期，以"取得的独创性理论成果和巨大成就，为在新的历史时期开创中国特色社会主义提供了宝贵经验、理论准备、物质基础"概括成就；改革开放和社会主义现代化建设新时期，以"实现了人民生活从温饱不足到总体小康、奔向全面小康的历史性跨越，推进了中华民族从站起来到富起来的伟大飞跃"概括成就；中国特色社会主义新时代，以"为实现中华民族伟大复兴提供了更为完善的制度保证、更为坚实的物质基础、更为主动的精神力量"概括成就。这是对党的百年奋斗成就的全面性概括。

第三，阶段性。"历史决议"分四个部分对党的百年发展进程的四个历史时期进行了总结，每个时期的奋斗都有标志性的特点。新民主主义革命时期突出"浴血奋战、百折不挠"，社会主义革命和建设时期突出"自力更生、发愤图强"，改革开放和社会主义现代化建设新时期突出"解放思想、锐意进取"，中国特色社会主义新时代突出"自信自强、守正创新"。四个历史时期的成就形成"中国人民从此站起来了，中华民族任人宰割、饱受欺凌的时代一去不复返了，中国发展从此开启了新纪元"[①]，"中国人民不但善于破坏一个旧世界、也善于建设一个新世界，只有社会主义才能救中国，只有社会主义才能发展中国"[②]，"改革开放是决定当代中国前途命运的关键一招，中国特色社会主义道路是指引中国

---

[①] 《中共中央关于党的百年奋斗重大成就和历史经验的决议》，北京：人民出版社，2021年，第9页。

[②] 《中共中央关于党的百年奋斗重大成就和历史经验的决议》，北京：人民出版社，2021年，第14页。

发展繁荣的正确道路,中国大踏步赶上了时代"①,"中华民族迎来了从站起来、富起来到强起来的伟大飞跃"②这四个"向世界庄严宣告",豪迈地表述了四个历史时期的成就。这是对党的百年奋斗成就的阶段性概括。

第四,重点性。基于此前党中央已经形成的两个历史问题的决议,建党百年形成的"历史决议"着重对改革开放40多年以来的成就,尤其是对中国特色社会主义进入新时代以来的实践做了重点总结。"历史决议"分"进行改革开放和社会主义现代化建设""开创中国特色社会主义新时代"两个部分,围绕创新实践取得的重大成就进行了总结,总共用24800余字进行叙述,占整个决议文本36000余字篇幅的68.9%。"开创中国特色社会主义新时代"这部分的历史叙事分量更重,文字长达20700余字,占改革开放40多年以来总结部分篇幅的83.5%,占整个"历史决议"文本篇幅的57.5%。"历史决议"从党的全面领导、全面从严治党、经济建设、全面深化改革开放、政治建设、全面依法治国、文化建设、社会建设、生态文明建设、国防和军队建设、维护国家安全、坚持"一国两制"和推进祖国统一、外交工作13个方面,总结了取得的重大成就。这是对党的百年奋斗成就的重点性概括。

"历史决议"对党的百年奋斗重大成就的总结,体现了历史整体与发展阶段相统一、宏观揭示与微观概括相统一、纵向叙事与横向铺展相统一、历史积累与现实创造相统一、总体揭示与重点突出相统一、中国意义与世界贡献相统一,是党中央坚持辩证唯物主义和历史唯物主义,运用大历史观和正确党史观对党的百年奋斗作出的自我检视。习近平指出:"我们的事业之所以伟大,就在于经历世所罕见的艰难而不断取得成功。"③"历史决议"具有的存储党团结带领中国人民创造奇迹的功能,对中国人民为什么选择中国共产党作为自己的主心骨作出了历史的注脚,中国共产党为中国和中华民族建立的伟大功绩创造了历史辉煌。

---

① 《中共中央关于党的百年奋斗重大成就和历史经验的决议》,北京:人民出版社,2021年,第23页。

② 《中共中央关于党的百年奋斗重大成就和历史经验的决议》,北京:人民出版社,2021年,第62页。

③ 《十八大以来重要文献选编》(上),北京:中央文献出版社,2014年,第692页。

## 三、揭示中国共产党为什么能的成功秘诀

"历史决议"总结百年奋斗重大成就表明,中国共产党团结带领中国人民想干的事和干成的事,是国内外别的政党干不了、干不成的事。中国共产党为什么能,中国共产党是怎样能的,这是人们的追问,很多人在研究,以期找到百年大党取胜之道的密码。从不同的角度探讨,有各种各样的答案,而"历史决议"提供了解码的重要信息。读懂中国共产党,就要读懂这些重要信息。

第一,揭示了马克思主义为什么行的密码信息。习近平指出:"中国共产党为什么能,中国特色社会主义为什么好,归根到底是因为马克思主义行!"[①]在近代历史演进中,中国人找到马克思主义的思想武器,是受俄国十月革命炮声的影响,但是中国共产党把马克思主义搞成功则是依靠自己的艰辛探索。坚持把马克思主义基本原理与中国实际相结合,使书本上的理论转变为结合中国国情的实践,马克思主义中国化彰显了真理的伟力。中国共产党也曾受到教条主义的干扰,但中国共产党在马克思主义中国化进程中不断推进理论创新、进行理论创造,实现了一次次新的飞跃,最终结出了党的指导思想不断与时俱进的理论成果。党的百年奋斗实践先后确立了毛泽东思想,确立了邓小平理论,形成了"三个代表"重要思想,形成了科学发展观,确立了习近平新时代中国特色社会主义思想。中国共产党在历史前进中让马克思主义在中国大地上持续释放出强大和具有说服力的真理力量。因为马克思主义行,才使中国共产党能够领导中国革命、建设、改革和新时代伟大实践赢得一个又一个伟大胜利,才使中国特色社会主义大放异彩。

第二,揭示了中国特色社会主义为什么好的密码信息。从1982年在党的十二大上邓小平提出"走自己的道路"以来,党领导全国各族人民开创中国特色社会主义伟大事业已有40年,中国人民在这条新道路上越走越踏实、越干越有劲,信心越来越足、能力越来越强。说中国特色社会主义好,基于两个比较:一是与中国社会主义建设的传统发展模式相比,改革开放创造的经济快速发展和社会长期稳定奇迹,证明了中国特色社会主义的卓著成效;二是与40年来世界各国的

---

[①]《在庆祝中国共产党成立100周年大会上的讲话》,北京:人民出版社,2021年,第13页。

发展情况相比，在全球经济低迷、政治纷争不停、局部区域动荡的形势下，中国特色社会主义的生机勃发形成"风景这边独好"的发展格局。中国特色社会主义之所以好，是因为党团结带领中国人民发扬独立自主的探索精神，找到了一条切合中国实际的实现繁荣发展和中华民族伟大复兴的正确道路，"我们能够创造出人类历史上前无古人的发展成就，走出了正确道路是根本原因"①。

第三，揭示了中国共产党持续兴旺发达的密码信息。"其作始也简，其将毕也必巨"这句富有哲理的话，在中国共产党不断发展壮大的百年历史事实中得到了验证。中共一大召开时只有50多名党员，与当时中国社会已成立的政党相比显得非常微弱，然而，就是这样一个在秘密环境中创建的小党，却在历史的大风大浪中成长为一棵参天大树，今天已成为世界上拥有9500多万名党员的最大的马克思主义执政党。一个在石库门建立的弱小政党为什么能登上天安门城楼长期执政？一艘从嘉兴南湖驶出的小小红船为什么能成为领航中国行稳致远的巍巍巨轮？中国共产党为什么能创造出世界政党发展史上经久不衰的兴旺景观？这其中最为重要的原因是中国共产党把加强自身建设作为一项伟大工程来对待，以永葆先进性和纯洁性为党的建设的永恒主题，传承革命传统、赓续红色血脉，始终坚持自我革命，不断清除一切侵蚀党的健康肌体的病毒，不断防范被瓦解、被腐化的危险，确保党不变质、不变色、不变味，确保党在历史演进中成为引领中国发展进步的坚强领导力量。

第四，揭示了党百年奋斗取得重大成就的密码信息。成就是作为的结果，政党有多大的成就取决于有多大的作为。人间万事出艰辛，中国共产党的伟大事业是奋斗出来的，百年奋斗重大成就诠释了中国共产党的担当和作为。"世界上没有哪个党像我们这样，遭遇过如此多的艰难险阻，经历过如此多的生死考验，付出过如此多的惨烈牺牲。"②中国共产党的百年奋斗，历经在残酷的战争环境下的浴血奋战，在国内外敌对势力的迫害、施压、攻击下的英勇斗争，在承受各种困难、挑战和风险下的勇毅前行，显示了无往不胜的强大战斗力。党的百年奋斗之所以能够闯过一道道沟坎，取得一次次胜利，创造一个个成果，最根本的原因是把广大中国人民紧密地团结起来。"来自人民、依靠人民、为了人民，是100年

---

① 《习近平关于实现中华民族伟大复兴的中国梦论述摘编》（上），北京：中央文献出版社，2014年，第28页。

② 《在党史学习教育动员大会上的讲话》，《求是》2021年第7期。

来中国共产党的发展逻辑和胜利密码。"①中国共产党的强大是因为人民的力量不可战胜,党的百年奋斗取得重大成就是因为人民的力量得到充分释放。中国共产党彻底改变了旧中国一盘散沙的局面,实现了伟大政党与伟大人民的结合,通过把全国各族人民拧成一股绳,团结一致共同奋斗,用艰辛换来成就,用成就回报人民。

"历史决议"对党的百年奋斗历史经验进行了提炼,形成坚持党的领导、坚持人民至上、坚持理论创新、坚持独立自主、坚持中国道路、坚持胸怀天下、坚持开拓创新、坚持敢于斗争、坚持统一战线、坚持自我革命的"十个坚持"的精辟概括。"十个坚持"构成"十条历史经验",既有历史的深厚底蕴,又体现了现实的深远意义。"十条历史经验"弥足珍贵,蕴藏着中国共产党成功之道的经验精华,凝结着中国共产党团结带领中国人民长期奋斗的智慧结晶。"历史经验"深刻"揭示了党和人民事业不断成功的根本保证,揭示了党始终立于不败之地的力量源泉,揭示了党始终掌握历史主动的根本原因,揭示了党永葆先进性和纯洁性、始终走在时代前列的根本途径"②。"历史决议"具有的揭示成功秘诀的功能,为全党全国各族人民珍惜并长期坚持党的百年奋斗历史经验,在新时代新征程上走好新的赶考之路,提供了思想指南和行动指向。

## 四、激励全党全国各族人民砥砺奋进的强大动力

习近平指出:"历史,往往在经过时间沉淀后可以看得更加清晰"③,"多重温我们党领导人民进行革命的伟大历史,心中就会增加很多正能量"④。100年的时光匆匆而过,在人类历史长河中留下的只是一朵翻卷而过的小浪花,但几代中国共产党人的奋斗则铸刻了历史前进中永不磨灭的丰碑。以史为鉴,开创未来。党的十九届六中全会审议通过的"历史决议",从中国共产党人奋斗了整整一个世纪的时间维度和空间维度,全面检视党团结带领中国人民进行的伟大实

---

① 《中国共产党的历史使命与行动价值》,北京:人民出版社,2021年,第7页。
② 《关于〈中共中央关于党的百年奋斗重大成就和历史经验的决议〉的说明》,《求是》2021年第23期。
③ 《论中国共产党历史》,北京:中央文献出版社,2021年,第97页。
④ 《论中国共产党历史》,北京:中央文献出版社,2021年,第24页。

践，宽阔的视野和历史的高度决定了它的庄重性和厚实性。"历史决议"以历史映照现实、远观未来，向历史汲取接续奋斗的智慧，对党和人民更加清楚地认识我们从哪里来、到哪里去，更加自觉地明白我们将干什么、怎样继续干具有重要作用。

第一，"历史决议"叙述党的百年奋斗历史进程，具有增强底气、坚定自信、发挥主动的重大意义。党的百年奋斗历史进程表明，党和人民的事业是前人所未有、历史所罕见、世界所瞩目的。党团结带领中国人民在"雄关漫道真如铁"的征程上创造苦难辉煌，在"人间正道是沧桑"的征程上无愧使命担当，在"乘风破浪会有时"的征程上不负伟大梦想，循序渐进地发展，不断呈现中华民族的光明前景。对这一百年的历史，无论是贡献了自己热血和生命的中国共产党先驱、革命前辈、英雄烈士们，还是奋斗在当下的共产党员和人民群众，都会引以为豪。习近平指出："当今世界，要说哪个政党、哪个国家、哪个民族能够自信的话，那中国共产党、中华人民共和国、中华民族是最有理由自信的！"①"历史决议"指出："今天，中国人民更加自信、自立、自强，极大增强了志气、骨气、底气，在历史进程中积累的强大能量充分爆发出来，焕发出前所未有的历史主动精神、历史创造精神，正在信心百倍书写着新时代中国发展的伟大历史。"②

第二，"历史决议"总结党的百年奋斗重大成就，具有提振精神、鼓舞斗志、激活能量的重大意义。中国共产党团结带领中国人民百年创造的成就令人倍感振奋，这样的辉煌在中华民族五千多年发展史上没有出现过，在人类社会发展史上没有看到过。习近平指出："经过近代以来的长期艰苦奋斗，中国人民创造了令世界刮目相看的伟大成就，迎来了民族复兴的光明前景。实现中华民族伟大复兴是全体中华儿女的共同光荣，也是全体中华儿女的共同使命。"③党的百年奋斗重大成就，既为夺取新时代中国特色社会主义伟大胜利奠定了强大的基础，也极大地充实了全党全国各族人民接续奋斗的底气。为着共同的理想团结一致前进，凝聚起为实现中华民族伟大复兴的中国梦和建成社会主义现代化强国不懈奋斗的磅

---

① 《在党史学习教育动员大会上的讲话》，《求是》2021年第7期。
② 《中共中央关于党的百年奋斗重大成就和历史经验的决议》，北京：人民出版社，2021年，第62页。
③ 《在纪念辛亥革命110周年大会上的讲话（2021年10月9日）》，《人民日报》2021年10月10日。

礴力量，成为展示中国精神的亮丽名片。在中国共产党的全面领导下，中国人民砥砺奋进的斗志越来越强，干劲越来越足，能量越来越大。"在过去一百年赢得了伟大胜利和荣光的中国共产党和中国人民，必将在新时代新征程上赢得更加伟大的胜利和荣光！"①

第三，"历史决议"提炼党的百年奋斗历史经验，具有汲取智慧、启迪现实、提高本领的重大意义。历史发展总是螺旋式上升、波浪式前进的，人民总是以遭遇曲折而不气馁的毅力和勇气创造着历史。之所以说历史是最好的教科书，是因为它能够为人们在历史活动中提供破解难题、渡过难关、解决难事的方案。之所以说历史是最好的营养剂，是因为它能够在人们战胜困难的过程中提供历史主动和精神主动的智慧。习近平指出："我们党一步步走过来，很重要的一条就是不断总结经验、提高本领，不断提高应对风险、迎接挑战、化险为夷的能力水平。"②天上不会掉下经验，书本上抄不来现成经验，"历史决议"提炼的"十条历史经验"是"在历经艰辛、饱经风雨的长期摸索中积累下来的，饱含着成败和得失，凝结着鲜血和汗水，充满着智慧和勇毅"③。把历史作为教科书和营养剂，就要立足汲取智慧、启迪现实、提高本领。把"十条历史经验"继承下去，就要在领导伟大社会革命和进行自我革命的伟大实践中不断创新经验。这既是迈进新征程、建功新时代的使命要求，也是夺取新时代中国特色社会主义伟大胜利的作为担当。

第四，"历史决议"概括党的百年奋斗历史意义，具有塑造形象、贡献世界、创造文明的重大意义。回顾那段让中国人民蒙受耻辱的历史，中华民族曾经被视为"东亚病夫"而备受歧视，中国人民也长期因贫穷落后而备受欺压。党团结带领中国人民百年奋斗彻底改变了这样的局面，今天的中国人民、中华民族已经扬眉吐气地屹立于世界，中国成为推动人类发展进步的重要力量。"历史决议"从五个方面概括了中国共产党百年奋斗的历史意义，深刻揭示出中国人民前途命运得到了根本改变，实现中华民族伟大复兴找到了正确道路，马克思主义强大生命力在中国实践中得到充分展示，中国的发展深刻影响了世界历史进程，锻造了走

---

① 《中共中央关于党的百年奋斗重大成就和历史经验的决议》，北京：人民出版社，2021年，第75页。

② 《在党史学习教育动员大会上的讲话》，《求是》2021年第7期。

③ 《在党史学习教育动员大会上的讲话》，《求是》2021年第7期。

在时代前列的中国共产党。显然，党的百年奋斗体现的这些历史意义，不仅彰显了中国共产党领导下中国人民、中华民族实现跨越式发展的长足进步，而且表现了中国共产党团结带领中国人民顺应历史大势、大踏步赶上时代、引领世界潮流的强大力量。党领导人民在推进中华民族伟大复兴历史进程中成功走出了中国式现代化道路，创造了人类文明新形态，以卓著成效的创新探索拓展了发展中国家走向现代化的途径，以非凡成绩的事实为世界上那些既希望加快发展又希望保持自身独立性的国家和民族提供了全新选择。"党推动构建人类命运共同体，为解决人类重大问题，建设持久和平、普遍安全、共同繁荣、开放包容、清洁美丽的世界贡献了中国智慧、中国方案、中国力量，成为推动人类发展进步的重要力量。"[1]中国的世界形象重新被塑造出来，中国对人类的贡献越发显得重大起来。

伟大的实践匹配伟大的时代，伟大的实践呼唤伟大的政党。中国共产党百年奋斗交上了一份不负历史的出色成绩单，中国人民满意，中华民族高兴。"历史就是历史，历史不能随意选择，一个民族的历史是一个民族安身立命的基础。"[2]中国共产党一路走来，人民的选择和历史的重任要求中国共产党人必须始终践行为人民谋幸福、为民族谋复兴的初心使命，始终继承和发扬伟大建党精神，这样才能不负人民、不负历史、不负时代。"历史决议"具有的激励砥砺奋进的功能，为全党全国各族人民意气风发朝着建成社会主义现代化强国的第二个百年奋斗目标不懈奋斗提供了源源不绝的动力。

## 五、结语

在党的十九届六中全会上，习近平在《关于〈中共中央关于党的百年奋斗重大成就和历史经验的决议〉的说明》中指出，1945年形成的第一个历史问题决议使全党"认识达到了一致，增强了全党团结，为党的七大胜利召开创造了充分条件，有力促进了中国革命事业发展"[3]。1981年形成的第二个历史问题决议

---

[1]《中共中央关于党的百年奋斗重大成就和历史经验的决议》，北京：人民出版社，2021年，第64页。

[2]《十八大以来重要文献选编》（上），北京：中央文献出版社，2014年，第694页。

[3]《关于〈中共中央关于党的百年奋斗重大成就和历史经验的决议〉的说明》，《求是》2021年第23期。

"统一了全党思想,对推动党团结一致向前看、更好推进改革开放和社会主义现代化建设产生了重大影响"[①]。建党百年形成的第三个历史决议"对推动全党进一步统一思想、统一意志、统一行动,团结带领全国各族人民夺取新时代中国特色社会主义新的伟大胜利,具有重大现实意义和深远历史意义"[②]。这个重要论述,明确揭示了"历史决议"的功能,启迪我们加深认识建党百年形成第三个历史决议的重大意义。在世界百年未有之大变局的情势下,中华民族伟大复兴进入了不可扭转的历史进程,我们比历史上任何时期都更接近、更有信心和能力实现中华民族伟大复兴的目标,任何人、任何势力都不能阻挡中国人民实现中华民族伟大复兴的前进步伐。推进中华民族伟大复兴的战略全局还需要付出艰辛的努力,轻轻松松、敲锣打鼓是实现不了中华民族伟大复兴的。我们有取得重大成就奠定的底气为支撑,有积累历史经验的优势作保证,面对未来发展进程中许多难以预料和不确定的因素,党和人民有足够的信心战胜一切挑战和风险,有强大的能力进行具有许多新的历史特点的伟大斗争。"历史决议"要求全党必须牢记中国共产党是什么、要干什么这个根本问题,保持高度的历史自觉,把握历史发展大势,坚定理想信念,牢记初心使命,始终发扬谦虚谨慎、不骄不躁、艰苦奋斗的光荣传统,从伟大胜利中激发奋进力量,从弯路挫折中吸取历史教训,确保中国这艘巨轮行稳致远。"历史决议"要求全党不为任何风险所惧,不为任何干扰所惑,不为任何困难所怕,决不在根本性问题上出现颠覆性错误,保持政治定力,既不走封闭僵化的老路,也不走改旗易帜的邪路,以"咬定青山不放松"的执着奋力实现既定目标,以"行百里者半九十"的清醒把中华民族伟大复兴不懈向前推进,以新时代新胜利等待"实现中华民族伟大复兴的中国梦"那一天的到来。

(本文发表于《行政论坛》2022年第1期,略有删改)

---

① 《关于〈中共中央关于党的百年奋斗重大成就和历史经验的决议〉的说明》,《求是》2021年第23期。

② 《关于〈中共中央关于党的百年奋斗重大成就和历史经验的决议〉的说明》,《求是》2021年第23期。

# 百年党章发展演进与依章治党

刘红凛　蒋英勃

现代政党是按照一定组织原则组织起来、旨在影响与掌控执政权的复杂政治组织，具备政治纲领与章程是现代政党同其他社会组织、利益集团等的基本区别。马克思主义政党始终重视党的纲领建设与章程建设，马克思在《哥达纲领批判》中明确指出，无产阶级政党制定纲领"就是在全世界面前树立起一些可供人们用以判定党的运动水平的界碑"①。恩格斯在论及《国际工人协会共同章程》时进一步指出："共同章程和组织条例、代表大会的决议等等，都属于同一范畴，而遗憾的是，任何一个团体，即使是最革命的团体，都非有它不可。"②列宁在创建布尔什维克的过程中进一步强调"章程是组织的形式表现"③。中国共产党作为以马克思主义为指导、按照列宁建党原则组织起来的无产阶级先进组织，从成立之初就非常重视党的纲领与章程的制定，1921年中共一大就制定出第一部初具党章色彩的纲领，中共二大制定出第一部比较完备的党章。中共二大以后，基本上历次党的全国代表大会都会修改与完善党章；党的全国代表大会的重要任务之一，就是修改党的章程，将最新的政治思想、政治原则、政治要求等载入党章，使之成为全党的根本遵循。如果把中共一大制定通过的具有党章色彩的纲领也视为一部"准党章"，那么，建党百年总共召开了19次党的全国代表大会，先后制定与形成了"1+18"部党章。④纵观中国共产党百年党章发展演进，

---

① 《马克思恩格斯全集》（第19卷），北京：人民出版社，1963年，第14页。
② 《马克思恩格斯全集》（第33卷），北京：人民出版社，1973年，第339页。
③ 《列宁全集》（第8卷），北京：人民出版社，1986年，第364页。
④ 《百年党建与治党模式演进》，《新华日报》2021年5月11日。

大致可划分为四个发展阶段,即新民主主义革命时期党章的形成、发展与成熟,社会主义建设初期执政党党章的形成与曲折发展,改革开放时期执政党党章的定型与发展,新时代党章的丰富与发展。在不同历史时期,由于形势任务不同、政治理念不同,党章的内容结构与基本要求也明显有所不同,呈现出鲜明的时代特征。把握百年党章的发展演进与时代特点,是深刻把握中国共产党百年建设的一条主线,也是深刻把握中国共产党百年党内法规制度建设的"主轴"。

## 一、新民主主义革命时期党章的形成、发展与成熟

一个政党的诞生,与政党纲领、章程的制定与形成密不可分。正如恩格斯所言,"新的党必须有一个明确的积极的纲领"①,否则,没有纲领的党"将是一个潜在的党,而不是一个实在的党"②。列宁也明确指出:"组织首先就是制定章程。"③受马克思主义、列宁主义与俄国建党实践的影响,早期共产党人在筹建中国共产党的过程中,便把制定党的纲领与章程作为建党的头等大事。

### (一)中共一大、二大与党章的形成

1921年7月,中国共产党第一次全国代表大会在上海召开,宣告着中国共产党作为全国性政党的正式成立。中共一大的最后一天,中国共产党在嘉兴南湖游船上通过了《中国共产党第一个纲领》,尽管这部纲领只有15条(其中第11条遗失),内容结构比较简单,但基本兼具纲领与党章色彩。其中,该纲领前三条明确规定了党的名称为"中国共产党",党的奋斗目标与最高革命纲领即"消灭社会的阶级区分""消灭资本家私有制"等,党的现实政策与基本任务即"承认苏维埃管理制度""把工农劳动者和士兵组织起来"④,这三条内容明显具有党的纲领色彩。同时,这部纲领的后12条明确规定了入党条件、基本组织结构(基层、地方、中央三级委员会)与基本政治纪律,明显具备党章色彩。其中,关于党的政治纪律,《中国共产党第一个纲领》要求,党员"必须与企图反对本党纲领的

---

① 《马克思恩格斯全集》(第21卷),北京:人民出版社,1965年,第385页。
② 《马克思恩格斯全集》(第21卷),北京:人民出版社,1965年,第385页。
③ 《列宁全集》(第8卷),北京:人民出版社,1986年,第51页。
④ 《中国共产党历次党章汇编(1921~2017)》,北京:中国方正出版社,2019年,第60页。

党派和集团断绝一切联系""一定要受地方执行委员会的严格监督"、不经允许"不得担任政府官员或国会议员"等。①在此意义上看，中共一大通过的《中国共产党第一个纲领》不仅正式宣告了中国共产党的成立，同时也基本具备了纲领与章程色彩，是中国共产党历史上第一个正式的纲领性、章程性文献。

1922年7月在上海召开的中共二大，开启了依章治党、纪律治党新篇章，在建章立制方面具有里程碑意义。中共二大不仅明确提出以"反帝反封"为主要内容的民主革命纲领，而且制定了党的历史上第一部比较完备的党章，即《中国共产党章程》，通过了《关于共产党的组织章程决议案》，二者共同构成了中国共产党第一部党章的文本渊源。其中，中共二大制定通过的《中国共产党章程》以"条文形式"为基本特点，共包括6章29条内容，基本内容涉及党员条件与入党程序、党的组织设置、党的会议制度、党的纪律、党的经费等方面的具体规定。同中共一大纲领相比，中共二大党章对党的组织体系、会议制度、党的纪律做出了更为严密的规定。其中，第二章"组织"专章明确规定了党的五级组织体系（党小组、地方支部、地方执行委员会、区执行委员会、中央执行委员会）设置、工作规则、上下级组织关系等。第三章"会议"专章明确规定了党的各级组织的会期与会议制度，规定"全国代表大会每年由中央执行委员会定期召集一次"②。第四章"纪律"专章明确规定了八条纪律，规定"全国代表大会为本党最高机关""全国大会及中央执行委员会之议决，本党党员皆须绝对服从之""下级机关须完全执行上级机关之命令""少数绝对服从多数"等③，基本形成了以"四个服从"为主要内容的政治纪律；同时，明确规定了党员被开除党籍的六种情形，初步形成了严明纪律、以纪治党的政治局面。同时，中共二大通过的《关于共产党的组织章程决议案》尽管只有900余字，却进一步明确了中国共产党的组织性质，强调中国共产党"不是'知识者所组织的马克思学会'，也不是'少数共产主义者离开群众之空想的革命团体'，'应当是无产阶级中最有革命精神的大群众组织起来为无产阶级之利益而奋斗的政党，为无产阶级做革命运动的急先

---

① 《中国共产党历次党章汇编（1921～2017）》，北京：中国方正出版社，2019年，第61、62页。

② 《中国共产党历次党章汇编（1921～2017）》，北京：中国方正出版社，2019年，第66页。

③ 《中国共产党历次党章汇编（1921～2017）》，北京：中国方正出版社，2019年，第67、68页。

锋'"①；同时，明确指出了党的建设的基本目标与基本遵循，其中，党的建设的基本目标即"到群众中去"组成一个大的"群众党"②；党的建设的基本遵循即"两个重大的律"，也就是决议案所言的"党的一切运动都必须深入到广大的群众里面去"和"党的内部必须有适应于革命的组织与训练"③。

### （二）建党初期党章的发展与完善

中共二大以后，随着革命形势的发展与党的建设推进，从1923年中共三大到1928年六大，在这四次党的全国代表大会期间，党章先后经历四次修改，其中每一次修改都在不同程度上完善了党章。

1923年6月，中共三大对党章进行了第一次修改。三大党章基本沿用了二大党章的内容结构，主要是对个别条文进行修改，如在党员方面增强了"候补期"的有关规定，并对正式党员与候补党员的权利与义务有所区分。1925年1月，中共四大通过了《中国共产党第二次修正章程》，同二大党章相比，四大党章修改主要变化有二。一是将二大党章所规定的"凡有党员三人至五人均得成立一组"修改为"凡有党员三人以上均得成立一支部"④，并且明确将党支部规定为党的基层单位；同时，四大通过的《对于组织问题之议决案》强调，必须使党"由宣传小团体的工作进到鼓动广大的工农阶级和一般的革命群众的工作"⑤，1926年7月通过的《组织问题议决案》则首次确立了"一切工作归支部"的基本原则。二是对各级党委领导人称谓进行修改，将中央执行委员会"委员长"改称为"总书记"，开启了党内最高领导职务"总书记"制的先河；同时，将地方各级执行委员会的"委员长"改称为"书记"。

受"四一二"反革命政变等严峻形势的影响，1927年5月在汉口召开的中共五大未能进行党章修改，将修改党章的任务授权给了中央政治局。1927年6月，中央政治局会议对党章作了全面修改，形成了《中国共产党第三次修正章程决案》。同二大党章相比，这次党章修改的主要变化有两个方面。一方面，将二大

---

① 《建党以来重要文献选编》（第1册），北京：中央文献出版社，2011年，第162页。
② 《建党以来重要文献选编》（第1册），北京：中央文献出版社，2011年，第162页。
③ 《建党以来重要文献选编》（第1册），北京：中央文献出版社，2011年，第162页。
④ 《中国共产党历次党章汇编（1921～2017）》，北京：中国方正出版社，2019年，第78页。
⑤ 《中共中央文件选集》（第1册），北京：中共中央党校出版社，1989年，第379页。

党章的"6章29条"内容丰富拓展为"12章85条",取消了二大党章"会议"专章,新增了"党的建设""监察委员会""党团""与青年团的关系"四个专章,将二大党章"组织"专章分解为"党的中央机关""省的组织""市及县的组织""区的组织""党的支部"五个专章,进一步丰富与强化了对党的组织体系的规定与设置。其中,在第二章"党的建设"中明确规定了党部的指导原则和党的五级组织体系设置(每一层级都包括代表大会与委员会两部分,其中生产单位层面设置支部党员全体大会与支部干事会)①。另一方面,从内容上看,《中国共产党第三次修正章程决案》在党章历史上至少具有七个方面的发展,即第一次明确规定"党员年龄须在十八岁以上"②;第一次明确规定"党部的指导原则为民主集中制"③;第一次明确规定中央委员会设置"中央政治局"与"中央常务委员会";第一次将党内处分划分为警告、留党察看、开除党籍三种类型;第一次在党内设置"监察委员会",将其职能界定为"巩固党的一致及威权"④;第一次增加了"党团"专章、要求在所有一切非党群众会议及执行的机关(国民党、国民政府、工会、农民协会等等)中,"有党员三人以上,均须组织党团。党团的目的,是在各方面加紧党的影响,而实行党的政策于非党的群众中"⑤;第一次专章设置了"与青年团的关系"。在此意义上看,《中国共产党第三次修正章程决案》对进一步丰富与完善党章具有重要意义,并对七大党章具有重要的影响。

1928年6—7月中共六大修改的党章(15章53条),基本沿袭了五大党章内容结构,主要在篇章顺序和语言表述上有所调整。其中,六大党章的一大亮点,即首次把中国共产党作为共产国际的一个支部来要求,明确将民主集中制作为党(而不仅仅是五大党章所言的党部)的组织原则,并阐述了民主集中制的三项根本原则⑥。从党章历史发展看,中共六大将民主集中制作为全党的组织原则,这是

---

① 《中国共产党历次党章汇编(1921~2017)》,北京:中国方正出版社,2019年,第86页。
② 《中国共产党历次党章汇编(1921~2017)》,北京:中国方正出版社,2019年,第85页。
③ 《中国共产党历次党章汇编(1921~2017)》,北京:中国方正出版社,2019年,第86页。
④ 《中国共产党历次党章汇编(1921~2017)》,北京:中国方正出版社,2019年,第93页。
⑤ 《中国共产党历次党章汇编(1921~2017)》,北京:中国方正出版社,2019年,第94页。
⑥ 六大党章规定的民主集中制的三个根本原则为"下级党部与高级党部由党员大会代表会议及全国大会选举之;各级党部对选举自己的党员,应作定期的报告;下级党部一定要承认上级党部的决议,严守党纪,迅速且恰当的执行共产国际执行委员会和党的指导机关之决议"。

一大进步；但六大党章过分强调共产国际对中国共产党的指导作用，明显有所忽视与脱离中国实际，这为后来形成以王明为代表的"左"倾教条主义埋下了伏笔，也为尊崇党章造成了负面影响。正如刘少奇所言，六大党章"由于情况的特殊，许多部分不能适用，这就造成许多党员对于党章重视不够、实行不力的习惯"①。

### （三）中共七大与革命时期党章的发展成熟

受革命战争形势影响，1928年6—7月中共六大以后，二大党章规定的"全国代表大会每年由中央执行委员会定期召集一次"②等会议制度被迫打破，直到1945年4月才有条件召开第七次全国代表大会。这17年基本涵盖了整个土地革命时期与全面抗战时期。在这17年间，中国共产党在革命中不断发展、不断成熟，不仅探索形成了加强根据地建设、农村包围城市、进行武装革命的丰富经验，形成了科学的中国革命道路；也有效进行了苏维埃与陕甘宁边区政府建设、探索形成局部执政经验，用成功的革命事实经验有力地驳斥了形形色色的教条主义与"左"倾错误，逐渐确立了毛泽东在全党全军的领导核心地位，并逐步形成了马克思主义中国化的第一次飞跃，即毛泽东思想。而且，在中国共产党的抗日纲领引领与政治领导下，中国人民即将迎来抗日战争的伟大胜利。在这17年间，尽管战争环境使得我们党难以召开全国代表大会、修改党章，但1938年召开的六届六中全会制定了《关于中央委员会工作规则与纪律的决定》《关于各级党部工作规则与纪律的决定》《关于各级党委暂行组织机构的决定》三部党内法规，内容覆盖党的各级组织的设置、地位、职责和工作纪律等，使党的组织体系和组织纪律逐渐走向成熟。虽然"党章必须在党大会上修改，六中无此权，故只予以补充，七次大会再予党章以大的修改"③，但这三个决定实际上起到了指引党内治理的作用，也为七大党章中相关内容的修改奠定了坚实基础。

在1941年5月至1945年4月"延安整风运动"形成与确立实事求是的思想路线、全党达到空前团结的基础上，1945年4月23日至6月11日中国共产党第七次全国代表大会在延安召开。经过24年的发展，到中共七大召开时，中国共产

---

① 《建党以来重要文献选编》（第22册），北京：中央文献出版社，2011年，第376页。
② 《中国共产党历次党章汇编（1921～2017）》，北京：中国方正出版社，2019年，第66页。
③ 《建党以来重要文献选编》（第15册），北京：中央文献出版社，2011年，第750页。

党已经发展成长为一个"全国范围的,广大群众性的,在思想上、政治上、组织上巩固的,有了自己领袖的马克思列宁主义的党"①。中共七大在深刻总结新民主主义革命20多年曲折发展的经验教训、制定正确的路线纲领和策略基础上,以正确思想为指导,修改并通过了新党章。七大党章由总纲和11章70条正文构成,在制定程序、指导思想、篇章结构、内容规范等方面具有重大创新,成为新民主主义革命时期我们党最为完善、最为成熟的一部党章,同时也成为中国共产党百年党章发展史上一座历史丰碑。

概括说来,七大党章除了吸收五大、六届六中全会等通过的党规文件精神,进一步完善党的组织体系外,其创新之处至少表现在以下三个方面。一是在制定程序上,充分发扬党内民主。在七大召开之前,中央就修改党章充分征求了地方干部的意见;在七大会议上,代表们专门就党章修改问题进行了讨论;修改后的党章最终经过大会集体表决通过。二是在篇章结构上,首次增加了党纲,第一次以党章的形式对党的性质、宗旨、指导思想、新民主主义革命的性质与纲领、党的领导地位等做出详细阐述和根本确认,标志着中国共产党在政治上、思想上和组织上的完全成熟。②三是在内容规定上,七大党章在党章发展史上至少开创了九个"第一",即第一次在党章中将中国共产党明确界定为"代表中国民族与中国人民的利益"③;第一次确立了毛泽东思想在全党的指导地位,要求中国共产党"以马克思列宁主义的理论与中国革命的实践统一的思想——毛泽东思想,作为自己一切工作的指针,反对任何教条主义的或经验主义的偏向"④,使我们党走上独立自主的革命发展道路;第一次将全心全意为人民服务作为党的根本宗旨载入党章;第一次在党章中突出强调群众路线,要求"必须与工人群众、农民群众及其他革命人民建立广泛的联系"⑤,刘少奇在关于修改党章的报告中深刻指出,"群众路线,是我们党的根本的政治路线,也是我们党的根本的组织路线"⑥;第一次对民主集中制的内涵作出科学界定,即"在民主基础上的集中和

---

① 《建党以来重要文献选编》(第22册),北京:中央文献出版社,2011年,第378页。
② 《七大党章对中国革命和党的建设的创造性贡献》,《中共党史研究》2015年第6期。
③ 《中国共产党历次党章汇编(1921~2017)》,北京:中国方正出版社,2019年,第111页。
④ 《中国共产党历次党章汇编(1921~2017)》,北京:中国方正出版社,2019年,第111页。
⑤ 《中国共产党历次党章汇编(1921~2017)》,北京:中国方正出版社,2019年,第113页。
⑥ 《建党以来重要文献选编》(第22册),北京:中央文献出版社,2011年,第397页。

在集中领导下的民主"①，并将"四个服从"明确作为贯彻民主集中制的基本条件；第一次在党章中明确规定了党员的"四项"权利与"四项"义务；第一次明确规定党的领导，强调党为人民服务的宗旨；第一次增设中央书记处，明确规定中央书记处"由中央委员会全体会议选举"②产生；第一次明确规定"中央委员会主席即为中央政治局主席与中央书记处主席"③。

## 二、社会主义现代化建设初期执政党党章的形成与曲折发展

1949年10月1日，中华人民共和国中央人民政府成立，从此，中国共产党实现了从"革命党"（武装革命推翻旧政权）向全国执政党的历史性转变。在全面执政以后，党面临的形势、中心任务都发生了历史性转变，进行社会主义改造和社会主义现代化建设、让全国人民过上好日子成为执政以后的中心任务。与此同时，党的领导与党的建设面临着新考验。1956年邓小平在《关于修改党的章程的报告》中明确指出，执政党地位使得党内主观主义、官僚主义和宗派主义的问题不是更少而是更多了④。针对全面执政以后的形势与任务，党中央发布诸多决定、决议和条例⑤，采取多种形式来加强党的建设与党的领导，如在政府部门系统内普遍建立党组，在全国开展"三反""五反"运动与整党整风运动，加强干部管理、建立健全监察体制，巩固党的组织、提升党的领导能力与执政能力等。经过1954年第一届全国人民代表大会第一次会议的胜利召开、"五四"宪法的制定与颁布和三年社会主义改造，到了1956年上半年，社会主义基本政治制度与经济制度已经确立起来，为全面开启社会主义建设奠定了良好基础。正是在全面开启社会主义建设、全面探索执政党建设的形势下，1956年9月中共八大在

---

① 《中国共产党历次党章汇编（1921～2017）》，北京：中国方正出版社，2019年，第118页。
② 《中国共产党历次党章汇编（1921～2017）》，北京：中国方正出版社，2019年，第122页。
③ 《中国共产党历次党章汇编（1921～2017）》，北京：中国方正出版社，2019年，第122页。
④ 《建国以来重要文献选编》（第9册），北京：中央文献出版社，1993年，第103、104页。
⑤ 如《关于在中央人民政府内建立中国共产党党组的决定》（1949年11月9日）、《关于发展和巩固党的组织的指示》（1950年5月21日）、《中共中央转发华东局关于整党工作的指示》（1950年5月27日）、《中共中央关于加强干部管理工作的决定》（1953年11月24日）等。

北京召开，大会通过了《中国共产党章程》。

中共八大党章基本沿袭了七大党章的内容结构，但在具体内容上增加了全面开展社会主义建设、全面探索执政党建设方面的新要求。具体而言，同七大党章相比，八大党章至少有六大新变化或新发展。第一，在总纲中，八大党章总结了新民主主义革命的基本经验，确立了社会主义建设的基本原则与中心任务，明确指出"中国共产党的任务，就是有计划地发展国民经济，尽可能迅速地实现国家工业化，有系统、有步骤地进行国民经济的技术改造，使中国具有强大的现代化的工业、现代化的农业、现代化的交通运输业和现代化的国防"①。第二，进一步强调贯彻党的群众路线、反对官僚主义。一方面着力强调"党的领导的责任，就是要善于在这个'从群众中来，到群众中去'的无限反复的过程中，使党和群众的认识不断地提高，使党和人民的事业不断地前进"②；另一方面要求，中国共产党作为执政党，必须特别注意"谦虚谨慎，戒骄戒躁"，要求"用极大的努力在每一个党组织中，在每一个国家机关和经济组织中，同脱离群众、脱离实际生活的官僚主义现象进行斗争"③。第三，进一步强调党的民主集中制，将民主集中制的基本条件从四项扩展到六项，明确规定"按照党的民主集中制，任何党的组织都必须严格遵守集体领导和个人负责相结合的原则，任何党员和党的组织都必须受到党的自上而下的和自下而上的监督"④，并且开始着力强调党的监督。第四，在入党条件方面，首次明确申请加入中国共产党者必须是"任何从事劳动、不剥削他人劳动的中国公民"⑤。这一规定一方面表明全面执政的中国共产党是独立民族国家的独立的马克思主义政党；另一方面表明针对全面执政以后迅速扩大的党员规模状况，八大党章适度提高了入党的政治要求，防止有人"为了取得名誉和地位而入党"⑥。第五，拓展党员权利与义务，将七大党章规定的党员"四项权利、四项义务"拓展为"十项义务、七项权利"，并且突出强调党的

---

① 《中国共产党历次党章汇编（1921~2017）》，北京：中国方正出版社，2019年，第231页。
② 《中国共产党历次党章汇编（1921~2017）》，北京：中国方正出版社，2019年，第232-233页。
③ 《中国共产党历次党章汇编（1921~2017）》，北京：中国方正出版社，2019年，第233页。
④ 《中国共产党历次党章汇编（1921~2017）》，北京：中国方正出版社，2019年，第233页。
⑤ 《中国共产党历次党章汇编（1921~2017）》，北京：中国方正出版社，2019年，第235页。
⑥ 《建国以来重要文献选编》（第9册），北京：中央文献出版社，1993年，第129页。

团结统一,首次将"维护党的团结,巩固党的统一"作为党员十项基本义务之一,强调"党的团结和统一,是党的生命,是党的力量的所在。经常注意维护党的团结,巩固党的统一,是每一个党员的神圣职责"①。第六,开始增强法律意识,把"违犯国家法律"作为给予党员纪律处分的情形之一,强调党员"如果严重地违背这些义务,破坏党的统一,违犯国家法律,违背党的决议,危害党的利益和欺骗党,就是违反党的纪律,应当给予纪律处分"②。此外,八大党章还对党的组织体系完善和党团关系作出了细节性修改。

从党章历史发展看,八大党章是中国共产党全面执政以后的第一部党章,其中凝结着中华人民共和国成立以来对执政党建设理论与实践经验的科学总结,奠定了执政党建设的良好开端。邓小平在《关于修改党的章程的报告》中明确指出,八大党章必将成为"进一步提高党的质量、扩大党内民主、发扬党员的政治积极性、改善党的组织工作、加强党的团结统一和战斗力的有力武器"③。然而,受国内外各种因素的影响,八大党章在实践中未能得到严格遵从与有效贯彻落实。在此后召开的中共九大(1969年)、中共十大(1973年),由于时逢"十年文化大革命",受错误思想的影响,九大党章背离与否认了中共八大制定的正确纲领(社会主义四个现代化建设),强调"无产阶级专政下继续革命理论",在内容上将八大党章删减为12条"空架子"。中共十大延续了九大错误思想,十大党章基本延续了九大党章的总纲与条文;在百年党章发展史上,这两部党章自然难有积极建树。"文化大革命"结束后,1977年8月中共十一大修改通过的党章,恢复了八大党章所确立的正确纲领,在总纲中增加了关于坚持民主集中制的相关要求,要求"充分发扬党内民主,发挥全体党员和党的各级组织的积极性和创造性,反对官僚主义、命令主义和军阀主义。要严格遵守党的纪律,维护党的集中统一,加强党的团结"④等,增加了执行"任人唯贤"的干部路线、发扬群众路线与党的优良作风等方面的要求;在条文部分对各级党组织设立纪律检查委员会等提出明确要求,上述内容无疑具有进步意义。然而由于当时难以彻底摆脱"文

---

① 《中国共产党历次党章汇编(1921~2017)》,北京:中国方正出版社,2019年,第234页。
② 《中国共产党历次党章汇编(1921~2017)》,北京:中国方正出版社,2019年,第236页。
③ 《建国以来重要文献选编》(第9册),北京:中央文献出版社,1993年,第140页。
④ 《中国共产党历次党章汇编(1921~2017)》,北京:中国方正出版社,2019年,第317-318页。

化大革命"的影响,依然强调"坚持无产阶级专政下的继续革命"①,十一大党章只能成为历史转折期过渡性的一部党章。

## 三、改革开放时期执政党党章的定型与制度治党

1978年,党的十一届三中全会抛弃了"以阶级斗争为纲"的错误方针,把党和国家的工作中心转移到经济建设上来,开始实现党的思想路线、政治路线、组织路线的拨乱反正,开启了改革开放、发展社会主义市场经济的新时期。党的十一届三中全会以来,我们党在深刻思考"什么是社会主义、怎样建设社会主义"的过程中,也在深入思考"执政党应该是一个什么样的党,执政党的党员应该怎样才合格,党怎样才叫善于领导"②这一党的建设根本问题。对于这一点,邓小平在《解放思想,实事求是,团结一致向前看》一文中明确指出:"国要有国法,党要有党规党法。党章是最根本的党规党法。没有党规党法,国法就很难保障。"③1980年党的十一届五中全会通过了《关于党内政治生活的若干准则》④,确立了改革开放以来党的建设的基本遵循与基本内容,为党的十二大胜利召开与十二大党章的制定奠定了良好基础。

1982年党的十二大报告明确将"团结全国各族人民,自力更生,艰苦奋斗,逐步实现工业、农业、国防和科学技术的现代化,把我国建设成为高度文明、高度民主的社会主义国家"作为党在新的历史时期的总任务⑤。在总结党的八大以来执政党建设经验基础上,坚持以正确纲领路线为指导,根据改革开放新时代"对党员和党的干部的更严格的要求"与"提高党的组织战斗力,坚持和改善党

---

① 《中国共产党历次党章汇编(1921~2017)》,北京:中国方正出版社,2019年,第315页。

② 《邓小平文选》(第2卷),北京:人民出版社,1994年,第276页。

③ 《三中全会以来重要文献选编》(上),北京:中央文献出版社,2011年,第21、23页。

④ 1980年《关于党内政治生活的若干准则》要求:坚持党的政治路线和思想路线,坚持集体领导、反对个人专断,维护党的集中统一、严格遵守党的纪律,坚持党性、根绝派性,要讲真话、言行一致,发扬党内民主、正确对待不同意见,保障党员的权利不受侵犯,选举要充分体现选举人的意志,同错误倾向和坏人坏事作斗争,正确对待犯错误的同志,接受党和群众的监督、不准搞特权,努力学习,做到又红又专。

⑤ 《十二大以来重要文献选编》(上),北京:中央文献出版社,2011年,第11页。

的领导"的新要求①，党的十二大修改通过了《中国共产党章程》（共10章50条内容），为新时期管党治党提供了根本遵循。这部党章在党的建设与党章史上都具有里程碑意义，不仅恢复了中共七大、八大党章中关于党的各级组织体系、民主集中制原则、党的纪律与纪律检查机关等正确规定，而且根据改革开放新形势新要求作出了许多内容创新，使党章的内容结构得以丰富、科学与完善，奠定了改革开放以来党章的基本框架与基本内容，在党章与党的建设史上开创了许多"第一次"：第一次明确把"思想上政治上的高度一致""全心全意为人民服务""坚持民主集中制"②作为党的建设的三项基本要求；第一次明确把"坚持四项基本原则"写入党章；第一次对党的领导作了明确规定，强调"党的领导主要是政治、思想和组织的领导"③；第一次明确规定"党必须在宪法和法律的范围内活动"④，防止各级党组织与个人权威凌驾于法律之上，突出强调"党的各级委员会实行集体领导和个人分工负责相结合的制度"，明确规定"凡属重大问题都要由党的委员会民主讨论，作出决定"⑤；第一次在党章中将"群众路线"阐释为"在自己的工作中实行群众路线，一切为了群众，一切依靠群众，把党的正确主张变为群众的自觉行动"⑥；第一次新增"党的干部"专章（第六章），强调"党的干部是党的事业的骨干，是人民的公仆"⑦，要求"按照德才兼备的原则选拔干部，坚持任人唯贤，反对任人唯亲"，明确把"革命化、年轻化、知识化、专业化"作为改革开放时期选拔干部的基本标准⑧；第一次将入党誓词载入党章，将入党誓词作为党员干部的基本规矩来要求。另外，十二大党章对党的建设与机构设置也作出许多新规定，如明确规定"党禁止任何形式的个人崇拜""不允许

---

① 《中国共产党历次党章汇编（1921～2017）》，北京：中国方正出版社，2019年，第354-355页。
② 《中国共产党历次党章汇编（1921～2017）》，北京：中国方正出版社，2019年，第330页。
③ 《中国共产党历次党章汇编（1921～2017）》，北京：中国方正出版社，2019年，第331页。
④ 《中国共产党历次党章汇编（1921～2017）》，北京：中国方正出版社，2019年，第331页。
⑤ 《中国共产党历次党章汇编（1921～2017）》，北京：中国方正出版社，2019年，第336页。
⑥ 《中国共产党历次党章汇编（1921～2017）》，北京：中国方正出版社，2019年，第330页。
⑦ 《中国共产党历次党章汇编（1921～2017）》，北京：中国方正出版社，2019年，第346页。
⑧ 《中国共产党历次党章汇编（1921～2017）》，北京：中国方正出版社，2019年，第346页。

任何领导人实行个人专断和把个人凌驾于组织之上"①,取消党内主席建制,在党中央只设总书记等。②难能可贵的是,党的十二大着力强调要尊崇党章、学习党章、严格执行党章,正如十二大报告所指出的,新党章"必须在全党进行普遍教育,严格执行。每一个党员是否真正符合党章所规定的条件,能否充分履行党员的义务,将成为他是不是一个合格的党员的根本标准"③。从党的建设历史发展看,以党的十二大为标志,开启了尊崇党章、依章治党、制度治党的新篇章。

党的十二大以来,随着改革开放、发展社会主义市场经济的推进,党的建设在探索中不断发展。同时,我们党面临的执政考验与改革开放考验逐渐凸显,正如党的十三大报告所指出的,"我们党处于执政地位,必须经得起执政的考验;我们党正在领导改革开放,也必须经得起改革开放的考验。这是新时期党的建设必须解决的最重大的课题"④。这两大考验警示我们,越是改革开放,越要从严治党,越要加强党风廉政建设,越要保持党的先进性和纯洁性。

从党章修改角度看,从十三大到十八大党章修改,基本沿袭了十二大党章的内容结构,主要修改之处包括两方面:一是将马克思主义中国化的最新成果载入党章总纲,并贯彻党章始终;二是将党的建设的最新要求与成功经验载入党章。具体而言,1987年10月中共十三大通过的《中国共产党章程部分条文修正案》,主要是根据党的建设新要求对条文部分作了一些修改,如强调要完善党内选举制度、实行差额选举,强调党内民主、增写党的全国代表大会的职权、注重发挥基层党组织作用等。1992年10月中共十四大通过的《中国共产党章程》,在总纲部分,把"邓小平同志建设有中国特色社会主义的理论和党的基本路线及一系列方针、政策写入党章"⑤,在党的建设基本要求中新增"坚持解放思想,实事求是",将十二大确立的党的建设三项基本要求丰富发展为四项基本要求;在条文部分,将党的县级委员会的任期改为与中央及省、直辖市、自治区党委一样,即每届任期五年,同时删去在中央和省、自治区、直辖市党委设立顾问委员会的规

---

① 《中国共产党历次党章汇编(1921~2017)》,北京:中国方正出版社,2019年,第336、338页。
② 《中国共产党历次党章汇编(1921~2017)》,北京:中国方正出版社,2019年,第340页。
③ 《改革开放三十年重要文献选编》(上),北京:中央文献出版社,2008年版,第287页。
④ 《改革开放三十年重要文献选编》(上),北京:中央文献出版社,2008年版,第499页。
⑤ 《十四大以来重要文献选编》(上),北京:中央文献出版社,2011年,第42页。

定。1997年9月党的十五大通过的《中国共产党章程修正案》，主要是把"建设有中国特色社会主义的理论"明确概括为"邓小平理论"，将邓小平理论纳入党的指导思想并载入党章，并据此修订了正文中的相应内容。2002年11月中共十六大通过《中国共产党章程（修正案）》，主要是把"三个代表"重要思想纳入党的指导思想并载入党章总纲，并根据"三个代表"重要思想的要求修改了总纲与条文部分的一些相关内容，如总纲部分在党的性质上强调"两个先锋队"（中国工人阶级的先锋队、中国人民和中华民族的先锋队）与"三个代表"（代表中国先进生产力的发展要求，代表中国先进文化的前进方向，代表中国最广大人民的根本利益）[1]，并增加了"发展社会主义民主政治，建设社会主义政治文明""依法治国，建设社会主义法治国家"[2]等新思想新表述；在条文部分，在入党条件上突破了"私营企业主不能入党"的传统思维与限制，规定"其他社会阶层的先进分子"[3]也可申请入党。另外，十六大党章在最后增加了党徽党旗一章（第十一章）。在一定程度上看，"三个代表"重要思想顺应了时代发展潮流与中国特色社会主义建设新要求，进一步回答了"什么是马克思主义执政党、怎样建设马克思主义执政党"这一党的建设根本问题。2007年10月中共十七大通过的《中国共产党章程（修正案）》，主要是把科学发展观作为"我国经济社会发展的重要指导方针"和"发展中国特色社会主义必须坚持和贯彻的重大战略思想"[4]载入党章总纲，把中国特色社会主义道路与理论体系等重要思想载入党章总纲，强调"改革开放以来我们取得一切成绩和进步的根本原因，归结起来就是：开辟了中国特色社会主义道路，形成了中国特色社会主义理论体系"[5]，并且，首次把"坚持党的领导、人民当家作主、依法治国有机统一"[6]写入党章，要求"党要适应改革开放和社会主义现代化建设的要求，坚持科学执政、民主执政、依法执政，加强和改善党的领导"[7]。在条文部分，十七大党章把"党的各级代表大会

---

[1]《中国共产党历次党章汇编（1921～2017）》，北京：中国方正出版社，2019年，第441页。
[2]《中国共产党历次党章汇编（1921～2017）》，北京：中国方正出版社，2019年，第445页。
[3]《中国共产党历次党章汇编（1921～2017）》，北京：中国方正出版社，2019年，第449页。
[4]《中国共产党历次党章汇编（1921～2017）》，北京：中国方正出版社，2019年，第488页。
[5]《中国共产党历次党章汇编（1921～2017）》，北京：中国方正出版社，2019年，第488页。
[6]《中国共产党历次党章汇编（1921～2017）》，北京：中国方正出版社，2019年，第491页。
[7]《中国共产党历次党章汇编（1921～2017）》，北京：中国方正出版社，2019年，第495页。

代表实行任期制""党的各级组织要按规定实行党务公开""党的中央和省、自治区、直辖市委员会实行巡视制度"①等作为党的组织制度新要求载入党章。2012年11月中共十八大通过的《中国共产党章程（修正案）》，则主要是在总纲部分，将科学发展观从十七大党章所表述的"重要指导方针""重大战略思想"上升到党的指导思想与行动指南层面载入党章；将中国特色社会主义丰富发展为"道路、理论体系、制度"的"三位一体"，并将其归结为"改革开放以来我们取得一切成绩和进步的根本原因"，将"加强党的执政能力建设、先进性和纯洁性建设"作为党的建设主线、把"建设学习型、服务型、创新型的马克思主义执政党"作为执政党建设目标新要求等载入党章②，并充实了党的建设总要求；在条文部分，对党员、党的干部、党的基层组织的有关规定作了个别修改，尤其是对十二大党章规定的选拔干部原则与方针加以丰富，将既有党章规定的"党按照德才兼备的原则选拔干部，坚持任人唯贤，反对任人唯亲"表述丰富发展为"党按照德才兼备、以德为先的原则选拔干部，坚持五湖四海、任人唯贤，反对任人唯亲"③，充分彰显了新时代选人用人新要求。

## 四、新时代新思想新征程与十九大党章新发展

2012年11月党的十八大胜利召开，标志着中国特色社会主义进入新时代。新时代，有了新征程、新思想、新目标、新实践。党的十八大以来，以习近平同志为核心的党中央在全面从严治党的过程中，逐步形成了"四个全面"战略布局；同时，不断深化对"新时代坚持和发展什么样的中国特色社会主义、怎样坚持和发展中国特色社会主义""新时代如何全面从严治党、全面加强党的建设""新时代如何坚持与加强党的全面领导"等治党理政根本问题的认识，形成了习近平新时代中国特色社会主义思想。在开启与推进社会主义现代化强国建设的过程中，以习近平同志为核心的党中央高度重视党内法规制度体系建设、依规治党与依章治党，将党内法规制度建设作为全面从严治党、依规治党的必然要求与根

---

① 《中国共产党历次党章汇编（1921～2017）》，北京：中国方正出版社，2019年，第501-503页。

② 《中国共产党历次党章汇编（1921～2017）》，北京：中国方正出版社，2019年，第546页。

③ 《中国共产党历次党章汇编（1921～2017）》，北京：中国方正出版社，2019年，第563页。

本之举。这正如党的十八届四中全会所强调的，党内法规是"管党治党的重要依据"①；也正如习总书记反复强调的，"党章是全党必须遵循的总章程，也是总规矩"②，"建立健全党内制度体系，要以党章为根本依据；判断各级党组织和党员、干部的表现，要以党章为基本标准；解决党内矛盾，要以党章为根本规则"③。

为了适应新时代新思想、新征程、新要求，2017年党的十九大修改通过的《中国共产党章程》，充分吸纳了十八大以来从严管党治党、治国理政的新思想、新精神、新要求，在许多方面作出重大修改，成为百年党章发展史上又一个极为重要的里程碑。概括说来，十九大党章至少有以下几点重大修改或创新发展。第一，在指导思想上，把习近平新时代中国特色社会主义思想纳入党的指导思想、载入党章，并将其精神要求贯彻整个党章之中。第二，在治国理政的基本布局与基本方略方面，把中国特色社会主义文化与"文化自信"写入党章总纲，形成与强调"四个自信"；把"两个百年"奋斗目标、实现中华民族伟大复兴的中国梦载入党章总纲，形成新的奋斗目标与目标引领；把我国社会主要矛盾变化的重大判断与新表述载入党章总纲；把"五大发展理念""四个全面"战略布局、国家治理体系和治理能力现代化等载入党章总纲；把十八大以来关于中国特色社会主义事业"五位一体"建设、治国理政新经验等写入党章总纲；把习近平强军思想、人类命运共同体思想、"一带一路"等写入党章总纲；把十八大以来管党治党的新经验、新要求、新布局与"四个意识"写入党章总纲；把"党政军民学，东西南北中，党是领导一切的"重大政治原则写入党章总纲，并根据总纲修订对党章部分条文作必要修改。第三，在党的领导方面，着力强调坚持与加强党的全面领导，强调"中国共产党的领导是中国特色社会主义最本质的特征，是中国特色社会主义制度的最大优势。党政军民学，东西南北中，党是领导一切的"④，这无疑是对改革开放以来历次党章的重大发展。第四，在党的建设方面，增加"坚持从严管党治党"新要求，将十四大党章修订的党的建设"四项基本要求"丰富发展为"五项基本要求"，着力强调要从严管党治党、全面从严治党；对新

---

① 《十八大以来重要文献选编》（中），北京：中央文献出版社，2016年，第178页。
② 《十八大以来重要文献选编》（中），北京：中央文献出版社，2016年，第347页。
③ 习近平：《认真学习党章　严格遵守党章》，《求是》2012年第23期。
④ 《中国共产党历次党章汇编（1921~2017）》，北京：中国方正出版社，2019年，第13页。

时代党的建设总布局作出系统规划，突出强调以党的政治建设统领新时代党的建设，"使我们党始终走在时代前列，成为领导全国人民沿着中国特色社会主义道路不断前进的坚强核心"①。第五，在条文部分，十九大党章加强对党员和党组织的监督和纪律约束，充分吸收了十八大以来纪律建设和纪检体制改革的成果，规定了巡视工作全覆盖，明确了党的纪律的种类，充实了纪律处分的内容，并理顺了党的纪律检查机关的领导体制、职责范围和工作程序，充分体现了新时代全面从严治党的成功经验与新要求。

## 五、中国共产党百年党章发展演进规律与依章治党基本启示

纵观中国共产党百年党章发展演进，从中共一大制定了第一部初具党章色彩的纲领、中共二大制定了第一部比较完备的党章开始，基本上历次党的全国代表大会都会修改与完善党章。在百年党章发展史上，中共二大党章、七大党章、八大党章、十二大党章、十九大党章具有里程碑意义。其中，二大党章乃中国共产党百年历史上第一部比较完备的党章，七大党章是新民主主义革命时期我们党最为完善、最为成熟的一部党章，八大党章是中国共产党全面执政以后的第一部内容比较完备的党章、奠定了执政党党章的基本内容，十二大党章确立了改革开放以来执政党党章新的内容框架、开启了自觉加强执政党建设的新纪元；十九大党章以新思想、新理念、新方略为指导，确立了新时代全面加强党的建设、全面从严治党、坚持与加强党的全面领导的根本遵循。纵观中国共产党百年党章发展史，可以得出三点基本结论与基本启示。第一，党章作为党内"根本大法"，无论在革命、建设、改革开放还是新时代，党章都是管党治党的根本依据，都是制定其他党内法规的根本遵循，依章治党始终是党的建设的根本遵循与基本模式；党章的发展变化，既是把握中国共产党百年建设的主线，也是把握百年党内法规制度建设的主轴或曰"主旋律"②。第二，党章既具有鲜明的政治性与原则性，又具有根本性、稳定性与长期性。从政治性、原则性角度看，"马克思主义政党

---

① 《中国共产党历次党章汇编（1921～2017）》，北京：中国方正出版社，2019年，第11页。
② 《百年党建与治党模式演进》，《新华日报》2021年5月11日。

具有崇高政治理想、高尚政治追求、纯洁政治品质、严明政治纪律"[1]"旗帜鲜明讲政治是我们党作为马克思主义政党的根本要求"[2]，这从根本上决定了党章必须与时俱进地把党的重大思想理论创新、政治纲领与中心任务的重大变化等贯穿其中。党的指导思想、政治纲领、中心任务的发展变化是推动党章修改的内在动因，也是观察分析党章发展变化的基本观察点。从根本性、稳定性与长期性角度看，党章必须保持内容科学、结构稳定、前后连贯，必须本着"非必改则不改"原则审慎进行党章修改；修改党章必须发扬党内民主、集中全党智慧，并且只能通过党的最高领导机关（党的全国代表大会）来进行。第三，党章是党内"根本大法"，无论制度治党、依规治党都是建立在依章治党基础之上的，以依章治党为根本遵循。要依章治党，必须在全党形成学习党章、尊崇党章、严格遵守党章、维护党章权威的政治氛围与政治自觉。在此意义上看，新时代加强党内法规制度建设，关键就在于全面依章治党。

（本文发表于《治理研究》2021年第4期，略有删改）

---

[1]《增强推进党的政治建设的自觉性和坚定性》，《求是》2019年第14期。
[2]《中国共产党第十九次全国代表大会文件汇编》，北京：人民出版社，2017年，第50页。

# 中国共产党百年奋斗形象塑造的话语表达

齐卫平

中国共产党迎来了百年诞辰,她领导中国人民的奋斗历程是矢志不渝践行初心使命的一百年,是筚路蓝缕奠基立业的一百年,是创造辉煌开辟未来的一百年。回望这一百年的历史,开展中共党史学习教育,有助于我们加深对中国共产党是什么样的党、共产党员是什么样的人的认识。本文拟从中国共产党是干什么的、怎么干的、干成了什么、还将如何干这四个角度,论述百年历史实践中其奋斗形象塑造的核心话语表达,以期呈现中国共产党的追求、情怀、担当和贡献,从而激励全党全国各族人民团结奋斗、意气风发迈进现代化新征程,书写民族复兴新篇章。

## 一、为人民谋幸福、为民族谋复兴:中国共产党是干什么的话语表达

1921年中国共产党建立是其奋斗实践的历史起点,要认识她是一个什么样的党,就要回到100年前的历史场景,弄明白当时一些人为什么要建这样一个党,以及建党要干什么。党的十九大指出:中国共产党人的初心和使命,就是为中国人民谋幸福,为中华民族谋复兴。这个概括简洁明了,并有深刻的内涵,通过对中国共产党人初心和使命的精辟揭示,回答了建党初始的动机问题,构成了人们认知她是什么样的党以及建党要干什么的历史原点。

中国社会近代意义上的政党组建于辛亥革命前后,孙中山先生领导的中国同

盟会是中国历史上第一个资产阶级革命政党，1912年中华民国建立前后，各式各样的政党组织竞相成立，大大小小的政党数量多达数百个。然而，这些政党都由官僚和政客组成，利益驱动成为建党缘由，钩心斗角、争权夺利演成中华民国初年政党实践的乱象，引起社会强烈不满。在时人眼里，党派纷争"乃各杂以私见，异派因相倾陷破坏，而同派之中，亦往往互相忌刻，势若水火，率致以主义目的精神思想丝毫无区别的人，亦复分相抗不欲联合，此种现象实非好兆，亡国之根，即在此耳"[①]。章士钊发表的《政党政治果适于今日之中国乎》一文指出，党派林立，互相攻击，"可谓尽党争之奇观矣""却弄得政坛纷乱，吾国政治前途危矣"[②]，明确质疑政党政治的价值。资产阶级旧民主主义革命失败了，历史呼唤新型政党出场，"中国期待着新的社会力量寻找先进理论，以开创救国救民的道路"[③]。在十月革命和五四运动后马克思主义传播同中国工人运动结合的进程中，中国共产党应运而生。这个开天辟地的大事引出了中国改天换地、翻天覆地的巨变，百年奋斗的业绩谱写了五千年中华文明史的辉煌篇章。

与中华民国初年建立的旧式政党不同，中国共产党从建立起就义无反顾地担当起改造中国社会、推翻帝国主义和封建主义反动统治、实现国家统一和民族独立、领导人民摆脱遭凌辱受压迫的责任，领导中国革命取得了胜利。中华人民共和国成立后，中国共产党以完成从农业国向工业国转变为全面执政的初期目标，确立社会主义基本制度，领导人民为改变一穷二白的落后面貌而不懈奋斗，人民生活得到显著改善，中华民族以崭新姿态屹立于世界。改革开放新时期，中国共产党团结带领人民走上日益富裕的康庄大道，40多年经济快速发展和社会长期稳定创造了世所罕见的人类社会发展奇迹，综合国力大幅度提高，中国成为位列世界第二的经济体。党的十八大后，以习近平同志为核心的党中央推动中国特色社会主义进入新时代，强起来构成中国共产党为人民谋幸福、为民族谋复兴的新动力。中国共产党百年发展史就是一部谋中国人民幸福、谋中华民族复兴的奋斗史，在百年历史实践中，围绕为人民谋幸福、为民族谋复兴的初心和使命形成了丰富的表达话语。

第一，形成党的根本组织宗旨的话语。政党的组织宗旨是对建党要干什么的

---

① 《梁启超选集》，上海：上海人民出版社，1990年，第627—628页。
② 《章士钊全集》（第1卷），上海：文汇出版社，2000年，第536—539页。
③ 《十五大以来重要文献选编》（下），北京：人民出版社，2003年，第1895页。

集中回答，观察一个政党的价值诉求首先看其确立什么样的组织宗旨。中国共产党鲜明的根本组织宗旨决定着整个奋斗实践的行动逻辑。从毛泽东提炼的"全心全意为人民服务"，到邓小平把"人民拥护不拥护、人民赞成不赞成、人民高兴不高兴、人民答应不答应"作为全党想事情、做工作对不对好不好的基本尺度，江泽民提出"三个代表"重要思想突出强调要始终代表广大人民根本利益，胡锦涛强调"以人为本、执政为民"，再到习近平论述"人民对美好生活的向往，就是我们的奋斗目标"，历届党中央领导人坚持党的根本组织宗旨的思想一脉相承。习近平表示，党的十八大以来他之所以反复讲初心和使命的话题，"目的就是提醒全党不要忘了中国共产党是什么、要干什么这个根本问题"①，这是新时代坚持党的根本组织宗旨的意识强化和思想提升。百年历史实践中，党的根本组织组织的丰富话语，向中国人民传递了谋人民幸福的初心坚守和谋民族复兴的使命担当。

第二，形成党的利益取向的话语。根本组织宗旨决定了中国共产党人坚持党性与人民性相统一的政治立场，始终把人民利益摆在最高位置，求的是人民的利，谋的是人民的福。毛泽东指出，除了人民利益外中国共产党没有自身利益，"共产党人的一切言论行动，必须以合乎最广大人民群众的最大利益，为最广大人民群众所拥护为最高标准"②。邓小平指出："我们所做的一切事情，都必须符合人民的利益，对于损害人民利益的事情就应该加以反对，加以纠正"③，"中国共产党员的含意或任务，如果用概括的语言来说，只有两句话：全心全意为人民服务，一切以人民利益作为每一个党员的最高准绳"④。习近平指出，中国共产党以马克思主义科学理论为行动指南，"这使我们党得以摆脱以往一切政治力量追求自身特殊利益的局限，以唯物辩证的科学精神、无私无畏的博大胸怀领导和推动中国革命、建设、改革，不断坚持真理、修正错误"⑤。这样的利益取向决定着中国共产党人的党性建立在人民性基础之上，两者高度统一，彰显马克思主

---

① 《习近平关于"不忘初心、牢记使命"论述摘编》，北京：党建读物出版社，2019年，第15页。

② 《毛泽东选集》（第3卷），北京：人民出版社，1991年，第1096页。

③ 《邓小平文集》（上），北京：人民出版社，2014年，第114页。

④ 《邓小平文选》（第1卷），北京：人民出版社，1994年，第257页。

⑤ 《习近平谈治国理政》（第2卷），北京：外文出版社，2017年，第33页。

义政党先进本质。

第三，形成以实现好、维护好、发展好人民利益为根本目的的话语。百年历史实践中，党中央始终强调，党制定一切路线方针政策必须以满足人民的意愿为出发点和归宿，始终代表最广大人民的根本利益，就必须使党的理论、路线、纲领、方针政策和各项工作落脚到实现好、维护好、发展好人民利益上来。无论是领导革命，还是领导建设和改革，中国共产党人不懈奋斗都是为了同一个目的，就是让中国人民过上好日子。推翻帝国主义和封建主义的新民主主义革命，是为了把中国人民从水深火热的苦难生活中解救出来而斗争；建立社会主义制度，全面建设社会主义，是为改变一穷二白的落后面貌、改善人民生活水平而奋斗；实施改革开放，开创中国特色社会主义事业，是为了让人民生活得更加美好而努力。"我们党从成立那天起，就肩负着实现中华民族伟大复兴的历史使命。我们党领导人民进行革命建设改革，就是要让中国人民富裕起来，国家强盛起来，振兴伟大的中华民族。"①以此为责任担当，就必须时刻以实现好、维护好、发展好人民利益为思想遵循和行动逻辑，"人民群众反对什么、痛恨什么，我们就要坚决防范和纠正什么"②。始终坚持好这个原则，中国共产党就能从人民群众中获得源源不竭的力量。

第四，形成坚持以人民为中心的发展思想的话语。"人民"是中国共产党话语辞典中的关键词，使用频率最高，很多思想与它相关联，很多事件都有人民的身影。从政党、国家、社会三维关系看，近现代中国政治发展逻辑与世界其他国家不同之处表现在政党使命与国家命运紧密相连的特殊性，它决定了中国共产党的事业与人民的事业融为一体的发展规律。人民始终是历史实践的中心，中国共产党的全部活动都离不开人民这个中心，这不仅体现着对马克思关于"人民是创造历史的主人"这一唯物史观基本原理的坚持，而且也彰显着中国共产党保持先进本质的遵循。中国共产党百年实践充分体现了围绕人民进行一切活动的发展轨迹，党的十八大、十九大以来，习近平对坚持以人民为中心的发展思想作了一系列重要论述，形成的重大创新理论成果推动新时代党的实践达到新的境界。习近平把"让人民生活得更加美好"作为执政取向和目标，提出要让人民有更多的收

---

① 《十八大以来重要文献选编》（上），北京：中央文献出版社，2014年，第77页。
② 《十九大以来重要文献选编》（上），北京：中央文献出版社，2019年，第43页。

获感、幸福感、安全感,要求全党把民生福祉视为伟大的事业,表达了共产党人"我将无我,不负人民"的崇高情怀。习近平指出:"我们的目标很宏伟,但也很朴素,归根结底就是让全体中国人民都过上好日子。"①这不是豪言壮语,却饱含深情,揭示了中国共产党的道义旨归。

习近平指出:"中国共产党之所以赢得人民群众拥护和支持,就因为我们党始终坚守为中国人民谋幸福、为中华民族谋复兴的初心和使命……只要始终守初心、担使命,那就无坚不摧。"②这个初心和使命是激励中国共产党人不断前进的根本动力,是中国共产党人团结带领中国人民持续接力奋斗的力量源泉。以为中国人民谋幸福、为中华民族谋复兴的话语表达初心和使命,诠释了中国共产党为了什么而建立、追求什么而发展的思想逻辑和建党要干什么的行动准则,为中国人民认知马克思主义政党的先进本质提供了判断标准。

## 二、紧紧依靠广大人民群众:中国共产党是怎么干的话语表达

中国共产党奋斗的历史极不平凡,遭遇的经历极不寻常,发展的过程极不简单。从面相上看,中国共产党从建立时仅有50多名党员,发展壮大为如今拥有9000多万党员,组织规模的巨大增量足以显示其旺盛生命力。然而,中国共产党的发展历程贯穿着艰险,充满着荆棘,伴随着坎坷。透过现象看本质,中国共产党日益壮大的面相背后有着她"为什么能"的密钥。

中国共产党在百年实践中经历了大风大浪的磨炼,无论是领导革命,还是领导社会主义建设和改革开放,各种各样的考验构成一个又一个重大挑战和风险危机。国内外敌对势力费尽心思、不择手段打压遏制、围剿攻击、封杀扑灭中国共产党,许多场面惊心动魄。在革命战争年代,帝国主义和封建主义统治使中国共产党长期面临敌强我弱的局面,阶级斗争和民族战争交织,我们党曾两次遭遇生死存亡的危机。在全面执政的和平建设时期,西方敌对国家和敌对势力始终没有放弃对中国进行"分化""西化"的图谋,企图颠覆中国共产党的领导,它们质

---

① 《习近平谈治国理政》(第3卷),北京:外文出版社,2020年,第134页。
② 《习近平关于"不忘初心、牢记使命"论述摘编》,北京:党建读物出版社,2019年,第21页。

疑、否定、反对社会主义。然而，这一切都没有压倒打垮中国共产党，我们党通过紧紧依靠广大人民群众获得了源源不绝的力量。

对中国共产党来说，"怎么干"与"要干什么"有着紧密的逻辑关系，行动受愿望驱动，"要干什么"决定着"怎么干"。中国共产党人初心和使命是对"要干什么"这个问题的回答，紧紧依靠广大人民群众是对"怎么干"这个问题的回答，两个答案内在相统一。百年历史进程中，中国共产党人始终在为人民谋幸福、为民族谋复兴的初心和使命驱动下实践着怎么干的行动逻辑。我们党因与人民群众始终保持血肉联系的显著特征，从根本政治属性上区别于其他别的政党；我们党因紧紧依靠广大人民群众而拥有不可战胜的强大力量，能够在任何艰难险阻下攻无不克；我们党因得到广大人民群众的信任而赢得他们的长期拥戴和支持，巩固党的领导和执政地位，紧紧依靠广大人民群众成为中国共产党表达怎么干的核心话语。

新民主主义革命时期，紧紧依靠人民群众为中国共产党取得胜利提供了强大支撑。我们党诞生后就树立起群众意识，中共二大提出，中国共产党不是"离开群众之空想的革命团体"，而要建设"无产阶级革命大的群众党""我们的活动必须是不离开群众的"①。中共四大指出，中国共产党应"努力获得最大多数农民为工人阶级之革命的同盟"②，通过广泛宣传，为"党的组织和群众树立更为接近的基础"③。在深入发展的革命实践中，党中央认识到，"无产阶级的政党只是当它能够获得广大群众的信仰与拥护，随时可以调动群众起来斗争的时候，方才能表现其伟大力量"④。共产党人应该有这样的觉悟："我所代表的是群众的血中血、肉中肉，我与群众是不能分割的"，"群众的力量是我党的最后依靠。为了民族的与民众的利益而奋斗、而牺牲，这是共产党员的本职"⑤，"中国共产党是从他产生到现在，没有一刻忘记过与广大群众的联系，没有一刻不为工人、农民、兵士和一切被压迫中国人民的利益而奋斗的""只有中国共产党才能最接近群

---

① 《建党以来重要文献选编》（第1册），北京：中央文献出版社，2011年，第162—163页。
② 《建党以来重要文献选编》（第2册），北京：中央文献出版社，2011年，第244页。
③ 《建党以来重要文献选编》（第2册），北京：中央文献出版社，2011年，第261页。
④ 《建党以来重要文献选编》（第5册），北京：中央文献出版社，2011年，第200页。
⑤ 《建党以来重要文献选编》（第13册），北京：中央文献出版社，2011年，第338、339页。

众,最能为群众利益而奋斗"①,"没有群众,共产党就没有力量"②。毛泽东指出:"真正的铜墙铁壁是什么?是群众,是千百万真心实意地拥护革命的群众。这是真正的铜墙铁壁,什么力量也打不破的,完全打不破的。"③他坚信中国人民反抗日本帝国主义的战争一定能取得胜利,因为"战争的伟力之最深厚的根源,存在于民众之中"④。中共七大对党的群众路线作出理论上的系统论述,刘少奇在修改党章的报告中指出:"没有人民群众的真正自觉与真正发动,仅有先锋队的奋斗,人民的解放是不可能的,历史是不会前进的,任何事业都是不可能成功的。"⑤新民主主义革命的历史实践表明,我们党之所以能够从两次失败的挫折走向两次兴起的转折,之所以能够战胜日本帝国主义,之所以能够用小米加步枪的简陋武器打败以美式先进武器装备的国民党军队,根本原因就是从人民群众中获得了巨大支持。

社会主义建设时期,紧紧依靠人民群众成为巩固党的领导地位和执政基础的实践遵循。毛泽东指出:"共产党员要善于同群众商量办事,任何时候也不要离开群众。党群关系好比鱼水关系。如果党群关系搞不好,社会主义制度就不可能建成;社会主义制度建成了,也不可能巩固"⑥,"力量的来源就是人民群众"⑦。中共八大会议上,邓小平作修改党章报告,对我们党在全面执政的新形势下坚持党的群众路线作了分量很重的论述。他从历史是人民群众创造的历史唯物主义观点出发,指出"同资产阶级的政党相反,工人阶级的政党不是把人民群众当作自己的工具,而是自觉地认定自己是人民群众在特定的历史时期为完成特定的历史任务的一种工具"⑧。这一"工具论"深刻阐明了必须摆正党与人民关系位置的道理。中国共产党历史地位的变化不能变成党和人民关系的变化,执掌国家权力只是意味着我们党具有了更好地为人民服务的条件。把人民当作党的工具必然滋

---

① 《建党以来重要文献选编》(第14册),北京:中央文献出版社,2011年,第346页。
② 《建党以来重要文献选编》(第14册),北京:中央文献出版社,2011年,第584页。
③ 《毛泽东选集》(第1卷),北京:人民出版社,1991年,第139页。
④ 《毛泽东选集》(第2卷),北京:人民出版社,1991年,第511页。
⑤ 《刘少奇选集》(上),北京:人民出版社,1981年,第351页。
⑥ 《建国以来毛泽东文稿》(第6册),北京:中央文献出版社,1992年,第547页。
⑦ 《毛泽东文集》(第8卷),北京:人民出版社,1999年,第324页。
⑧ 《邓小平文选》(第1卷),北京:人民出版社,1994年,第217-218页。

长骑在人民头上作威作福的官僚主义，作为人民的工具，中国共产党人就必须把自己作为人民中的一员，切实执行和完成好民生福祉的工作。事实证明，正是因为我们党紧紧依靠人民群众才在经济文化落后的条件下取得了社会主义建设的历史性成就，而脱离人民群众必然造成社会主义建设的曲折。

改革开放新时期，紧紧依靠人民群众是开创中国特色社会主义伟大事业的成功密钥。邓小平强调，群众就是我们力量的源泉，群众路线和群众观点一直是我们的传家宝。我们的党组织、党员和干部必须始终同群众打成一片，决不能与群众相对立。如果哪个党组织严重脱离群众而不改正，那就会丧失力量的源泉，就一定要失败，就必然被人民抛弃。[1]胡耀邦指出："我们党所领导的人民革命事业和社会主义建设事业，都是人民自己的事业。在人民中，共产党员在任何时候都是少数，所以我们的一切工作都要依靠人民，相信人民，汲取人民的智慧，尊重人民的创造力，并且接受人民的监督。"[2]江泽民指出，我们党领导改革和建设，只有得到人民群众理解、支持和参与，只有充分发挥人民群众的积极性和创造性，才能顺利推进；党的领导地位只有赢得人民群众信赖和拥护，才能得到巩固和加强。[3]胡锦涛指出，一个政党如果不能保持同人民群众的血肉联系，如果没有人民群众的支持和拥护，就会失去生命力，就更谈不上先进性。我们党的根基在人民、血脉在人民、力量在人民。保持党同人民群众的血肉联系，是我们党无往而不胜的法宝，也是我们党始终保持先进性的法宝。[4]中共十八大、十九大以来，习近平对党和人民的血肉关系作出一系列重要论述，他指出："人民是历史的创造者，是决定党和国家前途命运的根本力量。我们党来自人民、植根人民、服务人民，一旦脱离群众，就会失去生命力"[5]，"人民是我们党执政的最大底气，是我们共和国的坚实根基，是我们强党兴党的根本所在。我们党来自于人民，为人民而生，因人民而兴，必须始终与人民心心相印、与人民同甘共苦、与人民团结奋斗"[6]，"老百姓是天，老百姓是地。忘记了人民，脱离了人民，我们

---

[1]《邓小平文选》(第2卷)，北京：人民出版社，1994年，第368页。
[2]《三中全会以来重要文献选编》(下)，北京：人民出版社，1982年，第865页。
[3]《江泽民文选》(第1卷)，北京：人民出版社，2006年，第407页。
[4]《十六大以来重要文献选编》(下)，北京：中央文献出版社，2008年，第535页。
[5]《习近平谈治国理政》(第3卷)，北京：外文出版社，2020年，第135页。
[6]《习近平谈治国理政》(第3卷)，北京：外文出版社，2020年，第137页。

就会成为无源之水、无本之木，就会一事无成"①。领导改革的历史实践表明，我们党之所以能够开创中国特色社会主义建设新局面，之所以能够成功克服国内发展的各种障碍和有力回击国外施加的多方面挑衅，就是因为有14亿人民作为无比坚强的后盾。

习近平指出："中国走过的历程，中国人民和中华民族走过的历程，是中国共产党和中国人民用鲜血、汗水、泪水写就的，充满着苦难和辉煌、曲折和胜利、付出和收获，这是中华民族发展史上不能忘却、不容否定的壮丽篇章，也是中国人民和中华民族继往开来、奋勇前进的现实基础。"②我们党围绕紧紧依靠广大人民群众形成了怎么干的丰富话语表达，一部中国共产党历史就是其团结带领中国人民不懈奋斗的历史。百年历史实践中，中国共产党怎么干的事实证明党与人民的紧密关系牢不可破。过去是这样，现在更是这样，这不是可以任性改变和随意抹杀的。2020年新型冠状病毒疫情肆虐世界的危机冲击下，美国无视我国抗击疫情取得的重大战略性成果，制造各种谎言恶毒攻击中国，甚至企图把中国共产党与中国人民割裂和对立起来，挑拨党和人民的关系，这是中国人民决不会答应的，任何人任何势力离间中国共产党与中国人民关系的阴谋注定是痴心妄想。

## 三、革命、建设和改革三件大事：中国共产党干成了什么的话语表达

中国共产党百年奋斗创造出无比辉煌的成就，"从建党的开天辟地，到新中国成立的改天换地，到改革开放的翻天覆地，再到党的十八大以来党和国家事业取得历史性成就、发生历史性变革"③。中国人民见证了一百年来中国社会的巨变，感受到一百年来中华民族的翻身。中国共产党干成了近代中国其他任何政党或政治力量都干不成的事情，完成了中国人民和中华民族所期待的任务。

中国共产党干成的这些大事，党的历史文献和党中央领导人曾从各个方面进

---

① 《十八大以来重要文献选编》（下），北京：中央文献出版社，2018年，第400页。
② 《十八大以来重要文献选编》（下），北京：中央文献出版社，2018年，第343页。
③ 《加强政治建设　提高政治能力　坚守人民情怀　不断提高政治判断力　政治领悟力　政治执行力》，《人民日报》2020年12月26日。

行概括，内容十分丰富，其中非常具有代表性的概括就是党紧紧依靠人民干了三件大事：一是领导中国革命取得胜利；二是领导社会主义建设奠定中华民族伟大复兴的根基；三是领导改革开放，实现国家腾飞。前两件大事已经完成，第三件大事还在进行中。这三件大事构成中国共产党百年奋斗实践的历史链条，串联起党团结带领人民不懈努力的历史场景。党中央以这三件大事为历史叙事的话语，精炼揭示了中国共产党为国家、社会和民族作出的伟大贡献。

最先关于三件大事的历史叙事出现在1991年中国共产党成立七十周年庆祝活动时，江泽民发表讲话指出，我们党领导各族人民为社会的进步做了许多事情。总起来说，就是三件大事：一是完成了反帝反封建的新民主主义革命的任务，结束了中国半殖民地半封建社会的历史；二是消灭了压迫人民的剥削制度和剥削阶级，确立了社会主义基本制度；三是开创了中国特色社会主义建设的道路，逐步实现社会主义现代化，这件事情还正在做，并已经取得了伟大成就。①2001年7月1日，江泽民在庆祝中国共产党成立八十周年大会上发表讲话再次指出："我们完成了新民主主义革命任务，实现了民族独立和人民解放"，"我们建立了社会主义制度，实现了中国历史上最广泛最深刻的社会变革"，"我们开创了建设有中国特色社会主义事业，为实现中华民族的伟大复兴开创了正确道路"。②这里还是围绕三件大事作出党领导中国革命、建设和改革的叙事话语表达。

2011年7月1日，胡锦涛在庆祝中国共产党成立九十周年大会上发表的讲话仍延续了三件大事的历史概括，他指出，在中国这片古老的土地上，我们党团结带领人民书写了人类社会发展史上惊天地、泣鬼神的壮丽史诗，集中体现为完成和推进了三件大事：紧紧依靠人民完成了新民主主义革命，实现了民族独立、人民解放；紧紧依靠人民完成了社会主义革命，确立了社会主义基本制度；紧紧依靠

人民进行了改革开放新的伟大革命，开创、坚持、发展了中国特色社会主义，"这三件大事，从根本上改变了中国人民和中华民族的前途命运，不可逆转地结束了近代以后中国内忧外患、积贫积弱的悲惨命运，不可逆转地开启了中华民族不断发展壮大、走向伟大复兴的历史进军，使具有五千多年文明历史的中国

---

① 《十三大以来重要文献选编》（下），北京：人民出版社，1993年，第1631页。
② 《江泽民文选》（第3卷），北京：人民出版社，2006年，第266-267页。

面貌焕然一新，中华民族伟大复兴展现出前所未有的光明前景"。①三件大事在中国共产党百年历史实践进程中具有标识性的重大意义。

2016年7月1日，习近平在庆祝中国共产党成立九十五周年大会上发表重要讲话，三件大事的叙事话语有了更丰富的内容和更深刻的含义。习近平指出，中国共产党紧紧依靠人民跨过一道又一道沟坎，取得一个又一个胜利，为中华民族作出了伟大历史贡献。"这个伟大历史贡献，就是我们党团结带领中国人民进行二十八年浴血奋战，打败日本帝国主义，推翻国民党反动统治，完成新民主主义革命，建立了中华人民共和国"，"这个伟大历史贡献，就是我们党团结带领中国人民完成社会主义革命，确立社会主义基本制度，消灭一切剥削制度，推进了社会主义建设"，"这个伟大历史贡献，就是我们党团结带领中国人民进行改革开放新的伟大革命，极大激发广大人民群众的创造性，极大解放和发展社会生产力，极大增强社会发展活力，人民生活显著改善，国际地位显著提高"。②三件大事浓缩着我们党为国家、社会和民族作出贡献的精华，领导中国革命、建设和改革既是百年奋斗实践进程的三个时期，又是实现中华民族伟大复兴目标历史进程的三个里程碑。

以三件大事进行中国共产党百年历史叙事的话语表达，传递出非常丰富的内容，从中可以获取许多重要信息。第一，中国共产党干成大事的力量来自人民，历届党中央论述三件大事的话语中都突出了人民的主体性，表明中国共产党领导革命、建设和改革的人民立场。第二，中国共产党干成的大事紧紧围绕实现中华民族伟大复兴这个目标，人民的前途、民族的命运、国家的地位因为三件大事而发生根本的、彻底的改变。第三，中国共产党干成的大事顺应历史潮流，创造的伟业代表了中国社会的前进方向，领导革命、建设和改革三件大事构成循序渐进的动态过程，一步步推动中国赶上时代，在世界上发挥重要作用。第四，中国共产党干成的大事实现了中国从几千年封建专制政治向人民民主的伟大飞跃，实现了中华民族由不断衰落到根本扭转命运、持续走向繁荣富强的伟大飞跃，实现了中国人民从站起来、富起来到强起来的伟大飞跃。从这些信息中人们可以读出中国共产党人践行不忘初心、牢记使命的执着不弃，可以感知中国共产党人对国

---

① 《胡锦涛文选》（第3卷），北京：人民出版社，2016年，第522-524页。
② 《十八大以来重要文献选编》（下），北京：中央文献出版社，2018年，第342页。

家、对人民的责任担当，可以追寻中国共产党人锲而不舍、勇往直前的历史足迹。

一百年前中国共产党诞生之时，中国人民面对的是一个灾难深重的旧中国，一百年后的中国，用"今非昔比"的话语来叙述国家的变化已显得十分苍白。今日的中国早就不再是那个可以任人欺负、随意宰割的落后国家，不再是一盘散沙、捏不到一块的软弱国家，中国共产党领导中国人民彻底改写了历史，一个强大的中国屹立于世界东方。中华人民共和国成立以来尤其是改革开放40多年的伟大实践，使中国摆脱了贫困，并跃升为世界第二大经济体，党领导人民创造了世所罕见的经济快速发展和社会长期稳定两大奇迹。中国日益走近世界舞台中央，不断为世界作出重大贡献，为解决全球治理共同性问题提供中国方案、中国智慧，发挥构建人类社会命运共同体的积极作用。事实证明比话语表达更加有力，三件大事构成讲好中国共产党故事的生动素材。习近平指出："现在我们干的是中国几千年来从未干过的事。"①中国共产党领导中国人民下的是一盘见证人类社会奇迹的大棋，已经干成的和正在干的大事使全党全国各族人民不断坚定中国特色社会主义道路、理论、制度、文化自信，不断增强砥砺奋进的底气。历史不负奋斗的人民，胜利属于奋斗的人民，有中国共产党坚强有力的领导，有全体中国人民勠力同心的奋斗，实现中华民族伟大复兴的中国梦指日可待。

## 四、建设社会主义现代化强国：中国共产党还将如何干的话语表达

历史总是在告别过去中延展，昨天的辉煌需要今天的努力和明天的创造来再续。中国共产党从事的千秋伟业还在进行的途中，一代代接力奋斗要求共产党人不能躺在功劳簿上止步不前。我们党团结带领人民干成的事已经载入史册，新征程召唤着人们再出发，新前景等待着人们去拥抱。以习近平同志为核心的党中央要求全党全国各族人民凝聚起同心共筑中国梦的磅礴力量，吹响了为实现社会主义现代化强国和中华民族伟大复兴目标而不懈奋斗的进军号。

现实中国站在了一个新的历史起点上，中国共产党将带领中国人民迈出新长

---

① 《论坚持党对一切工作的领导》，北京：中央文献出版社，2019年，第31页。

征路的新步伐。2020年，世界遭遇了突如其来的新型冠状病毒感染疫情，虽然在党中央的有力领导下，中国人民打赢了疫情阻击战，但国外疫情蔓延态势始终控制不住，整个世界一年都处于高度紧张之中。而即使是在这样的情况下，以习近平同志为核心的党中央一方面坚持把人民生命放在第一位，外防输入、内防反弹，保持我国疫情防控形势持续向好态势，另一方面坚定不移地按照既定部署扎实推进各项工作，取得了全面脱贫攻坚战的伟大胜利，胜利完成全面建成小康社会的"第一个百年"奋斗目标任务。百年奋斗路，启航新征程，中国人民和中华民族对中国共产党还将如何干充满期待，以习近平同志为核心的党中央坚持顶层思维，进行全面设计，把战略全局与长远布局有机结合，把近期步骤与远期目标对接，把系统部署与前瞻预期统一，围绕建设社会主义现代化强国这个主题，形成中国共产党还将如何干的话语表达。

第一，中国共产党将坚持以习近平新时代中国特色社会主义思想为武装，在党中央坚强领导下，夺取新时代新阶段中国特色社会主义伟大胜利。党的十八大、十九大以来，党中央已经为启航新征程作出了全面的战略安排，统筹推进中国特色社会主义事业"五位一体"总布局、协调推进"四个全面"战略布局、担当"四个伟大"历史使命、把握战略定力、坚定"四个自信"、增强"四个意识"，做到"两个维护"等，都体现了今后将做什么和将如何干的实践指向。习近平新时代中国特色社会主义思想是指引全党全国各族人民砥砺奋进的强大思想武器，在中国特色社会主义进入新时代新阶段的形势下，深刻领会和把握习近平新时代中国特色社会主义思想的精神，对乘势而上开启历史新征程具有重大的现实意义。习近平总书记指出："我们已经拥有开启新征程、实现新的更高目标的雄厚物质基础。新中国成立不久，我们党就提出建设社会主义现代化国家的目标，未来30年将是我们完成这个历史宏愿的新发展阶段。"①把握新阶段，贯彻新理念，构建新格局，是我们党奋战新征程的新任务，也是新时代在党坚强有力领导下获得新时代新阶段中国特色社会主义伟大胜利的新要求。

第二，中国共产党将在新时代党的建设上作出新作为，通过不断提高党的建设质量，把党建设成为世界最强大的政党。党的十八大以来，全面从严治党创新

---

① 《深入学习坚决贯彻党的十九届五中全会精神　确保全面建设社会主义现代化国家开好局》，《人民日报》2021年1月12日。

实践开创了党的建设新的伟大工程新局面，扭转了管党治党"宽松软"的现象。习近平总书记强调，全面从严治党永远在路上，决不能有喘口气、歇下脚、打个盹的念头，必须坚持不懈地把全面从严治党不断向纵深推进。党的十九大提出新时代党的建设总要求，坚持和加强党的领导，以党的政治建设为统领，发挥党的建设整体功能和合力作用，在提高党的建设质量上下功夫，努力实现从规模型大党向质量型大党提升的建设目标。打铁必须自身硬，中国共产党只有在奋战新征程中打造一副"金刚不坏之身"，才能以坚持党的全面和坚强领导，确保新时代新阶段中国特色社会主义取得伟大胜利。

第三，中国共产党将着力解决好新时代国内主要矛盾，为人民创造更加美好的生活。党的十九大根据我国发展现实，对新时代国内社会主要矛盾作出新判断，解决好人民日益增长的美好生活需要和不平衡不充分的发展之间的矛盾，成为奋战新征程上党的工作着力点。人民对美好生活的向往是发展党的事业的动力，中国共产党百年实践征程是中国人民生活水平不断提高的历史过程。从摆脱饥饿难熬的悲惨生活，到全体人民过上温饱的日子、老百姓日益富裕起来、达到全面小康的生活境界，再到向往美好生活的更高期待，中国人民在享受好日子的路上不断迈进。中国共产党以让人民生活得更加美好为己任，"始终把满足人民对美好生活的新期待作为发展的出发点和落脚点"①，寻求平衡和充分的高质量发展之路，更加注重共同富裕问题，以建设美丽中国、健康中国、科技强国、文化强国等为抓手，使人民生活质量不断提高，让人民幸福生活越过越好。

第四，中国共产党将团结带领中国人民把握机遇、应对挑战、战胜风险，进行具有许多新的历史特点的伟大斗争。中国共产党历史就是不断进行伟大斗争的历史，百年实践始终是在各种艰巨斗争的环境下向前推进的。党的十八大提出必须准备进行许多具有新的历史特点的伟大斗争，在经历了近年来中美关系变化的挑战、国际格局调整的冲击，尤其是新型冠状病毒感染疫情肆虐全球的风险，全党全国人民对进行伟大斗争的必要性和重要性有了更加清醒、更加深刻的认识。我们党正在领导中国人民进行着前所未有的伟大事业，把握机遇、应对挑战、战胜风险，必须发扬伟大斗争精神。习近平总书记指出："在前进道路上，我们面

---

① 《完整准确全面贯彻新发展理念　确保"十四五"时期我国发展开好局起好步》，《人民日报》2021年1月30日。

临的重大斗争不会少。我们必须以越是艰险越向前的精神奋勇搏击、迎难而上。"①事实告诉我们,挑战是绕不过去的,斗争是躲避不了的,该面对的必须面对,该斗争的必须斗争,只有深刻把握新的历史特点,才能有力把握新时代伟大斗争的主动权,为赢得胜利扫清障碍。

第五,中国共产党将坚持和完善中国特色社会主义制度,推进国家治理体系和治理能力现代化,为延续经济快速发展和社会长期稳定奇迹夯实基础。从党的十八届三中全会到十九届四中全会,聚焦中国特色社会主义制度和国家治理现代化成为党中央治国理政创新实践的重大课题,一系列新思想、新观点、新结论成为党的理论创新成果。习近平总书记围绕这个重大课题作出的重要论述代表了我们党最新的认识水平,例如,提出"制度竞争是国家间最根本的竞争。制度稳则国家稳"②,"我国国家治理体系和治理能力是中国特色社会主义制度及其执行能力的集中体现"③,要求运用制度威力战胜挑战和化解风险,把中国特色社会主义制度优势转化为国家治理效能,充分和全面地发挥中国特色社会主义制度优势,提出构建中国特色社会主义制度体系的要求,到建党百年时在各方面制度更加成熟、更加定型上取得明显成效;到2035年,各方面制度更加完善,基本实现国家治理体系和治理能力现代化,确定坚持和完善中国特色社会主义制度、推进国家治理体系和治理能力现代化的总体目标。这些思想揭示了奋战新征程的行动纲领,表明我们党将在坚持和完善中国特色社会主义制度,推进国家治理体系和治理能力现代化上作出新作为。

第六,中国共产党将统筹"两个大局",牢牢把握"时"与"势",夺取实现中华民族伟大复兴的中国梦这个宏伟目标。习近平总书记反复讲我们面临"两个大局"的现实,"一个是中华民族伟大复兴的战略全局,一个是世界百年未有之大变局,这是我们谋划工作的基本出发点"④。他指出:"当今世界正经历百年未有之大变局,但时与势在我们一边,这是我们定力和底气所在,也是我们的决心

---

① 《在纪念中国人民抗日战争暨世界反法西斯战争胜利75周年座谈会上的讲话》,《人民日报》2020年9月4日。

② 《习近平谈治国理政》(第3卷),北京:人民出版社,2020年,第119页。

③ 《中国共产党第十九届中央委员会第四次全体会议文件汇编》,北京:人民出版社,2019年,第3页。

④ 《习近平谈治国理政》(第3卷),北京:人民出版社,2020年,第77页。

和信心所在。"①我们的"时"就是当今中国实现中华民族伟大复兴的中国梦目标越来越近,能力越来越强,信心越来越足;我们的"势"就是中国特色社会主义制度越来越展示出优越性,国家综合国力越来越厚实,对世界作出的贡献越来越多,应对挑战和化解风险能力越来越强。把握住这样的"时"与"势",以实现中华民族伟大复兴的战略全局,对世界百年未有之大变局产生积极影响,在世界百年未有之大变局中实现中华民族伟大复兴目标,成为新时代新阶段中国共产党将要干成的重大事情。

习近平总书记指出:"要加强党史学习和教育,努力从党走过的风云激荡的历史中、从党开创和不断推进的伟大事业中、从全心全意为人民服务的根本宗旨和长期实践中,深化对党的信赖,坚定对党的领导的信念"②,"我们要继续齐心协力干、加油好好干,努力干成一番新事业,干出一片新天地"③。历史是最好的教科书,庆百年华诞,学中共党史,促进全体党员以历史习得淬炼党性,启迪全体人民从学习历史中增强对中国共产党的情感认同,有利于全党全国人民团结一致向着光明的前景共同前进,为中华民族赢得未来的奋斗实践增添无比强大的动能。

(本文发表于《云南师范大学学报(哲学社会科学版)》2021年第3期,略有删改)

---

① 《深入学习坚决贯彻党的十九届五中全会精神 确保全面建设社会主义现代化国家开好局》,《人民日报》2021年1月12日。
② 《论坚持党对一切工作的领导》,北京:中央文献出版社,2019年,第63页。
③ 《向全国各族人民致以美好的新春祝福 祝各族人民幸福吉祥 祝伟大祖国繁荣富强》,《人民日报》2021年2月6日。

# 中国共产党自身建设百年基本经验研究

李斌雄

中国共产党自诞生伊始,就已经认识到了自己的建设任务和使命,明确了加强党的领导和健全自身组织这两大重要课题,并在此后波澜壮阔的革命实践中不断深化对这两大问题的认识。值此中国共产党成立100周年之际,梳理、总结、提炼党的自身建设的历史经验,对深刻认识党带领人民取得新民主主义革命、社会主义革命和建设、改革伟大胜利的必然性,对深入认识共产党执政规律、推进党的建设新的伟大工程、巩固党领导的中国特色社会主义伟大事业具有重大意义。

研究百年来党的自身建设经验,遵循以下路径和方法。一是依据党中央的判断和决定,把党的领导人的重要讲话、中央文件中总结和确认的经验作为研究的重要基础和出发点。讲话和文件对这些经验的总结、强调与重申,表明中国共产党自身对这些经验的高度认可和一以贯之,可作为中国共产党自身建设经验研究的直接来源。二是依据百年来的历史事实与实践。实践是检验真理的唯一标准。能够沉淀为党的建设基本经验的原则必定经受住了中国革命、建设与改革各个历史时期的检验,对党的前途命运产生过重大影响。遵守这些原则,就会对党的建设产生正面积极的效果,反之,就会对党的发展产生负面消极的影响。这些原则是正反两方面经验的叠加和总结。三是遵循历史唯物主义的研究方法。本文基于理论与实践的双重维度,并运用历史唯物主义方法,总结出百年来党的建设的七条基本经验,并按照这些经验"何以形成、何以可能、何以坚守"的逻辑思路进行逐一分析论证。

## 一、必须加强党的自身建设，确保党对社会主义事业的领导地位和作用不动摇

无产阶级的历史使命是无产阶级政党争取自身领导地位的逻辑前提。资本主义的发展催生了无产阶级之后，由于尖锐的阶级利益冲突，必然出现阶级斗争，而随着斗争的发展，无产阶级必然要建立自己的政党，无产阶级革命必然要由这个政党领导。马克思和恩格斯指出，"工人……应该谋求在正式的民主派旁边建立一个秘密的和公开的独立工人政党组织，并且应该使自己的每一个支部都成为工人协会的中心和核心"①。"中心"和"核心"就强调了这一政党组织之于无产阶级的领导地位。列宁把无产阶级的革命政党看作无产者的阶级联合的最高形式，意即无产阶级政党是无产阶级夺取政权、建立和巩固无产阶级专政的领导力量。

作为中国的无产阶级革命政党，中国共产党在成立之初就明确了党对工人阶级的领导作用，认为党应成立产业工会，教育工人，使他们在实践中去实现共产党的思想。大革命失败后，党深刻认识到夺取领导权的重要性，指出"当时我们的党，却只注意于反帝国主义及反军阀的斗争，而忽略了与资产阶级争取革命领导权的斗争"②。自此，党吸取教训，在实践中不断为夺取领导权而斗争。中华人民共和国成立后，毛泽东深刻总结道："中国共产党是全中国人民的领导核心。没有这样一个核心，社会主义事业就不能胜利。"③这一论断揭示了中国共产党的领导是革命胜利、社会主义事业胜利的根本原因。1981年，邓小平提出"坚持四项基本原则的核心，是坚持共产党的领导"④，表明了我们党在改革开放新的时代条件下坚持自身领导地位的决心。2016年，习近平指出："中国特色社会主义最本质的特征是中国共产党领导，中国特色社会主义制度的最大优势是中国共产党领导。"⑤2018年新修订的《中华人民共和国宪法》把"中国共产党领导是

---

① 《马克思恩格斯选集》（第1卷），北京：人民出版社，2012年，第558页。
② 《建党以来重要文献选编》（第4册），北京：中央文献出版社，2011年，第177-178页。
③ 《毛泽东文集》（第7卷），北京：人民出版社，1999年，第303页。
④ 《邓小平文选》（第2卷），北京：人民出版社，1994年，第391页。
⑤ 《十八大以来重要文献选编》（下），北京：中央文献出版社，2018年，第355页。

中国特色社会主义最本质的特征"写进总纲，表明中国特色社会主义事业与党的领导地位的相互依存关系，也表明这一认识已成为全党全国各族人民的共识。通过以上领导人讲话和宪法规定可见，坚持和加强党的领导确为全党认同的百年基本经验之一，也是党的自身建设的一条重要经验。之所以如此，是因为在革命、建设与改革这三个相当长的时间跨度上，坚持党的领导的重要性都经由实践得到了检验，党的领导之于无产阶级生存发展、之于社会主义事业胜利的关键性作用成为共识。

第一，中国共产党的领导地位和领导权是中国无产阶级生存、斗争的政治要求，是中国革命向前发展的历史必然，是社会主义事业取得胜利的根本保障。

一方面，中国共产党的诞生和领导地位的获得是中国无产阶级进行斗争的现实需要。政党是阶级斗争发展到一定阶段的产物，集中代表特定阶级的利益，目标是为本阶级夺取或巩固国家政治权力。19世纪中叶以后，随着中国近代工业的产生与发展，中国工人阶级出现并发展起来。他们虽然人数不多，但由于受到帝国主义、封建主义和资本主义三重压迫，受压迫最重、革命性最坚决，斗争次数频繁、影响大，且政治斗争逐渐增多。到1919年五四运动时，为支援反帝反军阀的爱国斗争，全国20多个省100多个城市的工人加入罢工队伍。这表明中国工人阶级已经成为一股独立的政治力量，它的发展壮大迫切需要代表本阶级的政党的领导。与此同时，中国革命的发展也呼唤一个新的阶级、新的政党的领导。旧民主主义革命的实践证明，大地主大资产阶级因其落后性无法适应历史发展潮流、无法代表人民的利益而得不到人民的拥护；民族资产阶级因其软弱性无法承担革命领导者的重任；农民阶级虽是中国革命队伍的主力军，但因其阶级局限性也提不出正确的纲领，无法完成民主革命的任务。因此，历史的重任必然落在以先进阶级为基础、以先进理论为指导的中国共产党身上。换言之，中国共产党的领导是中国人民的历史选择，是中国革命取得成功的根本原因。

另一方面，中国共产党不仅是新民主主义革命的领导者，还是社会主义事业的缔造者，是中国特色社会主义事业的开创者、推动者、引领者，是中国特色社会主义制度的创建者，是我国国家治理的核心力量。中国共产党的事业与我国的社会主义事业具有一致性。我国的社会主义事业若要长期延续，社会主义现代化强国的目标若要达成，就必须坚持和加强党的领导。1980年，邓小平指出："中国由共产党领导，中国的社会主义现代化建设事业由共产党领导，这个原则是不能动摇的；动摇了中国就要倒退到分裂和混乱，就不可能实现现代化。"①历史也证明，凡是党的领导得到加强和巩固的时期，民主革命和社会主义事业就得到极大的发展；凡是党的领导受到损害和破坏的时期，民主革命和社会主义事业就停滞不前。

第二，确保党的领导地位和作用是党自身建设的根本目的和方向指引，党自身建设是确保党的领导地位和作用的根本保障。

坚持和巩固党的领导、发挥党的领导作用必然要求党加强自身建设。党的领导必须通过加强党的自身建设以及实施正确的路线方针政策和密切联系群众来实现。革命时期，党要带领人民完成艰巨的革命任务；社会主义建设时期，党要在全国范围内执政，领导全国的政治、经济、文化等各方面工作；改革开放新时期，党面临的是一项全新的事业，党的领导作用和领导功能向着更加科学的方向发展。这就要求党必须时刻注意自身的建设，时刻保持自己的先进性，使党的组织能够适应环境的发展变化，使党的干部队伍提高自身素质，能够应对各种困难和挑战。1939年，毛泽东指出，为了中国革命的胜利，迫切地需要建设"一个全国范围的、广大群众性的、思想上政治上组织上完全巩固的布尔什维克化的中国共产党"②，这就明确了党领导的革命事业要取得胜利必须加强党的建设。党的建设是中国革命战胜敌人的三大法宝之一，是巩固党的事业、坚持党的领导的保障。1980年，邓小平针对过去的教训指出："为了坚持党的领导，必须努力改善党的领导。"③改善党的领导，首先在于改善党的组织状况，即加强党的组织建设、提高党员干部的素质和能力，这是巩固党的领导的强有力的保障。进入21世纪，党面临的各种风险挑战更加严峻，党的领导任务更加艰巨，党中央相继提出"党要管党，从严治党""全面从严治党"的方针，就是从战略高度考虑，认为要巩固党的领导就必须加强党的建设、坚持党要管党、全面从严治党，使党始终保持自身的先锋队性质。

综上所述，坚持和加强党的自身建设、确保党对社会主义事业的领导地位和领导作用不动摇，是百年来党的建设的目标和方向，也是我们得出的一条最基本的经验。没有这条经验作为指引和基础，党的建设就把握不好目标和方向，就不

---

① 《邓小平文选》（第2卷），北京：人民出版社，1994年，第267-268页。
② 《毛泽东选集》（第2卷），北京：人民出版社，1991年，第652页。
③ 《邓小平文选》（第2卷），北京：人民出版社，1994年，第268页。

能确保社会主义事业的成功。历史启示我们,任何时候都不能让渡党的领导权和领导地位,应在新的时代条件和执政基础上坚持和加强党的领导,改进党的领导方式和领导艺术,增强党的领导本领,确保中国特色社会主义事业在党的领导下从一个胜利走向另一个胜利。

## 二、必须坚持以马克思主义为指导,把马克思主义基本原理同中国具体实际相结合

政党的行为总是受到一定的思想观点及理论的指导和支配,不同之处在于其指导思想是否科学,代表了哪一个阶级的利益。马克思主义以建设社会主义和实现共产主义为目标,是无产阶级和人类解放的科学世界观和方法论,以马克思主义为指导的无产阶级政党具备了与生俱来的先进性。正如恩格斯所说的,"我们党有个很大的优点,就是有一个新的科学的世界观作为理论的基础"①。马克思主义并不是故步自封的教条,其科学性就在于其全部认识都基于真实的客观实践,具有实事求是和具体问题具体分析的品格。马克思、恩格斯在1872年德文版《共产党宣言》序言中指出"这些原理的实际运用,正如《宣言》中所说的,随时随地都要以当时的历史条件为转移"②,阐明了必须把马克思主义的普遍原理同各国具体实际相结合的思想。

中国共产党是在马克思主义与中国工人运动的结合过程中成立的,党对马克思主义的认识水平、运用水平也随着革命实践的发展不断提高。1938年,毛泽东在党的六届六中全会上强调"把马克思主义应用到中国具体环境的具体斗争中去"③,提出了"马克思主义的中国化"命题,表明党的领导人已经通过革命实践认识到了把马克思主义基本原理同中国具体实际相结合的必要性。1945年,党的七大通过的党章正式提出"中国共产党,以马克思列宁主义的理论与中国革命的实践之统一的思想———毛泽东思想,作为自己一切工作的指针"④。这说明"以马克思主义为指导,把马克思主义基本原理同中国具体实际相结合"这一

---

① 《马克思恩格斯选集》(第2卷),北京:人民出版社,2012年,第10页。
② 《马克思恩格斯选集》(第1卷),北京:人民出版社,2012年,第376页。
③ 《建党以来重要文献选编》(第15册),北京:中央文献出版社,2011年,第651页。
④ 《建党以来重要文献选编》(第22册),北京:中央文献出版社,2011年,第533页。

经验在全党获得了高度认同，并形成了马克思主义中国化的理论成果———毛泽东思想，标志着中国共产党在把马克思主义基本原理同中国具体实际相结合上实现了历史性飞跃。1982年，邓小平在党的十二大开幕词中指出："把马克思主义的普遍真理同我国的具体实际结合起来，走自己的道路，建设有中国特色的社会主义，这就是我们总结长期历史经验得出的基本结论。"①改革开放以来，中国共产党集中全党智慧，不断丰富和发展党的指导思想，形成了邓小平理论、"三个代表"重要思想、科学发展观、习近平新时代中国特色社会主义思想，表明党不但在思想领域认识到马克思主义基本原理同中国具体实际相结合的极端重要性，更在实践领域不断身体力行地推进马克思主义的中国化、时代化、大众化，致力于用发展着的马克思主义武装全党、教育人民。这一经验的形成，原因在于以下两个方面。

第一，马克思主义是中国共产党生存、斗争和壮大自身的思想武器和工具。

马克思主义认为，"批判的武器当然不能代替武器的批判，物质力量只能用物质力量来摧毁；但是理论一经掌握群众，也会变成物质力量"。②中国共产党成立后，在相当长的一段时间处境十分艰难，马克思主义就是党最有力的武器。其一，马克思主义是中国共产党保持先进性的精神武器，为党带领无产阶级革命群众认识世界和改造世界提供工具。无产阶级政党必须保持自己的先进性，否则就会沦落到剥削阶级的队伍中，也就失去了自身的存在价值。不断发展的马克思主义是党保持自身先进性的有力武器。1929年，毛泽东针对红四军党内的各种非无产阶级思想提出要求："教育党员用马克思列宁主义的方法去作政治形势的分析和阶级势力的估量，以代替主观主义的分析和估量。"③这就是在用马克思主义改造和统一党的思想，以保持党的先进性。其二，马克思主义是中国共产党制定纲领、路线的理论依据。《中国共产党第一个纲领》、中国共产党二大通过的党章等早期党的文件都直接根据列宁主义建党原则制定，党的政治路线、组织路线、思想路线、群众路线也是以马克思主义为理论基础的。正是对马克思主义的接受和学习，使党明确了其奋斗目标、革命对象、革命动力、依靠阶级等重大问题，使党建立了严密的组织和铁的纪律，这是党在斗争中拥有强大战斗力的重要原

---

① 《改革开放三十年重要文献选编》（上），北京：中央文献出版社，2008年，第260页。
② 《马克思恩格斯全集》（第3卷），北京：人民出版社，2002年，第207页。
③ 《建党以来重要文献选编》（第6册），北京：中央文献出版社，2011年，第732页。

因。值得注意的是，作为党的纲领、路线、方针、政策的理论依据的马克思主义同样是发展着的，并且必须是发展着的、结合中国实际的。只有将马克思主义基本原理同中国具体实际相结合，才能促进党的发展壮大。如"农村包围城市"道路就是认识到了中国革命的最广大动力存在于广阔的农村，把无产阶级革命策略与中国实际相结合，才找到了一条正确的革命道路，有力地保存了党的力量，促进了党在斗争中发展壮大。相反，民主革命时期党内三次"左"倾错误、中华人民共和国成立后在经济领域的"左"的急于求成思想和在全党整风时反右派斗争严重扩大化等，都根源于未能将马克思主义与中国具体实际正确结合，导致党的生存、发展受到了损害。

第二，马克思主义是中国共产党团结统一的思想基础和党的事业延续的科学指南。政党的生存发展和事业延续除了要制定正确的路线、方针、政策以外，更有赖于政党自身的团结统一，有赖于政党内部对政党的路线、方针、政策的理性认同。只有在思想意识的层面达到了理性认同，才能进而达到情感认同和行为认同，从而增强党的统一，提高党的行动力和战斗力。无产阶级政党的统一是有原则的统一，是建立在马克思主义共同思想基础上的统一。不过，"马克思的整个世界观不是教义，而是方法。它提供的不是现成的教条，而是进一步研究的出发点和供这种研究使用的方法"。①无产阶级政党以马克思主义为思想基础并不是要生搬硬套现成的原则和概念，而应有结合实际进行理论创新的能力，用发展着的马克思主义作为全党的思想基础，这样才能使无产阶级政党适应时代和环境的变化，在新的条件下延续党的事业。1941—1945年中国共产党开展的延安整风运动正是以马克思主义为指导，坚持马克思主义基本原理同中国革命具体实际相结合，清算了党内的错误路线，使党的思想达到了空前的团结和统一，大大增强了党的战斗力。改革开放以来到党的十八大，中国共产党在市场经济条件下强调把思想建设放在首位，正是力图在各种非无产阶级思想的冲击下夯实党的共同思想基础，保持党的先进性，统一意志、统一行动、步调一致向前进。2018年，习近平指出："回顾党的奋斗历程可以发现，中国共产党之所以能够历经艰难困苦而不断发展壮大，很重要的一个原因就是我们党始终重视思想建党、理论强党，

---

① 《马克思恩格斯选集》（第4卷），北京：人民出版社，2012年，第664页。

使全党始终保持统一的思想、坚定的意志、协调的行动、强大的战斗力。"①党的十九大以来，面对社会思潮日益多元化的局面，思想建设的地位仍然凸显，巩固马克思主义在意识形态领域的指导地位仍然是中国共产党的迫切任务。此外，发展着的马克思主义还是党的事业延续的科学指南。"只有真正弄懂了马克思主义，才能在揭示共产党执政规律、社会主义建设规律、人类社会发展规律上不断有所发现、有所创造。"②在当下国际国内环境日益复杂、各种风险挑战日益凸显的时代，中国共产党的事业要取得成功，就必须学懂、悟透马克思主义所揭示的经济社会发展规律，灵活运用马克思主义的立场、观点、方法，坚持问题导向，使马克思主义落实到研究和解决国家发展和党执政面临的重大理论和实践问题上来，这样才能使党的事业获得长久的发展。

## 三、必须坚持以党的政治建设为统领，联系党的政治路线加强党的建设

旗帜鲜明讲政治，是马克思主义政党的根本要求。党的政治建设是促使各级党组织和全体党员通过不断提高政治觉悟而坚持正确的政治纲领、政治路线、政治立场、政治目标，以及严明政治纪律，坚持正确政治方向，维护党的团结统一，实现党肩负的政治使命。党的政治建设包括两方面的内容：一是对党的政治纲领和政治路线等的制定、检验、修改和完善；二是把上述纲领、路线等通过命令、教育或监督等方式传达到党的各级组织和全体党员中，使全党统一意志、统一行动，贯彻执行党的纲领路线，从而实现党的目标。可见党的政治建设和政治路线在党的全部建设活动中拥有举足轻重的地位。党的其他建设都必须围绕党的政治建设来进行，以党的政治建设为统领，密切联系党的政治路线来展开，才能保证党的政治目标的实现，进而保证党所代表的无产阶级的利益。中国共产党的生存发展和事业延续与其政治路线紧密相关，党在革命、建设和改革的各个历史时期的实践都证明了这一点。

第一，党的政治路线关乎党的存亡，关乎党的事业的延续，是党的生命线。

---

① 《十九大以来重要文献选编》（上），北京：中央文献出版社，2019年，第433页。
② 《习近平关于社会主义文化建设论述摘编》，北京：中央文献出版社，2017年，第77页。

1939年，毛泽东在《〈共产党人〉发刊词》中总结了党成立18年来的经验，指出："党的建设过程，党的布尔什维克化的过程，是这样同党的政治路线密切地联系着，是这样同党对于统一战线问题、武装斗争问题之正确处理或不正确处理密切地联系着的。"①毛泽东在这里把统一战线、武装斗争问题提高到党的政治路线的高度来认识。武装斗争是无产阶级在残酷剥削下求生存的唯一有效的手段，统一战线则是无产阶级革命的重要策略。党正确处理这两个问题时，就能前进和壮大；党不能正确处理这两个问题时，其生存发展就严重受损。1939年前党经历的两次胜利、两次失败的经验教训就证明了这一点，由此可见，制定正确的政治路线对党的生存发展关系重大。党在全国范围内执政后，制定了过渡时期总路线；党的十一届三中全会后，又基于新的历史任务制定了社会主义初级阶段的基本路线。这些路线都正确地反映了中国的国情，促进了党的自身建设发展，保证了党的事业的延续。

第二，党的政治建设水平决定了党在特定历史时期能否制定正确的政治路线，能否坚定不移地贯彻执行政治路线。

一方面，中国共产党的事业不仅关乎党的自身，更关乎全中国人民，是一个庞大复杂的系统工程。这意味着党的政治路线的制定必须坚持马克思主义基本原理同中国具体实际相结合，朝着有利于坚持党的领导、坚持社会主义制度的方向行进。如果党的政治建设水平有限，党就不能理论联系实际地制定出符合中国国情的政治路线，就会导致党的生存和发展受到威胁，导致党的事业受到损害，如中国共产党在民主革命时期的三次"左"倾错误，在不同层面上损害了党的组织，不利于党的领导；再如在"文化大革命"时期偏离了党的正确政治路线。历史的教训表明，制定正确的政治路线有赖于马克思主义与中国具体实际相结合的程度，有赖于党的政治建设水平，有赖于对党的执政规律、政治活动规律的把握，有赖于对党的政治目标实现方式的准确把握。

另一方面，仅有正确的政治路线还不够，还要在党内加强政治建设，以政治建设统领党的思想建设、组织建设、作风建设、纪律建设、制度建设，才能把党的政治路线贯彻执行下去。尤其是在市场经济条件下，面临多元思潮冲击，更应把党的政治建设摆在首位，加强党的政治路线教育，并以思想建设、组织建设和

---

① 《毛泽东选集》（第2卷），北京：人民出版社，1991年，第605页。

制度建设等手段加以巩固，才能实现全党思想和行动的统一。2017年，习近平在党的十九大报告中指出："党的政治建设是党的根本性建设，决定党的建设方向和效果。"[①]把党的政治建设提高到根本性建设的地位，表明党对政治建设的认识进一步深化。2020年，习近平指出年轻干部要提高政治能力。在干部干好工作所需的各种能力中，政治能力是第一位的。这就要求在干部队伍培育、选拔、管理和使用全过程中坚持以政治建设为统领，密切联系党的政治路线，旗帜鲜明讲政治。新时代继续坚持党的政治建设，一是要监督、教育党的各级组织和全体党员干部严格执行党的政治路线；二是要通过思想教育、政治纪律的加强，民主集中制的保障，制度的约束巩固党的政治建设成果，使党的事业继往开来，使社会主义在我国得到巩固和发展。

## 四、必须坚持马克思主义政党的组织原则和严明纪律，坚持和完善民主集中制

民主集中制是马克思主义政党的根本组织原则，坚持民主集中制和统一的严格的纪律是马克思主义政党的鲜明特征。中国共产党从成立伊始就提出党的内部必须有严密的、高度集中的、有纪律的组织和训练，展现出与以往一切剥削阶级政党截然不同的崭新面貌。根据各个历史时期党情和国情的变化，党在政治生活中实施民主集中制并不断深化和拓展，把民主集中制原则由党内扩展到国家政治生活中，根据实际情况不同又有所侧重。坚持民主集中制和严明的纪律，既是党一以贯之的原则，又是党取得新民主主义革命胜利、社会主义革命和建设胜利并向着中国特色社会主义伟大征程继续前进的重要经验。

第一，民主集中制的组织原则和严明的纪律使中国共产党具有了与中国以往任何政党截然不同的严密巩固的结构与军队式的严明作风，这使得党在民主革命时期脱颖而出，几经磨难而不散，形成党自身赖以生存发展的强大凝聚力和战斗力。

一个政党有什么样的组织原则与纪律直接决定了这个政党的战斗力强弱。列

---

[①]《十九大以来重要文献选编》（上），北京：中央文献出版社，2019年，第44页。

宁指出："无产阶级在争取政权的斗争中，除了组织，没有别的武器。"①中国共产党自成立之日起，就严格按照列宁主义建党原则建立自己的组织。一是强调权力集中和严守纪律："自中央机关以至小团体的基本组织要有严密系统才免得乌合的状态；要有集权精神与铁似的纪律，才免得安那其的状态。"②二是强调党员的党性和政治性相统一："个个党员不应只是在言论上表示是共产主义者，重在行动上表现出来是共产主义者。""无论何时何地个个党员的言论，必须是党的言论，个个党员的活动，必须是党的活动，不可有离党的个人的或地方的意味。"③三是强调群众性："党的一切运动都必须深入到广大的群众里面去。"④四是坚持党的民主集中制原则。党的二大通过的《中国共产党章程》指出："全国代表大会为本党最高机关。在全国大会闭会期间，中央执行委员会为最高机关"，"全国大会及中央执行委员会之议决，本党党员皆须绝对服从之"。⑤将民主集中制的原则贯彻实施。党的权力集中、党的严明的纪律、党领导的群众运动、党的民主集中制把党的中央与地方、组织与个人、部分与整体有机地统一起来，使党的团结统一更加巩固。正因如此，党在成立之初就能以极少的人数多次领导数十万人的工人运动，表现出强劲的战斗力。正是党的组织的坚强有力保证了党遭遇挫折时不致涣散倒塌，仍能保持党的核心力量；也正是党的纪律的严明、党的高度团结统一保证了党历经数次战争而不败，使党在严峻的斗争环境下顽强生存并不断发展。

第二，民主集中制的组织原则和严明的纪律是中国共产党能够在全国范围执政后继续保持自身的先进性、纯洁性、战斗力的重要保障，是党的事业能够在新时期、新阶段、新时代接续奋斗、砥砺前行的重要内因。

1955年党中央对"高饶事件"的严肃处理教育了全党干部，强调了党的政治纪律，维护了党的集体领导制度和民主集中制，使党的团结达到一个新的高度，为党完成社会主义革命的伟大任务提供了坚实保障。百年来的历史证明，不遵从民主集中制、不遵守党的纪律的后果是极其严重的。党在十一届三中全会以

---

① 《列宁选集》（第1卷），北京：人民出版社，2012年，第526页。
② 《建党以来重要文献选编》（第1册）北京：中央文献出版社，2011年，第162页。
③ 《建党以来重要文献选编》（第1册），北京：中央文献出版社，2011年，第163页。
④ 《建党以来重要文献选编》（第1册），北京：中央文献出版社，2011年，第162页。
⑤ 《建党以来重要文献选编》（第1册），北京：中央文献出版社，2011年，第167页。

后，深刻反思"文化大革命"教训，一再强调民主集中制和党的纪律的重要性，指出："在过去一个相当长的时间内，民主集中制没有真正实行"[①]，"解放思想，开动脑筋，一个十分重要的条件就是要真正实行无产阶级的民主集中制"[②]。1980年通过的《关于党内政治生活的若干准则》，把民主集中制原则具体化、制度化了。2007年，党的十七大进一步提出推行地方党委讨论决定重大问题和任用重要干部票决制度，这是党的集体领导制度的重大进展。2016年，《关于新形势下党内政治生活的若干准则》出台，再次重申民主集中制这一党的根本组织原则，并强调坚持集体领导制度，"任何组织和个人在任何情况下都不允许以任何理由违反这项制度"。再加上党的十八大以来对党风廉政建设和反腐败斗争采取了一系列重大措施，党内政治生活焕然一新。党的十九大后又提出和实施新时代党的组织路线，保障党的政治路线的贯彻执行。2020年，面对新型冠状病毒感染疫情的全球大考，中国共产党的强大组织动员能力、统筹协调能力、全国一盘棋的通盘指挥能力得到了出色的发挥，使党的民主集中制和严明纪律建设成效得到了充分的印证。因此，必须坚持民主集中制这一组织原则和严明的纪律，全面贯彻实施新时代党的组织路线，这将保证中国共产党在21世纪"后疫情时代"的大变动之中愈发显示出自身的优势和力量。

## 五、必须全心全意为人民服务，坚持党的群众路线，始终代表最广大人民的根本利益

人民性是马克思主义最鲜明的品格。党要始终同人民在一起，坚持为绝大多数人谋利益，全心全意为人民服务，这是共产党先进性的本质体现，是区别于其他任何政党的根本标志。马克思、恩格斯指出："过去的一切运动都是少数人的，或者为少数人谋利益的运动。无产阶级的运动是绝大多数人的，为绝大多数人谋利益的独立的运动。"[③]无产阶级面临的是最深重、最残酷的剥削。无产阶级只有解放全人类，才能最后解放自己。为此，无产阶级必须同广大的农民阶级、劳动群众结成稳固的革命联盟，扩大自己的群众基础。因此，中国共产党的阶级

---

① 《邓小平文选》（第2卷），北京：人民出版社，1994年版，第144页。
② 《邓小平文选》（第2卷），北京：人民出版社，1994年版，第144页。
③ 《马克思恩格斯选集》（第1卷），北京：人民出版社，2012年，第411页。

属性、历史使命决定了党必须以全心全意为人民服务为根本宗旨。这一宗旨同时决定了党领导群众工作时必须坚持群众路线。1922年,中共二大通过的《关于共产党的组织章程决议案》即指出,共产党"应当是无产阶级中最有革命精神的大群众组织起来为无产阶级之利益而奋斗的政党","党的一切运动都必须深入到广大的群众里面去"。这些规定确定了党的群众路线的基调。此后,党在革命、建设与改革的各个时期都始终坚持群众路线。1945年,在党的七大上,毛泽东在政治报告中把"密切联系群众"列为党的三大作风之一;刘少奇指出,党的群众路线"是我们党的根本的政治路线,也是我们党的根本的组织路线"①。中华人民共和国成立后,群众路线继续完善和发展。1990年,党的十三届六中全会通过《中共中央关于加强党同人民群众联系的决定》,强调群众路线"是实现党的思想路线、政治路线、组织路线的根本工作路线,是中国共产党的优良传统和政治优势"。2009年,党的十七届四中全会通过《中共中央关于加强和改进新形势下党的建设若干重大问题的决定》,指出,"坚持立党为公、执政为民,保持党同人民群众的血肉联系"是我们党加强自身建设的基本经验之一,必须在实践中总结运用和丰富发展。

第一,人民群众是历史的创造者,是社会变革的决定力量。政党是阶级的组织,是阶级利益的集中代表。政党必须为本阶级的利益服务,得到本阶级的拥护,同时必须同广大人民群众建立密切的联系,建立牢固的革命联盟,才能巩固和发展自身的阶级基础和群众基础。1919年五四运动拉开了无产阶级群众运动的序幕,自此,中国无产阶级的力量不断彰显。1922年香港海员大罢工、安源路矿工人大罢工、开滦煤矿工人大罢工,1923年京汉铁路工人大罢工等显示出工人运动对革命的巨大推动作用。中国共产党通过领导工人运动、为工人群众争取权利,进一步得到工人阶级的认同和拥护,巩固了自身的阶级基础。同时,中国80%的人口是农民,这就决定了无产阶级要夺取革命胜利,就必须同广大农民阶级建立巩固的革命联盟,扩大自己的群众基础。土地革命和抗日战争时期,根据地建设通过开展群众运动,保证了党一定程度的经济自给,巩固了根据地政权。群众的响应并不单单靠党的动员和宣传,还要靠耐心细致的工作方法,更要靠为群众谋利益的政策和全心全意为人民服务的宗旨。1934年,毛泽东指出:

---

① 《刘少奇选集》(上),北京:人民出版社,1981年,第342页。

"一切群众的实际生活问题,都是我们应当注意的问题。假如我们对这些问题注意了,解决了,满足了群众的需要,我们就真正成了群众生活的组织者,群众就会真正围绕在我们的周围,热烈地拥护我们。"[①]正是因为党关心群众生活,切实解决群众的要求、满足群众的需要,群众才拥护党的领导、响应党的号召,为革命的胜利斗争到底,把革命当作他们的生命。与此同时,党的组织的扩大与党的群众路线的执行紧密相关。党的三大提出要把党建设成为一个群众性政党的任务;党的四大规定有三人以上即可组织支部,将党的组织建设的重点转移到党的支部建设上来;党的五大提出要吸收产业工人、进步农民和革命的知识分子,积极在广大工人群众中做政治工作等。群众是党的力量源泉,通过实施这一系列举措,党的组织稳步发展、有序扩张。到1948年,党员人数已发展到300万人,体现了党依靠群众取得的组织建设成就。

第二,人民群众是社会实践的主体,是推动社会发展的最终动力。正确执行党的群众路线,满足人民需求、为人民服务,是调动广大人民群众创造社会物质财富和精神财富积极性的根本方法,也是正确发挥人民群众对执政党的监督作用、保证党的健康发展、保证社会主义事业胜利的根本方法。中国共产党立党为公,执政为民,诚心诚意为群众谋利益,保证人民的主体地位,尊重人民的意愿和需求。中华人民共和国成立后,为满足人民群众对经济文化迅速发展的需要,党遵循经济规律有步骤地发展经济,发展社会生产力,提高人民生活水平。三年国民经济恢复时期和"一五"计划期间,我国工农业总产值获得大幅增长,表明这一时期党的群众路线得到正确执行;"大跃进"与人民公社化运动在不同程度上表现出脱离群众的意愿和利益的倾向,降低了群众从事生产的积极性,有损党的事业的发展。改革开放以来,党总结经验教训,充分尊重人民主体地位,发挥人民首创精神,发展社会主义民主政治,在思想文化、经济政治、社会生态等各个方面都以保障人民利益为宗旨,打开了中国特色社会主义建设的新局面,也提升了党在人民心中的威信和形象。2017年,党的十九大提出要"坚持以人民为中心","把党的群众路线贯彻到治国理政全部活动之中",这既是对以往坚持马克思主义群众观点、执行党的群众路线基本经验的总结,又是在实践中对党的优良作风的继续发扬,将推动党的建设走向一个新的高度,也启示我们依靠人民群

---

① 《毛泽东选集》(第1卷),北京:人民出版社,1991年,第137页。

众进行党的建设才能使党获得长远发展。贯彻党的群众路线、始终代表最广大人民的根本利益这一原则必须一以贯之。

## 六、必须坚持思想建党和制度治党紧密结合，永葆党的先进性和纯洁性

思想建党与制度治党相结合是马克思主义政党建设的基本路径，是保持党的先进性和纯洁性的必由之路。重视思想建设是马克思主义政党的优良传统，是马克思主义党的学说的重要原则和特色。马克思、恩格斯强调，其他阶级出身的人参加无产阶级运动首先要无条件地掌握无产阶级世界观，开宗明义地指出接受无产阶级世界观是加入党的队伍的必要条件。列宁也指出："只有以先进理论为指南的党，才能实现先进战士的作用。"[1]这同样强调了思想理论的重要性。强调制度治党是马克思主义政党的天然基因和先天优势。纪律、章程、制度具有相关性，它们都是党的各级组织和全体党员必须共同遵守的准则和规范，具有强制约束性，其中党的纪律保障规章制度的执行。马克思主义政党自诞生起就强调纪律。马克思指出："必须绝对保持党的纪律，否则将一事无成。"[2]马克思主义政党也注重建立党的规章制度，并强调各项制度的坚决执行。1847年，马克思、恩格斯创建了共产主义者同盟，大会上制定了第一个章程，作出了对同盟的各项规定。可见，思想建党和制度治党二者是马克思主义政党的重要建党原则，是马克思主义政党性质、历史地位、自身发展的客观要求。

中国共产党在实践的反复检验中坚持和发展了这两条管党治党的基本路径，并形成了自己的经验。1942年，毛泽东指出"有许多党员，在组织上入了党，思想上并没有完全入党"[3]，因此必须从思想上组织上认真地整顿一番，"而为要从组织上整顿，首先需要在思想上整顿，需要展开一个无产阶级对非无产阶级的思想斗争"[4]。这在《古田会议决议》提出思想建党原则的基础上进一步创造性地论述了思想建党的方式。1980年，邓小平分析以往制度建设方面存在的问题，

---

[1]《列宁全集》（第6卷），北京：人民出版社，2013年，第24页。
[2]《马克思恩格斯全集》（第29卷），北京：人民出版社，1972年，第413页。
[3]《毛泽东选集》（第3卷），北京：人民出版社，1991年，第875页。
[4]《毛泽东选集》（第3卷），北京：人民出版社，1991年，第875页。

指出我们过去的错误最重要的是出在组织制度、工作制度方面:"制度好可以使坏人无法任意横行,制度不好可以使好人无法充分做好事,甚至会走向反面。"①2014年,习近平针对当下党内轻视思想政治工作、制度落实不到位的情况指出:"坚持思想建党和制度治党紧密结合。从严治党靠教育,也靠制度,二者一柔一刚,要同向发力、同时发力。"②由此可见,随着革命、建设和改革的各个历史时期中实践的深入,中国共产党对思想建党和制度治党的认识不断加深,形成了思想建党和制度治党紧密结合这一基本经验,对党的建设和党的事业助益深远。

第一,思想建党和制度治党是无产阶级政党自我净化、自我规范的手段,是保持党的组织长期生存、健康发展的基本路径,将两者紧密结合,更能发挥党的建设成效。

政党组织是一个复杂的系统。中国共产党在发展壮大的过程中,不可避免地出现了一些问题。一方面,思想建设为解决党内由思想意识层面产生的问题提供了途径。民主革命时期,农民和小资产阶级长期在党内占比很大,表现出极端民主化、重军事轻政治、流寇主义等倾向。1929年,《古田会议决议》系统指出了党内各种错误思想,分析了其来源,给出了纠正的方法,在红四军党内进行了一次成功的马克思主义思想教育,增强了党的团结统一,提高了党的战斗力。另一方面,制度建设和制度治党是从规范行为的角度对党的各级组织和党员进行硬约束,同样对党的系统稳定、生存发展意义重大。1927年,三湾改编建立党的各级组织和党代表制度,把党的支部建在连上,从组织制度上确立了党对军队的领导。1928年,在白色恐怖下的恶劣环境中,党建立起秘密工作制度,使党的组织艰难恢复和发展。1948年,面对随着党的组织扩大而来的某些无纪律、无政府现象,党中央接连发出《关于严格执行向中央作请示报告制度的指示》《关于各中央局、分局、军区、军委分会以及前委会向中央请示报告制度的决议》,建立起请示报告制度,有效统一了党的意志和纪律,为党领导人民夺取全国政权作了重要准备。可见,思想建设和制度治党一直以来就是党的建设的重要途径,虽然此时党尚未将二者并列起来强调,但在实践中已将二者结合起来加强党的建设。

---

① 《邓小平文选》(第2卷),北京:人民出版社,1994年,第333页。
② 《习近平关于全面从严治党论述摘编》,北京:中央文献出版社,2016年,第104页。

第二，思想建党和制度治党是无产阶级政党在新的执政基础上自我提升、自我约束、永葆先进性和纯洁性的有效途径，是保障党的事业延续的有力手段。

中国共产党在全国范围内执政后，党所处的环境地位发生了变化，但党丝毫没有放松思想建设和制度建设，而是在"务必使同志们继续地保持谦虚、谨慎、不骄、不躁的作风，务必使同志们继续地保持艰苦奋斗的作风"①的警示下开展工作。不过在一段时期内，党的思想建设和制度建设结合得不够，尤其是思想建设方面习惯性采取革命时期疾风骤雨式的群众运动方式进行大批大斗，易出现过火现象。党内制度则因体制机制不健全、执行不力而无法起到约束作用，也无法使党内的思想建设常态化、规范化，导致党的事业受到损害。改革开放以来，党总结教训，认识到制度建设的极端重要性，指出党的建设要"走出一条不搞政治运动，而靠改革和制度建设的新路子"②。1990年，《中国共产党党内法规制定程序暂行条例》颁布，对党内法规、党的制度的制定程序、主体、目标、适用范围等分别作出了规定，推动党的制度建设走上程序化阶段。2012年，《中国共产党党内法规制定条例》发布，2019年8月30日进行修订，进一步完善了党内法规制定的程序与规范，保证党在加强领导、政治建设、思想建设、组织建设、作风建设、纪律建设等诸多方面都有规可循。与此同时，思想建党的方式仍是党的优良传统，需要继续坚持。要在寻求制度创新的同时坚持思想建党和制度治党相统一，用思想建设引领制度建设，用制度建设巩固思想建设的成果，使二者同向发力、同时发力，实现从严治党管党的目标，永葆党的先进性和纯洁性。

## 七、必须坚持全面从严治党，以自我革命的勇气管党治党建设党

治国必先治党，治党务必从严。"全面从严治党"基础在全面，关键在严，要害在治。它涵盖党的政治建设、思想建设、组织建设、作风建设、纪律建设、反腐倡廉建设和制度建设等各个方面，覆盖全体党员和党的各级组织，以真管真严、敢管敢严、长管长严的劲头力求把从严治党常态化、制度化。2015年，习

---

① 《毛泽东选集》（第4卷），北京：人民出版社，1991年，第1438-1439页。
② 《改革开放三十年重要文献选编》（上），北京：中央文献出版社，2008年，第500页。

近平指出："全面从严治党，是我们党在新形势下进行具有许多新的历史特点的伟大斗争的根本保证。"①党的十八大以来，全面从严治党与全面建成小康社会、全面深化改革、全面依法治国并称"四个全面"战略布局，成为党治国理政的重要方略之一，可见全面从严治党的重要性，它是对党百年来在各个领域、各个层面自身建设的经验、态度、精神、主旨的高度凝练和深刻总结。

第一，全面从严治党是党生存发展的内在条件，是党夺取斗争胜利的前提。

中国共产党是中国工人阶级的先锋队，要保持其先锋队性质，就必须建立起最严密的组织、最严格的纪律、最严整的作风。列宁指出："无产阶级实现无条件的集中和极严格的纪律，是战胜资产阶级的基本条件之一。"②中国共产党自诞生起就强调党的集中和铁的纪律，入党手续从严、审查干部从严、作风建设从严、纪律监督从严、请示报告从严。正是对党组织严格的管理和约束，保证了党在严酷的环境下保存自己的力量、在嘈杂的氛围之中保持自己的初心，几经磨难而不散，领导人民夺取革命的胜利。

第二，全面从严治党是无产阶级政党刃刃向内的自我革命，是党领导人民进行伟大社会革命的客观要求，是党的事业延续的动力来源。

一方面，无产阶级政党的本质属性决定了党具有永不褪色的自我革命精神。马克思主义的世界观和无产阶级大公无私的本性天然包含着辩证否定的批判精神和革命意蕴，不仅否定外部事物不合理的方面，也否定自身不合理的因素。这就赋予了无产阶级政党永远自我检省、自我反观、自我革命的哲学基础和党性原则。无产阶级政党的哲学基础是革命的，其阶级基础和奋斗目标更是革命的。无产阶级政党以共产主义为奋斗目标，要求打破一切枷锁，消灭一切阶级，实现人的自由全面发展。为实现这一奋斗目标，无产阶级政党必须始终保持自身的先进性，保持自身的组织性、纪律性、团结性，切实代表广大工人阶级、广大人民的利益，如此才能把党凝成一支战斗力强大的队伍，领导人民赢得社会革命的胜利。因此，马克思主义的理论基础、无产阶级大公无私的本性和共产主义的纲领目标先在地赋予了党自我革命的精神品质，而全面从严治党就是自我革命精神的外化和具现，是党在自身建设领域掀起的一场长期不断的革命。

---

① 《习近平关于全面从严治党论述摘编》，北京：中央文献出版社，2016年，第9页。
② 《列宁全集》（第39卷），北京：人民出版社，2017年，第4页。

另一方面，伟大社会革命的接续前进和党的事业的蓬勃发展产生了党必须坚持自我革命的现实要求。革命不可能毕其功于一役，只要社会还存在着矛盾，革命就永不止息。中国共产党领导人民夺取了新民主主义革命的胜利、夺得了全国范围的政权后，并没有放弃革命。随着新的社会矛盾的产生，党继续以巨大的政治勇气带领人民进行了社会主义革命和改革开放这场影响深远的革命，深刻推动生产关系的变革，打破利益固化的藩篱。直到今天，革命仍未停止。新时代进行伟大社会革命面临着更加严峻的挑战，其"涵盖领域的广泛性、触及利益格局调整的深刻性、涉及矛盾和问题的尖锐性、突破体制机制障碍的艰巨性、进行伟大斗争形势的复杂性"[①]都是前所未有的。挑战的艰巨性意味着要求的提高。面对前所未有的挑战，党必须坚持自我革命，坚持全面从严治党。只有把党建设得坚强有力，党领导的伟大社会革命才能接续奋进。与此同时，党组织发展到今天，自身也面临着"四大考验""四种危险""四个不纯"等一系列挑战。此外，现代社会思想的多元化增加了党内思想统一的难度；一些党组织软弱涣散现象仍然存在；党内思想问题、利益矛盾错综复杂，协调难度加大；党内法规制度也存在执行不力等弱点。党组织自身存在的问题更加表明以自我革命的精神全面从严治党势在必行。

由此观之，建党、管党、治党是中国共产党成立百年来永恒的课题。党的建设、管理成效决定了党能否生存、发展，决定了党的事业能否砥砺前行，决定了中国特色社会主义伟大事业能否续写新的篇章。这一百年来，党在革命斗争、治国理政的实践中形成的加强自身领导、坚持丰富发展马克思主义指导思想、联系党的政治路线加强党的建设、坚持民主集中制的组织原则和严明纪律、坚持党的群众观点群众路线、坚持思想建党和制度治党相结合以及全面从严治党这七条宝贵经验浓缩了中国共产党对自身建设规律的基本认识，是马克思主义建党学说基本原理的展开和运用，有助于党从历史中汲取智慧，从现实中汇聚勇气，面向未来新的伟大斗争少走弯路，奋勇前行。

（本文发表于《马克思主义研究》2021年第1期，略有删改）

---

① 《十九大以来重要文献选编》（上），北京：中央文献出版社，2019年，第559页。

# 党的政治建设百年实践：历史经验与现实创新

齐卫平

2021年2月20日，习近平总书记在党史学习教育动员大会上发表重要讲话指出："旗帜鲜明讲政治、保证党的团结和集中统一是党的生命，也是我们党能成为百年大党、创造世纪伟业的关键所在。"[1]中国共产党百年历史实践中，以不断加强党自身建设锻造了一个强大的马克思主义先进政党，从而为领导中国人民进行伟大斗争提供了有力的保证。党的政治建设始终对党的建设伟大工程有着极其重要的意义，在庆祝中国共产党成立100周年之际，系统研究党的政治建设历史经验和现实创新具有极其重要的意义。中国特色社会主义进入新时代，党中央把党的政治建设作为根本性建设摆到首位，这是中国共产党建设百年历史经验继承和现实经验创新的重大成果。坚持以习近平新时代中国特色社会主义思想为武装，执着地把全面从严治党深入向前推进，必须在加强党的政治建设上形成时代新举措，开创时代新局面。

## 一、中国共产党百年实践积累了政治建设的丰富经验

党的政治建设不是现在才提出的新概念，它既是党的实践中客观发生着的历史事实，又是现实发展中突出显现的重大问题。以政治属性为根本属性的中国共产党始终有着高度的思想和行动自觉，从建立之日起就开始了加强自身政治建

---

[1]《习近平在党史学习教育动员大会上强调　学党史悟思想办实事开新局　以优异成绩迎接建党一百周年》，《人民日报》2021年2月21日。

设的探索，在深入实践中摸索规律，党的政治建设贯穿其百年历史实践的全过程，并在不断深化中推进思想认识的飞跃。

新民主主义革命时期，党的政治建设在战争环境下开展，革命历练促进了中国共产党在政治上不断成熟。我们党在奋斗目标上形成的最高和最低政治纲领，领导中国革命制定的反帝反封建斗争政治路线，构建中央、地方和基层组织机构的政治系统，确立党领导军队的政治原则，提出约束干部和党员行为的政治纪律，开展批评和自我批评的政治生活，进行反对党内各种错误思想和行为的政治斗争，等等，都是加强党的政治建设展现的具体实践，并由此形成了一系列思想理论成果。围绕这些方面开展党的政治建设实践，使中国共产党在复杂环境下不迷失方向，在曲折发展中不丧失斗志，在顺利前进中不骄傲自满，为领导中国革命取得胜利提供了政治保证。

社会主义建设时期，党的政治建设面临新的历史条件。我们党围绕巩固党的领导地位和执政基础开展党的政治建设，提高党员的入党标准，对干部、党员和党组织贯彻执行党的政治路线提出更高要求，把正确处理人民内部矛盾作为国内政治生活的重大问题，进行马克思主义和毛泽东思想的政治学习，注重提高干部和党员政治觉悟，以持续开展整党整风活动加强党员政治训练，等等，成为全面执政条件下党的政治建设实践的主要内容。在探索社会主义建设的过程中，虽然我们党由于缺乏经验和思想受束缚等因素而出现过指导上的失误，"左"倾错误思想的发展破坏了党的政治建设历史实践，从而留下了"走弯路"的深刻教训，但坚持社会主义方向始终没有改变，历史错误没有造成政治上颠覆性的后果。因此，一旦我们党果断地纠正自己的错误，就能通过拨乱反正的举措使党的政治建设健康发展，以坚持"四项基本原则"延续正确的政治建设道路。

改革开放新时期，党的政治建设迈上了新的轨道。邓小平、江泽民和胡锦涛领导的党中央完成从"以阶级斗争为纲"到以经济建设为中心的历史性转变，坚持社会主义道路，坚持无产阶级专政（1982年《中华人民共和国宪法》将无产阶级专政改为人民民主专政），坚持中国共产党的领导，坚持马列主义、毛泽东思想，贯彻执行社会主义初级阶段的政治路线，从政治角度认识现代化建设，提出"讲政治"的要求，以改进党的领导方式和执政方式推进政治体制改革，把发扬党内民主与建设中国特色社会主义政治实践结合起来一体推进，推进党的执政能力建设。

党的十八大以来，习近平总书记领导党中央以鲜明的政治站位大力推进全面从严治党的创新实践，以重点转变党的作风为切入口，提出严肃党内政治生活，净化党内政治生态，严明党的政治纪律和政治规矩，建设先进政党文化，着力提高党的政治能力等要求，开创了新时代党的政治建设的崭新局面，极大地提高了党的政治建设科学化水平。

中国共产党政治建设百年历史发展中，在艰辛探索中虽然也伴随着坎坷，遭遇过曲折，留下过教训，但长期的实践积累了丰富经验。经验作为认识和把握规律的习得，它告诉人们事物是怎样发生的、呈现什么样的变化、有哪些表现特点，以及应该如何妥善处置。中国共产党始终保持思想和行动的自觉，在不断加强党的政治建设长期实践中形成了思想极其深刻的丰富经验，成为百年大党一笔厚重的宝贵财富。

### （一）坚持党的全面领导是党的政治建设的核心问题

马克思主义认为，国家政权是政治的核心问题。从世界范围看，近代政党的产生缘于执政权力的竞争，以致一些学者都把执政竞选作为政党的主要功能。中国共产党诞生后领导革命的直接诉求也是为了夺取政权，但掌握权力不是它的根本目的。与西方国家不同，中国共产党领导人民夺取全国政权，不是出于谋求自身集团利益的地位考虑，而是为了扭转国家命运和点亮民族前途。因此，中国共产党不仅以卓越的奋斗成为长期执政的党，而且成为全面引领国家发展和社会进步的领导党。新民主主义革命时期，中国共产党不仅不是执政党，而且还长期处于"秘密党"状态，但始终强调必须争取革命领导权来体现党的政治地位。在不掌握国家政权的情况下，通过正确的路线方针政策影响和主导反帝反封建斗争的发展。全面执政后，中国共产党成为领导社会主义建设的核心力量，党的全面领导成为中国政治发展的制度安排，长期执政发挥出保证国家长治久安的重要作用。习近平总书记指出，党的领导是中国特色社会主义最本质的特征，是中国特色社会主义制度的最大优势，"在当今中国，没有大于中国共产党的政治力量或其他什么力量。党政军民学，东西南北中，党是领导一切的，是最高的政治领导力量"①,"全面从严治党,核心是加强党的领导"②。党的政治建设必须把坚持党的全面领导作为核心问题加以深刻认识和认真对待,如果在这个核心问题上犯迷糊,造成的后果会是颠覆性的。

### (二)维护党中央权威是党的政治建设的首要任务

坚持党的全面领导首要条件是党中央必须具有绝对的权威,党中央权威决定着党的领导能否实现。党的十九大报告指出:"保证全党服从中央,坚持党中央权威和集中统一领导,是党的政治建设的首要任务。"③从政治建设角度看,把维护党中央权威作为首要任务,是因为它关系三个层面上的重大问题,一是达到和保证党内团结、维护党中央权威是维护和巩固全党团结的必然要求,树立党中央权威并坚决加以维护,成为党的政治建设的重要实践。二是坚持制度执行、维护党中央权威是贯彻执行党的民主集中制的必然要求,加强民主集中制建设始终是党的政治建设的重要内容。三是严密组织体系、维护党中央权威是严密党的组织体系的必然要求,严密党的组织体系是我们党的显著政治优势。习近平总书记强调:"坚持和加强党的全面领导,首先要维护党中央权威和集中统一领导"④,"要严守政治纪律,在政治方向、政治立场、政治言论、政治行为方面守好规矩,自觉坚持党的领导,自觉同党中央保持高度一致,自觉维护党中央权威"⑤。首要任务就必须首先贯彻执行,如果在维护党中央权威这件事情上态度不鲜明、思想不自觉、行动不落实,在其他政治问题上就会犯错误。

### (三)实现人民利益是党的政治建设的根本立场

从一定意义上说,党的政治建设就是贯彻组织宗旨的政治实践,全心全意为人民服务的根本组织宗旨决定了党的政治建设必须心系人民、关切百姓、服务群众。党的力量来自人民,不讲人民利益的政治,就不是中国共产党人的政治,离开人民利益就讲不好中国共产党的政治。对于中国共产党来说,人民观就是政治

---

① 《论坚持党对一切工作的领导》,北京:中央文献出版社,2019年,第8-9页。
② 《习近平关于全面从严治党论述摘编》,北京:中央文献出版社,2016年,第9页。
③ 《十九大以来重要文献选编》(上),北京:中央文献出版社,2019年,第44页。
④ 《习近平谈治国理政》(第3卷),北京:外文出版社,2020年,第84页。
⑤ 《习近平谈治国理政》(第2卷),北京:外文出版社,2017年,第143页。

观。中国共产党除了人民的利益没有自身的利益，把人民放在心中最高位置的政治建设才能体现马克思主义政党的先进本质。中国共产党历来坚持人民创造历史的唯物史观，这是党的政治建设确立实现人民利益基本立场的思想依据。党创建之初，群众路线思想就已经萌发，党的二大明确提出建设"群众党"的要求，发动、宣传、组织群众成为党的重要工作内容。到党的七大时，党密切联系人民群众的思想形成了丰富的理论阐述，标志着党的群众路线成熟。成为执政党后，邓小平在党的八大会议上作修改党章的报告，突出强调了掌握权力条件下坚持党的群众路线的极端重要性。改革开放时期历届党中央反复强调，必须把实现好、维护好、发展好人民利益作为党一切活动的出发点和归宿，反复强调脱离人民群众党就失去了力量之源、立足之本、执政之基。习近平总书记提出坚持以人民为中心的发展理念，指出"江山就是人民，人民就是江山，人心向背关系党的生死存亡"[①]。这一思想深邃的论断，深刻表达了中国共产党人鲜明的人民立场。历史实践中，党的群众路线思想不断丰富，体现了党的政治建设对实现人民利益根本立场的坚守。

### （四）制定和执行党的路线方针政策是党的政治建设的重要实践

党的政治建设的一个功能就是确保党的路线方针政策得到有效执行。从党的政治建设历史实践看，制定党的路线方针政策必须坚持从党的中心工作出发，为党开展各项工作提供行动指南。无论是领导中国革命、社会主义建设，还是进行改革开放，党的政治建设都注重正确把握政治形势，提出政治路线，确定政治纲领，部署政治任务，围绕中心工作制定和执行党的路线方针政策。新民主主义革命时期，党中央制定正确的路线方针政策，围绕实现民族独立、国家统一、人民解放的中心工作开展党的政治建设。社会主义建设和改革开放时期，党的政治建设服从经济建设的工作中心，使党的路线方针政策服务于国家繁荣兴旺、社会发展进步、民族伟大复兴的奋斗目标。经验证明，党的政治建设偏离正确方向，就会发生路线方针政策的错误，扰乱工作的正常开展。党的政治建设围绕党的中心工作开展，目的是防止党的路线方针政策执行不精准、不到位、不见效，特别是

---

[①]《习近平在党史学习教育动员大会上强调　学党史悟思想办实事开新局　以优异成绩迎接建党一百周年》，《人民日报》2021年2月21日。

要坚决杜绝各种受利益驱动而偏离甚至扭曲党的路线方针政策的现象发生。

### （五）严明党的纪律是党的政治建设的必然要求

政党的组织性表现为严格的纪律性，没有纪律约束就只是散漫的团体组合而不能称其为政党组织。马克思主义赋予共产党以"铁的纪律"内涵，要求其形成特别严格的自身约束。党的政治建设必须打造"铁一般"的纪律体系。严明纪律是马克思主义政党的基本特质和优良品质，是中国共产党的光荣传统和独特优势。新民主主义革命时期，中国共产党始终把纪律建设作为一项重要的任务来抓，不断完善党的纪律规范，开展党员纪律教育和监督活动，严格执行党的纪律，为获得新民主主义革命的最终胜利提供了重要保证。中国共产党全面执政后尤其在改革开放新时期，党中央把加强纪律建设摆在了更为重要的位置上，强调纪律严明是贯彻党的路线、维护党的团结统一、完成党的任务的重要保证。纪律体现政治的严肃性，马克思主义政党根本属性的政治特征集中表现为具有严密的纪律。习近平总书记就严明党的纪律问题作出了一系列重要论述，他指出必须"把党的纪律刻印在全体党员特别是党员领导干部的心上"[①]，"一个政党，不严明政治纪律，就会分崩离析"[②]，"全党上下，任何一级组织、任何一名党员和干部都要严格遵守党的组织制度和党的法规纪律，对党忠诚，光明磊落，公道正派"[③]，"如果不严明党的纪律，党的凝聚力和战斗力就会大大削弱，党的领导能力和执政能力就会大大削弱"[④]，从政治站位说，守纪律讲规矩是对党员、干部党性的重要考验，是对党员、干部对党的忠诚度的重要检验。这些论述都体现了严明党的纪律的政治意义，党的政治建设一步也离不开严明党的纪律，这是一条非常重要的经验。

### （六）加强制度建设是党的政治建设的有力保证

制度具有根本性、长期性、全局性、稳定性的特点，这就决定了它对党的建设具有保证功能，制度是党的政治建设的路径依赖。党的十九大强调把制度建设

---

[①]《习近平关于严明党的纪律和规矩论述摘编》，北京：中央文献出版社，2016年，第9页。
[②]《习近平关于严明党的纪律和规矩论述摘编》，北京：中央文献出版社，2016年，第16页。
[③]《习近平关于严明党的纪律和规矩论述摘编》，北京：中央文献出版社，2016年，第54页。
[④]《习近平关于严明党的纪律和规矩论述摘编》，北京：中央文献出版社，2016年，第95页。

贯穿党的建设各个方面，党的政治建设常态化必须建立在制度规范化的基础上。《中共中央关于加强党的政治建设的意见》指出："加强党的政治建设，要把建章立制贯穿全过程各方面，建立健全长效机制，形成系统完备、有效管用的政治规范体系，真正实现党的政治建设有章可循、有据可依。"[①]这就从政治建设角度提出了制度建构的要求，该意见中还明确提出"不断完善保障'两个维护'的制度机制"，严格执行相关党内法规和完善相关督查问责机制。党的十八大以来，习近平总书记在制度建设上提出了一系列创新思想，如"从严治党靠教育，也靠制度"，提出扎牢制度笼子，用制度管权管事管人，强化制度治党，坚持思想建党和制度治党紧密结合，增强制度执行力，等等。习近平总书记指出："新时代改革开放具有许多新的内涵和特点，其中很重要的一点就是制度建设分量更重"[②]，党的各项工作中把制度"真正执行和落实了，方向上就没有问题，政治上就不会出问题"[③]。这些思想是对党长期实践经验的深刻总结，对加强党的政治建设制度具有重大指导意义。

## 二、把党的政治建设摆在党的建设首位的创新意义

把党的建设作为一项伟大工程进行认识和严肃对待，是中国共产党对马克思主义建党学说的一个重大贡献。这个论断最先是毛泽东于1939年10月在为延安创办的《中国共产党人》杂志撰写发刊词中提出的，一直被沿用至今，并形成"新时代党的建设新的伟大工程"的表述。在历史发展进程中，我们党加强自身建设的思想和实践创新都与"伟大工程"这个论断密切相关。

把党的建设当作工程加以定位，重要意义在于体现了全面和系统认识党的建设的深刻性。所谓工程就是指具有结构性构造系统的建设项目，由此演绎的意思表示党的建设不是简单的工作事务，不是线性构造，它所包括的各项建设任务形成结构性的工程系统。马克思主义经典作家关于加强共产党建设有丰富的思想，党建理论也形成了比较完整的体系，但用工程项目来定位共产党建设则是中国共产党人的一大创新。它不仅提升了共产党发展中加强自身建设的分量，而且赋予

---

① 《中共中央关于加强党的政治建设的意见》，北京：人民出版社，2019年，第25页。
② 《习近平谈治国理政》（第3卷），北京：外文出版社，2020年，第112页。
③ 《习近平谈治国理政》（第3卷），北京：外文出版社，2020年，第126页。

党的建设以系统性的科学内涵。中国共产党建设的百年实践正是按照工程结构性的构造系统全面展开的，党的建设伟大工程这个科学定位，不断推动了马克思主义政党建设创新理论成果的产出。

从党的建设实践看，"伟大工程"的科学定位使加强党的建设在中国共产党发展壮大中发挥了极其重要的作用。历史规律表明，政党宣告成立只是完成组织程序，"建党"不能代替"建设"，组织成型后具有生命力以及获得生存和发展，必须通过不断加强自身组织的建设来实现。中华民国初年，在政党政治渲染下曾冒出了大大小小三四百个政党和政治团体组织，但大多数都很快就烟消云散，不见踪影了。1921年中国共产党创建时规模很小，仅有50多名党员，而且又是在秘密状态下建立的，在当时帝国主义和封建主义统治下要想立足生存十分艰难，此后发展中它又曾经多次受到破坏，甚至经历生死存亡的考验。1927年大革命失败、1934年中央革命根据地第五次反"围剿"失败，中国共产党两次濒临灭亡的危险境地，但最后都以历史性的转折走出了绝境，两次从失败走向胜利，证明了中国共产党强大的生命力。面对强大的反革命势力，中国共产党之所以能够生存下来并得到发展，首先是因为马克思主义政党的先进本质赋予其不可战胜的强大力量，另外一个重要原因就是密切联系群众，得到了人民的支持。而这两方面正是通过加强党的建设来实现的，不断加强自身建设锻造了其抗打压、破难题、解危机、化风险、开新局的能力。从组织规模看，中国共产党领导革命取得胜利时，党员达到448.8万，与建党时相比增加了8976倍，数量相当可观，但如果与其对手国民党相比，组织规模仍不占优势。也就是说，我们党取得胜利靠的是政党质量而不是党员数量。中华人民共和国成立以来，我们党快速发展壮大，迄今已经成为拥有9100多万党员的世界第一大马克思主义执政党，如果不以党的建设加强管党治党，是难以取得领导建设和改革胜利的。

基于伟大工程的科学定位，中国共产党建设的百年历史实践取得了丰硕成果，需要进行全面总结。其中有两个特点非常重要。首先，推动党的建设科学布局不断丰满和创新。从延安时期形成的思想建设、组织建设、作风建设"三位一体"布局，到改革开放新时期增加制度建设发展为"四位一体"布局、增加反腐倡廉建设发展为"五位一体"布局，再到党的十九大形成"全面推进党的政治建设、思想建设、组织建设、作风建设、纪律建设，把制度建设贯穿其中，深入推进反腐败斗争"新布局，党的建设结构性的工程系统随着党的政治实践不断深入而日益完善。其次，促进党的建设统筹发展，达到使党的各个方面建设齐头并进、相辅相成、同向发力的效果。党中央部署党的建设工作，历来注重从大局出发进行整体安排和系统部署，尤其是党的十八大以来，以习近平同志为核心的党中央加强顶层设计，坚持重点突破和整体推进相结合，坚持治本和治标相结合，发挥党的建设合力作用，保证了党的建设工程架构形成协调发展的系统联动。这两个特点使党的建设伟大工程始终有序地进行，并不断开创新的局面。

在党的十九大之前，党的建设伟大工程结构系统的布局以党的思想建设为首位，党的十八大报告论述党的建设，第一条就讲党的思想建设，强调"要抓好思想理论建设这个根本"[①]。这是对党的建设长期实践经验的坚持，完全正确。从中国共产党建立起，注重以马克思主义思想反对和克服各种非无产阶级思想影响，始终是党开展思想建设的重点任务，这也完全符合党永葆先进性和纯洁性的要求。中国共产党始终坚持马克思主义思想武装，对社会主义和共产主义的信念，是共产党人的政治灵魂，是共产党人经受住任何考验的精神支柱，在任何时候任何情况下都不能放松思想建设，共产党人思想上一旦出现缺口，就会导致实践上的迷失。

党的十九大从新时代党的建设总要求出发作出了新的部署，形成"以党的政治建设为统领"，"把党的政治建设摆在首位"的新观点。习近平总书记指出："党的十九大把党的政治建设纳入党的建设总体布局并摆在首位，是从战略和全局高度作出的重大决策。"[②]从之前党的思想建设摆在首位，到党的十九大把党的政治建设摆在首位，这样的重要调整基于什么样的逻辑？对于这个重大调整需要加以全面的认识，形成高度的共识。需要明确以下四点。其一，讲政治是政党的天职，作为政治组织，政党生命指的就是政治生命，政党规避风险的首要任务就是确保政治安全，这就是党中央把党的政治建设摆在首要位置的思想和实践逻辑。其二，把党的政治建设摆在首位不是减弱思想建设的重要性。党的十九大报告从"基础性建设"定位党的思想建设，突出强调"坚定理想信念，坚守共产党人精神追求，始终是共产党人安身立命的根本。对马克思主义的信仰，对社会主义和共产主义的信念，是共产党人的政治灵魂，是共产党人经受住任何考验的精

---

① 《十八大以来重要文献选编》（上），北京：中央文献出版社，2014年，第39页。
② 《习近平谈治国理政》（第3卷），北京：外文出版社，2020年，第504页。

神支柱"①,"挺起共产党人的精神脊梁"必须加强党的思想建设。其三,党的政治建设之所以有"首位"的意义,是因为它以政治领导、政治立场、政治原则、政治道路等引领体现着"根本性建设"的要求,"决定党的建设方向和效果"。党的各方面建设虽然具体任务和工作要求不同,但都离不开政治,无论是党员个体还是党组织单位,一旦政治上发生问题,党的建设必然全盘出错。其四,党的思想建设从根本上说为党坚持正确方向提供保证,党的思想"基础性建设"必须体现和落实党组织的政治属性。从这四点认识党的十九大作出的重大调整,可以发现把党的政治建设摆在首要位置,是党的建设长期经验和党的十八大以来鲜活经验的创新成果,为推进新时代党的建设新的伟大工程提供了思想遵循和行动指南。

党的十八大以来推进全面从严治党的创新实践,把加强党的政治建设提到前所未有的高度。以习近平同志为核心的党中央把政治建设摆在更加突出的位置,加大力度抓,形成了鲜明的政治导向,消除了党内严重的政治隐患,推动党的政治建设取得重大历史性成就。习近平总书记站在中国特色社会主义进入新时代的历史起点上,高度重视党的政治建设,以密集的话语提出加强党的政治建设要求。他指出,党的政治建设是全面从严治党中的根本性问题,"不从政治上认识问题、解决问题,就会陷入头痛医头、脚痛医脚的被动局面,就无法从根本上解决问题"②,"政治方向是党生存发展第一位的问题,事关党的前途命运和事业兴衰成败"③,"政治问题,任何时候都是根本性的大问题。全面从严治党,必须注重政治上的要求"④,"党中央作出的决策部署,所有党组织都要不折不扣贯彻落实,始终在政治立场、政治方向、政治原则、政治道路上同党中央保持高度一致"⑤,"在任何情况下都要做到政治信仰不变、政治立场不移、政治方向不偏"⑥,"作为党的干部,不论在什么地方、在哪个岗位上工作,都要增强党性立

---

① 《十八大以来重要文献选编》(上),北京:中央文献出版社,2014年,第80页。
② 《习近平谈治国理政》(第3卷),北京:外文出版社,2020年,第92页。
③ 《习近平谈治国理政》(第3卷),北京:外文出版社,2020年,第93页。
④ 《十八大以来重要文献选编》(下),北京:中央文献出版社,2018年,第301页。
⑤ 《习近平在十九届中央纪委二次全会上发表重要讲话强调全面贯彻落实党的十九大精神以永远在路上的执着把从严治党引向深入》,《中国纪检监察报》2018年1月12日。
⑥ 《十八大以来重要文献选编》(上),北京:中央文献出版社,2014年,第132页。

场和政治意识,经得起风浪考验,不能在政治方向上走岔了、走偏了"①。2018年6月29日,中共中央政治局举行第六次集体学习专门研究党的政治建设问题,习近平总书记发表重要讲话指出,全党必须深化对党的政治建设的认识,增强推进党的政治建设的自觉性和坚定性。2019年1月25日,中共中央政治局召开会议,审议《中共中央关于加强党的政治建设的意见》。该意见从加强党的政治建设的总体要求、坚定政治信仰、坚持党的政治领导、提高政治能力、净化政治生态、强化组织实施6个方面作出20条规定,成为新时代加强党的政治建设的纲领性文件。实践表明,新时代党的建设开创的新局面最显著的表现就是以党的政治建设为统领,推动党的思想建设、组织建设、作风建设、纪律建设、制度建设以及反腐败斗争深入发展,取得了全方位的成绩,实现了管党治党从"宽松软"向"严紧硬"的转变。新时代党的政治建设为党团结带领人民胜利实现全面建成小康社会的"第一个百年"奋斗目标,以及为开启实现中华民族伟大复兴的"第二个百年"奋斗目标历史新征程,提供了有力的保证。

## 三、推进新时代党的政治建设向纵深发展的主要任务

实践永无止境,党的政治建设创新发展没有终点,永恒课题就必须持之以恒地做下去,党的政治建设必须保持不放不停的韧劲。习近平总书记反复强调,党的建设永远在路上,全面从严治党决不能有喘口气、歇个脚、打下盹的念头。现实告诉我们,在以习近平同志为核心的党中央的坚强领导下,全面从严治党虽然以卓著成效创造了党的建设前所未有的局面,深得党心民心,但是党的建设一些深层次问题依然存在,政治隐患还没有完全排除,党的政治风险和政治安全问题依然突出。因此,新时代党的政治建设使命艰巨,任务繁重,推进全面从严治党向纵深发展,必须把党的政治建设不断引向深入。

**(一)新时代全面推进党的政治建设,必须从党的政治安全出发,坚持和发展党的全面领导**

习近平总书记指出:"人民安全是国家安全的宗旨,政治安全是国家安全的

---

① 《做焦裕禄式的县委书记》,北京:中央文献出版社,2015年,第6页。

根本。"①党的政治建设与国家政治安全直接相关。对中国共产党来说，坚守党的领导是关乎政治安全最大的问题，党的政治建设出现任何问题，造成的根本性危害就是动摇党的领导，从而影响到整个国家建设的发展。在坚持党的全面领导问题上产生怀疑和动摇，政治上就将犯颠覆性的错误。习近平总书记指出，我们党在能不能打仗、能不能搞建设搞发展上已经用事实作出了回答，优异成绩就是历史证明，但是，"我们中国共产党人能不能在日益复杂的国际国内环境下坚持住党的领导、坚持和发展中国特色社会主义，这个还需要我们一代一代共产党人继续作出回答"②。他在许多重要讲话中反复提出"历史周期率"问题，一再强调"赶考永远在路上"，甚至用防止"霸王别姬"历史悲剧重演的沉重话语，来敲响党的政治安全警钟，意味深长。新时代全面推进党的政治建设，要以坚持和发展党的全面领导为根本，构筑起确保党和国家政治安全的坚固篱笆。

**（二）新时代全面推进党的政治建设，必须增强"四个意识"，坚定"四个自信"，做到"两个维护"**

党中央提出牢固树立政治意识、大局意识、核心意识和看齐意识的要求，这是党的政治建设坚持正确政治方向的内在要求，也是干部、党员和党组织进行党性锻炼的必然逻辑。习近平总书记指出："在党的政治建设方面，要确保党的集中统一，促进全党增强'四个意识'、坚定'四个自信'、做到'两个维护'，净化政治生态，及时清除两面人等政治隐患，防范和化解政治风险。"③在复杂的政治环境下，面对执政考验、改革开放考验、市场经济考验、外部环境考验越来越严峻，精神懈怠危险、能力不足危险、脱离群众危险、消极腐败危险越来越尖锐，缺乏政治意识、大局意识、核心意识和看齐意识，就会在政治斗争的大风大浪中迷失方向。牢固树立"四个意识"必须坚定"四个自信"，中国特色社会主义道路自信、理论自信、制度自信、文化自信，是干部、党员和党组织坚定政治立场的底线。党的政治建设首要任务是坚决维护党中央权威和集中统一领导，坚决维护习近平总书记党中央的核心、全党的核心地位。坚决做到"两个维护"必

---

① 《习近平谈治国理政》（第3卷），北京：外文出版社，2020年，第218页。
② 《习近平关于社会主义政治建设论述摘编》，北京：中央文献出版社，2017年，第25页。
③ 《习近平谈治国理政》（第3卷），北京：外文出版社，2020年，第533页。

须"不断增强拥护核心、跟随核心、捍卫核心的思想自觉政治自觉行动自觉"①。树牢"四个意识"、坚定"四个自信"、坚决做到"两个维护"内在相统一,构成新时代加强党的政治建设必须遵循的思想和实践准则。

### (三)新时代全面推进党的政治建设,必须按照根本性建设的要求,切实体现引领作用

习近平总书记指出:"加强党的政治建设就是要发挥政治指南针作用。"②全面从严治党创新理论转化为实践效能,首先要使党的政治建设统领性作用在党的各方面建设中发挥效力。把党的政治建设摆在首要位置,要以基础性的思想建设为灵魂,以具有细胞工程意义的组织建设为依托,以形象塑造的作风建设为抓手,以自律约束的纪律建设为基础,以规范运作的制度建设为保证,以打造廉洁的反腐败斗争为常态,在良性互动中形成合力,在统筹推进中实现整体发展。新时代党的建设新的伟大工程能不能顺利地健康地推进,取决于党的政治建设引领作用发挥得好不好、有力不有力。党的政治建设引领作用不仅体现在党的自身发展方面,而且对国家建设起到引领作用。中国特色社会主义民主政治建设中,党的政治建设关系到政治生态、意识形态、社会主义核心价值观、政党文化等多方面的问题,发扬党内民主带动人民民主,党的团结促进全社会的人心凝聚,党员和领导干部遵规守纪关系依法治国基本方略的实施,等等。由此而言,加强党的政治建设重大意义远远超出了管党治党的范畴。深入推进中国特色社会主义事业发展,必须把党的政治建设摆在首位,体现其引领作用的全面性。新时代加强党的政治建设,一方面必须结合党的建设各个方面形成动力、产生效果、取得成绩;另一方面又必须从国家建设的要求出发,把党的政治建设引领作用落实到中国特色社会主义政治发展的各个领域、各个方面、各个环节。

### (四)新时代全面推进党的政治建设,必须坚持问题导向,勇于自我革命

勇于自我革命是我们党的政治传统,体现马克思主义政党的鲜明政治品格。习近平总书记指出:"勇于自我革命,是我们党最鲜明的品格,也是我们党最大

---

① 《中共中央关于加强党的政治建设的意见》,北京:人民出版社,2019年,第8页。
② 《习近平谈治国理政》(第3卷),北京:外文出版社,2020年,第93页。

的优势"①,"要兴党强党,保证党永葆生机活力,就必须实事求是认识和把握自己,以勇于自我革命精神打造和锤炼自己。坚持自我革命精神,关键要有正视问题的自觉和刀刃向内的勇气。'天下之患,莫大于不知其然而然。'自我革命本身就是对着问题去的,讳疾忌医是自我革命的天敌"②。党的政治建设不是空谈,不是坐而论道,是为了解决实际问题。党的发展中不管什么样的问题,首先要从政治上考虑。"党内存在的各种问题,从根本上讲,都与政治建设软弱乏力、政治生活不严肃不健康有关。"③解决党的不正之风不能就事论事,不从政治入手就难以从根子上消除隐患。腐败不是简单的经济问题,习近平总书记明确指出要从政治上看腐败问题的危害性。勇于自我革命就是勇于对自己身上的问题开刀,不断增强党在长期执政条件下自我净化、自我完善、自我革新、自我提高的能力。新时代全面推进党的政治建设,勇于自我革命是不断清除危害党的健康肌体各种毒素的重要法宝。

### (五)新时代全面推进党的政治建设,必须实现执政目标,让人民生活得更加美好

立足突出政治的政党根本属性,加强政治建设是我们党坚持人民立场的题中应有之义。"人民立场是中国共产党的根本政治立场,是马克思主义政党区别于其他政党的显著标志。"④加强党的自身建设,是为了更好地带领人民创造美好生活,以务实的精神和举措努力建设富强民主文明和谐美丽的社会主义现代化国家,实现让人民生活得更加美好的执政目标。习近平总书记指出:"加强党的政治建设,要紧扣民心这个最大的政治,把赢得民心民意、汇集民智民力作为重要着力点"⑤,"人民是党执政的最大底气,也是党执政最深厚的根基。正是从这个意义上讲,民心是最大的政治"⑥。要坚持以人民为中心的发展思想,立党为公、

---

① 《十八大以来重要文献选编》(下),北京:中央文献出版社,2018年,第589页。
② 《十八大以来重要文献选编》(下),北京:中央文献出版社,2018年,第591页。
③ 《习近平谈治国理政》(第3卷),北京:外文出版社,2020年,第504页。
④ 《十八大以来重要文献选编》(下),北京:中央文献出版社,2018年,第352页。
⑤ 《习近平在中共中央政治局第六次集体学习时强调把党的政治建设作为党的根本性建设为党不断从胜利走向胜利提供重要保证》,《人民日报》2018年7月1日。
⑥ 《习近平谈治国理政》(第3卷),北京:外文出版社,2020年,第137页。

执政为民，践行全心全意为人民服务的根本宗旨，树立真挚的人民情怀，把人民放在心中最高位置，始终相信人民，紧紧依靠人民，把人民对美好生活的向往作为奋斗目标。新时代全面推进党的政治建设，要落实到让人民群众有更多获得感、安全感、幸福感上，从而增强全社会的政治认同，凝聚起党内党外同心共筑中国梦的磅礴力量。

**（六）新时代全面推进党的政治建设，必须不断提高政治判断力、政治领悟力、政治执行力，把党建设得更加坚强有力**

《中共中央关于加强党的政治建设的意见》指出："加强党的政治建设，关键是要提高各级各类组织和党员干部的政治能力。"① 从政治角度看问题，提高党的建设质量首先表现在政治质量上，政治能力是党的核心竞争力。政治判断力、政治领悟力、政治执行力是政治能力的具体表现。习近平总书记指出："我们党要始终做到不忘初心、牢记使命，把党和人民事业长长久久推进下去，必须增强政治意识，善于从政治上看问题，善于把握政治大局，不断提高政治判断力、政治领悟力、政治执行力"②，"要教育引导全党从党史中汲取正反两方面历史经验，坚定不移向党中央看齐，不断提高政治判断力、政治领悟力、政治执行力，自觉在思想上政治上行动上同党中央保持高度一致，确保全党上下拧成一股绳，心往一处想、劲往一处使"③。能不能把握政治大局、坚守政治定力、站稳政治立场，建立在这"三力"的基础上。事实表明，一些领导干部不自觉地成为政治不明白的人，主要原因就是政治判断力、政治领悟力、政治执行力不强。新时代不断提高政治判断力、政治领悟力、政治执行力，必须做到在重大问题和关键环节上头脑特别清醒、眼睛特别明亮、行动特别坚决。新时代加强党的政治建设，必须使全体党员特别是各级领导干部善于从一般事务中发现政治问题，善于从倾向性、苗头性、潜在性的问题中发现政治错误的端倪，善于从错综复杂的矛盾关系中把

---

① 《中共中央关于加强党的政治建设的意见》，北京：人民出版社，2019年，第11页。
② 《中共中央政治局召开民主生活会强调 加强政治建设提高政治能力坚守人民情怀 不断提高政治判断力政治领导力政治执行力 中共中央总书记习近平主持会议并发表重要讲话》，《人民日报》2020年12月26日。
③ 《习近平在党史学习教育动员大会上强调 学党史悟思想办实事开新局 以优异成绩迎接建党一百周年》，《人民日报》2021年2月21日。

握政治逻辑，坚持政治立场不移、政治方向不偏、政治担当不推、政治风险不惧，在政治历练中检验政治能力。

## 四、结束语

中国共产党在百年历史进程中展现的强大生命力表现在多个方面，而作为政党组织，政治生命是其第一重要的生命力。中国共产党百年政治建设积累的经验是我们党继往开来的宝贵财富，把它作为优势资源充分利用好，并在新时代伟大实践中不断创造新的经验，推动党的政治建设向纵深发展，意义十分重大。对于我们这样一个马克思主义执政党来说，没有比政治成熟更为重要的事情了，没有比政治历练更为重大的任务了。中国共产党要实现从规模型大党向质量型强党的提升，必须以加强党的政治建设为前提。习近平总书记指出："保持和发展马克思主义政党的政治属性不是一件容易的事，不能指望泛泛抓一抓或者集中火力打几个战役就能彻底解决问题。党的政治建设是一个永恒课题，来不得半点松懈。"[①]当前，我国正处于实现中华民族伟大复兴的关键期，世界正经历百年未有之大变局，深刻把握"两个大局"的相互关系，统筹推进中国特色社会主义事业"五位一体"总体布局，协调推进"四个全面"战略布局，是党中央为迈进新征程作出的战略谋划。坚持以习近平新时代中国特色社会主义思想为指导，把握新阶段，贯彻新理念，构建新格局，满怀自信地将中国特色社会主义事业不断向纵深推进，全党全国各族人民一定能迎来更加美好的明天。

（本文发表于《中国井冈山干部学院学报》2021年第3期，略有删改）

---

① 《习近平谈治国理政》（第3卷），北京：外文出版社，2020年，第91-92页。

# 中国共产党政治建设百年回望及当代启示

岳 奎

旗帜鲜明讲政治是马克思主义政党的根本要求。百年来，中国共产党之所以能够永葆生机和活力，根本原因在于依靠对共产党人灵魂的"锻铸"来坚定党员干部的政治信仰，提高其政治意识，并通过思想政治工作凝聚全党上下，从而取得一个又一个的胜利。《中共中央关于党的百年奋斗重大成就和历史经验的决议》指出："一百年来，党坚持性质宗旨，坚持理想信念，坚守初心使命，勇于自我革命，在生死斗争和艰苦奋斗中经受住各种风险考验、付出巨大牺牲，锤炼出鲜明政治品格，形成了以伟大建党精神为源头的精神谱系，保持了党的先进性和纯洁性，党的执政能力和领导水平不断提高，正领导中国人民在中国特色社会主义道路上不可逆转地走向中华民族伟大复兴，无愧为伟大光荣正确的党。"①党在新民主主义革命、社会主义革命和建设、改革开放新时期和中国特色社会主义新时代等重要历史时期不断加强党的政治建设的理论与实践，不仅保证了党始终不忘初心、秉承红色基因，始终保持纯洁性和先进性，也使党始终具有强大凝聚力和战斗力，永葆生机和活力。

## 一、新民主主义革命时期党的政治建设

"革命理想高于天"，政治建设就是党的旗帜和目标的彰显。党的一大通过的

---

① 《中共中央关于党的百年奋斗重大成就和历史经验的决议》，北京：人民出版社，2021年，第64—65页。

党的名称、性质、任务、纲领等内容，便已深刻地体现了党的政治性。党的二大通过的党章规定了入党条件、党的各级组织的建设和党的纪律等事项。同时，党的二大提出的"为无产阶级之利益而奋斗""为无产阶级奋斗""到群众中去"的革命方法以及由此确立的政治根基，对加强党的政治建设起着重要的作用。新民主主义革命时期，我们党从政治意识、政治思想、政治纲领、政治路线、入党标准和政治纪律诸方面进行了建设，夯实了党对于一切工作的领导地位，大幅提升了自身的政治能力，保障了党的革命事业取得伟大胜利。

**（一）不断强化全党的政治意识，提升政治理论学习水平**

党的政治建设需要坚定的政治意识作为基础保障，以此凝聚全党的共产主义信仰，并提升自身的政治敏锐性和洞察力。1923年，瞿秋白引用列宁的《怎么办》中的一段话，首次谈到了"政治意识"①这一概念。1926年，《校刊》第6期发表题为《我们今后应当怎样工作》一文，在党内第一次将重视"政治意识"作为"树立党在群众中的信仰""使群众与我们一块"②的工作内容提出。随后，周恩来在起草的《中央给顺直省委并汪铭同志的信》中强调了"政治意识"的重要性。党的六大规定的党的任务，其中一条内容便是通过系统地宣传马克思列宁主义，"加紧党员群众的教育，增加他们的政治程度"③，确保党的政治意识得到始终如一的有效贯彻。

马克思主义是党的根本指导思想，"巩固党的中心一环，就是加强党内马克思列宁主义的教育"④。着重从思想上建党，作为政治建设的基本原则和凝聚全党力量的前提，同样受到党的重视。在1929年的古田会议上，针对党内存在的非无产阶级思想和"红军中的流寇主义的政治思想"，党提出了"唯一的是使党员的思想和党内的生活都政治化"，"从思想上纠正个人主义"以利于"党的政治任务"的论点⑤，逐步开始以多种手段解决"党在思想上的准备、理论上的修养

---

① 《瞿秋白选集》，北京：人民出版社，1985年，第72页。
② 《中共中央文件选集》（第2册），北京：中共中央党校出版社，1989年，第111页。
③ 《中共中央文件选集》（第4册），北京：中共中央党校出版社，1989年，第320页。
④ 《中共中央文件选集》（第12册），北京：中共中央党校出版社，1991年，第157页。
⑤ 《中共中央文件选集》（第5册），北京：中共中央党校出版社，1990年，第807、809页。

是不够的"①这一不足。对此,《中共中央关于党的百年奋斗重大成就和历史经验的决议》指出:"古田会议确立思想建党、政治建军原则。"②西安事变和平解决后,一致抗日成为全国上下共识。党在发挥抗日中流砥柱作用的同时,也特别注重自身马克思主义理论水平的提高。抗日战争爆发不久,中共中央就发出"有组织有计划的以马克思列宁主义重新训练党的干部与党员"的通知,要求各地有计划地有系统地举办党校与训练班③,加强党员头脑的武装工作。党的领导人也常常通过会议、演讲、谈心等形式在公开或私下的场合号召、鼓励党员学习马列主义,"锻炼坚强的布尔什维克的意识"④。在不断总结党的政治建设经验基础上,毛泽东在1941年9月撰写的《反对主观主义和宗派主义》一文中将"掌握思想"⑤作为党第一等的业务来抓。刘少奇也强调,"必须认真学习马克思主义、毛泽东思想",并"进行思想上的改造"⑥。

### (二)明确党的政治纲领,落实党的政治路线

所谓政治纲领,是党在政治维度上的奋斗目标和行动方针,党的纲领决定了政治建设的方向。党的一大通过的《中国共产党纲领》,规定了党的基本政治纲领,我们党自此有了明确的奋斗目标。此后,党章虽经历次党代会进行修改,但党反帝反封建、实现新民主主义革命胜利以及渐次达到一个共产主义社会的目标和方向并未有丝毫改变。

执行正确的政治路线是政治建设的又一重要内容。早在1929年的古田会议上,我们党便认识到了"缺乏对党员正确路线的教育"⑦的问题。20世纪30年代,党在政治路线上屡次出现严重的"左"倾错误,把马克思主义教条化、本本化。遵义会议成为党独立自主、灵活地运用马克思列宁主义基本原理解决自己路

---

① 《刘少奇选集》(上),北京:人民出版社,1981年,第220页。
② 《中共中央关于党的百年奋斗重大成就和历史经验的决议》,北京:人民出版社,2021年,第5页。
③ 《中共中央文件选集》(第11册),北京:中共中央党校出版社,1991年,第304页。
④ 《建党以来重要文献选编》(第15册),北京:中央文献出版社,2011年,第48页。
⑤ 《毛泽东文集》(第2卷),北京:人民出版社,1993年,第392页。
⑥ 《刘少奇选集》(上),北京:人民出版社,1981年,第326页。
⑦ 《中共中央文件选集》(第5册),北京:中共中央党校出版社,1990年,第800页。

线、方针和政策问题的重要里程碑，开启了党执行正确政治路线的新征程。七七事变后，中共中央深刻地分析了中国革命的形势，提出了党在抗日战争时期所采取的政治路线和基本方针，即在无产阶级的领导下，"动员一切力量争取抗战的最后胜利"①，中国共产党应该最积极地站在斗争的最前线，使自己成为全国抗战的核心。随后，党的六届六中全会通过的《中共扩大的六届六中全会政治决议案》，在延续洛川会议制定的政治路线的基础上，进一步明确并首次全面论述了党在抗战时期的政治路线：坚持抗战，坚持持久战，巩固和扩大抗日民族统一战线，确保国共合作的长期性并不断扩大与各抗日民主党派的合作。1948年，毛泽东在中共中央晋绥分局干部会议上的讲话中，较为完整地对党的政治路线进行了论述，揭示了其与政治建设的内在逻辑，即制定并执行符合实际的政治路线，直接关系到党的政治建设的兴衰成败。没有正确的政治路线引领，党的政治建设"就会迷失方向，就会左右摇摆，就会贻误我们的工作"②。

### （三）明确党员入党标准，严格党的政治纪律

政治建设离不开人的因素，入党标准是党选人、用人的第一要素，是衡量入党成员素质的尺子，是检验党员工作的基本指标。入党标准的高低，往往决定了党员获取政治身份门槛的难易程度，也影响着政治建设的成效。由于党成立之初势单力薄，积极发展党员成为当务之急。随着党员数量的增加，各级党部忽视党员教育、纪律松懈、党政不分、上下级关系不密切、支部大会及小组会不按时召开等一系列问题逐渐凸显，党通过厉行洗除旧的错误政治观念，用严格入党标准筛选同志，并在"大浪淘沙"中提高党员质量。抗战爆发后，中共中央鉴于党的政治力量还比较薄弱，许多重要区域尚无党的组织，决定积极发展党员以壮大革命队伍，"打破党内在发展党员中关门主义之倾向""特别注意在战区在前线上大量的吸收新党员，建立强大的党的组织"③，在无党组织的地区则强调要建立和发展党的组织。同时，党中央还决定将发展党员上升到每一个党员及各级党部的重要工作层面，施以考察与推动。针对国民党的反共压力，党中央指出："现在不是普遍发展的时候了，一般应停止发展，以精干为原则"，"应建立短小精干的

---

① 《建党以来重要文献选编》（第14册），北京：中央文献出版社，2011年，第473页。
② 《毛泽东选集》（第4卷），北京：人民出版社，1991年，第1316页。
③ 《建党以来重要文献选编》（第15册），北京：中央文献出版社，2011年，第186、187页。

绝对可靠的党的组织","注重质而不是注重量"①。党与时俱进，改变了早先大力发展党组织的政治建设形式。1940年，党中央再次作出改变，强调"要巩固共产党的组织，在无党和党弱的地方要发展党的组织"②。

在全国取得抗战胜利之后，鉴于形势的再次变化，党在强调吸收工人先进分子入党的同时，又强调大量吸收"一切劳动人民中的先进分子入党"③，强调从小资产阶级队伍中充实自己。在整个新民主主义革命时期，党对组织的发展和发展质量的把控具有一定的弹性，依据党的政治路线与时俱进调整党的政治建设策略，顺应了党的政治建设的实际，从政治上保障了新民主主义革命的胜利。

### （四）不断加强党内的政治监督和检查

党的二大党章中专列"纪律"一章。1927年，瞿秋白提出"政治纪律"的概念。同年，党的五大通过的《组织问题决议案》提出，"宜重视政治纪律"。随后召开的中共中央临时政治局扩大会议，又通过了《政治纪律决议案》，强调"只有最严密的政治纪律，才能够增厚无产阶级政党的斗争力量"。在古田会议上，针对党内存在的"如提议被否决，表现非常的怄气，及不诚意执行党的决议案"等非组织意识，党中央强调要少数服从多数，"除在下一次会议得再提出讨论外，不得在行动上有任何反对的表示"④。

不仅如此，从《关于中央委员会工作规则与纪律的决定》《关于各级党部工作规则与纪律的决定》《关于各级党委暂行组织机构的决定》《党规党法的报告》等文件中，都能看出党对政治纪律的重视。在党的六届六中全会上，毛泽东重申了党的纪律，并称"谁破坏了这些纪律，谁就破坏了党的统一"⑤。延安整风期间，毛泽东特别强调，"身为党员，铁的纪律就非执行不可。孙行者头上套的箍是金的，列宁论共产党的纪律说纪律是铁的，比孙行者的金箍还厉害，还硬"⑥。

---

① 《中共中央文件选集》（第12册），北京：中共中央党校出版社，1991年，第119、177、424页。

② 《建党以来重要文献选编》（第17册），北京：中央文献出版社，2011年，第104页。

③ 《刘少奇选集》（上），北京：人民出版社，1981年，第325页。

④ 《中共中央文件选集》（第5册），北京：中共中央党校出版社，1990年，第804页。

⑤ 《毛泽东选集》（第2卷），北京：人民出版社，1991年，第528页。

⑥ 《毛泽东文集》（第2卷），北京：人民出版社，1993年，第416页。

党的七大将"四个服从"进一步阐述后写进了党章,"党的无产阶级的铁的纪律,每个党员都必须遵守,不得逾越"①。对于党内违纪行为,强调一律严肃处理。毛泽东在给雷经天的信中谈及黄克功一事,特别指出黄克功"不同于一个普通人""如为赦免,便无以教育党,无以教育红军,无以教育革命者"②,维护了党的纪律权威。作为政治建设的重要保障,党在整个新民主主义革命时期的纪律作风建设,对保证党的革命性和纯洁性、规范党员干部的行为、树立党的良好形象,起到了根本性的作用。

综上所述,中国共产党在新民主主义革命时期,以革命的理想和理论为引领和指导,采取加强党的政治建设的一系列措施,建成了伟大的马克思主义政党,完成了党的各项任务。2013年1月5日,习近平在新进中央委员会的委员、候补委员学习贯彻党的十八大精神研讨班上的讲话中指出:"革命理想高于天。"③《中共中央关于党的百年奋斗重大成就和历史经验的决议》指出:"在革命斗争中,党弘扬坚持真理、坚守理想,践行初心、担当使命,不怕牺牲、英勇斗争,对党忠诚、不负人民的伟大建党精神……努力建设全国范围的、广大群众性的、思想上政治上组织上完全巩固的马克思主义政党。"④在新民主主义革命时期,中国共产党围绕"革命"这个关键词进行的政治建设探索,不仅体现了中国共产党人的阶级立场、革命态度、纪律要求、组织特质和纯洁品质,而且彰显了中国共产党独特的革命勇气和政治觉悟,是中国共产党和中国人民浴血奋战、百折不挠创造新民主主义革命的伟大成就的坚强政治保证。

## 二、社会主义革命和建设时期党的政治建设

中华人民共和国成立初期的国情完全可以用"一穷二白"来形容。一个满目疮痍、百废待兴的国家如何快速抚平战争的创伤,有序恢复战前生产生活秩序,如何迅速让人民群众早日过上丰衣足食、幸福美满的生活,是历史留给中国共产

---

① 《刘少奇选集》(上),北京:人民出版社,1981年,第324页。
② 《毛泽东文集》(第2卷),北京:人民出版社,1993年,第39页。
③ 《关于坚持和发展中国特色社会主义的几个问题》,《求是》2019年第7期。
④ 《中共中央关于党的百年奋斗重大成就和历史经验的决议》,北京:人民出版社,2021年,第7—8页。

党的巨大考验。与此同时，党的历史地位、工作重心、使命担当也都发生了变化。这些都对党的政治建设提出了新的要求。我们党紧紧抓住政治建设这条主线，不断提高党的执政能力和执政水平，迅速恢复战争创伤，恢复国民经济，取得了社会主义革命和建设的巨大成就。

### （一）制定和执行党的政治路线

中华人民共和国成立初期，党面临的最大挑战是如何巩固新生的人民政权。1949年11月，《中共中央关于在中央人民政府内组织中国共产党党委会的决定》等文件的颁发，使党的路线、政策能够在各级人民政府中得到落实。随后，中央颁布了《中华人民共和国土地改革法》，通过土地改革彻底摧毁了封建剥削制度。1953年，党在过渡时期的总路线开始实施，并在实践中得以落实和实现。《中共中央关于党的百年奋斗重大成就和历史经验的决议》指出："一九五六年，我国基本上完成对生产资料私有制的社会主义改造，基本上实现生产资料公有制和按劳分配，建立起社会主义经济制度。"[①]同时，党的八大确立了"把我国尽快地从落后的农业国变为先进的工业国"[②]的任务，明确了党在未来一个时期内的政治路线和目标任务。但是，由于党对当时的政治任务在思想认识上还存在不足，"八大提出的路线和许多正确意见没有能够在实践中坚持下去"[③]。

### （二）完善党的领导制度

1955年3月，中共中央决定成立党的中央和地方监察委员会，全面加强党的纪律建设。强化集体领导，实行党代表常任制，设立中央书记处使中央决策权与执行权相对分离，破除领导人任期终身制和设立中央领导集体"防风林"；在党的选举制度、监督制约制度和领导制度等方面对党内民主制度进行探索[④]。党的八大还提出要充分发挥中央和地方的积极性，扩大企业自主权；强调坚持"长期共存、互相监督"方针，充分发挥民主党派的作用。加强党对依法治国的领导、

---

① 《中共中央关于党的百年奋斗重大成就和历史经验的决议》，北京：人民出版社，2021年，第10页。
② 《建国以来重要文献选编》（第9册），北京：中央文献出版社，1994年，第341-342页。
③ 《邓小平文选》（第3卷），北京：人民出版社，1993年，第2页。
④ 参见岳奎：《党的八大对中央党内民主制度的积极探索》，《社会主义研究》2012年第6期。

科学立法、依法行政和严格司法等方面的领导，加强法制建设①。土地改革的完成以及党的政治制度的完善，推动了党的政治建设稳步发展。领导我们事业的核心力量是中国共产党。"党是领导一切的。"②

为适应社会主义大规模经济建设的需要，更好地指挥、部署各项工作，中央要求一切重要的方针、政策和计划都必须统一由党中央决定，各中央代表机关和各级党委应坚决保证党中央及中央人民政府一切决议、指示和法令的执行③。1956年，毛泽东在《论十大关系》中进一步强调要加强党的政治建设的问题，包括从政治的高度认识中央与地方、党内党外、国家和集体与个人、汉族与少数民族等的关系问题。要转变消极因素为积极因素，分清党内党外的是非，等等。在关于增强党性的决定中，毛泽东强调，只有靠集体的政治经验和智慧，才能保证党和国家的正确领导，才能保证党的队伍的团结一致④。对"有一些丧失朝气、丧失革命意志和坚持错误的人，在累戒不改的情况下，党委应当予以正当处理，重者绳之以纪律"⑤。1957年，毛泽东提出"我们的目标，是想造成一个又有集中又有民主，又有纪律又有自由，又有统一意志、又有个人心情舒畅、生动活泼"⑥的政治局面。在党的八大二次会议上，党中央又确立了"鼓足干劲、力争上游、多快好省地建设社会主义"的总路线，对党的政治建设也提出了更高要求。党中央强调："只有一个'政治设计院'，没有两个'政治设计院'。大政方针和具体部署，都是一元化，党政不分。"⑦自此，"党是领导一切的"的方针基本确立下来。

### （三）严肃党的政治纪律和工作作风

毛泽东在党的七届二中全会上就提出了"两个务必"，要求全党戒骄戒躁。

---

① 《党的八大对依法治国的积极探索》，《思想理论教育导刊》2015年第5期。
② 《毛泽东文集》（第8卷），北京：人民出版社，1999年，第305页。
③ 《毛泽东文集》（第6卷），北京：人民出版社，1999年，第252页。
④ 《毛泽东著作专题摘编》（下），北京：中央文献出版社，2003年，第2036页。
⑤ 《建国以来重要文献选编》（第10册），北京：中央文献出版社，1994年，第489页。
⑥ 《建国以来重要文献选编》（第15册），北京：中央文献出版社，1997年，第240页。
⑦ 《中共中央文件选集（1949年10月—1966年5月）》（第28册），北京：人民出版社，2013年，第150页。

中华人民共和国成立后，为进一步严肃党的纪律和作风，党中央强调要密切联系群众，克服官僚主义。不久，党中央发出《中共中央关于成立中央及各级党的纪律检查委员会的决定》，鉴于党内领导干部存在居功自傲、官僚主义、腐化堕落、违法乱纪、脱离群众等诸多突出问题，决定开展整党和整风。整风的重点是各级领导机关和干部；整党的重点是严格入党条件和强化党的基层组织建设。经过整顿，党员素质和党组织建设得到明显提高。

为遏制贪污、浪费、官僚主义现象滋长，中共中央于1951年12月连续颁布重要文件，向全党强调要注意干部的贪污行为，坚决进行揭发和惩处。在"三反"运动中，广大党员结合八项标准进行政治教育，提高了自身的政治觉悟，同时也锻炼了人民群众，提高了人民群众的政治素质和政治觉悟。"三反"运动有力抵制了资产阶级思想对党的腐蚀，净化了党内政治生态。党的七届四中全会通过的《关于增强党的团结的决议》，强调团结是革命胜利的基本保证。毛泽东强调，党内不允许有山头主义，不允许搞小动作，党员干部要站稳政治立场，从大局出发，抵制私交关系，划清界限，以维护党的集中领导。

### （四）坚持党的群众路线，保障人民民主权利

毛泽东指出："县委以上的干部有几十万，国家的命运就掌握在他们手里。如果不搞好，脱离群众，不是艰苦奋斗，那么，工人、农民、学生就有理由不赞成他们。我们一定要警惕，不要滋长官僚主义作风，不要形成一个脱离人民的贵族阶层。"[①]但是由于种种原因，当时我国尚不具备普选产生人民代表、实现人民全面当家作主的条件。直到1953年初，依据通过的"选举法"，我国在全国范围内进行了历史上第一次规模空前的普选，并于1954年9月召开了第一届全国人民代表大会。大会通过的宪法明确规定中华人民共和国的一切权力属于人民，不仅保障了人民群众的根本权利，也夯实了党的政治建设根基。党的八大专门强调了要坚持党的群众路线，邓小平在报告中告诫全党："由于我们党现在已经是在全国执政的党，脱离群众的危险，比以前大大地增加了，而脱离群众对于人民可能产生的危害，也比以前大大地增加了。"[②]大会强调，群众路线是党的组织工作的

---

① 《毛泽东年谱（1949—1976）》（第3卷），北京：中央文献出版社，2013年，第34页。
② 《邓小平文选》（第1卷），北京：人民出版社，1994年，第221页。

根本，只有依靠人民群众才能实现自己的使命。要求全党端正为人民服务的态度，牢固树立为人民服务的作风，克服官僚主义，"每一个党员必须养成为人民服务、向群众负责、遇事同群众商量和同群众共甘苦的工作作风"①。人民立场是党的根本政治立场，中华人民共和国成立伊始，党就紧紧扣住了民心这个最大的政治。随着1957年反右扩大化，"左"倾思想泛滥，党的群众路线被片面地理解为群众运动，给党和人民的事业带来严重不良影响。

"党是领导一切的"，这是毛泽东在1962年有关会议上的讲话中提出的。它是对中国革命和社会主义建设取得伟大成就的基本经验的总结。关于这个问题，《中共中央关于党的百年奋斗重大成就和历史经验的决议》具体指出："党领导确立人民代表大会制度、中国共产党领导的多党合作和政治协商制度、民族区域自治制度，为人民当家作主提供了制度保证。党领导实现和巩固了全国各族人民的大团结，形成和发展各民族平等互助的社会主义民族关系，实现和巩固全国工人、农民、知识分子和其他各阶层人民的大团结，加强和扩大了广泛统一战线。社会主义制度的建立，为我国一切进步和发展奠定了重要基础。"②尽管党在社会主义革命和建设时期的政治建设遇到过曲折，留下了深刻教训，但这一时期取得的建设成就也是巨大的，不仅为中国社会主义现代化建设奠定了坚实的物质基础，也留下了丰厚的精神财富。我们党围绕"建设"这一关键词进行的政治建设的探索，不仅深刻体现了党领导中国人民早日实现社会主义现代化国家建设目标的雄心壮志，也展示了中国共产党人自力更生、发奋图强的坚定意志。

## 三、改革开放新时期党的政治建设

党的十一届三中全会后，随着改革开放的深入，以邓小平同志为主要代表的中国共产党人审时度势，旗帜鲜明地强调坚持四项基本原则，并把"坚持中国共产党领导"作为四项基本原则重要内容，强调"到什么时候都得讲政治"③，在拨乱反正中正本清源，开启了党的政治建设的新征程。

---

① 《邓小平文选》（第1卷），北京：人民出版社，1994年，第217页。
② 《中共中央关于党的百年奋斗重大成就和历史经验的决议》，北京：人民出版社，2021年，第10页。
③ 《邓小平文选》（第3卷），北京：人民出版社，1993年，第166页。

## （一）进一步明确并坚持党的政治路线

党的十一届三中全会实现了党和国家工作重心的转移。党的十三大确立了党的基本路线："领导和团结全国各族人民，以经济建设为中心，坚持四项基本原则，坚持改革开放，自力更生，艰苦创业，为把我国建设成为富强、民主、文明的社会主义现代化国家而奋斗。"①党的十一届六中全会通过的《关于建国以来党的若干历史问题的决议》，不仅科学评价了毛泽东的历史地位和毛泽东思想的科学体系，"又根据新的实际和发展要求确立中国社会主义现代化建设正确道路"②。党的政治路线在改革开放实践中不断得到加强，紧紧围绕经济建设这个中心，一手抓改革开放，一手抓惩治腐败，特别是在苏联解体、东欧剧变的形势下，党中央坚决捍卫了社会主义，并成功把中国特色社会主义事业推向21世纪。正如《中共中央关于党的百年奋斗重大成就和历史经验的决议》所指出的：以邓小平同志为主要代表的中国共产党人"作出把党和国家工作中心转移到经济建设上来、实行改革开放的历史性决策，深刻揭示社会主义本质，确立社会主义初级阶段基本路线，明确提出走自己的路、建设中国特色社会主义，科学回答了建设中国特色社会主义的一系列基本问题，制定了到二十一世纪中叶分三步走、基本实现社会主义现代化的发展战略，成功开创了中国特色社会主义"③。正是由于党坚定不移地坚持社会主义初级阶段基本路线不动摇，才使得中国特色社会主义道路行稳致远，实现了中华民族从站起来到富起来的伟大飞跃。

## （二）进一步加强和改善党的领导

改革开放之初，由于计划经济的弊端不断凸显，党和国家采取了权力下放的手段予以应对。但权力下放的同时，党中央又面临战略部署得不到妥善执行的问题，中央的权威出现弱化的迹象。对此，邓小平指出，"中央必须保证某些集

---

① 《十三大以来重要文献选编》（上），北京：人民出版社，1991年，第15页。
② 《中国共产党的九十年（改革开放和社会主义现代化建设新时期）》，北京：党建读物出版社，2016年，第668页。
③ 《中共中央关于党的百年奋斗重大成就和历史经验的决议》，北京：人民出版社，2021年，第15-16页。

中"①。1988年9月，邓小平又指出："我的中心意思是，中央要有权威。"②1989年9月，他强调："不能否定权威，该集中的要集中，否则至少要耽误时间。"③党中央还制定了《关于党内政治生活的若干准则》对党内政治生活加以规范。1992年，在党的十四大报告中，江泽民根据新的历史时期国内外形势和党的历史方位的深刻变化，从"认真学习建设有中国特色社会主义的理论，增强贯彻执行党的基本路线的自觉性和坚定性""加强基层党组织建设，充分发挥党员的先锋模范作用""坚持和健全民主集中制，维护党的团结和统一"④等五个方面出发，为党的政治建设提出了新的目标和要求。党的十四届四中全会通过的《中共中央关于加强党的建设几个重大问题的决定》指出，"特别要注重制度建设，以完备的制度保障党内民主，维护中央权威，保证全党在重大问题上的统一行动"⑤。党的十五大强调，社会主义初级阶段的发展关键在于坚持、加强和改善党的领导。党的十七大还指出，党的政治建设的基本要素是把党的执政能力建设和先进性建设作为主线，以确保党的先进性和纯洁性。

### （三）加强党内监督，规范和严肃党内政治生活

改革开放初期，党成立了中央纪律检查委员会，强调"这是保障党的政治路线的贯彻执行的一个重要措施。纪律检查委员会的根本任务，就是维护党规党法，切实搞好党风"⑥。1982年，党的十一届五中全会通过了《关于党内政治生活的若干准则》，强调要采取自下而上与自上而下、党内与党外相结合的方法，加强对党员干部的监督；强调民主集中制是党的根本组织原则；党的十二大把"坚持民主集中制"作为加强党建和发扬党的优良传统必须坚持的三项基本原则之一写入党章。党的十三届六中全会通过的《中共中央关于加强党同人民群众联系的决定》提出了制定党内监督条例的要求，党的十四届四中全会通过的《中共中央关于加强党的建设几个重大问题的决定》强调任何党员干部都要自觉接受党

---

① 《邓小平文选》（第2卷），北京：人民出版社，1994年，第201页。
② 《邓小平年谱（1975—1997）》（下），北京：中央文献出版社，2004年，第1247页。
③ 《邓小平文选》（第3卷），北京：人民出版社，1993年，第319页。
④ 《江泽民文选》（第1卷），北京：人民出版社，2006年，第245、249、250页。
⑤ 《十四大以来重要文献选编》（中），北京：人民出版社，1997年，第958页。
⑥ 《改革开放三十年重要文献选编》（上），北京：中央文献出版社，2008年，第21页。

组织和群众的监督。党的十六大报告强调要建立有效的权力运行机制,重点加强对领导干部特别是主要领导干部的监督;严肃党内政治生活。党的十七大强调要建立健全决策权、执行权、监督权既相互制约又相互协调的权力结构和运行机制等。特别是2003年《中国共产党党内监督条例(试行)》的颁布实施,成为党第一部系统规范党内监督工作的基本法规,既明确了党内监督的对象,又明确了党内监督的内容,在党的历史上具有里程碑意义。同时,为加强巡视监督,党的十七大把巡视制度写入了党章,开创了党的监督体系建设的新局面。

### (四)持续整顿党的作风

优良的党风是党的事业不断发展的基本保证。面对"文化大革命"对党风的严重破坏,早在1975年邓小平就指出:"搞好安定团结,发展社会主义经济,需要加强党的领导,把我们党的优良作风发扬起来,坚持下去。这是一个非常重要的问题。"①在党的十一届三中全会上,邓小平又强调要恢复和发扬党的一整套作风。党的十二大重申了加强党风建设对执政党生死存亡的重要性,决定从1983年开始,用三年时间对党的作风及组织进行全面整顿,目的就是提高党的政治性和战斗力。邓小平指出:"我们一定要搞好这次整党,把我们党建设成为有战斗力的马克思主义政党,成为领导全国人民进行社会主义物质文明和精神文明建设的坚强核心。全党都下这个决心,事情就一定能办好。"②经过整党,党的战斗力和纯洁性提高了。③党风关系党的执政形象,党的作风建设永远在路上。1985年,邓小平指出,端正党风是端正社会风气的关键所在。在邓小平的大力倡导和党中央的坚强领导下,党的优良作风得以恢复。20世纪80年代末和90年代初,受苏联解体、东欧剧变以及社会主义市场经济体制的发展等因素影响,一些党员干部的思想受到侵蚀,作风受到影响。面对国际国内复杂形势,以江泽民同志为主要代表的中国共产党人始终把作风建设摆在重要位置,不断加强和推进党的作风建设。江泽民强调:"为了促进社会风气的进步,首先必须搞好党风。端正党

---

① 《邓小平文选》(第2卷),北京:人民出版社,1994年,第12页。
② 《邓小平文选》(第3卷),北京:人民出版社,1993年,第39页。
③ 从1982年整党开始到1987年,累计开除的党员就多达177万人。参见《全国去年开除25000多名党员》,《人民日报》1988年10月12日。

风是端正社会风气的关键。"①为此，深入开展以"三讲"为主要内容的党性党风教育，加强党的作风建设，密切党同人民群众的联系。党的十三届六中全会通过了《中共中央关于加强党同人民群众联系的决定》，明确了党在新的历史条件下加强作风建设的内容、措施和目标。党的十五届六中全会通过了《中共中央关于加强和改进党的作风建设的决定》，明确党加强和改进作风建设的主要任务是"八个坚持、八个反对"，持续加强党的作风建设。党的十六大后，全党开展了保持共产党员先进性教育活动，收到了良好效果。党的十七届四中全会通过的《中共中央关于加强和改进新形势下党的建设若干重大问题的决定》明确提出要密切联系群众以及大兴批评与自我批评之风等要求，有力地推进了党的建设伟大工程。

"到什么时候都得讲政治"，这是邓小平1986年提出的重要论断。它是对中国共产党自身建设规律的反映。《中共中央关于党的百年奋斗重大成就和历史经验的决议》进一步指出："党制定关于党内政治生活的若干准则，健全民主集中制，发扬党内民主，实现党内政治生活正常化；有计划有步骤进行整党，着力解决党内思想不纯、作风不纯、组织不纯问题；按照革命化、年轻化、知识化、专业化方针加强干部队伍建设，大力选拔中青年干部，促进干部队伍新老交替。党围绕解决好提高党的领导水平和执政水平、提高拒腐防变和抵御风险能力这两大历史性课题……组织开展'讲学习、讲政治、讲正气'教育、'三个代表'重要思想学习教育活动、保持共产党员先进性教育活动、学习实践科学发展观活动等集中性学习教育。"②总之，改革开放新时期党的政治建设紧紧围绕"改革"这个关键词，在坚持四项基本原则的前提下，在继承以往优良传统以及宝贵经验的基础上，服务改革开放这一伟大征程，开创了党的政治建设的新局面。党的政治建设的不断成熟和加强，确保了党有力战胜各种风险挑战，实现了人民生活从温饱不足到总体小康、奔向全面小康的历史性跨越，为实现中华民族伟大复兴提供了充满新的活力的体制保证和快速发展的物质条件。

---

① 《江泽民文选》（第1卷），北京：人民出版社，2006年，第322页。
② 《中共中央关于党的百年奋斗重大成就和历史经验的决议》，北京：人民出版社，2021年，第21-22页。

## 四、中国特色社会主义新时代党的政治建设

党的十八大以来,面临复杂多变的国内外环境,习近平总书记将政治建设提升到了前所未有的高度。2019年1月,中共中央政治局审议通过的《中共中央关于加强党的政治建设的意见》,更是以制度化成果的形式,明确了新时代加强党的政治建设的"战斗纲领"。在以习近平同志为核心的党中央的坚强领导下,中国特色社会主义新时代党的政治建设开创了新境界,取得了历史性成就。中国特色社会主义新时代的党的政治建设,主要围绕下面四重逻辑展开。

### (一)在价值逻辑层面,明确了党的政治建设的战略定位,树立了党的政治建设的"人民导向"

党的政治建设在党的建设总体布局中处于关键地位。习近平总书记旗帜鲜明地将党的政治建设置于党的建设首位,"党的政治建设是党的根本性建设,决定党的建设方向和效果"[①]。习近平总书记更加突出党的政治建设的统领性作用,这不仅凸显了党的政治建设的极端重要地位,而且明确了党的政治建设统领其他建设的内在逻辑,从而夯实了党的政治建设的统领地位和作用。以政治建设为统领,全党坚持正确的政治方向、政治立场和政治原则,始终做到"两个维护",严格落实党的政治建设的总体性要求。党的政治建设以"人民导向"为价值依归。中国共产党坚持"以人民为中心"的政治立场,党的政治建设的最终目标,是通过实现党的政治纲领和政治目标,实现人民群众的根本利益。习近平总书记指出:"全党同志要把人民放在心中最高位置,坚持全心全意为人民服务的根本宗旨,实现好、维护好、发展好最广大人民根本利益"[②]。坚持"以人民为中心"的政治立场、坚持实现人民利益的政治导向,是党的政治建设中各项工作的鲜明底色。《中共中央关于党的百年奋斗重大成就和历史经验的决议》明确指出:"党中央强调,人民对美好生活的向往就是我们的奋斗目标,增进民生福祉是我们坚持立党为公、执政为民的本质要求,让老百姓过上好日子是我们一切工作的出发

---

[①]《习近平谈治国理政》(第3卷),北京:外文出版社,2020年,第48页。
[②]《十八大以来重要文献选编》(下),北京:中央文献出版社,2021年,第47页。

点和落脚点，补齐民生保障短板、解决好人民群众急难愁盼问题是社会建设的紧迫任务。"①党必须站稳人民立场，坚持"人民主体地位"，以人民为中心开展各项工作和改革，坚持立党为公、执政为民，不断满足人民群众的利益和发展需求。

**（二）在主体逻辑层面，推动全党坚持党的政治信仰，强化全党的政治能力**

以习近平同志为核心的党中央更加注重用科学理论武装头脑、指导实践，坚定党的政治信仰。作为政治建设的重要组成部分，在全党范围内大兴"读经典、悟思想"之风。在纪念马克思诞辰200周年大会上，习近平总书记指出："共产党人要把读马克思主义经典、悟马克思主义原理当作一种生活习惯、当作一种精神追求，用经典涵养正气、淬炼思想、升华境界、指导实践。"②为此，党中央专门印发理论文件，出版习近平重要讲话著作，组织专家学者赴各地宣讲，使得这一重要思想更好地统领全党、全社会的各项工作，不断在理论学习和实践中强化全党政治信仰。《中共中央关于党的百年奋斗重大成就和历史经验的决议》指出："党中央强调，理想信念是共产党人精神上的'钙'，共产党人如果没有理想信念，精神上就会'缺钙'，就会得'软骨病'，必然导致政治上变质、经济上贪婪、道德上堕落、生活上腐化。"③党更加强调政治能力建设。习近平总书记指出："在领导干部的所有能力中，政治能力是第一位的。"④培育和强化党员干部的政治能力，是政治建设的重要任务，"是增强政治意识、坚守政治方向和政治道路的重要主体性因素"⑤。全党要进一步增强党组织政治功能，充分强化国家机关、群团组织、国有企事业单位中党员干部特别是领导干部政治能力，加快培

---

① 《中共中央关于党的百年奋斗重大成就和历史经验的决议》，北京：人民出版社，2021年，第47页。

② 《在纪念马克思诞辰200周年大会上的讲话》，北京：人民出版社，2018年，第26页。

③ 《中共中央关于党的百年奋斗重大成就和历史经验的决议》，北京：人民出版社，2021年，第31页。

④ 《习近平关于"不忘初心、牢记使命"论述摘编》，北京：党建读物出版社，2019年，第115页。

⑤ 《习近平关于党的政治建设重要论述的逻辑理路》，《思想教育研究》2021年第5期。

育党员干部的政治敏锐性，在具体工作中不断提高政治判断力、政治领悟力和政治执行力。

**（三）在实践逻辑层面，不断强化党的全面领导，推动政治建设的组织实施**

以习近平同志为核心的党中央更加强调坚决维护党中央权威和集中统一领导。《中共中央关于加强党的政治建设的意见》指出，党员干部需要"不断增强拥护核心、跟随核心、捍卫核心的思想自觉政治自觉行动自觉"①，必须始终同以习近平同志为核心的党中央保持高度一致，对党忠诚、为党分忧、对党尽职，不断提升自身的政治意识、大局意识、核心意识、看齐意识，坚决执行拥护党的路线、方针和政策。全党"坚持和加强党的全面领导"的制度体系更加健全，确保了党总揽全局、协调各方的政治领导地位。党的十九大通过的《中国共产党章程（修正案）》，将坚定维护党中央权威和集中统一领导写入党章，要求党员、干部增强"四个意识"，"凡是重大问题、重要事项、重要工作进展情况，都必须按规定及时请示报告党中央"②，等等。对于上述理论和实践，《中共中央关于党的百年奋斗重大成就和历史经验的决议》指出："以习近平同志为核心的党中央旗帜鲜明提出，党的领导是党和国家的根本所在、命脉所在，是全国各族人民的利益所系、命运所系，全党必须自觉在思想上政治上行动上同党中央保持高度一致，提高科学执政、民主执政、依法执政水平，提高把方向、谋大局、定政策、促改革的能力，确保充分发挥党总揽全局、协调各方的领导核心作用。"③党不断推动政治建设的组织实施，强调主体责任，更加注重监督问责，以责任的明确和传导持续加强党的政治建设。压实政治建设中的主体责任，加强监督问责，层层传导压力，是新时代党的政治建设的重要"标识"。党的十八大以来，我们党从"坚持思想建党和制度治党相统一"等六个层面狠抓纪律作风建设，坚持打"老虎"与拍"苍蝇"同时推进，不手软、不松懈，形成了一套全面从严治党的制度体系，2018年修订的《中国共产党纪律处分条例》规定，"党组织在纪律审查中

---

① 《中共中央关于加强党的政治建设的意见》，北京：人民出版社，2019年，第7页。
② 《习近平谈治国理政》（第3卷），北京：外文出版社，2020年，第100页。
③ 《中共中央关于党的百年奋斗重大成就和历史经验的决议》，北京：人民出版社，2021年，第27—28页。

发现党员严重违纪涉嫌违法犯罪的，原则上先作出党纪处分决定，并按照规定给予政务处分后，再移送有关国家机关依法处理"①，这对于党内执纪的重要地位进行了确认，即"纪在法前"。通过抓住"关键少数"、强化制度保障、加强监督问责等方式，为党的政治建设的组织实施提供了坚实保障。

**（四）在目标逻辑方面，风清气正的党内政治生态，是党的政治建设所要实现的重要目标样态**

净化党内政治生态"是党的建设中带有根本性、基础性的问题，关乎党的团结统一，关乎党的生死存亡"②。中国特色社会主义进入新时代，全面从严治党战略工程取得重大成效，严肃党内政治生活、培育健康的党内政治文化、严格选人用人标准等党内政治生态建设工作持续推进，党内政治生态渐趋风清气正。在总结党的十八大以来从严治党的理论和实践的基础上，党中央出台了一系列制度，包括《中国共产党重大事项请示报告条例》《关于新形势下党内政治生活的若干准则》等，并且不断优化、提升选人用人标准，这些都为进一步营造良好的党内政治生态提供了保障。

2018年6月29日，习近平总书记在主持中共中央政治局第六次集体学习时强调：党的政治建设是一个永恒课题。要把准政治方向，坚持党的政治领导，夯实政治根基，涵养政治生态，防范政治风险，永葆政治本色，提高政治能力，为我们党不断发展壮大、从胜利走向胜利提供重要保证。针对新时代复杂执政环境下党内存在的种种不良现象，以习近平同志为核心的党中央英明决策，严抓党的政治建设，极大提升了全党的组织力、凝聚力、战斗力，实现了继承性与发展性相统一、科学性与实践性相统一、认识论和方法论相统一以及党性与人民性相统一。习近平总书记关于党的政治建设的重要论述，为新时代推进党的政治建设提供了科学的理论指导和行动指南。正如《中共中央关于党的百年奋斗重大成就和历史经验的决议》所提出的："习近平同志强调，打铁必须自身硬，办好中国的事情，关键在党，关键在党要管党、全面从严治党。必须以加强党的长期执政能力建设、先进性和纯洁性建设为主线，以党的政治建设为统领，以坚定理想信念

---

① 《中国共产党纪律处分条例》，北京：人民出版社，2018年，第12页。
② 《习近平关于全面从严治党论述摘编》，北京：中央文献出版社，2016年，第37页。

宗旨为根基,以调动全党积极性、主动性、创造性为着力点,不断提高党的建设质量,把党建设成为始终走在时代前列、人民衷心拥护、勇于自我革命、经得起各种风浪考验、朝气蓬勃的马克思主义执政党。"①在以习近平同志为核心的党中央的坚强领导下,党的政治建设工作跃升到新的发展阶段,在党的政治建设的发展进程中谱写了浓墨重彩的光辉篇章,推动党和国家事业取得历史性成就、发生历史性变革。

## 五、党的百年政治建设的经验与启示

党的百年历史充分证明,必须将政治建设作为党的首要任务、根本任务来抓。习近平总书记指出:"过去一百年,中国共产党向人民、向历史交出了一份优异的答卷。现在,中国共产党团结带领中国人民又踏上了实现第二个百年奋斗目标新的赶考之路。"②党的政治建设是党团结和领导中国人民的根本支撑以及自身建设的核心议题。在新时代,全党要进一步加强政治建设,这既是中国共产党所处的历史方位、时代坐标和历史使命所决定的,也是遵循党自身建设规律的必然要求。

### (一)在党性和人民性的统一中推进党的政治建设

列宁指出,"党性是高度发展的阶级对立的结果和政治表现"③。中国共产党的党性集中体现在阶级性上,这"是把无产阶级政党与资产阶级政党区别开来的关键根本性要素"④;而政党的人民性则体现在中国共产党"以人民为中心"的根本政治立场上,中国共产党的政党活动和政党目标以实现最广大人民的根本利益为依归,"除了人民的利益之外,党再无自己的特殊利益"⑤。习近平总书记指

---

① 《中共中央关于党的百年奋斗重大成就和历史经验的决议》,北京:人民出版社,2021年,第29-30页。

② 《在庆祝中国共产党成立100周年大会上的讲话》,北京:人民出版社,2021年,第22页。

③ 《列宁全集》(第13卷),北京:人民出版社,2017年,第273页。

④ 《政党基因:内涵、特征与价值》,《兰州学刊》2021年第4期。

⑤ 《刘少奇选集》(上),北京:人民出版社,1981年,第350页。

出:"党性和人民性从来都是一致的、统一的。"①中国共产党的党性内在地要求全党必须以全心全意为人民服务、实现最广大人民根本利益为目标,这既是党的人民性的深刻体现,也是党性与人民性的内在联系。基于此,加强党的政治建设,必须要在旗帜鲜明地彰显无产阶级政党的政治底色的同时,将党的阶级性与"以人民为中心"的政治立场有机衔接起来,在全党积极开展党性教育,要求全党深刻认识"民心是最大的政治"这一深刻内涵,不忘初心、牢记使命,严禁纪律松弛和脱离人民群众,杜绝思想僵化和平庸化,推动全党不断在全心全意为人民服务中提升和锤炼党性。

### (二)在历史性和时代性的统一中推进党的政治建设

中国道路具有深厚的历史根基,其鲜明特点主要在于历史延续性而不是断裂性。②推动党的政治建设,既要关照历史延续性,又要找准时代定位,针对时代需求"精准施策"。具言之,从建党百年来的实践探索审视,旗帜鲜明地讲政治、不懈推进政治建设,是党带领全国人民夺取革命、建设和改革胜利的"法宝"。这不仅为新时代持续强化党的政治建设提供了合法性和正当性,新时代党的政治建设相关工作亦应当充分汲取历史经验,不断丰富和发展政治建设的实践举措。而聚焦时代之维,党在新时代面临着复杂的执政环境,处理好"四大危险"和"四大考验",成为党必须要面对的时代命题。新时代背景下,全党应当充分发扬党的政治建设的优良传统和光辉经验,全面贯彻党的基本理论、基本路线、基本方略,并严明党的政治纪律,不断提升党员、干部的政治素养和政治觉悟,打造战斗力强、本领过硬的党员队伍。

### (三)在民主性和集中性的统一中推进党的政治建设

民主集中制是党的各项工作的基本原则,也是推动党的政治建设不断取得成效的核心原则。毛泽东指出:"有无认真的自我批评,是我们和其他政党区别的显著标志之一。"③在党的政治建设中,既要充分发挥党内民主、坚持少数服从多数原则,积极开展批评与自我批评、严肃认真地开展党内政治生活,坚决杜绝党

---

① 《习近平谈治国理政》(第1卷),北京:外文出版社,2014年,第154页。
② 《历史延续性视角下的中国道路》,《中国社会科学》2016年第7期。
③ 《刘少奇选集》(上),北京:人民出版社,1981年,第363页。

内政治生活形式化、平淡化和庸俗化;也要坚持集中统一,依托《中国共产党纪律处分条例》等党内法规制度体系,以监督执纪和党内问责为保障,坚决压实各级党组织政治责任,将压力层层传导下去,不断重拳打击变通执行、消极避责等情况,推动各级党委的政策决定得到严格落实,营造风清气正的党内政治生态。通过坚持民主基础上的集中和集中指导下的民主相结合,提升党内政治水平,并发挥党委集中统一领导的政治势能,高位推进党的政治建设相关工作。

### (四)在科学性和革命性的统一中推进党的政治建设

革命性是科学性的必要条件,科学性是革命性的必要依据,二者之间是内在统一的。中国共产党作为以马克思主义为指导的无产阶级政党,应当坚持以科学性与革命性相统一的原则推进政治建设实践。一方面,在党的政治建设工作中,应当秉持实事求是的鲜明态度,杜绝政治建设工作中的"形式主义""政绩工程",从过程和结果两方面"要成绩""较真章"。正如毛泽东同志所指出的,"共产党不靠吓人吃饭,而是靠马克思列宁主义的真理吃饭,靠实事求是吃饭,靠科学吃饭"[①]。另一方面,实现共产主义是中国共产党的核心政治信仰,也是支撑党自我革命的原动力。邓小平在总结党在苦难时期能够战胜千难万险使革命获得胜利的原因时强调:"因为我们有理想,有马克思主义信念,有共产主义信念。"[②]进入新时代,全党更应加强对马克思主义理论和党的历史的学习,用最新的马克思主义中国化理论成果武装头脑,在科学思维和求真精神的指导下,充分发扬党的自我革命精神和品格,为实现中华民族伟大复兴和共产主义信仰而不懈奋斗。

(本文发表于《马克思主义研究》2021年第12期,略有删改)

---

① 《毛泽东选集》(第3卷),北京:人民出版社,1991年,第835–836页。
② 《邓小平文选》(第3卷),北京:人民出版社,1993年,第110页。

# 中国共产党百年思想建设的探索历程与基本经验

尤国珍　杨凤城

## 一、引言

习近平总书记指出:"思想建设是党的基础性建设。革命理想高于天。共产主义远大理想和中国特色社会主义共同理想,是中国共产党人的精神支柱和政治灵魂,也是保持党的团结统一的思想基础。要把坚定理想信念作为党的思想建设的首要任务。"[①]中国共产党成立一百年来,始终高度重视抓紧抓好思想建设这个保持党的先进性的关键所在,使我们党始终走在时代前列,保证党始终是中国革命、建设和改革事业的领导核心。不断保持党在思想上的先进性是中国共产党百年发展历程的鲜明特征,也是新时代全面从严治党的首要任务。综观学术界现有研究成果,多从历史人物或特定时期历史发展视角研究党的思想建设,较少立足于二者之上探寻百年党的思想建设的基本经验。

## 二、思想建设是无产阶级政党的基础性建设

马克思和恩格斯在创立马克思主义理论和缔造无产阶级政党过程中,始终强调思想建设对无产阶级政党建设的重要性,并对此进行了一系列科学阐释。纵观170多年国际共产主义运动发展史,可以看出,从早期无产阶级革命导师的理论总结到苏联社会主义建设的初步实践,始终强调思想建设在无产阶级政党建设中

---

① 《习近平谈治国理政》(第3卷),北京:外文出版社,2020年,第49页。

的重要性。

### （一）马克思和恩格斯最早对无产阶级政党思想建设的重要性作出科学阐释

无产阶级政党是经过实践锤炼产生的革命组织，自诞生之日起就带有鲜明的实践特色，需要正确理论的引领。马克思指出："理论一经掌握群众，也会变成物质力量。理论只要说服人，就能掌握群众；而理论只要彻底，就能说服人。"①马克思和恩格斯在革命实践中既坚决批判各种错误思潮，着力纠正其不良影响，同时，他们在吸收历史经验和继承已有理论的基础上，创造性地提出并发展了马克思主义理论，为广大群众开展革命事业输送了科学的思想理论。不仅如此，马克思和恩格斯还高度重视思想理论的传播和普及，并为此确立了基本准则。他们强调理论文章和读物在宣传时要写得通俗易懂，对于马克思主义理论的宣传解读要准确，要结合实际进行阐述。

马克思和恩格斯在指导各国进行无产阶级建党工作时，注重强调世界观的作用，着力塑造具有无产阶级特色的新型世界观。他们在革命实践中进行了细致的考察和分析，指出无产阶级政党之所以区别于其他政党，根本原因就在于它具有一个崭新的科学世界观作为指引，奋斗目标也真正迎合了无产阶级的群体利益。恩格斯指出："我们党有个很大的优点，就是有一个新的科学的世界观作为理论的基础。"②此外，关于这个世界观的具体内涵，马克思和恩格斯也作了经典的概括和总结，这一世界观就是马克思主义哲学，即辩证唯物主义和历史唯物主义。它不仅为无产阶级认清世界形势、把握世界潮流提供了全新视角和准确方向，也为无产阶级政党的思想建设奠定了坚实基础，助力其革命事业的开展。

1847年，马克思和恩格斯共同参与创立的共产主义者同盟成立，同时这也是第一个以科学社会主义为指导思想的国际无产阶级政党。之后，世界各国陆续开始建立本国的无产阶级政党。马克思和恩格斯正是看到了无产阶级政党身上带有的浓厚阶级属性，因此在阐述无产阶级政党思想建设理论时，也有意识地对无产阶级政党的阶级意识建设进行了重点分析。在为共产主义同盟起草的纲领《共

---

① 《马克思恩格斯选集》（第1卷），北京：人民出版社，1995年，第9页。
② 《马克思恩格斯选集》（第2卷），北京：人民出版社，2012年版，第10页

产党宣言》中，他们明确指出了共产党的阶级属性："共产党人不是同其他工人政党相对立的特殊政党。他们没有任何同整个无产阶级的利益不同的利益。"①在马克思逝世后，恩格斯继续强调思想建设在无产阶级政党发展过程中的重要性。1889年底，恩格斯在给格尔松·特里尔的信中回答了无产阶级政党是否应该同其他政党采取联合行动的问题，强调"必须以党的无产阶级性质不致因此发生问题为前提"②。可见，从马克思和恩格斯指导建立第一个无产阶级政党开始直至生命的最后阶段，他们始终重视无产阶级政党的阶级属性，强调无产阶级政党阶级意识的培育和建设。

### （二）苏俄时期无产阶级政党思想建设的理论发展和实践探索

在马克思和恩格斯相继逝世后，列宁、斯大林继承了其珍贵的思想遗产，在领导建立、建设苏联的过程中，将马克思主义理论与本国实际相结合，实现了理论层面和实践层面的双重突破，丰富和发展了无产阶级政党的思想建设理论。

列宁在带领本国人民进行革命斗争和初步建设实践中，积极致力于将理论成果与现实境况相衔接，推动了无产阶级政党思想建设的进一步发展。一是在思想理论建设层面，列宁实现了无产阶级世界观的革新发展。列宁反复强调要坚持马克思主义理论，认为只有依靠无产阶级政党才能彻底实现自身解放，这就需要坚持马克思主义理论的绝对地位，用这一理论武装全党，从而形成正确的世界观，因为"只有以先进理论为指南的党，才能实现先进战士的作用"③；要把马克思主义理论作为唯一的指导思想去贯彻施行，在内心将其视为理想信念去奉行。二是在思想武装层面，列宁推动了无产阶级政党建设方法论的深化完善。列宁第一次将思想武装明确界定为无产阶级政党思想建设的重要环节。他在《怎么办？》一书中强调，世界各国无产阶级斗争的历史经验证明，工人仅仅依赖自身发展最高程度也只会达到工联主义，社会主义理论需要先进的无产阶级政党从外部灌输到无产阶级群体中，使其由政治自发性向政治自觉性迈进。

列宁对无产阶级政党思想建设理论的继承和发展不仅体现在理论创新层面，还实现了实践层面的创新。这种创新集中体现在列宁首先明确了思想宣传阵线对

---

① 《马克思恩格斯文集》（第4卷），北京：人民出版社，2009年，第3页。
② 《马克思恩格斯选集》（第4卷），北京：人民出版社，2009年，第686页。
③ 《列宁全集》（第6卷），北京：人民出版社，2013年，第24页。

无产阶级政党思想建设的重大作用。早在1895年被流放到西伯利亚时，列宁就考虑过要创办一份在俄国域内通行的全俄政治报，并以此为中心任务，创建俄国本土的无产阶级政党。1900年12月，在结束流放生活后，列宁与马尔托夫、普列汉诺夫等人一起创办并印发了第一份真正意义上的全俄政治报，即著名的《火星报》。他撰文表示："报纸的作用并不只限于传播思想、进行政治教育和争取政治上的同盟者"[①]，还承担着为政治团体和组织集体进行宣扬、激励和动员的重要职能。此外，他在1905年发表的《党的组织和党的出版物》一文中，重点阐述了报刊在进行宣传工作时应该遵循的具体原则：一是要做到随时随地接受党组织的监督；二是要舍弃资产阶级宣扬的所谓看似自由实际顺应资产阶级需求的假自由，转向真正的同无产阶级立场相符的自由。

斯大林重视从思想维度上开展无产阶级政党的建设工作，对无产阶级政党思想建设理论的完善和发展起了重要作用。在思想建设的理论发展方面，斯大林的功绩不但体现在他合理继承了马克思主义的科学思想，坚持正确理论的思想指引；还体现在他把马克思主义基本原理与时代背景相结合，顶住了资本主义势力的猛烈攻击，继续坚持走社会主义道路，并将社会主义从一国推广到多国。他在执政期间，带领苏联人民从一个历史上小农经济长期占据主导地位的落后国家一举发展成为世界工业强国，布尔什维克党也从一个新党逐渐成长为成熟的大党，体现了斯大林对于无产阶级建党理论特别是党的思想建设理论的重要历史价值。

## 三、中国共产党百年思想建设的探索历程

中国共产党自成立以来，在领导中国人民进行革命、建设和改革的各个历史时期，始终高度重视党的思想建设，把思想建设放在党的建设首要位置，为推进党的建设进行了不懈努力，成功开辟出一条思想建党的中国之路。

### （一）民主革命时期：在实事求是中初步奠基

1921年中国共产党成立后，在革命斗争中逐渐探索出党的建设规律，其中包括加强党的思想建设。新民主主义革命时期，我们党始终高度重视从思想理论

---

① 《列宁全集》（第5卷），北京：人民出版社，2013年，第8页。

方面加强党的建设，形成了思想建党的优良传统，在思想建设上出台了许多创造性和建设性的政策，取得了一系列重要的成果，为新民主主义革命的胜利打下了坚实的思想基础。

新民主主义革命时期党的思想建设有着特定的历史条件，与我国当时的国情和党情密切相关。中国共产党诞生于半殖民地半封建社会的背景下，当时党内农民和小资产阶级出身的党员占绝大多数，如何建设成为一个群众性的马克思主义的无产阶级政党，成为我们党必须面对和解决的重要问题。一是着重从思想上建党，纠正党内错误思想和错误倾向。1929年12月，中国共产党红军第四军第九次党代表大会创造性地提出了思想建党的重要原则，会议决议《关于纠正党内的错误思想》阐明了各种非无产阶级思想在党内存在的危害性，强调非无产阶级思想严重影响了革命的前途。[1]中国共产党要肩负起领导伟大革命的斗争任务，就必须及时纠正这些非无产阶级思想。二是反对教条主义，坚持实事求是的思想路线。土地革命战争时期，党内一部分领导人直接照搬照抄苏联经验，把共产国际决议神圣化，忽视中国的具体国情和中国革命的实际情况，给党的建设和革命事业造成了极大危害。1930年5月，毛泽东发表了著名的《反对本本主义》一文，明确提出了马克思主义必须同中国的具体实际相结合的重要指导原则。[2]1935年1月召开的遵义会议，解决了当时迫在眉睫的军事和组织问题，其中贯彻的一条主线就是"实事求是"，实质上重新确立了党的正确思想路线。1937年，毛泽东撰写了著名的《实践论》和《矛盾论》两部著作，从马克思主义认识论和辩证的高度分析了党的思想建设，深刻剖析了党内路线错误的思想认识根源，揭示了我们党的正确思想路线应该是主观与客观、理论和实践相统一，即实事求是。三是创造性地开展延安整风运动。整风运动彻底清算了党内出现的错误路线，坚持了马克思主义的指导地位，通过历时四年多的整风运动，使实事求是思想路线深入人心。1945年召开的党的六届七中全会，总结了建党以来的经验教训，通过了《关于若干历史问题的决议》，对党的历史上的若干问题，特别是王明的"左"倾教条主义错误思想作出了详细的结论，凸显了党的思想建设的重要意义。

---

[1]《毛泽东选集》（第1卷），北京：人民出版社，1991年，第85页。
[2]《毛泽东选集》（第1卷），北京：人民出版社，1991年，第111-112页。

## （二）中华人民共和国成立初期：在政权巩固中稳定根基

中华人民共和国成立后，党的历史任务和工作环境等都发生了历史性变化，党的思想建设也面临着全新的挑战。中国共产党必须尽快适应历史方位的变化，保持思想建党的光荣传统，使党始终走在时代前列。

中华人民共和国成立后，党的思想建设经历了一个曲折的发展过程。面对成立之初部分党员干部中出现的官僚主义、脱离群众等现象，党中央认为主要原因在于一些党员干部理论素养和思想觉悟不高，不能正确认识一个正确党员的标准。[①]为解决这些问题，一是加强理论教育，提高全党思想政治水平。中共中央着力加强对广大党员的思想理论教育，号召全党特别是党员干部系统地学习马克思列宁主义。1951年2月，中共中央通过了《关于加强理论教育的决定（草案）》，要求全部党员系统地学习马列主义、毛泽东思想，提高全党的思想理论水平，以纠正党内存在的经验主义的危险倾向。[②]党也采取了一系列措施来配合全党的理论学习，成立翻译局系统地翻译马克思和恩格斯的全部著作，及时出版《毛泽东选集》第1—3卷。在党中央的高度重视下，在全国范围内掀起了理论学习的高潮。二是开展整风整党运动，反对党内各种错误思想。针对党内存在官僚主义、命令主义、骄傲自满和贪图享受等错误思想和倾向，中国共产党开展了严肃的整风整党运动。1950年6月，大规模的整风运动在全党范围内开始，其主要目的就是提高干部和一般党员的思想政治水平，以克服错误思想，密切党同群众之间的联系。[③]1952年2月，党中央又提出新的整党任务，以整顿党的基层组织为主要内容，以思想整顿为中心环节，对全党进行了一次关于怎样做一个合格共产党员的教育。中华人民共和国成立初期，整风、整党运动扎实推进，整顿和纯洁了党的队伍，对保持党的优良思想作风起到了重要作用，推动了党的思想建设发展。

## （三）改革开放新时期：在解放思想中深化完善

党的十一届三中全会的召开标志着我国进入改革开放新时期。中国共产党人

---

① 《建国以来重要文献选编》（第1册），北京：中央文献出版社，2011年，第206页。
② 《建国以来重要文献选编》（第2册），北京：中央文献出版社，1992年，第123页。
③ 《毛泽东文集》（第6卷），北京：人民出版社，1999年，第88页。

在深刻总结正反两方面历史经验的基础之上,结合新的时代特点和要求,不断推进执政党建设,完善和发展了党的思想建设。

改革开放新时期,我们党拓宽了党的思想建设的思路,建立健全了党的思想建设的有效机制。一是重新恢复了实事求是的思想路线。1978年5月11日,全国范围内开始了一场关于真理标准问题的大讨论,为党的十一届三中全会的召开作了重要的思想理论准备。1978年12月党的十一届三中全会重新确立了实事求是的思想路线,恢复了党的优良传统。1982年党的十二大通过的新党章明确规定:"党的思想路线是一切从实际出发,理论联系实际,实事求是,在实践中检验真理和发展真理。"①这一概括使党的思想路线具有了更加完备的理论形态,创新发展了毛泽东关于实事求是的思想,深化了党的思想路线的科学内涵。二是在推进党的建设新的伟大工程中加强党的思想建设。20世纪80年代末,苏联解体、东欧剧变,社会主义阵营被严重削弱,思想领域的局面更加复杂。以江泽民同志为主要代表的中国共产党人始终高度重视党的思想建设,多次强调在新的历史条件下加强党的思想建设的重要性和紧迫性。他告诫全党,只有把党的思想建设做好了,党的其他方面的建设才能有正确的思想保证。②针对干部队伍的状况和存在的问题,江泽民提出在领导干部中深入开展讲学习、讲政治、讲正气的集中教育。2000年江泽民提出了"三个代表"的重要思想,总结了新时期党的建设方面的重要经验,在新的实践基础上提出了一系列新的思想和观点,深化了人们对党的思想建设规律的认识。三是把思想建设作为党的根本建设来抓。进入21世纪,世情、国情、党情都发生了深刻的变化,以胡锦涛同志为主要代表的中国共产党人坚持和发展了实事求是的思想路线,突出强调"求真务实",开拓了党的思想建设的新局面。在党的十七大报告中,胡锦涛强调思想理论建设是党的根本建设。③这一论断从"党的根本建设"的高度突出强调了党的思想建设的前提和基础性地位,把党的思想建设的地位提到了一个新高度。

### (四)中国特色社会主义新时代:在守正创新中全面提升

进入新时代,以习近平同志为核心的党中央立足于世情、国情、党情的新变

---

① 《改革开放三十年重要文献选编》(下),北京:人民出版社,2008年,第1748页。
② 《江泽民文选》(第1卷),北京:人民出版社,2006年,第95页。
③ 《胡锦涛文选》(第2卷),北京:人民出版社,2016年,第652页。

化和新态势，继承和发展了思想建党的优良传统，把党的思想建设纳入党的建设总体布局，提出了系列关于加强党的思想建设的新理念、新思路和新举措。

党的十八大以来，以习近平同志为核心的党中央发展完善了党的思想建设的相关内容，推动党的思想建设进入新的发展阶段，实现了党的思想建设的新突破。一是把坚定理想信念作为全党思想建设的首要任务。党的十八大以来，习近平总书记进一步提升了理想信念在党的思想建设中的重要地位，反复强调理想信念对于中国共产党人的重要性。习近平总书记指出，没有理想信念，理想信念不坚定，精神上就会"缺钙"，就会得"软骨病"。① 他在党的十九大报告中进一步指出，坚定理想信念是党的思想建设的首要任务。这是新时代习近平总书记对加强执政党思想建设所提出来的着力点。二是推进思想建党和制度治党协同发展。习近平总书记在党的十九大报告中指出，要坚持思想建党和制度治党同向发力。② 坚持思想建党和制度治党相统一是对历史经验的继承和创新，顺应了全面从严治党的总要求，深化了我们党对执政党思想建设的规律的认识，是新时代党的思想建设的重大突破。为了发挥制度的约束作用，党的十八大以来，党中央先后出台了一系列党内法规制度，有力推进了党的思想建设的进程，巩固了思想建设的成效。三是坚持党内学习教育活动的常态化。开展党内学习教育是加强党的思想建设的一条基本途径，也是我们党的一条重要经验和优良传统。以习近平同志为核心的党中央继承和发展了这一优良传统，在此基础上强调学习教育活动的常态化制度化，成为新时代加强党的思想建设的一个鲜明特点。党的十八大以来，全党先后开展了党的群众路线教育实践活动、"三严三实"专题教育、"两学一做"学习教育、"不忘初心、牢记使命"主题教育和党史学习教育。党的十八大以来，党的历次集中学习教育都是围绕特定的主题和任务而展开的，是保证我们党永葆初心的重要途径，是加强党的思想建设的迫切需要，有利于解决党内存在的各种问题。

---

① 《十八大以来重要文献选编》（上），北京：中央文献出版社，2016年，第80页。

② 《决胜全面建成小康社会　夺取新时代中国特色社会主义伟大胜利》，《人民日报》2017年10月28日。

## 四、中国共产党百年思想建设的基本经验

建党百年来，中国共产党始终把思想建设放在党的建设的重要位置，成为我党的优良传统。2018年5月4日，习近平总书记在纪念马克思诞辰200周年大会上的讲话中强调，"回顾党的奋斗历程可以发现，中国共产党之所以能够历经艰难困苦而不断发展壮大，很重要的一个原因就是我们党始终重视思想建党、理论强党"[①]。建党百年来，中国共产党积累了丰富的思想建设经验，在坚持和发展中国特色社会主义的历史进程中起到了重要作用，也为新时代加强党的思想建设工作提供了有益的启示。

### （一）始终把加强思想建设作为党的建设的基础工作

无产阶级政党从创建开始就十分重视党的思想建设。虽然马克思和恩格斯没有明确提及思想建党的重要地位，但是从相关论断中仍然能够捕捉到他们对思想建党的重视。中国共产党在革命、建设和改革的不同时期，始终把思想建设放在党的建设的重要位置。1929年，针对各种非无产阶级的思想极大地影响了党的纯洁性问题，毛泽东在红四军第九次代表大会中，首次提出要把思想建设放在第一位。邓小平提出党的思想建设关乎党的事业发展。改革开放新时期，中国共产党着重强调思想建设的基础性作用。在党的十七大和十八大报告中，实现了由"突出"向"根本"的转变，都把思想建设视为"党的根本建设"。党的十九大报告进一步强调思想建设的基础性作用，强调用习近平新时代中国特色社会主义思想武装全党。这就实现了思想建设由"根本"到"基础"的转变，体现了新时代党的思想建设的基础性特点。思想建党从"突出"到"根本"再到"基础"的转变，是党的思想建设跟随时代发展的必然趋势，是党的思想建党根基稳固的重要表现。

### （二）始终把坚定理想信念作为党的思想建设的首要任务

马克思主义政党重视从思想上建党，首先要求我们必须坚持共产主义的远大

---

① 《习近平谈治国理政》（第3卷），北京：外文出版社，2020年，第74页。

理想。共产主义者同盟提出"全世界无产者联合起来"的口号，引导无产阶级致力于实现共产主义的伟大实践。苏俄时期，列宁也肯定了"社会主义是一种庄严的信念，而不是便于掩饰各种小市民调和派和民族主义反对派意图的东西"①。中国共产党坚持马克思列宁主义的建党思想，把党的理想信念看作党的思想建设的首要任务，注重理想信念的培养与革命实际的结合。从1921年创立中国共产党到1949年建立中华人民共和国，我们党坚定革命理想高于天，着重培养党和人民群众的革命积极性，带领红军取得新民主主义革命和社会主义革命的胜利。改革开放以来，我们党通过开展真理标准问题的大讨论，形成了一场广泛而深刻的思想解放运动，带来了党的思想建设史上的大进步和大转变。党的十八大以来，中央惩治腐败力度不断加大，查处了大量违法违纪的党员干部。从以往的案件来看，一些党员干部犯错误走上歧路，主要是因为理想信念不坚定，思想道德滑坡。可见，理想信念是共产党人永葆本色的精神支柱，能够支撑共产党人在诱惑和风浪面前坚定立场、无所畏惧。

### （三）始终把重视理论创新作为党的思想建设的根本任务

在对黑格尔的批判中，马克思直言："理论只要说服人，就能掌握群众；而理论只要彻底，就能说服人。"②我们强调理论本身的意义，不仅在于满足国家的需要程度，在现实意义上更要趋向于修正思想。马克思和恩格斯本人也将这种观点贯彻到底，他们发表《共产党宣言》支援世界无产阶级运动，把科学的理论思想与共产主义事业紧密联合起来，不断传播共产主义思想。列宁在创建俄国无产阶级政党的过程中，对马克思的建党学说进行丰富和发展，强调"只有以先进理论为指南的党，才能实现先进战士的作用"③。中国共产党成立百年来，始终坚持用马克思主义中国化的最新理论成果武装全党。建党初期，由于盲目信奉苏联经验，中国革命历经挫折。在毛泽东的正确领导下，结合中国的具体国情，开辟出了一条"农村包围城市，武装夺取政权"的革命道路。中华人民共和国成立后，中国共产党更是在结合本国国情的基础上，形成了毛泽东思想，用以指导和武装全党。邓小平明确提出了"实践是检验认识的真理性的唯一标准"，实行改

---

① 《列宁选集》（第2卷），北京：人民出版社，2012年，第454页。
② 《马克思恩格斯选集》（第1卷），北京：人民出版社，1995年，第9页。
③ 《列宁全集》（第6卷），北京：人民出版社，2013年版，第24页。

革开放。党的十八大以来，习近平总书记提出新时代应该"坚持和发展什么样的中国特色社会主义，怎样坚持和发展中国特色社会主义"，为中国特色社会主义指明了方向和道路。可见，中国共产党从来都不是一个故步自封的政党，它始终保持着高度的清醒，与时俱进地开展理论创新。

**（四）始终把开展自我革命作为党的思想建设的主要方法**

自我革命是马克思主义政党推动自身发展的主要方法。国际共产主义运动早期，马克思和恩格斯积极提倡在党内开展批评和自我批评，进行党内思想斗争，并强调："没有这种批评就不可能达到团结。没有批评就不能互相了解，因而也就谈不上团结。"[1]在列宁看来，共产党开展自我革命，是为了分析缺点和错误，找出解决问题的办法，而不是一味地追求批评和自我批评这种手段。党的十八大以来，党的思想建设在全面从严治党过程中发挥着越来越重要的作用。中国共产党通过反腐败斗争开展党内自我革命，全面加强党的纪律建设，形成反腐败斗争的压倒性态势。随着近年来意识形态领域的斗争愈发严峻，党内状况也在不断发生变化，党员队伍的来源构成、思想观念、价值取向、利益诉求等日益多样化，给全面从严治党提出了许多新课题。从思想上防范和解决突出矛盾和问题，必须通过加强党的思想政治建设营造风清气正的政治生态。可见，开展自我革命，加强思想建设，是从深层次上解决党内腐败问题的"治本之策"，是全面从严治党形成"定势"、取得"胜势"的必由之路。

**（五）始终把坚持实事求是作为党的思想建设的基本路线**

实事求是一直以来都是马克思主义政党所坚持的思想路线。"实事"就是世界真正的同一性其实在于它的物质性，"实事"就是客观存在物，而"是"更多体现的是客观物质性，其受意识形态制约，还具有历史性的特点。列宁把马克思主义同俄国革命具体实际相结合，实现了"一国胜利说"向"多国胜利说"的转变，成功地领导了十月革命，并建立了世界上第一个无产阶级专政的国家。实事求是在中国共产党的革命、建设和改革各个历史时期逐渐发展完善，是党在长期实践中确立的思想路线。习近平总书记在2013年纪念毛泽东同志诞辰120周年

---

[1] 《马克思恩格斯全集》（第4卷），北京：人民出版社，1958年，第423页。

座谈会上的讲话中指出,"实事求是,是马克思主义的根本观点,是中国共产党人认识世界、改造世界的根本要求,是我们党的基本思想方法、工作方法、领导方法。不论过去、现在和将来,我们都要坚持一切从实际出发,理论联系实际,在实践中检验真理和发展真理"①。只有如此,才能更好地解决时代和实践给我们提出的新的重大课题,党的马克思主义理论才能得到不断发展,中国特色社会主义事业才能不断取得新的更大胜利。

## 五、结语

从1921年创立至今,中国共产党始终坚持把思想建设作为党的基础性建设工作,把培养理想信念确定为党的思想建设的首要任务,把理论创新确定为党的思想建设的根本任务,把自我革命当作党的思想建设的主要方法,把实事求是当作党的思想建设的基本路线。中国特色社会主义进入新时代,更要把党的思想建设作为最重要的基础性工作,努力搞好执政党的思想政治建设,自始至终保持党的先进性,确保党始终走在时代前列,带领广大人民实现中华民族伟大复兴的中国梦。

(本文发表于《北京社会科学》2021年第10期,略有删改)

---

① 习近平:《在纪念毛泽东同志诞辰120周年座谈会上的讲话》,北京:人民出版社,2013年,第15页。

# 党的组织建设：百年回望及经验启示

丁俊萍　赵 翀

中国共产党是一个具有高度组织性、纪律性的马克思主义政党，党的组织建设是党的建设总布局中最先推进的一个方面。党章条文中关于党的组织制度、党的中央组织、党的地方组织、党的基层组织、党的干部、党的纪律、党的纪律检查机关、党组等规定，都属于党的组织建设的内容。党的组织建设是党的建设的基础，党的政治建设、思想建设、作风建设、纪律建设和制度建设成果能否落地生根，完全取决于党自身组织建设的质量。党的组织坚强有力，党的整体工作就容易推进，反之必然会影响到党领导的事业。党的组织建设包括组织路线制定、民主集中制建设、组织体系建设、干部队伍建设、党员队伍建设、组织纪律建设，等等[①]。

本文着重考察中国共产党成立百年来组织建设的历程，在此基础上总结党的组织建设的历史经验，为新时代切实加强党的组织建设、把党建设得更加坚强有力提供历史借鉴。

---

①民主集中制建设主要包括民主集中制概念建构、民主与集中统一性建设、党的代表会议制度建设、党委集体领导制度建设、请示报告制度建设等；组织体系建设包括中央党组织建设、地方党组织建设、基层党组织建设以及党组建设；干部队伍建设包括干部选拔、干部培养、干部退出和干部经常性管理；党员队伍建设包括发展党员、教育党员、清理党员和党员一般性管理；组织纪律建设包括纪律制度建设和执纪队伍建设。

## 一、民主革命时期党的组织建设奠定坚实基础

1921年,党的一大宣告中国共产党的成立。党成立之后面临的主要任务是领导人民大众进行推翻帝国主义、封建主义和官僚资本主义的新民主主义革命。为了担负起中国革命的领导重任,以毛泽东同志为代表的中国共产党人在实践中逐步开创了党的建设伟大工程。党的组织建设正是这一伟大工程的重要组成部分。民主革命时期党的组织建设经历了一个逐步开创的过程。

### (一)党在创建时期和大革命时期组织建设的初步探索

党在创建初期和大革命时期,建立了国共合作的革命统一战线,发动工农商学兵各界群众,掀起了轰轰烈烈的大革命。这一时期党的组织建设主要从以下三个方面展开。

1.明确了建设一个大的群众党的方向

1921年党的一大通过的中国共产党纲领和决议,明确党的任务是"把工农劳动者和士兵组织起来"[①]。1922年,党的二大提出"要组成一个大的'群众党'"[②],这个党不仅内部要有适应于革命的组织和训练,而且党的一切运动要深入到广大群众中去。1923年,党的三大决定共产党员以个人身份加入国民党。1924年,党同时成立中央组织部和中央工农部。在明确大的"群众党"定位的基础上,党进一步形成工农运动与组织工作须臾不可分离的观点,并在实践中逐渐将工农部的职能划归组织部,最终撤销工农部,从而将党的组织工作与党领导的工农运动紧密结合在一起,确立了建设广大群众性的大党的方向。

2.确立了民主集中制原则

党的一大通过的中国共产党纲领,承认"苏维埃管理制度",但对"苏维埃管理制度"的内涵没有作具体说明。党的二大通过的《中国共产党章程》作为党成立后的第一个党章,对党员条件、党的各级组织和党的纪律作了具体规定,明

---

[①]《中国共产党组织史资料》(第8卷),北京:中共党史出版社,2000年,第1页。
[②]《建党以来重要文献选编》(第1册),北京:中央文献出版社,2011年,第162页。

确体现了民主集中制原则。党的四大通过的《对于组织问题之议决案》中,提出要"实行民主的集权主义"。1927年,党的五大授权中央政治局会议通过的《中国共产党第三次修正章程决案》,正式提出"党的指导原则为民主集中制"①。民主集中制的确立,表明中国共产党是按照马克思列宁主义建党原则建立起来的、按照民主集中制组织起来的政党。

3. 进行了组织体系建设

党的一大召开时,由于党员数量少和地方组织不健全,只设立由3人组成的中央局作为中央临时领导机构。党的二大选出由5名委员和3名候补委员组成的中央执行委员会,从此建立了正式的中央领导机构。党的三大既选举了中央执行委员会,也组成了中央局,以利于中央工作的开展。为了适应群众斗争高潮的需要,1924年5月召开的中共中央执行委员会扩大会议提出:"必须使我们的党及其各个机关能有更明显的组织形式。"②会后,中央委员会和地方委员会共同设立组织秘书部,毛泽东同志兼任中央组织秘书部主任。党的四大第一次明确提出无产阶级领导权问题,所通过的《对于组织问题之议决案》决定,采取3人即可成立支部、简化党员入党程序、在其他政治组织中组织党团以及成立中央组织部等具体措施,切实增强党的组织力。之后,党中央建立了一套以加强中央对地方监督为核心的组织体系,其主要内容为沟通中央与地方关系和要求地方定时向中央作工作报告。至此,党的组织建设进入新的历史时期。1927年,党的五大选举产生了党的历史上第一个中央纪律检查监督机构——中央监察委员会,这在党的建设史上具有重要意义。与此同时,党员队伍数量有了大幅增加。

党在创建时期和大革命时期的组织建设成就,为新民主主义革命的开局和大革命奠定了组织基础。但由于当时党尚处在幼年时期,理论和实践皆有欠缺,不可避免地存在诸多不足,而"在组织工作上之主要的缺点,就是缺少了正确的路线与系统性;工作进行多带有偶然的性质;没有将自己的力量集中于几个重要的问题上;没有用方法来肃清组织工作的缺点;没有建立全党由上至下的明确的、坚定的组织路线;没有设立有系统的监督来保证这种路线的巩固"③。

---

① 《中国共产党组织史资料》(第8卷),北京:中共党史出版社,2000年,第128页。
② 《建党以来重要文献选编》(第2册),北京:中央文献出版社,2011年,第72页。
③ 《中国共产党组织史资料》(第8卷),北京:中共党史出版社,2000年,第194页。

## （二）土地革命战争时期党的组织建设在探索中前行

土地革命战争时期，党在总结大革命失败经验教训的基础上，在创建革命军队、独立领导武装斗争、开辟农村革命根据地、走农村包围城市革命新道路的实践中，加强党的组织建设，开辟了组织建设工作新局面。

### 1. 强调组织路线的正确性和系统性

大革命失败后召开的党的八七会议，及时制定了继续进行革命斗争的新方针，使党在政治上向前迈进了一大步。八七会议通过的《党的组织问题议决案》提出，要"改正党的组织上的机会主义，和建立坚固的能奋斗的秘密机关"[①]。1928年召开的党的六大确定的政治路线，为落实党的组织路线扫清了障碍。同年，周恩来同志成为中央工作的实际主持者。之后，党的组织建设成效得到明显提升。与以往中央通过发布通告并敦促地方上报情况的松散管理方式不同，这一时期党中央高度重视具体的人事工作，经常性地直接参与对具体组织工作的处理[②]，党的组织呈现中央和地方紧密关联的状态。在此基础上，党的组织建设逐渐形成了党的干部选拔培养系统化、党的组织体系建设自下而上的思路，以及党的机关社会化、党员职业化等工作方式。经过1928—1930年的努力，党的组织建设已经初步积累了一个大的"群众党"所应具备的工作经验和基本程序。

### 2. 提出"使党的组织确实能担负党的政治任务"的组织建设任务

1929年12月，古田会议通过了毛泽东同志起草的《中国共产党红军第四军第九次代表大会决议案》（以下简称《决议》），《决议》在着重强调思想建党的同时，对党的组织建设给予了充分重视，要求"努力去改造党的组织，务使党的组织确实能担负党的政治任务"[③]。针对中国工农红军第四军（以下简称红四军）内存在的极端民主化的错误倾向，《决议》指出必须在组织上严格贯彻集中的领

---

[①]《中国共产党组织史资料》（第8卷），北京：中共党史出版社，2000年，第139页。

[②] 土地革命战争时期，中央对地方具体组织工作的管理纷繁复杂，仅举一例，1929年6月，红四军第七次代表大会上毛泽东同志落选前委书记导致井冈山苏区出现危机，周恩来同志亲自审定陈毅同志起草的《致红四军前委的指示信》，坚定支持了毛泽东同志的观点，为胜利召开古田会议作出了重大贡献。

[③]《毛泽东文集》（第1卷），北京：人民出版社，1993年，第88页。

导体制；针对党的干部队伍建设中出现的以地方主义、亲情关系、家庭观念为主要特征的问题，《决议》提出了更严格的干部选拔标准、更完善的干部小组编制办法和更严肃的干部党员教育内容；针对党员队伍涣散的问题，《决议》提出了"政治观念没有错误（包括阶级觉悟）；忠实；有牺牲精神，能积极工作；没有发洋财的观念；不吃鸦片、不赌博"①的党员条件。《决议》还就党的纪律、党内上下级关系、军队内军事系统与政治系统的关系等方面作出规定。《决议》的实际执行范围远超出红四军的范围，对党的建设产生了重大而深远的影响。

### 3. 加强党的基层组织建设

每个党员，不论职务高低，都必须编入党的一个支部、小组或其他特定组织，党内一切政治生活都需要通过支部开展，这是中国共产党区别于中国近代其他一切政党的显著标志。土地革命战争时期，党的基层组织建设成效明显。1927年9月29日至10月3日进行的三湾改编，明确在部队建立党的各级组织和党代表制度，党的支部建在连上，班、排建立党小组，连以上设党代表，营、团设党委，从组织上确立了党对军队的领导，成为建设无产阶级领导的新型人民军队的重要开端。广大农村革命根据地也普遍建立了党支部。1931年11月，中央苏区第一次党代表大会通过的《党的建设问题决议案》，提出"要使支部真正成为党与群众的连环"②。从1932年开始，中共苏区中央局每年在根据地范围内发动一次支部改造运动，并抓紧对新支部的建设工作。这一时期，党的基层支部建设卓有成效，部分地区甚至在村一级建立了党小组，党得以在一个村的群众中发挥核心作用。

### 4. 纠正组织工作中的"左"倾错误

土地革命战争时期，党内先后三次出现"左"倾错误，在党的组织建设上表现为党员发展"唯成分论"、党的机关"工农化"，特别是王明"左"倾错误对党内不同意见者进行"残酷斗争，无情打击"，以及一系列关门主义的做法，使党在苏区的力量损失近90%，在白区几乎损失殆尽，给中国革命造成极大危害。1935年1月召开的遵义会议，集中全力解决了当时具有决定意义的军事和组织问

---

① 《毛泽东文集》（第1卷），北京：人民出版社，1993年，第90页。
② 《建党以来重要文献选编》（第8册），北京：中央文献出版社，2011年，第631页。

题,同时也为纠正党在政治路线上的错误奠定了组织基础。同年12月,瓦窑堡会议提出建立最广泛的抗日民族统一战线的任务,会议通过的《中共中央关于目前政治形势与党的任务的决议》指出"一切愿意为着共产党的主张而奋斗的人,不问他们的阶级出身如何,都可以加入共产党"[①],同时提出"必须同党内发展组织中的关门主义倾向做斗争","必须大数量的培养干部"[②]。瓦窑堡会议后,党的正确的政治路线和有力的组织工作相得益彰,为即将到来的全民族抗战作了充分准备。

土地革命战争时期,中央通过开展巡视工作、设置中央局和中央党务委员会、省县设置监察委员会等加强党内集中程度,以保证政策在执行过程中的统一性。党还克服了在国民党统治区工作所出现的一系列非常情况,战胜了"托陈取消派"与张国焘分裂主义,维护了党的团结统一。

### (三)全民族抗战时期党的组织建设全面展开并走向成熟

1937年7月7日卢沟桥事变后,全民族抗战开始。为了担负起抗日救国的责任,建设一个思想上、政治上、组织上完全巩固的马克思主义政党,以毛泽东同志为核心的党中央提出了"马克思主义的中国化"的重大命题和重大任务,并把党的建设作为一项"伟大的工程"加以推进。在"马克思主义的中国化"思想指导下,党在组织建设方面提出了"组织工作中国化"的思路。这一时期,党的组织建设主要从以下四个方面展开。

1.在大力发展党员的同时加强党员队伍建设

全民族抗战之初,共产党员的人数很少,只有4万余名,且主要集中在军队,这种组织状况显然不能保证党的抗日民族统一战线策略的贯彻。为了改变上述状况,毛泽东同志于1937年5月在中国共产党全国代表会议上强调"党组织要向全国发展"[③],并在同年10月《目前抗战形势与党的任务报告提纲》中,以专题的形式强调了"建立全中国的强固的共产党"的问题,提出要"从苏区和红军

---

[①]《中国共产党组织史资料》(第8卷),北京:中共党史出版社,2000年,第477页。
[②]《中国共产党组织史资料》(第8卷),北京:中共党史出版社,2000年,第478页。
[③]《毛泽东选集》(第1卷),北京:人民出版社,1991年,第277页。

的党走向建立全中国的党",把"发展党与巩固党,建立各地的领导机关"[1]作为党的一项重要任务。为了建设一个全国性的大党,党中央于1938年5月作出《关于大量发展党员的决议》,明确了新形势下大量发展党员的必要性、重要性和任务要求,以及新党员教育等问题。同年,党的六届六中全会进一步强调建设全国性大党的任务。在上述精神的指导下,党员队伍获得前所未有的大发展,到1938年年底,党员人数从全民族抗战开始时的4万多发展到50多万。这表明,党的组织已经走出狭小圈子,成为具有广泛群众基础的全国性大党。特别值得注意的是,这一时期有大量知识分子和青年学生加入党,在很大程度上提高了党的文化水平,不仅适应了全民族抗战的需要,也对推动中国革命发展和新中国建设发挥了极大作用。鉴于党员队伍和党组织发展迅速带来的新问题,党的领导人发表了一系列文章和讲话,例如,毛泽东同志的《反对自由主义》《纪念白求恩》《为人民服务》,刘少奇同志的《论共产党员的修养》《论党内斗争》,陈云同志的《怎样做一个共产党员》等,从不同角度论述了如何做一个合格党员的问题,对党员队伍建设发挥了重要指导作用。特别是1941年7月中央政治局作出的《中共中央关于增强党性的决定》,对于全党自觉加强党性锻炼,建设坚强、统一、集中的党发挥了关键性作用。

2. 以推进中央领导机构职能改革为重点加强党的组织体系建设

中央领导机构是党的组织体系的中枢和关键,是发挥党的领导力最为重要的组织保证。全民族抗战时期,党大力推进中央领导机构职能改革。1937年,中央相继下发《中央政治局工作规则和纪律草案》、《中央书记处工作规则和纪律草案》。1938年党的六届六中全会通过《中共扩大的六中全会关于中央委员会工作规则与纪律的决定》,提高了中央政治局和中央书记处的地位,提出中央政治局的任务为"指导中央委员会全体会议前后期间之一切党的政治的组织的工作"[2],中央书记处"在政治局会议前后期间,遇有新的重大紧急事变发生,不能立即召开政治局会议时,得作新的决定,并得以中央委员会名义发表宣言决议和电文,但事后须提交政治局会议批准及追认"[3],这意味着中央书记处实际上已经摆脱

---

[1]《毛泽东文集》(第2卷),北京:人民出版社,1999年,第59、60页。
[2]《中国共产党组织史资料》(第8卷),北京:中共党史出版社,2000年,第508页。
[3]《中国共产党组织史资料》(第8卷),北京:中共党史出版社,2000年,第510页。

其设立之初的"行政辅助部门"地位，在党的权力运行机制中发挥着实际且重大的作用。与此同时，党的地方组织和基层组织建设也针对根据地扩大和各级党组织成员数量增长的现实作出了必要的改革。例如，精简各级党组织编制以充实基层、赋予中央局以"准行政层级"地位、在地方党委委员会中设置常委、继续提高党支部下设的党小组的地位，等等。这些举措使党的组织体系得到加强，较好地适应了发展进步势力、巩固和发展抗日根据地的需要。

3. 以加强党的一元化领导为重点规范党内外关系

鉴于全民族抗战时期各抗日根据地的边界和区划变动不居，各类抗战组织间关系不明、各根据地党的组织状况千差万别、"山头主义"普遍存在等问题，明确各方面关系成为提升党的领导力、组织力的重要方向。为此，党中央明确提出并实行加强党的一元化领导的重大举措。1942年9月，中央政治局通过《中共中央关于统一抗日根据地党的领导及调整各组织间关系的决定》（以下简称《决定》），提出必须坚持党的一元化领导。《决定》对建立一个统一的领导一切的党的委员会、下级组织必须无条件服从上级组织决议、中央局及以下各层级党的委员会产生办法、军队与地方党政机关关系、党委与政权关系、党政军与民众团体关系、游击区领导机构建设特殊化、全党必须服从中央、加强对党政军民各系统党员干部的思想教育、以一切为了打赢战争为最高原则统一各根据地的领导等内容都作出详细规定。《决定》在很长一段时间内成为解决党政军民及党内上下级之间组织关系不协调问题的指导性文件，为实现党中央的集中统一领导提供了组织制度保障。

4. 提出并执行任人唯贤的干部路线和德才兼备的干部标准

全民族抗战时期，党的干部路线和干部政策走向成熟。党的六届六中全会在强调加强党的团结统一、扩大党内民主、认真执行党的民主集中制的同时，全面论述了党的干部政策。毛泽东同志指出："政治路线确定之后，干部就是决定的因素。"[①]提出要善于识别、使用、爱护干部，正确对待犯错误的干部。在选用干部的问题上，毛泽东同志提出任人唯贤的干部路线和德才兼备的干部标准。为了贯彻党的干部路线，党的六届六中全会严肃批评了"左"倾错误统治时期干部政

---

① 《毛泽东选集》（第2卷），北京：人民出版社，1991年，第526页。

策问题上的自由主义和宗派主义倾向，批评了过去反倾向斗争中给干部乱加"机会主义"罪名、随意惩办同志的"左"倾错误，纠正了历史上处理干部问题中的"左"倾错误，这标志着党的干部政策步入正轨。

1945年党的七大通过的《中国共产党章程》，对党的组织路线、民主集中制、干部政策、干部标准、党员权利与责任、党的基层组织等均作了中国化马克思主义的表述，标志着新民主主义革命时期党的组织建设思想完全成熟。

### （四）解放战争时期党的组织建设的加强

解放战争时期，党带领人民为夺取中国革命在全国的胜利、建立一个新民主主义的中国而不懈奋斗。为此，党进一步加强自身建设，其中组织建设工作主要从以下两个方面展开。

1. 开门整党、公开建党

在解放区的土地改革（以下简称土改）中，各级党组织都把大力发展党员作为巩固和发展土改成果的重要环节，党的组织因此得到大力发展。但在战争和土改激烈进行的条件下，一些农村基层党组织中思想、作风和组织不纯的问题也明显暴露出来。对此，党中央决定结合土改进行大规模的整党运动。1947年12月，中共中央扩大会议讨论了党内倾向问题及土改和群众运动中的具体政策问题，强调绝对不许重复历史上所犯过的"左"倾错误。1948年年初，中央相继发出《关于目前党的政策中的几个重要问题》《老区半老区的土地改革与整党工作》等文件，强调要反对错误倾向，提出对不同地区应采取不同的方针。中央还向全党推广平山县开门整党的经验。1948年5月，中央发出《一九四八年的土地改革工作和整党工作》的党内指示，规定了整党的方针和政策，指示各中央局和分局按照政策实行整党，完成党的支部组织的整顿工作。按照党中央的部署，到1949年3月，大部分老区、半老区的整党工作基本结束。"经过整党，农村的基层党组织在思想上、政治上和组织上都有很大进步，党同群众的联系更加密切。这就为争取土改和战争的胜利提供了重要的保证。"①

党在农村地区进行开门整党的同时，在已经解放的城市地区开始公开建党。

---

① 《中国共产党的九十年·新民主主义革命时期》，北京：中共党史出版社，2016年，第301页。

1949年3月召开的党的七届二中全会提出，党的工作重心由乡村转移到城市，党的组织建设要围绕在城市中恢复和发展生产这个中心任务展开，提出党在城市公开建党，重点要在工人中发展党员，同时团结教育改造知识分子和旧人员，大量培养提拔新干部和工人干部，以解决管理城市和工业过程中的干部不足问题。公开建党很快见效，弥补了过去长时间秘密建党的不足。从秘密建党转向公开建党，是党的组织建设史上的一个重要里程碑。

2. 以请示报告制度和党委集体领导为中心加强民主集中制建设

请示报告工作是建党初始就着手进行的一项组织工作。解放战争时期，党进一步认识到民主集中制建设和加强党的集中统一领导离不开请示报告制度和党委集体领导制度。1947年2月，中共中央下发《关于在军队中组织党委会的指示》，决定按照党的七大已经确定的原则在军队中建立"党委领导下的首长负责制"，这是在战争形势有利于我方的情况下军队领导体制的一次重大变革。1948年1月和3月，毛泽东同志先后为中央起草了《关于建立报告制度》和《关于建立报告制度的补充指示》，不仅明确规定各有关方面必须定期向中央作报告，也对地方报告的内容、发送方式、发送频率、写作风格、如何落实请示报告制度，如何保证中央的知情权以及中央权威作出具体规定。1948年9月，中共中央政治局会议通过《关于各中央局、分局、军区、军委分会及前委会向中央请示报告制度的决议》，决定把一切应当集中的权力集中在党中央，进一步加强党的集中统一领导。在请示报告制度建立过程中，党中央不是仅仅制定目标，而是通过严厉督促、转批报告、综合通报和个别指导等形式，促进请示报告制度落实，并开展检查工作。与此同时，毛泽东同志对有些地方擅自修改中央或上级党委的政策和策略、事前不请示事后不报告的现象提出严肃批评，强调"必须坚决地克服许多地方存在着的某些无纪律状态或无政府状态"[①]。为此，全党进行了反对党内无纪律无政府状态的纪律教育和纪律整顿。

在严明党的组织纪律、强调集中统一领导的同时，党中央强调扩大党内民主，强调党委集体领导，实行民主决策。在1948年9月中共中央政治局扩大会议上，毛泽东同志指出："我们党内是有民主的，但是还不足或者缺乏，现在要增

---

① 《毛泽东选集》（第4卷），北京：人民出版社，1991年，第1332页。

加。"①强调"扩大党内的民主生活"是完成九月会议各项任务的重要环节。这次会议专门制定了《中共中央关于召开党的各级代表大会和代表会议的决议》,对建立和扩大党内正常的民主生活作出具体规定。会后,毛泽东同志为中央起草了《关于健全党委制》的决定,指出:"党委制是保证集体领导、防止个人包办的党的重要制度。"②强调各级各部门党委都必须建立健全党委会议制度,一切重要问题均须提交委员会充分讨论后作出明确决定,然后分别执行。1949年3月13日,毛泽东同志在党的七届二中全会闭幕时作了《党委会的工作方法》的报告,系统阐述了如何做好党委领导工作的问题。

解放战争时期党的组织建设的全面加强,不仅为夺取中国革命在全国的胜利奠定了坚实的组织基础,也为即将开始的新中国建设作了重要的组织准备。

## 二、社会主义革命和建设时期党的组织建设在曲折中前进

中华人民共和国成立后,中国共产党成为在全国范围内执政的党,开启了领导人民进行社会主义革命和建设的新征程。由于此时的党兼具领导党和执政党的双重身份,党的建设开始了对如何建设一个马克思主义执政党的探索,执政条件下的党的组织建设也具有了新的特征。

### (一)过渡时期党的组织建设的全面展开

从中华人民共和国成立到社会主义改造完成,是由新民主主义到社会主义的过渡时期。为了适应党在全国范围内执政和社会主义改造的需要,过渡时期党的组织建设主要从以下五个方面展开。

1. 搭建全面执政条件下党在全国的组织体系

中华人民共和国的成立,对党的组织能力和组织体系提出了新要求。随着中央人民政府的成立,1949年11月,中央政治局通过《关于在中央人民政府内组织中国共产党党委会的决定》和《关于在中央人民政府内建立中国共产党党组的

---

① 《毛泽东文集》(第5卷),北京:人民出版社,1996年,第137页。
② 《毛泽东选集》(第4卷),北京:人民出版社,1991年,第1340页。

决定》，党在政府机构建立自己的系统的组织机构，从根本上保证了党的执政地位和党对国家政权的领导。1954年6月，根据《中央人民政府关于撤销大区一级行政机构和合并若干省市建制的决定》，同级别的党组织相应撤销，撤销后大区的主要职能收归中央，党中央权力得到加强。1955年6月，中央下发《中共中央关于建立省、市委书记处的决定》，除了应对党全面执政之后地方工作量剧增的现实之外，另一个重要考量是与中央书记处的工作系统形成对接。自1955年冬季伊始，在之后大约一年半的时间内，全国绝大多数地区实行了并乡撤区工作，以减少领导层级，加强乡级领导能力，充实农业生产合作社的领导骨干。1956年年初，伴随着资本主义工商业改造的完成，中央决定在所有企业中实行党委集体领导制度，同期，党在高校、科研院所等机构中的党组织也建立起来。过渡时期，党在较短的时间内建成了"纵向到底，横向到边"的组织体系，为党领导各族人民建设新中国奠定了强大的组织基础。

2. 成立纪律检查和监察的专门机构以加强对党员、干部的监督

1949年11月，中央政治局通过《关于成立中央及各级党的纪律检查委员会的决定》，成立之初"各级党的纪律检查委员会是各级党委的一个工作部门，犹如各级党的宣传部和组织部一样"[1]，工作形式主要是"被动地受理党员违犯党纪的案件"[2]。1952年2月，中共中央印发《关于加强纪律检查工作的指示》，提出各级党委必须加强对纪律检查工作的指导，配备专职的纪律检查干部，各级纪律检查委员会与各级人民监察委员会可酌情合署办公。1955年3月，中国共产党的全国代表会议通过《关于成立党的中央和地方监察委员会的决议》。监察委员会与其所替代的纪律检查委员会相比，在机构职能和领导体制上都有明显变化。从机构职能看，监察委员会不仅要管党员违纪问题，还要管党员违法问题，同时还要主动开展经常性监督工作；从领导体制看，党的各级监察委员会在同级党委指导下工作，但同时党的上级监察委员会有权监察下级监察委员会的工作。这表明，除中央监察委员会以外，党的各级监察委员会事实上施行双重领导体制，这一体制有利于加强监察委员会对同级党委的监督。

---

[1]《中国共产党组织史资料》（第9卷），北京：中共党史出版社，2000年，第19页。
[2]《中国共产党组织史资料》（第9卷），北京：中共党史出版社，2000年，第91页。

3. 开展大规模的整风整党运动

1949年年底，全国党员人数从党的七大时的121万人增长为450余万人，一大批在革命胜利前夕入党的新党员在给党带来生机活力的同时，也增加了党在组织上、思想上不纯的风险。同时，一些老党员、老干部也产生了骄傲自满、贪图享乐的思想情绪。这种情况表明，有必要在党内开展一次大规模的整党整风运动。1950年5月，中共中央发出《关于发展和巩固党的组织的指示》，提出党的发展工作必须采取严格审查的方针和稳步前进的方法，用3年时间分步骤完成整党工作。同年6月召开的党的七届三中全会提出：全党应在1950年的夏秋冬3季，进行一次大规模的整风运动。1951年3月，党的第一次全国组织工作会议着重讨论了党的基层组织和发展新党员问题，制定了入党的八项标准。会上，刘少奇同志作了《关于整顿党的基层组织的意见》的报告和《为更高的共产党员的条件而斗争》的总结。"三反"运动开始后，中央结合新形势决定"在整党建党的步骤上与方法上，必须适应新的情况加以改变"[1]，各地在执行过程中普遍将整党与"三反""五反"和"新三反"（反对官僚主义、反对命令主义、反对违法乱纪）等群众运动有机结合。1954年春，大规模整党运动结束，共有32.8万人被清除或劝离党组织。同时各级党组织还注意积极慎重地发展新党员，共吸收新党员107万人[2]，这些新党员很多成长为党进行大规模经济建设时急需的技术型干部，在各条战线发挥积极作用。

4. 加强干部队伍的教育和调配

为了从组织上确保过渡时期总路线的实施，1953年9月召开的党的第二次全国组织工作会议，着重研究了如何围绕党的过渡时期总路线配备干部的问题，提出要加强对干部的教育，分部、分级管理干部，统一调配干部，团结、改造原有的技术人员，大量培养新干部，全面审查干部。过渡时期，党的组织除中央一级以外实际都处在一种剧烈扩张和变动的状态中。干部队伍的剧烈扩张和调整，叠加老干部城市工作能力不足的问题，凸显了加强干部教育的紧迫性。为此，党建立了以各级党校为核心的党内教育体系，明确各级党校的教学方针是"学习理

---

[1] 《中国共产党组织史资料》（第9卷），北京：中共党史出版社，2000年，第119页。
[2] 《中国共产党历史二十八讲》，北京：人民出版社、党建读物出版社，2006年，第225页。

论、联系实际、提高认识、增强党性";当务之急是调配和培养一批品学兼优的教员队伍;工作重点是实行校长负责制和建立党委会,保证教学方针的贯彻执行和教学任务计划的完成。通过动员包括党校在内的各类教育资源,到过渡时期结束时,党的干部队伍已经初步摆脱了中华人民共和国成立初期"文盲、半文盲占大多数"的困境,干部队伍素质得到明显提高。

5. 维护党的团结统一

1954年2月召开党的七届四中全会,通过了《关于增强党的团结的决议》,该文件强调党的团结、工人阶级的团结、劳动人民的团结、全国人民的团结是革命胜利的基本保证。党的中央委员会和省(市)委员会以上的负责干部和武装部队的高级负责干部的团结,是决定革命胜利的关键。党的团结的重要保证之一是严格遵守民主集中制,严格遵守集体领导的原则,对违反党的纪律、破坏党的团结的活动,必须加以反对和禁止。党的七届四中全会后,党加强了对党员特别是党的各级干部的监督,进一步增强了全党的团结。

## (二)全面建设社会主义时期党的组织建设的良好开端和曲折发展

1956年在完成三大改造后,我国确立了社会主义基本制度,进入全面建设社会主义时期。这一时期,党在开始探索中国社会主义建设道路的同时,鲜明地提出执政条件下加强党的建设问题,并对这一问题进行了积极探索,取得了初步成果。从组织建设角度看,这一探索的理论成果主要体现在两个方面。

1. 强调坚持党的领导地位,发挥党在中国社会主义事业中的领导核心作用

毛泽东同志多次论述了党的领导对于中国社会主义事业的极端重要性。早在1954年9月第一届全国人民代表大会第一次会议的开幕词中,毛泽东同志就明确指出:"领导我们事业的核心力量是中国共产党。"[1]1957年5月,毛泽东同志进一步指出:"中国共产党是全中国人民的领导核心。没有这样一个核心,社会主义事业就不能胜利。"[2]在同年发表的《关于正确处理人民内部矛盾的问题》一文中,毛泽东同志将"有利于巩固共产党的领导,而不是摆脱或者削弱这种领

---

[1] 《毛泽东文集》(第6卷),北京:人民出版社,1999年,第350页。
[2] 《毛泽东文集》(第7卷),北京:人民出版社,1999年,第303页。

导"①,作为判断人们言论和行动是非的六条标准中最重要的一条。1962年年初的中共中央扩大的工作会议上,毛泽东同志还明确提出"党领导一切"的思想,指出:"工、农、商、学、兵、政、党这七个方面,党是领导一切的。"②1956年党的八大政治报告明确提出党的正确领导问题,强调"我们的一切任务能否胜利地完成,归根结底,是决定于党的领导是否正确"③。将发挥党的正确的领导作用等思想写进党的八大重要文件中,标志着中国共产党人对执政党领导权认识的深化。

2.强调加强执政党的民主集中制建设

党的八大对加强执政党的民主集中制建设作了集中阐述,其中包括坚持党的群众路线、与脱离群众的官僚主义进行长期斗争;要接受人民的监督,发挥党外人士的民主监督作用;要从国家制度和党的制度上作出适当规定,对党的组织和党员实行严格的监督,包括党的监督、群众的监督、民主党派和无党派民主人士的监督;扩大党内民主,充分发挥党的下级组织和广大党员的积极性和创造性,反对个人崇拜;党的团结和统一是党的生命,是党的力量所在;要不断地为提高党员标准而斗争。1962年1月,党的扩大的中央工作会议进一步总结党的建设经验,强调必须充分发扬党内民主,严格执行民主集中制。毛泽东同志在讲话中对民主集中制作了进一步阐述:"没有民主,不可能有正确的集中,因为大家意见分歧,没有统一的认识,集中制就建立不起来。什么叫集中?首先是要集中正确的意见。在集中正确意见的基础上,做到统一认识,统一政策,统一计划,统一指挥,统一行动,叫做集中统一。"④1962年10月至12月,中央组织部召开组织工作会议,着重讨论了如何建设执政党的问题,会议指出,民主集中制是"党和国家的根本制度,是保证党和国家永不变质的根本制度。要永远坚持这个制度,把它传给子孙后代"⑤。这次会议提出的意见和措施,凝聚了党执政13年来的党建经验,对于当时乃至整个社会主义建设时期党的组织建设具有重要的意义。

---

① 《毛泽东文集》(第7卷),北京:人民出版社,1999年,第234页。
② 《毛泽东文集》(第8卷),北京:人民出版社,1999年,第305页。
③ 《建国以来重要文献选编》(第9册),北京:中央文献出版社,1994年,第353页。
④ 《毛泽东文集》(第8卷),北京:人民出版社,1999年,第293-294页。
⑤ 《中国共产党组织史资料》(第9卷),北京:中共党史出版社,2000年,第921页。

全面建设社会主义时期党的建设出现严重曲折，主要是1957年反右派斗争扩大化，使探索执政党组织建设的良好开端遭受挫折，也给党内政治生活带来消极影响。1959年庐山会议后党内开展的反右倾斗争，不仅在政治上使阶级斗争扩大化错误进一步升级并延伸到党内和党的高层，在组织上也严重损害了党内民主，使党难以防止、抵制和及时纠正后来发生的失误。1966年开始的"文化大革命"，给党、国家和人民带来严重灾难，留下极为深刻的教训。

## 三、改革开放新时期党的组织建设全面推进

1976年10月，党中央顺应人民意志，一举粉碎了"四人帮"，结束了"文化大革命"，党和国家的工作得以重新走上健康发展的轨道。1978年12月召开的在党的历史上具有重大意义的十一届三中全会，重新确立了正确的思想路线、政治路线、组织路线，开启了改革开放和社会主义现代化建设的历史新时期，也开启了党的建设的历史新时期。

### （一）历史转折时期党的组织建设

历史转折时期党的组织建设在拨乱反正、大规模平反冤假错案的基础上，主要从以下方面展开。

1. 提出新时期党的干部队伍建设"四化"目标

1979年7月，邓小平同志在接见部分海军同志时指出："政治路线确立了，要由人来具体地贯彻执行。由什么样的人来执行……结果不一样。"①这就将党的干部政策问题鲜明地提了出来。1979年9月，中央组织部召开全国组织工作座谈会，会议提出新时期党的组织路线就是使党的组织工作、干部工作得以促进和确保四个现代化的实现，从而为新时期党的组织建设指明方向和任务。同期，党中央提出了干部队伍建设"革命化、年轻化、知识化、专业化"的目标。1980年8月，中央政治局会议正式提出要实行党和国家领导制度改革，邓小平同志在会上正式提出设置中央顾问委员会的想法。历史转折时期，邓小平同志在多个场合发表讲话，将老干部腾出位置让年轻干部接班、实现干部队伍"四化"比喻为一场

---

① 《邓小平文选》（第2卷），北京：人民出版社，1994年，第191页。

革命，认为这是关乎党的事业成败的重大政治问题，极大地推动了干部制度的改革和干部队伍建设。

2. 大力推进党的政治生活民主化

鉴于"文化大革命"带来的党员干部思想僵化问题，党的十一届三中全会特别强调要解放思想，开动脑筋，邓小平同志在讲话中指出："解放思想，开动脑筋，一个十分重要的条件就是要真正实行无产阶级的民主集中制。我们需要集中统一的领导，但是必须有充分的民主，才能做到正确的集中。当前这个时期，特别需要强调民主。因为在过去一个相当长的时间内，民主集中制没有真正实行，离开民主讲集中，民主太少。"①1980年2月，党的十一届五中全会通过《关于党内政治生活的若干准则》（以下简称《准则》）。"《准则》总结历史上党内政治生活的经验教训，把党章的有关规定和民主集中制的原则具体化，使党的规章更加完备，更加适合新形势新任务的需要，对于健全党内民主生活，维护党的集中统一，增强党的团结和战斗力，反对个人崇拜和个人独断专行，具有十分重要的意义。"②《准则》对党的政治建设和组织建设都发挥了重要作用。1980年8月，邓小平同志在中央政治局扩大会议上作了《党和国家领导制度的改革》的讲话，以加强党内民主为主线，深刻剖析了党和国家政治体制中存在的主要缺陷及其原因，并提出未来一段时间党和国家领导制度改革的思路。

历史转折时期党的组织建设的主要特点是拨乱反正，"恢复党的第八次代表大会所决定并在十年间证明是必要和有效的制度"③，表明党的组织建设重新回到正轨，并找到了正确方向。

### （二）中国特色社会主义开创时期党的组织建设

邓小平同志在1982年党的十二大开幕词中，明确提出"建设有中国特色的社会主义"的重大命题，提出"把党建设成为领导社会主义现代化事业的坚强核

---

① 《邓小平文选》（第2卷），北京：人民出版社，1994年，第144页。
② 《中国共产党的九十年·改革开放和社会主义现代化建设时期》，北京：中共党史出版社，2016年，第674页。
③ 《十一届三中全会以来党的历次全国代表大会中央全会重要文件选编》（上），北京：中央文献出版社，1997年，第151页。

心"的党建目标。伴随着中国特色社会主义事业的开创,党的组织建设也进入新阶段。这一时期党的组织建设突出表现在以下三个方面。

1. 改革党的领导体制

党的十二大对党的领导体制进行改革,不再实行中央委员会主席制,而是选举产生中央委员会总书记;设立中央顾问委员会,规定在中央和省一级设顾问委员会作为新老干部交替的过渡性机构,以发挥从一线退下来的富有经验的老同志对党的事业的参谋作用。党的十二大后,中央、省、地、县机构改革和领导班子调整工作逐级展开,出现了干部之间以老带新、相互合作的团结局面。党的十三大通过的《中国共产党章程部分条文修正案》对中央书记处的产生办法和职能作出重大修改,中央书记处由原来的"由中央委员会全体会议选举产生",变更为"由中央政治局常务委员会提名,中央委员会全体会议通过",职能由"在中央政治局和它的常务委员会领导下,处理中央日常工作",变更为"中央书记处是中央政治局和它的常务委员会的办事机构"①。这些举措推进了党的领导体制改革,用制度保障了党中央的集中统一领导。

2. 在全面整党中探索依靠改革和制度建设的党建新路

针对党内实际存在的思想不纯、作风不纯和组织不纯的问题,根据党的十二大的部署,1983年10月,党的十二届二中全会通过《中共中央关于整党的决定》,明确了整党的基本方针、基本任务、基本政策和基本方法。从1983年下半年开始至1987年结束,在全党范围内开展一次整党运动。这次全面整党,表现出一些新的特点,例如,不搞群众运动,整党与日常工作相结合,等等。党的十三大报告提出,从严治党,除了必须把少数腐败分子开除出党之外,还必须着眼于对绝大多数党员进行经常性工作,包括进行教育、加强监督,开展批评和自我批评、整顿纪律、清除腐败分子、处置不合格分子、吸收先进分子、发扬正气和抵制歪风。"这些经常性工作做好了,我们就有可能在新的历史条件下,在党的建设上走出一条不搞政治运动,而靠改革和制度建设的新路子。"②20世纪80年代末90年代初,世界社会主义运动遭受严重挫折,党遇到了严重挑战。邓小平

---

① 《十三大以来重要文献选编》(上),北京:人民出版社,1991年,第63页。
② 《十三大以来重要文献选编》(上),北京:人民出版社,1991年,第54页。

同志明确提出要认真总结经验，对的要坚持，失误的要纠正，不足的要加点劲。特别强调新一届中央领导集体"要聚精会神地抓党的建设"[①]。1989年8月召开的中央政治局会议通过了《关于加强党的建设的通知》，按照文件精神，党组织在1989年秋至1990年，对政治风波中的重点人和重点事进行了一次认真的清查、清理工作，并在部分单位进行了一次党员重新登记。同时，积极发展在一线工作的优秀分子入党。党还采取措施，抓好基层党组织尤其是高等院校、企业、农村的基层党组织建设，并普遍进行了党员评议工作，加强了党员队伍建设。

3. 建立干部离退休制度

从1979年开始，邓小平同志多次谈到建立干部退休制度的问题。党的十二大新修订的党章追认了前一阶段关于党的各级领导干部离退休问题的规定，《中华人民共和国宪法》也对国家领导人和各级领导机构人员的年龄作了明确规定，这标志着干部离退休制度的确立。之后，党加快推进干部制度改革和干部年轻化的步伐。党的十三届一中全会产生的中央政治局常务委员会委员的平均年龄较党的十二届一中全会时下降了10岁；中央委员会和中央政治局成员的年龄也有较大幅度降低，这标志着党在中央领导机构年轻化方面又前进了一大步。

### （三）改革开放新阶段党的组织建设

1992年邓小平同志发表南方谈话和党的十四大的召开，开启了我国改革开放和现代化建设的新阶段。从此，在发展社会主义市场经济和扩大对外开放的历史条件下加强党的建设，成为党的建设的新任务。1994年9月召开的党的十四届四中全会，提出了"推进党的建设新的伟大工程"的重大任务。这一时期，党的组织建设从以下三个方面展开。

1. 以干部选任规范化和保障党员权利为抓手，加强党的民主集中制建设

为在市场经济条件下进一步健全党的民主集中制，完善党内选举制度，加强党的地方组织建设，1994年1月，中共中央印发《中国共产党地方组织选举工作条例》，该条例作为党的民主集中制执行机制建设的重大成果，在很多方面都体现了"集中领导下的民主和民主基础上的集中相结合"的精神。1995年1月，中

---

[①]《邓小平文选》（第3卷），北京：人民出版社，1993年，第314页。

共中央印发《中国共产党党员权利保障条例（试行）》，该文件为发扬党内民主、健全党内生活、保障党员权利正常行使和不受侵犯，为调动党员的积极性和主动性以及通过法定程序对领导干部进行监督提供了制度上的保障。为推进面向21世纪的干部人事制度改革，党的十五大以后，中央相继出台了一系列重要文件和法规，涉及领导干部考核、党政领导机关竞争上岗、公开选拔领导干部、党政领导干部交流、党政领导班子建设规划，等等。2002年7月，中共中央印发新的《党政领导干部选拔任用工作条例》，标志着领导干部选拔工作向制度化、规范化、程序化方向前进了一大步。

2. 以农村和国企党组织建设为重点，加强党的基层组织建设

在基层党组织建设方面，农村基层和国有企业党的建设成为新阶段的重要工作。改革开放以来，家庭联产承包责任制的实施改变了农村原本的集体经济结构，乡镇企业的崛起、传统宗族势力的回潮、农村人口的外流和村民自治组织的运行等，使农村党的建设面临新情况。1994年11月，中共中央下发《关于加强农村基层组织建设的通知》，提出要实现人民生活达到小康水平的目标，必须加强农村基层组织建设。1997年1月，党中央基于"搞好国有企业不仅是重大的经济问题，而且是重大的政治问题"的判断，印发了《关于进一步加强和改进国有企业党的建设工作的通知》。该通知针对部分国有企业中党组织参与重大问题决策落实不力的问题，提出要建立健全必要的党委政治核心地位保障机制。1997年党的十五大后，为适应经济社会发展的新要求，党加大了对非公有制经济组织、街道社区、社团和社会中介组织中党的建设的工作力度，不断拓宽党的工作覆盖面。

3. 以严格党的组织纪律为首要，推进从严治党

本阶段党中央提出了"治国必先治党，治党务必从严"的口号，而从严治党首先就表现为严格党的组织纪律。1992年10月，党的十四大通过的《中国共产党章程（修正案）》对党的组织纪律和纪律检查机关工作程序作了关键性的修改，填补了过去反腐败制度上的漏洞。为严明党纪，党的十四大以后制定和颁布了大量的法规和制度，其中包括领导干部廉洁自律的"五条规定"。1994年3月，中共中央纪律检查委员会印发了《中国共产党纪律检查机关案件检查工作条例》，强调案件检查工作是纪律检查机关的一项重要工作，是严肃党纪的中心环

节。1997年2月，中央办公厅转发《中共中央纪律检查委员会关于重申和建立党内监督五项制度的实施办法》，该办法具体规定了中央巡视组的组成及工作要点、地方纪委对同级党委违纪行为核实后不须经过同级党委批准可直接上报上级纪委等重要内容。纪委的地位持续提高，职能范围不断扩大，执纪程序更加独立，对从严治党发挥了重要作用。

### （四）全面建设小康社会时期党的组织建设

2002年，党的十六大确立了全面建设小康社会，开创中国特色社会主义事业新局面的奋斗目标，提出了党的建设的总要求和六项工作。2007年，党的十七大确立了高举中国特色社会主义伟大旗帜，为夺取全面建设小康社会新胜利而奋斗的目标，明确党的建设主线是党的执政能力建设和先进性建设。2009年，党的十七届四中全会进一步提出了推进党的建设科学化的重大命题和建设马克思主义学习型政党的重大任务。这一时期党的组织建设重心在以下三个方面。

1. 扩大党的群众基础，加强"两新"组织党建，改进社区党建

中共十六大党章根据形势的新变化，规定允许除工人、农民、军人、知识分子以外的"其他社会阶层的先进分子，承认党的纲领和章程，愿意参加党的一个组织并在其中积极工作、执行党的决议和按期缴纳党费的，可以申请加入中国共产党"[①]，这一转变有利于增强党的阶级基础和扩大党的群众基础，提高党在全社会的凝聚力和影响力，是21世纪党的组织建设迈出的关键一步。针对城镇化速度越来越快，新经济组织和新社会组织越来越多以及"单位人"大量转为"社会人"的现实，党的十六大提出要构建社区党建工作新格局，加大在非公有制企业、社会团体和社会中介组织中建立党组织的工作力度，街道社区党建也要"把工作重点从注重创收进一步转移到搞好社区管理和服务上来"[②]。

2. 提出推进学习型党组织建设

2009年9月，党的十七届四中全会通过《中共中央关于加强和改进新形势下党的建设若干重大问题的决定》，提出建设马克思主义学习型政党的重大战略任

---

① 《十六大以来重要文献选编》（上），北京：人民出版社，2005年，第46-47页。
② 《十六大以来重要文献选编》（中），北京：人民出版社，2005年，第369页。

务。2009年12月，中共中央办公厅印发《关于推进学习型党组织建设的意见》，阐明了建设学习型党组织的重大意义、总体要求和主要原则，以及学习的主要内容、具体要求和方法途径，对推进学习型党组织建设发挥了指导作用。这一时期，党内还开展了以创建先进基层党组织、争当优秀共产党员为主要内容的创先争优活动。

3.在坚持和健全民主集中制的过程中积极发展党内民主和重视党内监督

加强干部监督是党的十七大前党的组织建设的工作重心。党的十七大通过的《中国共产党章程修正案》在党的组织建设方面，增加了"党的各级组织要按规定实行党务公开，党的各级代表大会代表实行任期制，党的中央和省、自治区、直辖市委员会实行巡视制度，中央政治局向中央委员会全体会议报告工作、接受监督，党的地方各级委员会的常务委员会定期向委员会全体会议报告工作、接受监督"[1]等内容，释放出进一步加强党内监督体系建设的重要信号。2008年5月，在总结近20年基层试点工作经验的基础上，中共中央发布《中国共产党全国代表大会和地方各级代表大会代表任期制暂行条例》，明确规定"实行党代表大会代表任期制"，这是党的民主集中制保障机制建设的重大成果。党的十七届四中全会进一步提出在坚持和健全民主集中制中要更加积极发展党内民主，在深化干部人事制度改革中要强化"民主、公开、竞争、择优"的价值导向。

经过几代共产党人的努力，新时期党的组织建设取得了长足进步，为推进党的建设新的伟大工程，进而推进改革开放和现代化建设提供了组织上的保证。

## 四、新时代党的组织建设全面加强

2012年，党的十八大确立了坚定不移沿着中国特色社会主义道路前进，为全面建成小康社会而奋斗的目标，对全面提高党的建设科学化水平提出明确要求。2017年，党的十九大提出："不忘初心，牢记使命，高举中国特色社会主义伟大旗帜，决胜全面建成小康社会，夺取新时代中国特色社会主义伟大胜利，为

---

[1]《十七大以来重要文献选编》（上），北京：中央文献出版社，2009年，第47页。

实现中华民族伟大复兴的中国梦不懈奋斗。"①大会提出了新时代党的历史使命，指出伟大斗争、伟大工程、伟大事业、伟大梦想，紧密联系、相互贯通、相互作用，其中起决定作用的是党的建设伟大工程。大会将"坚持全面从严治党"作为新时代坚持和发展中国特色社会主义的十四条基本方略之一，并提出新时代党的建设总要求。新时代党的组织建设正是在这样的背景下进行的。

### （一）加强党的集中统一领导和全面领导

针对一段时期内出现的党的领导弱化的问题，习近平总书记多次强调，中国共产党领导是中国特色社会主义最本质的特征，是中国特色社会主义制度的最大优势，党是最高的政治领导力量，是中国政治稳定、经济发展、民族团结、社会稳定的根本力量，是中国社会稳定的最大压舱石，绝对不能有丝毫动摇。改革开放任务越繁重，越要加强和改善党的领导，越要确保党始终成为中国特色社会主义事业的坚强领导核心。新时代出台的一系列重要文件、规定，均强调严格执行向党中央请示报告制度，从制度上保证党中央的权威和集中统一领导。党中央还召开全国组织工作会议、全国宣传思想工作会议、中央统战工作会议等一系列重要会议，加强党在各方面的工作，树立起党中央的权威，从根本上扭转了弱化党的领导的状况，使党对各方面工作的领导得到全面加强。新时代，党之所以能取得全方位、开创性的历史性成就，根本原因在于有以习近平同志为核心的党中央的坚强领导，有力、有效地纠正了党的领导弱化的问题。

党的十九大将"坚持党对一切工作的领导"作为新时代坚持和发展中国特色社会主义十四条基本方略之首，强调党政军民学，东西南北中，党是领导一切的。必须增强政治意识、大局意识、核心意识、看齐意识，自觉维护党中央权威和集中统一领导，自觉在思想上政治上行动上同党中央保持高度一致，完善坚持党的领导的体制机制。2019年10月，党的十九届四中全会通过《中共中央关于坚持和完善中国特色社会主义制度　推进国家治理体系和治理能力现代化若干重大问题的决定》，该决定第二部分集中阐述了坚持和完善党的领导制度体系，提高党科学执政、民主执政、依法执政水平这一重大问题，为坚持和完善党的领

---

① 《决胜全面建成小康社会　夺取新时代中国特色社会主义伟大胜利——在中国共产党第十九次全国代表大会上的报告》，北京：人民出版社，2017年，第1页。

导、把党的领导落实到国家治理各领域各方面各环节提供了制度上的保障。

## (二) 提出新时代党的组织路线,全面加强党的组织体系建设

组织路线的概念在党的六大时已经提出,党在实践中也一直执行着明确的组织路线,但在很长一段时间内党未对组织路线作出定型的概括。新时代,党在总结历史经验,特别是党的十八大以来全面从严治党成功经验的基础上,对新时代党的组织路线进行了概括。2018年7月,习近平总书记在全国组织工作会议上,深刻阐明了新时代党的组织路线的科学内涵、重大意义和实践要求,指出:新时代党的组织路线是"全面贯彻新时代中国特色社会主义思想,以组织体系建设为重点,着力培养忠诚干净担当的高素质干部,着力集聚爱国奉献的各方面优秀人才,坚持德才兼备、以德为先、任人唯贤,为坚持和加强党的全面领导、坚持和发展中国特色社会主义提供坚强组织保证。新时代党的组织路线是理论的也是实践的,要在推进党的建设新的伟大工程、落实全面从严治党的实践中切实贯彻落实"[①]。新时代党的组织路线为加强党的组织建设提供了科学遵循,为增强党的创造力、凝聚力、战斗力提供了重要保证。

党的组织体系建设是一个上下紧密衔接的建设范畴,包括中央和国家机关、地方党委(含党组)、基层党组织三个层级,任何一个环节出现问题都会导致整个体系的失灵。党中央是大脑和中枢,必须有定于一尊、一锤定音的权威。2012年12月,中共中央政治局会议审议通过《关于改进工作作风、密切联系群众的八项规定》,以中央政治局为表率开启了党的组织体系顶层建设的第一步。2014年1月,习近平总书记在党的十八届中央纪委三次全会上的讲话中指出:党的领导核心地位集中体现在党的严密组织体系和强大组织能力上,特别提出要加强请示报告制度的执行和检查工作。2016年1月,中共中央政治局会议提出要坚持"四个意识",即政治意识、大局意识、核心意识、看齐意识,其中特别强调全党要在思想上认同核心、在政治上围绕核心、在组织上服从核心、在行动上维护核心。国家机关中党的组织建设是党组织体系建设中的"最初一公里"。2018年2月,党的十九届三中全会审议通过的《中共中央关于深化党和国家机构改革的决定》,强调深化党和国家机构改革必须以加强党的全面领导为统领,这一指

---

① 《十九大以来重要文献选编》(上),北京:中央文献出版社,2019年,第559—560页。

导精神在实践中以"党政合署"的形式表现出来。2019年11月，中共中央政治局会议审议修订的《中国共产党党和国家机关基层组织工作条例》提出，国家机关党组织建设的重要目标是"在深入学习贯彻习近平新时代中国特色社会主义思想上作表率，在始终同以习近平同志为核心的党中央保持高度一致上作表率，在坚决贯彻落实党中央各项决策部署上作表率，建设让党中央放心、让人民群众满意的模范机关，促进本单位各项工作任务的完成"[①]。

党的地方组织的根本任务是确保党中央决策部署贯彻落实，有令即行、有禁即止。2015年12月，中共中央印发《中国共产党地方委员会工作条例》，对党的地方组织如何开展工作作出详细的规定，特别强调"党的地方委员会必须认真履行全面从严治党主体责任，书记必须履行抓党建第一责任人职责"，"党的地方委员会应当每年向上一级党委作1次全面工作情况报告，执行党中央和上级党组织某项重要决定的情况应当专题报告。遇有重大突发事件、重大问题应当及时请示报告……党的地方委员会应当支持和保证下级党组织依法依规正常履职。凡属下级党组织职责范围内的事项，如无特殊情况，应当由下级党组织处理"[②]。党委书记作为第一责任人亲自抓党建和明晰地方党委的权责是党的地方组织建设的核心内容，前者保证了地方党组织自身有力，后者保证了地方党组织在行使权力时既不超越中央的规定，也不侵蚀本属于下级党组织的权力，只有两者紧密结合，才能实现中央集中统一领导和地方有效治理的平衡。

党组是党在中央和地方国家机关、人民团体、经济组织、文化组织和其他非党组织的领导机关中设立的领导机构，在本单位发挥领导作用，是党对非党组织实施领导的重要组织形式。党的十九大审议通过的《中国共产党章程修正案》对党组职责作了充实，进一步明确了党组管党治党的政治责任。2019年4月，中共中央印发了修订后的《中国共产党党组工作条例》，该条例规定党组开展工作，要以贯彻落实党中央决策部署为前提，提高履职尽责的政治性和有效性，自觉运用法治思维和法治方式，全面落实管党治党政治责任，切实履行领导职责，充分发挥领导作用，不断提高领导水平。这从体制机制上保证了新时代党组"把方向、管大局、保落实"的重要作用的全面发挥。

---

[①]《中国共产党党和国家机关基层组织工作条例》，北京：人民出版社，2020年，第5—6页。
[②]《十八大以来常用党内法规》，北京：人民出版社，2019年，第39、40页。

党的基层组织是党的肌体的"神经末梢",党的组织力集中体现为基层组织的战斗力。支部是党的组织体系中最基层的组织,直接负责落实党的各项政策,地位尤为重要。2018年12月,中共中央印发《中国共产党支部工作条例(试行)》,针对过去基层支部建设中存在的薄弱环节提出诸多补充性规定,该试行条例的主要精神是党的工作覆盖到哪里,党的支部就必须建设到哪里。选举工作的依法依规开展是保证党的基层组织能够有效开展工作的前提条件。2020年7月,中共中央印发《中国共产党基层组织选举工作条例》,对基层组织选举工作全流程作出了规定,其基本精神是坚持在党的上级组织领导下,依法开展基层党组织民主选举。

### (三)以干部人事制度衔接和配套为重点,抓好执政骨干队伍和人才队伍建设

实现新时代党的历史使命,需要大批好干部。针对过去一段时间党内选人用人中存在的不良现象,习近平总书记在2013年6月全国组织工作会议上的讲话中提出,理想信念坚定是好干部的第一标准,坚持原则、敢于担当是党的干部必须具备的基本素质。2014年1月,中共中央印发新修订的《党政领导干部选拔任用工作条例》,该条例的核心精神是"凡提四必",即对拟提拔或进一步使用人选,要做到干部档案"凡提必审",个人有关事项报告"凡提必核",纪检监察机关意见"凡提必听",反映违规违纪问题线索具体、有可查性的信访举报"凡提必查"。党的十九大召开的前后几年间,党的组织建设方面的制度密集出台,这些制度在制定的过程中充分吸取了党的十八大以来党组织建设经验,在许多关键环节上作出重大修改,其中再次修订的《党政领导干部选拔任用工作条例》在保证党管干部原则落实的同时,严格限制了"公开选拔、竞争上岗"使用条件、适用的职位和考核的方式。新时代,党以干部人事制度的衔接和配套为工作重点,抓好执政骨干队伍和人才队伍建设,既是对党的十八大以来党建工作经验的总结,也是提高党的建设质量的内在要求。

### (四)开展党内主题教育活动,探索建立"不忘初心、牢记使命"制度

进行党内教育是党的组织建设的重要内容,新时代党内主题教育呈现多种形式紧密结合、有序开展的态势。2013年5月开始在全党开展党的群众路线教育实

践活动，2015年4月开始在县处级以上领导干部中开展"三严三实"专题教育，2016年2月开始在全体党员中开展"学党章党规、学系列讲话，做合格党员"学习教育，特别是2019年6月开始在全党开展"不忘初心、牢记使命"主题教育。党的十九届四中全会将建立不忘初心、牢记使命的制度作为坚持和完善党的领导制度体系的重要内容。新时代，党内主题教育活动开展的密集程度前所未有，执行严格程度远超预期，适应了新时代对党的教育提出的更高要求，反映出新时代党员、干部教育的常态化和制度化。

新时代党的纪律建设从以往的组织建设中单列出来，成为党的建设总布局的一个方面。新时代党的组织建设的最大特点是"严"字当头，严于教育，严于治吏，严于执行，严于监督，严于惩处，这一贯穿组织建设全过程的"严"字，正是全面从严治党的必然要求，在以习近平同志为核心的党中央的坚强领导下，新时代党的组织建设采取的一系列重大举措，同明确党的政治担当、强化党的理论武装、加强党的作风建设、严密党的制度和深入开展反腐败斗争等工作相协调，将党的革命性锻造得更加坚强。新时代党的组织建设的重大成就，在抗击新型冠状病毒感染疫情中得到彰显，并在全面建成小康社会、应对各种风险挑战中得到检验，也为把党建设得更加坚强有力积累了经验。

## 五、百年来党的组织建设的历史经验

百年来，中国共产党在推进伟大的社会革命中推进伟大的自我革命，党的组织在实践中不断壮大，已经从1921年成立时仅有58人的党，发展到2019年拥有9191.4万名党员的大党，从当年只有若干个地方组织，发展到2019年遍及全国各地的468.1万个基层组织[①]。百年来，党形成了严密的组织体系，造就了一支高素质的干部队伍，建立了完整的制度体系，党的吸引力、凝聚力、战斗力不断增强，始终保持旺盛的生机活力。在党的组织建设百年历程中，积累了丰富的经验。

### （一）必须坚持科学理论指导为党的组织建设铸魂

中国共产党是一个用科学理论武装起来的先进政党，党从成立之日起，就在

---

① 《2019年中国共产党党内统计公报》，《人民日报》2020年7月1日。

马克思主义理论指导下,树立了共产主义的崇高信仰,明确了"为人民谋幸福、为民族谋复兴"的初心和使命。恩格斯说过:"一个民族要想站在科学的最高峰,就一刻也不能没有理论思维。"①一个政党要担负起历史赋予的使命,同样一刻也不能没有理论思维。中国共产党是中国工人阶级的先锋队,是中国人民和中华民族的先锋队,要承担起历史赋予的使命,更离不开科学理论的指导。马克思主义始终是中国共产党的指导思想,是中国共产党人认识世界、把握规律、追求真理、改造世界的强大思想武器。用马克思主义理论武装全党、教育群众、指导工作,是党的建设的必然要求。"组织是'形',思想是'魂'。加强党的组织建设,既要'造形',更要'铸魂'。"②

中国共产党成立以来,始终把马克思主义理论学习,特别是把党的创新理论的学习作为各级党组织的重要任务,使党的组织建设在科学理论指导下得以推进。新民主主义革命时期,党在马克思列宁主义与中国革命之统一的理论——毛泽东思想的指引下,在领导人民夺取政权、建立中华人民共和国的伟大斗争中,建立了从中央到地方再到基层的组织体系,发展了400余万名党员,造就了一支听党指挥的人民军队和千锤百炼的干部队伍,从组织上保证了中国革命的胜利。中华人民共和国成立后特别是改革开放以来,党坚持用中国化的马克思主义——毛泽东思想、邓小平理论、"三个代表"重要思想、科学发展观、习近平新时代中国特色社会主义思想武装全党,用科学理论指导党的组织建设,包括党员队伍建设、干部队伍建设、各级党组织建设、组织制度建设,不断提高党的组织建设水平。

习近平新时代中国特色社会主义思想在理论和实践相结合的基础上,系统地回答了新时代坚持和发展什么样的中国特色社会主义、怎样坚持和发展中国特色社会主义这一重大时代课题,是马克思主义中国化的最新成果,是21世纪的马克思主义。"明确中国特色社会主义最本质的特征是中国共产党领导,中国特色社会主义制度的最大优势是中国共产党领导,党是最高政治领导力量,提出新时代党的建设总要求,突出政治建设在党的建设中的重要地位"③,这是习近平新

---

① 《马克思恩格斯全集》(第26卷),北京:人民出版社,2014年,第500页。
② 《贯彻落实好新时代党的组织路线,不断把党建设得更加坚强有力》,《求是》2020年第15期。
③ 《决胜全面建成小康社会 夺取新时代中国特色社会主义伟大胜利——在中国共产党第十九次全国代表大会上的报告》,北京:人民出版社,2017年,第20页。

时代中国特色社会主义思想的重要组成部分。新时代党的组织建设要以习近平新时代中国特色社会主义思想为指导，"要加强马克思主义特别是新时代中国特色社会主义思想的理论武装，使各级党组织和广大党员、干部特别是领导干部掌握马克思主义理论武器，提高马克思主义理论水平和运用能力，共同把党的创新理论转化为推进新时代中国特色社会主义伟大事业的实践力量"①，为新时代党的组织建设铸魂塑型，不断提高党的组织建设质量。

### （二）必须以政治建设为统领抓好党的组织建设

政治建设是党的根本性建设，决定着党的建设方向和效果。组织建设作为党的建设的重要组成部分，同样必须坚持在政治建设统领下进行。"党的组织路线是为党的政治路线服务的。正确政治路线决定正确组织路线，正确组织路线服务保证正确政治路线。党政军民学，东西南北中，党是领导一切的，这是党领导人民进行革命、建设、改革最可宝贵的经验。加强党的组织建设，根本目的是坚持和加强党的全面领导，为推进中国特色社会主义事业提供坚强保证。"②党的政治纪律是党组织和党员的政治言论、政治行为的规范，是维护党的政治原则、政治方向和政治路线的纪律。保证全党服从中央，坚持党中央权威和集中统一领导，是党的政治建设的首要任务，也是党的组织建设的首要任务。坚定执行党的政治路线，严格遵守党的政治纪律和政治规矩，在政治立场、政治方向、政治原则、政治道路上同党中央保持高度一致，是党的政治建设的重要内容，也是党的组织建设的主要内容。党内政治生活是党组织教育管理党员和党员进行党性锻炼的主要平台，党内组织生活本质上也是党内政治生活，开展严肃认真的党内政治生活，正是党内组织生活的主要内容。党的干部标准是德才兼备，对党的干部的选拔任用考核首先要突出政治标准。党的政治建设决定党的组织建设，党的组织建设为党的政治建设提供组织保证。

百年来，党的组织建设历史表明，凡是党的政治建设加强、党的政治路线正确、党内政治生活健康，党的组织建设就方向正确、成效显著；反之，就偏离正

---

① 《贯彻落实好新时代党的组织路线，不断把党建设得更加坚强有力》，《求是》2020年第15期。

② 《贯彻落实好新时代党的组织路线，不断把党建设得更加坚强有力》，《求是》2020年第15期。

轨、遭受挫折。因此，新时代党的组织建设必须以党的政治建设为统领，坚决维护党中央权威和集中统一领导，坚定不移地坚持党在社会主义初级阶段的基本路线，严肃党的政治纪律和组织纪律，增强党内政治生活的政治性、时代性、原则性、战斗性，营造风清气正的政治生态。"要教育引导全党自觉在思想上政治上行动上同党中央保持高度一致，保持坚强政治定力和正确前进方向，充分发挥各级党委（党组）、各领域基层党组织的政治功能和组织功能，把广大党员、干部和各方面人才有效组织起来，把广大人民群众广泛凝聚起来，形成为夺取新时代中国特色社会主义新胜利而团结奋斗的强大力量。"①

### （三）必须把严密党的组织体系作为党的组织建设的重点

严密的组织体系是马克思主义政党的优势所在、力量所在。中国共产党自建立以来，无论在革命时期，还是在建设时期、改革时期，无论在逆境，还是在顺境，都始终把建立和发展党的组织体系作为党的组织工作的重点，逐步形成包括党的中央组织、地方组织、基层组织在内的严密组织体系。党的各级组织严格按照党章的规定产生和运行，履行各自职权，承担相应职责，实行下级组织服从上级组织、全党各个组织服从党的全国代表大会和中央委员会的组织原则。通过这一严密的组织体系，党把广大党员组织起来，形成一个统一的整体，构成党在一切工作中发挥领导作用的组织基础。同时，通过各级党组织贯彻执行党的路线方针政策，党团结带领广大人民群众，汇聚成一股不可战胜的力量，为完成党的任务、实现党的初心使命而奋斗。

新时代，党的组织结构健全、队伍规模庞大，不仅有以习近平同志为核心的党中央，而且有3200多个地方党委，14.5万个党组、工委，468.1万个基层党组织，此外各级还设有专门的工作机构和协调机构以履行专门职责、完成具体任务。这些组织共同构成了强大的组织优势，是世界上其他政党所无法比拟的。新时代，要按照党的建设总要求，通过全面从严治党不断提高党的建设质量，把党建设得更加坚强有力，"党的中央组织、地方组织、基层组织都坚强有力、充分

---

① 《贯彻落实好新时代党的组织路线，不断把党建设得更加坚强有力》，《求是》2020年第15期。

发挥作用，党的组织体系的优势和威力才能充分体现出来"①。新时代，党的组织建设正以组织体系建设为重点，建强党的各级组织，使各级党组织各正其位、各司其职、各负其责，上下贯通、左右联动、分工合作、步调一致，最大限度发挥好党的组织优势。

### （四）必须把党员干部队伍建设作为党的组织建设的关键

党的组织是由众多党员干部组成的，党的工作归根到底要靠党员干部通过各级党组织团结带领人民群众，为实现共同目标奋斗来完成。党的组织建设的关键是把党员干部队伍建设好。百年来，中国共产党在实现初心和使命的奋斗历程中，将中华儿女中的许多优秀分子吸收到党内，造就了一支规模庞大的党员干部队伍，保证了党的路线方针政策的贯彻落实。

新时代，面对百年未有之大变局，面对繁重复杂的各项任务，要应变局、育新机、开新局、谋复兴，关键要把党的各级领导班子和干部队伍建设好、建设强。为此，党提出"要抓好执政骨干队伍和人才队伍建设"的历史任务，提出把"着力培养忠诚干净担当的高素质干部"作为新时代组织工作的主要任务，重点做好干部培育、选拔、管理、使用工作；提出坚持德才兼备、以德为先、任人唯贤的方针，强调选干部、用人才既要重品德，也要重才干。"各级党组织要严格把好政治关、廉洁关，严把素质能力关。要深化干部制度改革，深化人才发展体制机制改革，努力聚天下英才而用之。"②

### （五）必须以坚持和完善民主集中制为中心抓好党的组织制度建设

民主集中制是中国共产党的根本组织制度和领导制度，其基本内涵就是民主基础上的集中和集中指导下的民主相结合，这是马克思主义认识论和群众路线在党的生活和组织建设中的运用。党建立之初已经根据马克思列宁主义建党理论，在实际中确立了民主集中制原则，党的五大将民主集中制正式写入党章，使党内实行民主集中制有了根本制度保障。之后，党在不同时期针对民主集中制贯彻执

---

① 《贯彻落实好新时代党的组织路线，不断把党建设得更加坚强有力》，《求是》2020年第15期。

② 《贯彻落实好新时代党的组织路线，不断把党建设得更加坚强有力》，《求是》2020年第15期。

行中存在的问题，对如何更好地实行民主集中制进行了不懈的探索：民主革命时期，党逐步形成党的代表大会制度和党的代表会议制度、党的一元化领导制度、请示报告制度、集体领导制度，等等。社会主义革命和建设时期，党对执政条件下坚持民主集中制进行了积极探索，也走过一些曲折道路。改革开放以后，针对党内民主不足的情况，党内民主集中制建设侧重于完善保障民主的一面，逐步形成了以保障党员民主权利为基础，以完善党的代表大会制度和党的委员会制度为重点，从改革体制机制入手，建立健全充分反映党员和党组织意愿的党内民主制度的思路。党的十八大以来，以习近平同志为核心的党中央先后制定和修订了一系列组织建设方面的党内法规，使坚持民主集中制体制机制不断健全和完善。

新时代，为了适应国家治理体系和治理能力现代化的需要，为了有效进行伟大斗争、建设伟大工程、推进伟大事业、实现伟大梦想，党的十九届四中全会把健全维护党的集中统一的组织制度作为坚持和完善党的领导制度体系的重要内容，纳入国家制度和国家治理体系之中，标志着党的民主集中制这一根本组织制度和领导制度的建设进入一个新的发展阶段，也为新时代加强党的组织制度建设指明了方向。为切实抓好党的组织制度建设，党中央提出："中央相关部门、各级党委（党组）要结合实际，把党的组织法规和党中央提出的要求具体化，建立健全包括组织设置、组织生活、组织运行、组织管理、组织监督等在内的完整组织制度体系，完善党委（党组）落实全面从严治党主体责任的制度并严格抓好执行，不断提高党的组织建设的制度化、规范化、科学化水平。"[①]这是党的组织建设的历史经验的总结，也是新时代加强党的组织建设的需要。

**（六）必须始终在不断发展壮大党员队伍基础上更加注重提高党员质量**

党员是党组织的细胞，中国共产党是中国工人阶级的先锋队，是中国人民和中华民族的先锋队，党的先进性和纯洁性，是由每一个党员的先进性所组成和体现出来的；党的生命力和战斗力，是通过一支规模宏大、素质优良的高质量党员队伍来体现的。党员队伍规模大小、素质高低、质量如何，直接影响党的生命力和战斗力，直接影响党的先进性和纯洁性。党员队伍的规模和素质之间的关系，

---

① 《贯彻落实好新时代党的组织路线，不断把党建设得更加坚强有力》，《求是》2020年第15期。

也就是党员队伍数量和质量的关系。正确认识和把握党员数量和质量的关系，在不断发展壮大党员队伍基础上更加注重提高党员质量，这是中国共产党建党以来就十分明确的。民主革命时期，党就认识到"党员在质量上不发展，单是在数量上的发展，不但无益，而且足以使党的组织更加松懈"[①]，并在长期实践中逐步探索出一条数量与质量相结合的党员队伍建设道路，从而较好地解决了革命时期党员数量和质量的矛盾，是党组织工作中国化的重要标志。中华人民共和国成立之后，在执政党建设中，党通过各种方式来提高党员队伍素质，清退不合格党员，清除蜕化变质分子。改革开放后，党更加重视通过制度法规的形式实现对党员"发展、培养、使用、退出"的全流程管理，使党员队伍在数量不断增长的基础上保持了较好的质量。

进入新时代，习近平总书记就党员队伍数量和质量进行了分析，他指出："对我们这样一个长期执政的党来说，数量应该没什么大问题，难的主要是提高质量。"[②]十八大以来，党始终强调要提高发展党员质量、提高教育实践活动质量、提高党内政治生活质量、提高党员培养质量、提高党员管理制度建设质量，一句话，就是要在不断提高党的建设质量的背景下不断提高党员队伍质量，从而保持党的先进性和纯洁性，更好地发挥广大党员在进行伟大斗争、建设伟大工程、推进伟大事业、实现伟大梦想中的模范带头作用。为此，各级党组织要加强对党员的教育、管理、监督和服务，提高党员素质，做好组织发展工作，并通过党员履行好组织群众、宣传群众、凝聚群众、服务群众的职责。每一个党员都必须认真履行党员义务，自觉地使自己的思想、言论、行动符合党章的要求，始终保持共产党人的本色，不断提升自身素质，努力工作，奋发有为，为真正建设一个始终走在时代前列、人民衷心拥护、勇于自我革命、经得起各种风浪考验、朝气蓬勃的马克思主义执政党提供坚实丰厚的资源保障。

百年来党的组织建设的历史经验，凝结着几代共产党人管党治党的智慧，也为新时代党的组织建设提供了重要的历史借鉴。

（本文发表于《新疆师范大学（哲学社会科学版）》2021年第3期，略有删改）

---

① 《中国共产党组织史资料》（第8卷），北京：中共党史出版社，2000年，第68页。
② 《十八大以来重要文献选编》（上），北京：中央文献出版社，2014年，第351页。

# 党的组织路线的百年历史演进与时代要求

刘红凛

由于马克思主义政党的性质、阶级基础与历史使命等,共产党"天生"就是一个群众性政党;自上而下具有健全而严密的组织体系,以支部为单位在基层具有广泛的基层党组织,这是马克思主义政党与其他政党的一个显著区别。中国共产党作为以马克思主义为指导、按照民主集中制原则组织起来的无产阶级先进政治组织,在建党与革命之时,就致力于建设一个组织严密、纪律严明的无产阶级群众性、使命性政党。从1921年成立至今,中国共产党领导中国人民取得了新民主主义革命的胜利、建立了中华人民共和国、确立了社会主义制度、开启了社会主义建设与改革开放,直至迎来中华民族伟大复兴的新时代。纵观中国共产党百年的建设与发展,可得出一个基本结论:党的领导力、组织力、战斗力,首先来自组织;党的建设与党的事业发展,首先是党的组织建设与组织发展;党的组织路线的基本要素是在建设马克思主义群众性政党过程中逐渐展开的,党的组织路线的孕育、提出、形成与发展是随着党的组织建设的发展而发展的。纵观中国共产党百年组织建设史,我们可将党的组织路线的形成与发展划分为四个阶段,即建党初期组织发展与组织路线概念的提出,革命时期"任人唯贤"干部路线的提出与组织路线形成,中华人民共和国成立以后党的组织路线的延续与丰富发展,新时代党的组织路线的科学概括与贯彻落实。在建党百年之际,认真总结梳理党的组织建设发展脉络与组织路线的历史演进,深刻学习领会新时代党的组织路线的科学内涵与基本要求,对于推进党的建设向纵深发展、不断提高党的组织力、把党建设得更加坚强有力具有重要意义。

## 一、建党初期组织发展与组织路线概念的提出

从1921年党的一大到1928年党的六大使用党的组织路线概念，这一历史时期，既是党的创建期，也是党的组织建设的发端期、组织路线的孕育期。立足于马克思主义政党本质要求与历史使命，建立与完善党的组织体系，扩大党员规模，使党发展成为一个群众性政党，可谓这一时期党的组织建设的主要任务与突出特点。

1920年，中国共产党上海早期组织起草的《中国共产党宣言》明确指出，"要组织一个革命的无产阶级的政党——共产党"[1]，推翻旧政权，建立无产阶级专政的新政权。1921年，党的一大召开，宣告中国共产党正式成立。党的一大在提出建党基本原则与基本目的的基础上，从侧面提出了"党的政治路线"这一概念，强调"党应在工会里灌输阶级斗争的精神"，"党应特别机警地注意，勿使工会执行其他的政治路线"[2]；同时，初步确立了党的"两级组织体系"，即中央局与地方组织。这正如《中国共产党第一个纲领》所规定的"凡有党员五人以上的地方，应成立委员会"[3]。由于当时党员人数少且地方组织不健全，党的一大决定，先建立三人组成的中央局，暂不成立中央委员会。

1922年，党的二大在明确党的目的、纲领的基础上，明确提出到群众中去组成一个大的"群众党"。党的二大明确指出：中国共产党的根本目的，即"组织无产阶级，用阶级斗争的手段，建立劳农专政的政治，铲除私有财产制度，渐次达到一个共产主义的社会"[4]。这可谓对党的纲领的明确概括，也是对党的政治路线的总概括。同时，它明确指出："消除内乱，打倒军阀，建设国内和平""推翻国际帝国主义的压迫，达到中华民族完全独立""统一中国本部（东三省在内）为真正民主共和国"[5]等是党在革命时期的政治纲领，这也是革命时期党的政治路线的生动写照。党的二大通过的《关于共产党的组织章程决议案》明确指

---

[1]《中共中央文件选集》（第1册），北京：中共中央党校出版社，1989年，第549页。
[2]《中共中央文件选集》（第1册），北京：中共中央党校出版社，1989年，第6页。
[3]《中共中央文件选集》（第1册），北京：中共中央党校出版社，1989年，第4页。
[4]《中共中央文件选集》（第1册），北京：中共中央党校出版社，1989年，第115页。
[5]《中共中央文件选集》（第1册），北京：中共中央党校出版社，1989年，第115页。

出，党应当是"无产阶级中最有革命精神的大群众组织起来为无产阶级之利益而奋斗的政党"，要求"'到群众中去'要组成一个大的'群众党'"①。基于党的纲领与建设"群众党"的党建目标，党的二大制定了党的历史上的第一部党章，初步确立了五级党组织体系，自下而上依次为党小组（基层机关凡有党员三人至五人均得成立一组）、地方党支部、区执行委员会、地方执行委员会、中央执行委员会②，这一党的组织体系一直延续到党的四大。

根据党组织与革命形势发展，1925年党的四大在党的历史上第一次明确提出无产阶级领导权与工农联盟问题。为了加强党对工农革命、群众运动的组织领导，党的四大决定扩大党员规模与组织规模、改善党的组织体系，将党的二大所言的"党小组"改建为"党支部"。党的四大通过的党章规定基层机关凡有党员三人以上均得成立一支部，同时将党的二大通过的党章规定的"地方党支部"升格为"地方执行委员会"，将党的组织体系简化为"四级"，自下而上分别为党支部、地方执行委员会、区执行委员会、中央执行委员。③同年10月，中央扩大执行委员会通过的《对于组织问题之议决案》明确指出"中国革命运动的将来命运，全看中国共产党会不会组织群众，引导群众"④，强调"在现在的时候，组织问题为吾党生存和发展之一个最重要的问题"，明确把力争引导工人、小手工业者、知识分子、农民中有觉悟的先进分子参加革命视为"吾党目前之最重要的责任"⑤，要求执行使党群众化的组织原则，"扩大党的数量，实行民主的集权主义，巩固党的纪律"⑥。同时，决定扩大党支部的工作职能与权限，强调支部的工作不能仅限于教育党员，吸收党员，而且要宣传群众、组织群众，帮助群众组织俱乐部、劳动学校、互助会等。在这次会议精神指导下，党的四大以后党的组织迅速发展，党员人数迅速增长，经过两年发展，到1927年党的五大召开时，党员人数由党的四大召开时的994人发展壮大到57967人，成功实现了从最初的组织宣传小团队向群众性政党的历史跨越。

---

① 《中共中央文件选集》（第1册），北京：中共中央党校出版社，1989年，第90页。
② 《中国共产党历次党章汇编（1921～2017）》，北京：中国方正出版社，2019年，第65页。
③ 《中国共产党历次党章汇编（1921～2017）》，北京：中国方正出版社，2019年，第78页。
④ 《中共中央文件选集》（第1册），北京：中共中央党校出版社，1989年，第472页。
⑤ 《中共中央文件选集》（第1册），北京：中共中央党校出版社，1989年，第379-380页。
⑥ 《中共中央文件选集》（第1册），北京：中共中央党校出版社，1989年，第379-380页。

1927年"四一二"反革命政变与大革命失败以后,建党与革命初期的经验教训使我们党深化了对党的建设、革命形势、革命道路的认识,即要想取得革命胜利、推翻旧政权,必须全面加强党的组织与领导,争取群众、组织群众,以武装革命推翻旧政权。因此,1928年在莫斯科近郊召开的党的六大不仅明确把"争取群众"作为当时的总路线,也明确使用了党的"组织路线"概念。党的六大通过的《政治决议案》明确指出:"党的总路线是争取群众,党要用一切力量去加紧团结收集统一无产阶级的群众。"[①]这一"争取群众总路线"的提出,既明确了当时的政治路线与中心任务,也直接促成了党的群众路线的形成。从语言表达与概念形成看,从"党的总路线是争取群众""党的争取群众总路线"到"党的群众路线"的明确表述,中间基本没有语言与逻辑障碍;甚至可以说,党的群众路线是"党的总路线是争取群众"的简略说法,也是贯彻"党的总路线"的必然要求。在此意义上说,党的群众路线在党的六大上正式提出。同时,党的六大通过的《组织问题决议案提纲》中有三处明确使用"组织路线"一词,故理论界一般认为,在党的历史上,党的六大首次明确提出党的"组织路线"概念。

## 二、革命时期"任人唯贤"干部路线的提出与组织路线的形成

在革命时期,无论是党的群众路线还是党的组织路线的发展成熟,都与马克思主义中国化的实现、毛泽东思想的形成、正确的中国革命道路的形成等相辅相成。从1938年党的六届六中全会到1945年党的七大,这一历史时期,既是实现马克思主义中国化第一次飞跃,形成与确立毛泽东思想的历史时期,也是革命时期党的群众路线与组织路线发展成熟的历史时期。

1938年,党的六届六中全会纠正了抗战初期的党内右倾错误,确立了以毛泽东为代表的中央政治局的正确路线,明确提出了与党的政治路线相适应的组织路线,统一了全党思想与工作行动,并将党的政治路线、群众路线、组织路线紧密连接起来。毛泽东在代表中央政治局所作的《论新阶段》政治报告中,第一次提出"具体的马克思主义"与"马克思主义中国化"的科学命题,"所谓具体的

---

① 《中共中央文件选集》(第4册),北京:中共中央党校出版社,1989年,第314页。

马克思主义,就是通过民族形式的马克思主义,就是把马克思主义应用到中国具体环境的具体斗争中去,而不是抽象地应用它""马克思主义的中国化,使之在其每一表现中带着中国的特性,即是说,按照中国的特点去应用它"①。同时,明确提出"政治路线确定之后,干部就是决定的因素"的著名论断,强调党要领导伟大革命斗争,"没有多数才德兼备的领导干部,是不能完成其历史任务的",把"坚持而有计划地培养大批的新干部"作为当时的"战斗任务"②,并详细阐述了共产党的干部政策与基本要求。要求必须关心干部、善于识别干部、善于使用干部、善于爱护干部,必须坚持革命立场、奉行"任人唯贤"的干部路线。可以说,在《论新阶段》政治报告中,毛泽东不仅将党的政治路线与组织路线紧密联系起来进行思考,比较系统地论述了党的干部政策,把干部队伍建设作为党的组织路线的核心内容,而且明确提出了"才德兼备"的干部标准与"任人唯贤"的干部路线。

1939年10月,毛泽东在为《共产党人》撰写的发刊词中明确提出了革命时期党的建设目标,即"建设一个全国范围的、广大群众性的、思想上政治上组织上完全巩固的布尔什维克化的中国共产党"③。同时,明确将统一战线、武装斗争、党的建设视为党在革命时期的"三大法宝",并深刻阐释了三者之间的关系,强调党的建设要密切联系党的政治路线来进行,"党更加布尔什维克化,党就能、党也才能更正确地处理党的政治路线,更正确地处理关于统一战线问题和武装斗争问题"④。1943年6月,毛泽东在《关于领导方法的若干问题》一文中着重强调群众路线的领导方法与工作方法,认为"从群众中集中起来又到群众中坚持下去,以形成正确的领导意见,这是基本的领导方法"⑤;并且结论性地指出"在我党的一切实际工作中,凡属正确的领导,必须是从群众中来,到群众中去"⑥。毛泽东关于党的建设、党的政治路线、党的领导方法的相关论述,将党的建设、党的领导、党的政治路线、党的群众路线紧密联系起来,形成了认识党

---

① 《中共中央文件选集》(第11册),北京:中共中央党校出版社,1991年,第658—659页。
② 《中共中央文件选集》(第11册),北京:中共中央党校出版社,1991年,第648页。
③ 《毛泽东选集》(第2卷),北京:人民出版社,1991年,第602页。
④ 《毛泽东选集》(第2卷),北京:人民出版社,1991年,第605页。
⑤ 《毛泽东选集》(第3卷),北京:人民出版社,1991年,第900页。
⑥ 《毛泽东选集》(第3卷),北京:人民出版社,1991,第899页。

的建设（包括党的组织建设）的整体思维、系统思维与科学思维。

1945年，党的七大不仅标志着毛泽东思想的正式形成、毛泽东建党路线的正式提出，也标志着革命时期党的群众路线与组织路线的形成与完备。刘少奇在《关于修改党的章程的报告》中指出，一方面，"毛泽东同志的正确的建党路线……首先着重在思想上、政治上进行建设，同时也在组织上进行建设……为我们党制订了详尽的政治路线、军事路线和组织路线"[①]；另一方面，对党的群众观点与群众路线作出了系统、科学、全面的概括，强调党的群众观点即"一切为了人民群众的观点""全心全意为人民服务的观点""一切向人民群众负责的观点，相信群众自己解放自己的观点""向人民群众学习的观点"，党的群众路线"就是要使我们党与人民群众建立正确关系的路线，就是要使我们党用正确的态度与正确的方法去领导人民群众的路线，就是要使我们党的领导机关和领导人与被领导的群众建立正确关系的路线"[②]。再一方面，强调党的群众路线"是我们党的根本的政治路线，也是我们党的根本的组织路线"，将党的群众路线规定为"党的根本的政治路线"与"根本的组织路线"，要求"我们党的一切组织与一切工作必须密切地与群众相结合"[③]，历史地形成党在革命时期的群众路线观与组织路线观。今天看来，党的政治路线、组织路线、群众路线都具有明确的内涵，三者相辅相成但又有所区别，为什么党的七大将党的群众路线定位为"党的根本的政治路线"与"根本的组织路线"？这需要从党的建设的历史发展与继承性来看待。正是基于党的二大提出的"群众党"的建设目标、党的四大提出的要执行使党群众化的组织路线、党的六大提出的"争取群众"的党的总路线（即政治路线），才会有党的七大把群众路线视为党的根本政治路线与根本组织路线一说。

## 三、中华人民共和国成立以后党的组织路线的延续与丰富发展

中华人民共和国成立以后，我们党在革命时期确立的"政治路线确定之后，干部就是决定的因素"的科学判断与"才德兼备"的干部标准、"任人唯贤"的

---

[①]《刘少奇选集》（上），北京：人民出版社，1981年，第330页。
[②]《刘少奇选集》（上），北京：人民出版社，1981年，第348页。
[③]《刘少奇选集》（上），北京：人民出版社，1981年，第342页。

干部路线得到坚持与丰富发展。党的八大报告明确指出:"中国共产党的领导的力量,在于它有马克思列宁主义的思想武器,有正确的政治路线和组织路线,有丰富的斗争经验和工作经验,善于把全国人民的智慧集中起来,并且把这种智慧表现为统一的意志和有纪律的行动。"①在以后相当长的一段时间内,"又红又专"成为党的组织路线的代名词。但在十年"文革"中,"左"倾思想的影响、党的政治路线与群众路线的偏移,导致党的干部路线的偏移乃至重大失误。党的十一届三中全会开启了改革开放新篇章,"从根本上冲破了长期'左'倾错误的严重束缚,端正了党的指导思想,重新确立了马克思主义的思想路线、政治路线和组织路线"②,提出并实行干部队伍革命化、年轻化、知识化、专业化的"四化"方针。在改革开放之初,邓小平明确指出:"党要管党,一管党员,二管干部。对执政党来说,党要管党,最关键的是干部问题,因为许多党员都在当大大小小的干部。"③从组织建设情况看,干部"四化"方针成为改革开放以来党的组织路线、干部路线的核心内容,干部队伍建设成为组织建设的关键内容。

从中华人民共和国成立以来党章对组织建设的规定与发展看,党的八大通过的党章首次把党的群众路线载入党章,强调"必须不断地发扬党的工作中的群众路线的传统"④,必须实行党内民主与集体领导,必须反对官僚主义。改革开放以后,党的十二大通过的党章第一次明确提出加强党的建设的三项基本要求,即"思想上政治上的高度一致""全心全意为人民服务""坚持民主集中制",并且将党的领导明确界定为"主要是政治、思想和组织的领导";同时,党的十二大通过的党章专门增加了"党的干部"一章(第六章),明确规定:"党的干部是党的事业的骨干,是人民的公仆。党按照德才兼备的原则选拔干部,坚持任人唯贤,反对任人唯亲,并且要求努力实现干部队伍的革命化、年轻化、知识化、专业化。"⑤这成为中华人民共和国成立以来对党的干部路线的最权威且比较全面的规定,这一规定一直延续到党的十八大通过的党章。

---

① 《建国以来重要文献选编》(第9册),北京:中央文献出版社,2011年,第89页。
② 《十二大以来重要文献选编》(上),北京:中央文献出版社,1986年,第7页。
③ 《邓小平文选》(第1卷),北京:人民出版社,1994年,第328页。
④ 《中国共产党历次党章汇编(1921~2017)》,北京:中国方正出版社,2019年,第65页。
⑤ 《中国共产党历次党章汇编(1921~2017)》,北京:中国方正出版社,2019年,第330-331页。

从改革开放以来党的组织建设的发展变化看，除了着力强调按照"四化"方针加强干部队伍建设外，还有两个重大发展变化。一是改革开放以来，随着经济社会发展，我国的社会阶层构成发生了明显变化，出现了一些新经济组织、新社会组织与新社会阶层，是否允许"私营企业主"等新经济与新社会组织中的先进分子入党这个问题，突出摆在全党面前。2000年，以江泽民同志为主要代表的中国共产党人提出"三个代表"重要思想，把新经济组织、新社会组织中的从业人员定位为"社会主义事业的建设者"；同时，强调"看一个政党是否先进，是不是工人阶级先锋队，主要应看它的理论和纲领是不是马克思主义的，是不是代表社会发展的正确方向，是不是代表最广大人民的根本利益"，把"能否自觉地为实现党的路线和纲领而奋斗，是否符合党员条件"作为"吸收新党员的主要标准"①，把"承认党的纲领和章程、自觉为党的路线和纲领而奋斗、经过长期考验、符合党员条件的社会其他方面的优秀分子吸收到党内来"②，从而开启了新的社会阶层人士入党的"先河"。二是"两新"组织党建与基层服务型党组织建设成为新世纪党的组织建设的重要内容。随着新经济组织与新社会组织的发展壮大，"两新"组织党建问题突出摆在全党面前，"两新"组织党建全覆盖成为21世纪以来基层党组织建设的重要内容。同时，面对基层党组织中存在的"行政化"与软弱涣散现象，党的十八大明确提出了基层服务型党组织建设的目标与任务，强调要"以服务群众、做群众工作为主要任务，加强基层服务型党组织建设"③。

## 四、新时代党的组织路线的科学概括与贯彻落实

纵观中国共产党百年的建设与发展，高度重视党的建设是我们党的显著特点，高度重视党的组织建设与基层党组织建设是我们党的显著优势；我们党在革命、建设与改革开放时期，都高度重视党的组织建设、干部队伍建设，不断完善党的组织体系，明确提出了党的干部方针与干部路线，不断加强党的基层党组织建设。党的十八大以来，以习近平同志为核心的党中央高度重视党的组织建设。

---

① 《江泽民文选》（第3卷），北京：人民出版社，2006年，第285-286页。
② 《江泽民文选》（第3卷），北京：人民出版社，2006年，第286页。
③ 《十八大以来重要文献选编》（上），北京：中央文献出版社，2014年，第42页。

习近平总书记在2013年全国组织工作会议上的讲话中明确强调，要"建设一支宏大高素质干部队伍，确保党始终成为坚强领导核心"①。在科学总结党的建设历史经验尤其是党的十八大以来全面从严治党成功经验基础上，2018年7月，习近平总书记在全国组织工作会议上的讲话中，在党的历史上第一次对党的组织路线作出科学概括，强调新时代党的组织路线即"全面贯彻新时代中国特色社会主义思想，以组织体系建设为重点，着力培养忠诚干净担当的高素质干部，着力集聚爱国奉献的各方面优秀人才，坚持德才兼备、以德为先、任人唯贤，为坚持和加强党的全面领导、坚持和发展中国特色社会主义提供坚强组织保证"②。同时，明确指出贯彻新时代党的组织路线的基本要求。2020年6月，习近平总书记在中央政治局第二十一次集体学习时强调："贯彻落实好新时代党的组织路线，需要全党共同努力。我们要正确理解新时代党的组织路线的科学内涵和实践要求，坚持目标导向、问题导向、结果导向相统一，准确把握好贯彻落实的基本要求。"③

新时代党的组织路线具有丰富的科学内涵，涵盖指导思想、建设重点（组织体系）、两大着力点（干部队伍与人才队伍）、基本方针（德才兼备、以德为先、任人唯贤）、价值目标（坚持和加强党的全面领导）等基本要素，既实现了组织与人的有机统一、目的与手段的有机统一，又充分体现了组织体系、组织结构与组织功能的有机统一；既丰富了党的组织建设的基本理论、指明了新时代党的组织建设的发展方向与基本要求，又丰富完善了党的建设理论框架与理论体系，使党的政治路线、思想路线、组织路线、群众路线都具有了明确内涵与具体内容要求，使四者相辅相成，共同围绕"加强党的长期执政能力建设、先进性和纯洁性建设"这一主线来推进党的建设。

从党的建设历史发展看，尽管党的六大就明确使用了"组织路线"一词，但从具体内容看，党的六大通过的《组织问题决议案提纲》中所提出的"组织路线"并非明确针对党的组织建设而言，其概念内涵具有模糊性，这从《组织问题

---

① 《习近平在全国组织工作会议上强调：建设一支宏大高素质干部队伍确保党始终成为坚强领导核心》，《人民日报》2013年6月30日。

② 《习近平在全国组织工作会议上强调：切实贯彻落实新时代党的组织路线全党努力把党建设得更加坚强有力》，《人民日报》2018年7月5日。

③ 《贯彻落实好新时代党的组织路线　不断把党建设得更加坚强有力》，《求是》2020年第15期。

决议案提纲》的相关表述可见一斑。具体而言，在《组织问题决议案提纲》中有三处明显使用"组织路线"一词，一处是强调"党的工人成分减少，农民数量超过工人同志七倍，农民的意识将影响到党的组织路线上来"[①]；一处是批判"国民党式的组织路线"[②]；还有一处是在论述在工人中建立起"工厂作坊委员会"时强调"党应该依照这样组织路线使群众所举出来的委员会或干事会争得合法的可能的继续存在和发展下去，以完成十足的'工厂作坊委员会'"[③]。从上面三处使用"组织路线"的语境语义看，党的六大所言的"组织路线"并不是明确针对党的组织体系建设、干部队伍建设，主要是从党的领导角度而言的。从党的六大以后对"组织路线"一词的使用看，尽管我们党在革命年代明确提出了"才德兼备"的干部标准与"任人唯贤"的干部路线，并对干部政策与干部队伍建设提出了具体要求，但始终没有明确阐释什么是党的组织路线。

从具体内容看，新时代党的组织路线所涵盖的基本内容，除了包括干部队伍建设外，还包括党的组织体系建设、人才队伍建设等丰富内容。这一丰富内涵，打破了人们对党的组织路线的狭隘认识。因为从中华人民共和国成立到党的十八大，人们对"组织路线"一词的理解基本停留在"党管干部"上，人们口头所言的"组织部管干部"就明显体现了这一狭隘认识。同时，新时代党的组织路线体现了继承与发展的辩证统一、全面与重点的辩证统一。从党的建设历史发展看，不同历史时期党的建设的形势与任务不同，党的组织建设与组织路线的重点内容和基本要求也有所不同。比如，在建党初期，建立与完善党的组织体系、积极吸纳党员、扩大党员队伍等是党的组织建设的首要任务；在中华人民共和国成立以后，党的执政地位决定了干部队伍建设成为党的组织建设的关键所在。时至今日，中国共产党已经发展成为有9000多万党员的世界第一大执政党，经济社会发展与信息网络发展对党的组织建设都提出了新要求，如何健全党的组织体系以提高党的组织力、造就高素质的执政骨干队伍与人才队伍等，是当今时代贯彻党的组织路线、加强组织建设的关键所在。

从实践角度看，新时代党的组织路线坚持目标导向、问题导向、结果导向相统一。2018年7月，习近平总书记在全国组织工作会议上的讲话中明确指出了新

---

① 《中共中央文件选集》（第4册），北京：中共中央党校出版社，1989年，第451页。
② 《中共中央文件选集》（第4册），北京：中共中央党校出版社，1989年，第453页。
③ 《中共中央文件选集》（第4册），北京：中共中央党校出版社，1989年，第459页。

时代党的组织建设面临的突出问题。对照党的十八大以来全面从严治党、坚持与加强党的全面领导的基本要求，当前贯彻落实新时代党的组织路线面临的突出问题，主要是党内思想不纯、政治不纯、组织不纯、作风不纯等尚未得到根本解决。办好中国的事情，关键在党，关键在人。要有效解决新时代党的组织建设面临的突出问题，必须全面贯彻习近平新时代中国特色社会主义思想，必须全面加强党的建设、坚持与加强党的全面领导，必须从党的建设、党的领导、党的事业全局来系统思考党的组织路线与组织建设，克服"单纯就组织工作而谈组织建设"的就事论事倾向，尤其要从推进国家治理体系与治理能力现代化高度来审视选人用人体制与机制，尽快建立科学完善的选人用人体制机制与方法。具体而言，这至少有四个方面的要求，即坚持科学的选人用人导向，"按照德才兼备、以德为先的原则选拔干部，坚持五湖四海、任人唯贤，坚持事业为上、公道正派，反对任人唯亲"①，有效克服与解决"带病提拔"与"任人唯亲"问题，切实提高选人用人的科学性与公信力；坚持权责统一、人事相宜原则，对党政干部、事业干部、企业干部等进行分类管理，克服"一刀切"现象，有效解决事业单位、国企单位等干部行政化、官僚化现象；坚持党管人才原则，改进党管人才的理念、模式与方式，克服简单套用干部管理模式来管人才的现状；必须着力提高领导干部的能力与水平，有效提高领导干部理论联系实际的能力与水平。

中国共产党百年的建设与发展历程表明：在任何历史时期，党的组织建设都是党的建设的主体部分与关键内容；在不同历史时期，党的建设的形势与任务不同、中心工作不同，党的组织建设的重点任务与具体要求明显有所不同，我们必须与时俱进地贯彻党的组织路线、加强党的组织建设。党的建设的经验教训深刻表明了三大党建定理。就组织建设而言，"什么时候坚持正确组织路线，党的组织就蓬勃发展，党的事业就顺利推进；什么时候组织路线发生偏差，党的组织就遭到破坏，党的事业就出现挫折"②。就群众路线而言，"什么时候党的群众路线执行得好，党群关系密切，我们的事业就顺利发展；什么时候党的群众路线执行得不好，党群关系受到损害，我们的事业就遭受挫折"③。就整个党的建设而言，

---

① 《中国共产党历次党章汇编（1921～2017）》，北京：中国方正出版社，2019年，第29页。
② 《贯彻落实好新时代党的组织路线　不断把党建设得更加坚强有力》，《求是》2020年第15期。
③ 《中共中央关于加强党同人民群众联系的决定》，《人民日报》1990年4月21日。

"党的建设必须按照党的政治路线来进行,围绕党的中心任务来展开,朝着党的建设总目标来加强,不断提高党的创造力、凝聚力和战斗力"[①]。因此,从中国共产党百年建设的理论与实践,我们可以得出贯彻党的组织路线、加强党的组织建设的三大基本经验。第一,制定与坚持正确的政治路线,这是坚持正确的组织路线的前提与政治保障。在任何历史时期,党的组织路线都是为党的政治路线服务的;若党的政治路线出现偏移乃至失误,党的组织路线与组织建设必然会出现偏差与失误。第二,党的政治路线、群众路线、组织路线始终是相辅相成的,必须以正确的组织路线来保证正确的政治路线和群众路线的实现,必须把群众路线作为实现党的政治路线、组织路线的根本工作路线;能否科学有效地贯彻落实党的群众路线,事关党的政治路线与组织路线的贯彻落实。第三,在任何历史时期,贯彻党的组织路线、加强党的组织建设都不能就事论事,都必须坚持科学的指导思想,必须把坚持与加强党的领导、推进党的事业发展作为贯彻党的组织路线的出发点与落脚点。在革命年代,正是因为形成与确立了毛泽东思想这一科学指导思想,我们党才形成了科学的干部政策与干部路线;正是因为从党的建设、党的领导、党的革命事业全局来看党的组织路线与组织建设,我们党才取得了革命胜利。新时代贯彻落实党的组织路线,必须坚持科学的指导思想,全面贯彻习近平新时代中国特色社会主义思想,必须把坚持和加强党的全面领导、推进社会主义现代化强国建设与民族复兴大业作为出发点与落脚点。

(本文发表于《思想理论教育》2020年11月,略有删改)

---

① 《十六大以来重要文献选编》(上),北京:中央文献出版社,2005年,第13页。

# 党的作风建设：百年回望及经验启示

齐卫平

中国共产党即将迎来百年诞辰，从一个刚建立时仅有50多名党员的组织，发展成为如今拥有9000多万党员的世界第一大政党，100年历程的前进足迹铸造了"建设什么样的党、怎样建设党"的探索之路，积淀了马克思主义先进政党建设的丰富历史经验。百年奋斗实践中，党的建设成为一项系统工程，伴随着党的发展的全过程。作风建设作为其中的一个子系统，对塑造中国共产党的形象具有极其重大的意义。经历领导革命、建设和改革的实践淬炼，中国共产党锻造的优良作风在全体中国人民心中留下了深刻印象。广大人民群众拥护、支持中国共产党的全面领导和长期执政，一个重要原因就是基于对党的优良作风的认同而形成的信任感。在庆祝中国共产党成立100周年之际，全面系统地回顾和研究党的作风建设思想和实践，认真总结党在加强作风建设中的历史经验，有益于把中国共产党建设得更加坚强有力，使党的作风更加过硬，从而为团结带领全国各族人民取得实现中华民族伟大复兴的中国梦的胜利提供保证。

## 一、作风塑党：展现中国共产党形象

中国共产党最初以一个新型政党身份登上历史舞台，它与此前已经成立的各种政党迥然不同的地方首先在于性质上的区别。以马克思主义建党思想组成的无产阶级政党，在信仰选择、纲领诉求、奋斗目标、组织宗旨和价值取向等方面形成了自身的特质。这对一个政党的风格和面貌来说具有决定性的意义，因为它从思想理论上诠释了为什么建党、建党要干什么以及怎么干的根本问题。近代中国自中华民国建立起各种政党就竞相出现，多一个或少一个政党似乎无关紧要，但中国共产党的建立则蕴含着历史变革的意志，新型政党给中国带来新型革命，新型革命铸造新的政党作风。马克思主义政党的先进本质决定着中国共产党作风建设的任务和要求。

刘少奇同志在党的七大作的《关于修改党章的报告》中指出：我们党从它产生时起，"就具有无产阶级先进政党的各种优良作风，因而就使中国革命的面目为之一新"[①]。这个论断包含两层意思：首先，中国共产党的组织创建与优良作风的形成相伴随，党的成立就是党的作风建设的历史起点；其次，党的优良作风是改变中国革命面目的重要原因。这深刻揭示了党的优良作风的基因来源和效能作用。中国共产党在成立发展的历史进程中，对作风建设的认识不断加深、升华，一以贯之的实践结出了继承传统和创新作风的丰硕成果，谱写了党的作风建设百年发展的光辉史卷。

中国共产党对马克思主义建党思想的一个创造性贡献是把党的建设作为伟大工程来对待。这一重大论断是1939年10月毛泽东同志在《〈共产党人〉发刊词》一文中第一次提出并沿用至今，改革开放以来党中央领导人都以新时期党的建设新的伟大工程为要求，部署和推进党的建设。通常所说的"工程"，一般是指具有系统构造的复杂事情，其内部各个方面形成紧密相连的关系，多个子系统相辅相成产生互动。把党的建设作为一项伟大工程对待，意味着它不是孤立存在的工作性任务，而是包括各项建设任务的完整性系统，必须兼顾方方面面，不可厚此薄彼。从工程意义上认识党的建设，系统构造要求形成协调发展的整体布局。在党的建设历史发展过程中，20世纪40年代延安整风运动清晰地展现了党的思想建设、组织建设、作风建设的布局，在党全面执政后相当长的时间里，党内整风运动基本是按照"三位一体"建设布局开展的。进入21世纪，党中央又把反腐倡廉建设、制度建设列入布局新设计之中，以"四位一体""五位一体"的建设思路来部署和推进党的建设。党的十九大以来，以习近平同志为核心的党中央提出新时代党的建设总要求，设计了全面推进党的政治建设、思想建设、组织建设、作风建设、纪律建设，把制度建设贯穿其中，深入推进反腐败斗争的崭新布

---

[①]《刘少奇选集》（上），北京：人民出版社，1981年，第323页。

局，形成了新时代党的建设伟大工程的新系统构造。党的作风建设作为党的建设伟大工程的组成部分，既与党的建设其他方面的建设有着紧密联系的互动关系，又有其自身建设的要求、任务和发展规律。

从党的建设系统工程角度看，党的作风建设具有什么意义？如何认识党的作风建设在工程中的定位？对这两个关联问题作出理论阐释很有必要。我们党在加强自身建设的话语表述中，思想建设在很长时间里始终被摆在首要地位。党的十九大明确提出要把党的政治建设摆在首位，以根本性建设确立党的政治建设统领地位，同时以基础性建设强调思想建设的重要地位。这个变化体现了时代发展对党的建设提出的新要求，体现了党中央对党的建设规律的认识升华。明确"首位"即有定位的意图，思想建设和政治建设先后被摆在首位加以强调，突出的是党的建设布局的战略性安排，并不意味着对党的各方面建设作出层次排序而体现轻重的分量区别。把党的政治建设摆在首位并不代表思想建设不重要，同样，在把思想建设摆在首位的长期实践中，政治建设、组织建设、作风建设都具有十分重要的意义。就党的作风建设而言，无论是在新民主主义革命和社会主义建设阶段，抑或在中国特色社会主义建设时期，党中央始终高度重视党的作风建设，比较多的提法是"把党的作风建设放在更加突出的位置"。这同时也是一种定位。笔者认为，党的建设伟大工程中作风建设之所以要摆到"突出位置"，是因为它是中国共产党的形象工程，是党的建设门面的展示。党的作风是否端正从来就不是小事，忽视和懈怠党的作风建设，会给马克思主义政党带来致命的危害。

如果我们把政党实践比作一个多棱镜，那么，社会和人们对一个政党的判识就是多方面的。马克思、恩格斯曾经指出，党的纲领是一面公开树立起来的旗帜，而外界就根据它来判断这个党。同时他们又强调"一步实际行动比一打纲领更重要"[①]。这个观点对我们认识党的作风问题具有启迪意义。中国共产党成立后就通过《中国共产党宣言》《中国共产党章程》等纲领性文件揭示了自己的历史使命，以鲜明的组织宗旨体现无产阶级政党的性质，从而为人们认识它是什么样的党提供了依据。然而，一方面，中国共产党成立后在反动政府统治下长期处于秘密的状态；另一方面，敌对势力始终对马克思主义进行妖魔化宣传，我们党的纲领对人们判识所能起到的作用事实上是很有限的。即使在两次国共合作期

---

① 《马克思恩格斯选集》（第3卷），北京：人民出版社，2012年，第355页。

间，中国共产党也是通过努力奋斗来扩大自身的影响力。而作风在党的实践中是无时不在的表现，不管是在战争年代还是和平环境下，党员和干部在实际工作中的言行举止，一直是人们观察政党作风的窗口。通过作风，社会和人民群众可以从直观上感知它是一个什么样的政党。因此，党的作风事关党的形象。习近平总书记指出，"党的作风就是党的形象，关系人心向背，关系党的生死存亡。我们党作为一个在中国长期执政的马克思主义政党，对作风问题任何时候都不能掉以轻心"①，"党的作风是党的形象，是观察党群干群关系、人心向背的晴雨表。党的作风正，人民的心气顺，党和人民就能同甘共苦"②。中国共产党的形象树立于中国革命、建设和改革的历史实践的全过程，塑造于领导中国人民为实现民族复兴而不懈奋斗的各环节，党的建设伟大工程中发扬优良作风是中国共产党形象塑造的重要着力点。

中国共产党塑造形象不是为了自我欣赏，而是要赢得社会和人民群众的认可。列宁指出："无产阶级政党义不容辞的责任就是和群众在一起。"③习近平总书记指出："疏远了人民群众，败坏了党风政风，最终会严重损害党的先进性和纯洁性、严重损害党的执政基础和执政地位。"④党中央历届领导人反复强调，我们党除了人民的利益外没有自身的利益，任何违反人民根本利益的思想和行为都是对党的形象的破坏。纵观党的建设百年实践可以看到，坚持党的群众路线贯彻始终，不仅有延安整风运动反对主观主义、宗派主义、党八股的斗争，党的十八大有反对形式主义、官僚主义、享乐主义和奢靡之风的群众路线教育实践活动，而且在历次整党整风活动中都把发扬密切联系人民群众的优良作风融入其中。坚持党的群众路线在党的建设实践中谈得最多，思想内容最丰富。如把符合群众利益作为党的一切工作的出发点和归宿，全心全意为人民服务，以群众满意不满意、高兴不高兴、答应不答应作为评价党的工作好坏的标准，群众利益无小事，情为民所系、利为民所谋、权为民所用，让人民生活得更加美好，以人民为中心，人民至上等，这些充满人民情感的话语都表达了中国共产党以优良作风塑造党的形象的含义。密切联系人民群众也成为党的作风建设的核心内容，因此，党

---

① 《习近平在中共中央政治局第十六次集体学习上的讲话》，《人民日报》2014年7月1日。
② 《十八大以来重要文献选编》（下），北京：中央文献出版社，2018年，第356页。
③ 《列宁全集》（第32卷），北京：人民出版社，1985年，第28页。
④ 《习近平关于全面从严治党论述摘编》，北京：中央文献出版社，2016年，第154页。

的作风塑造必须以赢得民心为根本准则。

作风塑党是党的作风建设的功能定位。党的建设伟大工程的各方面建设具有不同的功能，党中央提出"理论强党""思想建党"和"制度治党"等重要观点，就是对党的理论建设、思想建设、制度建设的功能定位。由此演绎，组织建设具有建制性的立党功能，纪律建设具有约束性的管党功能，作风建设具有打造性的塑党功能。党的各方面建设功能发挥形成的合力，共同起到保持党的先进性和纯洁性的目的。党的建设形成完整的系统才能保持伟大工程的协调推进，任何一种党的建设功能都与其他方面建设的功能交互作用，政治建设、思想建设、组织建设、作风建设、纪律建设以及制度建设和反腐败斗争虽然都有各自的发展规律，但如果片面地把它们分割开来开展建设，就会使各自的功能发挥受到限制。作风塑党的主要任务是整饬党的作风，只有紧密结合党的政治建设、思想建设、组织建设、纪律建设的实践，加强以制度建设为保障，严厉遏制腐败现象，才能发挥好作风塑党的效能，进而从整体上树立我们党的良好形象。事实表明，党员和领导干部无论是政治上、思想上、组织上还是纪律上出问题，都以作风不纯、不正、不良为表征，丢掉了党的优良作风，必然导致政治不纯、思想不纯和组织不纯。以优良作风塑造党的形象贯穿党的百年建设实践。

## 二、系统构造：党的作风建设内容图谱

党的作风百年建设史展示了一幅内容丰富的画面，党的建设伟大工程体现在党的作风建设上，同时也具有系统的构造。党的作风体现我们党的精神品格，它以外在的表现形式承载着丰富的内容。内容决定形式，形式表现内容，中国共产党的初心使命、思想原则、组织宗旨、党性要求锻造出的优良作风，是内容与形式的统一。从党的作风建设内容看，党中央经常使用的提法包括：党风、学风、文风、会风，思想作风、工作作风、领导作风、生活作风、干部生活作风，以及三大优良作风和艰苦朴素、谦虚谨慎、求真务实、勇于担当、敢于作为等。这些丰富的话语表述构成党的作风建设内容图谱（见图1）。

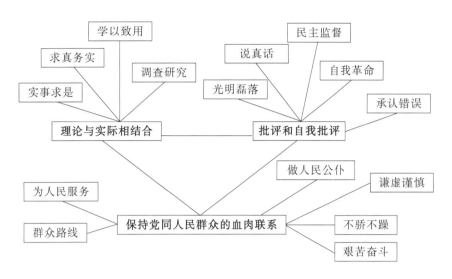

**图 1　党的作风建设内容图谱**

延安整风运动时期党中央提炼概括的三大优良作风具有标志性的意义，构成党的作风建设内容图谱的中轴，各种作风建设围绕三大优良作风延伸性地展开。理论与实际相结合、保持党同人民群众的血肉联系、批评和自我批评的优良作风，集中体现了中国共产党的优良品质，是人民群众观察、了解和评判党的先进性标准的坐标，在党的作风建设内容图谱中具有核心元素的意义。

理论与实际相结合，是马克思主义科学精神决定的作风要求。在开辟新民主主义革命道路、探索社会主义建设和创新中国特色社会主义事业的历史实践中，我们党深入研究中国社会阶级和阶层关系，立足本国国情，坚持马克思主义中国化、大众化、时代化，贯穿着一条思想作风建设的主线。延安整风运动时，坚持理论与实际相结合被作为整顿党风的首要问题加以突出强调，成为党的思想作风建设的主要内容。围绕理论与实际相结合的作风，党中央始终倡导一切从实际出发，实事求是，具体问题具体分析，学以致用、深入调查研究，反对主观主义、教条主义、经验主义，以优良作风为党的思想路线提供了支撑。

保持党同人民群众的血肉联系，是中国共产党的根本组织宗旨决定的作风要求。中国共产党建立不久就形成了建设"党根植于群众"的思想，在领导革命的实践中，我们党深刻认识到，离开人民群众党就会寸步难行，党的事业将一无所成。践行党的根本组织宗旨，要求党员深入贯彻群众路线，坚持从群众中来到群众中去，坚持在群众实践中检验真理、修正错误，坚持以有效的工作维护、实现和发展人民群众根本利益。党的七大把密切联系群众作为党的根本工作路线，是党的工作作风的核心要求。改革开放新时期，党中央把保持党同人民群众的血肉联系作为党的作风建设的重点，显示了坚持群众路线的实践分量。做人民公仆、为人民服务、艰苦奋斗、谦虚谨慎、不骄不躁、对人民负责、勇于担当，等等，都与保持党同人民群众的血肉联系这一优良作风的具体要求紧密联系。发扬党和人民群众密切地联系在一起的优良作风，必须坚决反对官僚主义、形式主义、享乐主义、命令主义、个人主义等，从而以党的优良作风赢得广大人民群众的信任和支持。

批评和自我批评，是马克思主义政党先进政治品格决定的作风要求。我们党不是生存在真空中，难免会受到社会环境和各种思想的影响而沾染不良习气，先进政党也难免出现这样那样的错误。能不能正视矛盾，能不能公开承认和纠正错误，检验着政党的勇气。党的整个历史实践伴随着各种各样的伟大斗争，积极开展党内思想斗争培育了批评和自我批评的作风。从延安整风运动起，批评和自我批评始终作为重要法宝在党内政治生活中起着重要作用，彰显了我们党坚持真理的精神追求、光明磊落的思想品格、修正错误的政治勇气，对增进党内团结、密切党群关系、维护党的形象具有重要意义。批评和自我批评的优良作风延伸出胸怀坦荡、光明磊落、说真话、党内民主、自我革命的品格和精神。开展批评和自我批评，必须坚决反对好人主义、调和主义、自由主义、两面派等不正之风，从而以优良作风增强自我净化、自我完善、自我革新、自我提高的能力。

党的作风建设内容图谱除了展现上述整体面貌外，还有系统构造的分类建设路径。党的作风建设与其他方面建设的紧密关系决定了它在内容上的全面性。习近平总书记指出："要从解决'四风'问题延伸开去，努力改进思想作风、工作作风、领导作风、干部生活作风，努力改进学风、文风、会风，加强治本工作，使党员、干部不仅不敢沾染歪风邪气，而且不能、不想沾染歪风邪气，使党的作风全面纯洁起来。"[①] 这个论述从分类建设的路径展现了党的作风建设的内容图谱。思想、工作、领导、生活、干部等方面的作风建设路径，体现了党的作风建设内容的立体性。思想作风建设必须始终坚持实事求是，向实践寻找真理，在理论与实际相结合中推进马克思主义中国化、时代化、大众化。工作作风建设必须

---

① 《十八大以来重要文献选编》（中），北京：中央文献出版社，2016年，第100页。

牢固树立群众意识，坚持以人民为中心的发展思想，以踏实的工作为人民群众谋利益。领导作风建设必须克服形式主义、官僚主义、主观主义等各种思想影响，坚持科学执政、民主执政、依法执政，在制度规范下实现好党的领导。干部作风建设必须坚持德才兼备的原则，全面提高干部民主、勤政、廉洁作风、接受监督、敢于担当、勇于作为的素质。生活作风建设必须发扬艰苦奋斗、勤俭节约、吃苦耐劳的优良传统，加强党性修养，注重生活细节和日常小事上的作风表现。总之，要把发扬党的优良作风覆盖到思想、工作、领导、干部和生活作风各个方面，全方位地体现党的作风建设内容。

党的作风建设内容图谱具有两种实践方式：一种是宏观层面党的作风建设，最典型的是延安整风运动中的整顿"三风"，即学风、党风、文风；另一种是微观层面党的作风建设，如1960年年底开展的纠正"五风"，即共产风、浮夸风、命令风、干部特殊风、对生产瞎指挥风，又如党的十八大部署的群众路线教育实践活动，聚焦反对形式主义、官僚主义、享乐主义和奢靡之风。前一种实践方式的特点是抽象出作风建设宏观层面上的问题，后一种实践方式的特点是着眼作风建设具体表现的问题。两种实践形式具有兼容性。延安整风运动整顿"三风"，在宏观层面上又形成反对主观主义、宗派主义和党八股的作风建设具体指向，而群众路线教育实践聚焦反对"四风"，从微观层面入手，形成对严肃党内政治生活、净化党内政治生态等作风建设宏观层面问题的提升。

上文从党的作风建设整体面貌、分类路径和实践方式三个角度描述党的作风建设的内容图谱，旨在说明它是一个完整的系统构造。党的建设是一项伟大工程，党的作风建设本身也具有工程的系统性。历史实践中，虽然根据不同时期和阶段形势以及任务的要求，党的作风建设针对存在的问题形成重点聚焦，但这只是整顿作风的抓手选择，它对党的思想作风、工作作风、领导作风、干部作风和生活作风起着全面性的建设作用。党的作风建设百年历史实践中，内容不断丰富，互动性逐渐加强，彰显了中国共产党以优良作风保持先进性和纯洁性的高度自觉。

## 三、百年历程：党的作风建设不断推进的发展脉络

如果我们把政党视为一个生命有机体，那么，中国共产党历经百年而依旧保

持着青春活力必然有其内在的奥秘。政党发展表现的是政治生命，它能够存在多久、是否能够弥久不衰，不是由主观意志决定的。国外许多政党以及近代中国一些政党在很短的时间内就解散消亡了，还有的政党维持时间长久但始终处于日渐式微的状态，历史规律左右着政党兴衰存亡的嬗变。需要指出的是，虽然政党的主观意志不能决定其政治生命的长短，但政党的主观努力对其生命力的强弱有着极为重要的作用。中国共产党之所以能够始终保持旺盛的生命力，有很多的奥秘，不断加强自身建设是其中的关键。

作风呈现我们党政治生命的体征。毛泽东同志领导全党进行延安整风运动，就是把党内存在的不正之风当作患病来对待，强调"我们要加强党内教育来清除这些毛病"[1]，指出它是附在我们党肌体上的政治微生物，"治病救人"就是要克服和改正主观主义、宗派主义和党八股等不良作风。党领导中国人民的奋斗实践中常常可以看到这样的现象：党的路线方针政策是正确的，也总在取得一定的成绩，但工作中的不正之风却引起人民群众的不满，并因此影响党的形象。作风不正对我们党来说就是一种病态，作风不纯就是党组织的肌体不健康。正因如此，党的作风建设在其历史发展中始终受到高度重视，我们党始终持之以恒地推进党的作风建设实践。

### （一）新民主主义革命时期党的作风建设

从1921年中国共产党诞生到1949年中华人民共和国成立，党的建设在新民主主义革命的战争环境中开展。这28年历史实践中，党经历了艰苦的磨难，经受住了组织机构和队伍大起大落的考验。从总体实践场景看，国民党和中国共产党的两次合作和两次破裂形成的革命景观、国内战争与民族战争交织的复杂格局、从城市退却农村再进军城市的中心转移、两次胜利和两次失败的重大转折，使党的建设走过了不平凡的道路。这是党从小到大、从弱到强、从幼稚到成熟的过程，党的建设每一步的发展都经受着残酷环境的考验。

党的创建时期和第一次国内革命战争时期，是党的建设起步阶段，毛泽东同志曾将这个阶段称为"党的幼年时期"，这个阶段的中国共产党"是对于中国的历史状况和社会状况、中国革命的特点、中国革命的规律都懂得不多的党，是对

---

[1]《毛泽东选集》（第3卷），北京：人民出版社，1991年，第810页。

于马克思列宁主义的理论和中国革命的实践还没有完整的、统一的了解的党"①。从党的一大到四大，党通过区分最高纲领和最低纲领、形成统一战线策略、确立无产阶级革命领导权和农民同盟军思想，以走向群众的观念为指导，为迎接第一次大革命运动的到来做了准备。通过具体国情的研究、社会各阶级的分析、中国革命属性的思考以及组织各种斗争的实践，党迈出了马克思主义中国化的探索步伐，是树立理论与实际相结合的优良作风的历史起点。

土地革命战争时期，党的建设处于探索阶段，既积累了经验，又遭遇了挫折。1927年大革命运动失败后，由于国民党统治实行白色恐怖，以毛泽东同志为代表的中国共产党人率领革命队伍在农村创建革命根据地，领导土地革命，开展武装斗争。在残酷环境和乡村条件下，党中央要求"党的工作方式，应该采取群众路线，党的活动应该紧靠着群众，党的口号应该是群众的要求，党的策略应该取得群众的了解与执行"②。由于探索阶段历史条件的局限，党的建设遭遇的曲折主要是在革命激情驱使下犯了盲目冒动的错误，给党组织和党的事业带来损失。以毛泽东同志为代表的中国共产党人坚持反对本本主义，立足中国的具体情况探索革命道路，为淬炼党的优良作风奠定了实践基础。

抗日战争时期是党的建设成熟阶段。1936年10月，我们党率领工农红军经过二万五千里长征，将领导中国革命的中心转移到延安。1937年全面抗战爆发后，中国共产党与国民党团结合作，建立抗日民族统一战线，以全面抗战路线指导反对日本帝国主义的民族战争，并在浴血奋战中发展壮大党的组织。1942—1945年间，党中央在延安领导开展了全党范围的整风运动。这场整风运动以整顿学风、党风、文风为重点，以提高全党思想政治觉悟和马克思主义理论水平，取得了显著成效，党的建设积累了极其丰富的经验。理论与实际相结合、紧密联系人民群众、批评和自我批评被确立为党的优良作风，"我们党很完整的作风，经过延安整风已经建立起来"③。延安整风运动为党的作风建设积累了丰富经验。

解放战争时期是党的建设巩固阶段。1947—1949年春季，党中央结合土地改革部署整党工作，主要内容是"三查三整"（三查即查阶级、查思想、查作风，三整即整顿组织、整顿思想、整顿作风）。同时，军队结合新式整军运动开

---

① 《毛泽东选集》（第2卷），北京：人民出版社，1991年，第610页。
② 《建党以来重要文献选编》（第7册），北京：中央文献出版社，2011年，第251页。
③ 《邓小平年谱》（上），北京：中央文献出版社，2004年，第160页。

展整党活动。"经过整党,农村的基层党组织在思想上、政治上和组织上都有很大进步,党同群众的联系更加密切。"①1949年3月,毛泽东同志在党的七届二中全会报告中指出:中国革命取得胜利后党的工作更伟大,更艰苦,"务必使同志们继续地保持谦虚、谨慎、不骄、不躁的作风,务必使同志们继续地保持艰苦奋斗的作风"②,为全党敲响了抵制思想污染、克服精神懈怠、防止意志衰退的警钟,成为党的作风建设具有永恒价值的座右铭。

### (二) 社会主义建设时期党的作风建设

从中华人民共和国成立到1976年将近30年的时间里,党的建设有不同的经历。1949年中华人民共和国的成立,使国家建设与党的建设紧密联系在一起,我们党也因全面执政而成为领导国家建设的核心力量。在领导人民完成了从新民主主义社会向社会主义社会转型后,全面建设社会主义的历史实践为党的建设提供了崭新的舞台。1949—1966年,党出于巩固执政地位的需要,努力展现共产党领导的先进性,基本上保证了党的建设的正常开展。在这17年的时间里,党中央先后于1950年、1951—1954年、1957年、1963—1966年领导开展了4次党内整风运动。这些整风运动的时间长短不一,具体背景不同,主题和内容也有差别,取得的效果也不一样,但党的建设总体上是健康的。1966—1976年这一时期是党的建设经历磨难的一个非正常时期,这一时期给党的建设带来了巨大的破坏,留下了深刻的历史教训。

1949年11月,党中央从加强党的组织性与纪律性,密切联系群众,克服官僚主义,保证党的一切决议的正确性出发,决定成立中央及各级党的纪律检查委员会。中华人民共和国成立初期,党中央在加强党的作风建设中,重点突出反对官僚主义、命令主义,强调"如果我们的思想作风不对头,让官僚主义、命令主义的政治微生物将我们腐蚀,再不加警惕,不谋纠正,就会使我们的各项工作都做不好,就会丧失群众的爱戴,甚至会使群众离开我们,使已经获得的伟大胜利不能巩固,甚至遭受失败"③。在社会主义改造运动中,党中央结合开展"三反"

---

① 《中国共产党的九十年》,北京:中共党史出版社、党建读物出版社,2016年,第301页。
② 《毛泽东选集》(第4卷),北京:人民出版社,1991年,第1438-1439页。
③ 《中共中央文件选集(1949年10月—1966年5月)》(第3册),北京:人民出版社,2013年,第99页。

运动，多次发出指示，要求坚决反对官僚主义、命令主义，保持同人民群众的联系，提出要在党和国家的政治生活中，创造既有集中又有民主，既有纪律又有自由，既有统一意志又有个人心情舒畅、生动活泼的政治局面，反复强调要继承和发扬党的优良传统和作风。

1956年，党的八大对加强党的作风建设作了突出强调。刘少奇同志的政治报告和邓小平同志修改《中国共产党章程》的报告，都从执政党建设的角度深刻阐述了坚持党的群众路线问题。刘少奇同志指出："我们的制度是反对官僚主义而不是保护官僚主义的"，"为了巩固我们党同人民群众的亲密关系，必须继续加强我们在各方面群众中的工作，尤其是必须在全体干部和党员中反复地进行全心全意为人民服务的教育"。[①]邓小平同志把在党执政条件下坚持群众路线作为极其重大的问题作了详细论述，认为虽然从党的七大以来我们党已经对群众路线有了深刻的认识，形成了丰富的理论，但因为"执政党的地位，使我们党面临着新的考验"。他指出："党的工作中的群众路线，具有极深刻的理论意义和实际意义"[②]，"违背群众路线，就一定要使我们的工作遭受损失，使人民的利益遭受损失"[③]，由于我们党成为执政党的条件变化，党内官僚主义作风有所滋长，"我们党内还有一种人，他们把党和人民的关系颠倒过来，完全不是为人民服务，而是在人民中间滥用权力，做种种违法乱纪的坏事。这是一种很恶劣的反人民的作风，这是旧时代统治阶级作风在我们队伍中的反映"[④]，"我们必须向这些脱离群众的、官僚主义的现象进行经常的斗争"。[⑤]邓小平同志还阐述了坚持实事求是、批评和自我批评、加强民主集中制等，都与加强党的作风建设有关。党的八大在关于政治报告的决议中指出："为了使领导工作能够做到实事求是，就必须发扬党的群众路线的传统，就必须贯彻执行集体领导和党内民主的原则，就必须克服官僚主义和宗派主义。"[⑥]这些都表明，加强党的作风建设成为社会主义建设时期

---

① 《刘少奇选集》（下），北京：人民出版社，1981年，第248、275页。
② 《邓小平文选》（第1卷），北京：人民出版社，1994年，第217页。
③ 《邓小平文选》（第1卷），北京：人民出版社，1994年，第221页。
④ 《邓小平文选》（第1卷），北京：人民出版社，1994年，第222页。
⑤ 《邓小平文选》（第1卷），北京：人民出版社，1994年，第223页。
⑥ 《中共中央文件选集（1949年10月—1966年5月）》（第24册），北京：人民出版社，2013年，第260页。

加强执政党建设的一项重要任务。

毛泽东同志对加强党的作风建设也作出许多重要指示，他提出召开党的八大"应当继续发扬我们党在思想方面和作风方面的优良传统，把主观主义、宗派主义这两个东西切实反一下，此外，还要反对官僚主义"。他强调艰苦奋斗是共产党人的政治本色，"要经过整风，把我们党艰苦奋斗的传统好好发扬起来"，"共产党就是要奋斗，就是要全心全意为人民服务，不要半心半意或者三分之二的心三分之二的意为人民服务。革命意志衰退的人，要经过整风重新振作起来"。①20世纪50年代末60年代初，由于党的指导出现失误，"大跃进"和人民公社化运动中存在一些脱离实际和脱离群众的作风，毛泽东同志对坚持实事求是和群众路线作了诸多论述，他指出要吸取教训，"以后要善于想问题，善于做工作，就可以与群众打成一片"②，"官僚主义这种旧社会遗留下来的坏作风，一年不用扫帚扫一次，就会春风吹又生了"③，领导干部要深入群众，要大兴调查研究之风，"要是不做调查研究工作，只凭想像和估计办事，我们的工作就没有基础"④，"力量的来源就是人民群众。不反映人民群众的要求，哪一个人也不行"⑤。由此可见，党中央领导人始终没有忘记要发扬党的优良作风。在改革开放前党领导社会主义建设的历史实践中，加强党的作风建设在受到重视的同时，也留下了一些经验教训，一些脱离实际、脱离群众的主观主义、官僚主义、命令主义作风时常发生，有时甚至出现非常严重的状况。这说明，党的作风建设不是一帆风顺的，继承发扬党的优良作风是一项长期的任务。申言之，党的"左"倾错误导致党的作风受到破坏，而不正之风的滋长又助长了"左"倾错误的发展，党的路线方针政策与党的作风有着紧密的关系。

### （三）改革开放新时期党的作风建设

1978年年底，党的十一届三中全会作出改革开放的历史决策，拉开了中国特色社会主义建设新时期的序幕，党的建设也由此进入了新的历程。邓小平同志

---

① 《毛泽东文集》（第7卷），北京：人民出版社，1999年，第89、284、285页。
② 《毛泽东文集》（第8卷），北京：人民出版社，1999年，第32页。
③ 《毛泽东文集》（第8卷），北京：人民出版社，1999年，第166页。
④ 《毛泽东文集》（第8卷），北京：人民出版社，1999年，第233页。
⑤ 《毛泽东文集》（第8卷），北京：人民出版社，1999年，第324页。

领导党中央果断地实现"以阶级斗争为纲"向以经济建设为中心的转变，明确提出了执政党的党员应该怎样才算合格的问题①，为加强党的建设破题立论。此后江泽民同志领导党中央致力于推进中国特色社会主义建设，"聚精会神地抓党的建设"，形成"三个代表"重要思想，成为21世纪党的建设的指导纲领。2002年党的十六大后，胡锦涛同志领导党中央在新情况、新问题不断涌现的严峻挑战下，谋党的全面建设之局，求应对考验和克服危险之策，紧紧围绕党的执政能力建设、先进性和纯洁性建设的主线，努力推进党的建设向纵深发展。2012年党的十八大以来，"以习近平同志为总书记的党中央创新发展马克思主义党建学说，把全面从严治党纳入'四个全面'战略布局，坚定不移推进全面从严治党、依规治党、凝聚人心、直击积弊、扶正祛邪，党的建设开创新局面，党风政风呈现新气象"②。

改革开放40余年的发展中，党中央加强党的建设采取的一项重要举措是通过持续的整党整风活动纯洁党的思想、组织和作风。依时间顺序开展了1983—1987年的全面整党、1998—2000年的"讲学习、讲政治、讲正气"党性党风教育、2000—2002年的"三个代表"重要思想学习教育活动、2005—2006年的保持共产党员先进性教育实践活动、2008—2009年的深入学习实践科学发展观活动、2010年的基层党组织和党员创先争优活动、2013—2014年的群众路线教育实践活动、2015年的"三严三实"专题教育、2016年的"学党章党规、学系列讲话，做合格党员"学习教育、2019年的"不忘初心、牢记使命"主题教育，等等。这些以集中教育形式开展的整党整风活动主题不同，特点不一，但都促进了党的作风不断改进，保证了党的事业顺利发展。

邓小平、陈云等党中央领导人全面总结和汲取历史教训，强调党内最迫切的一个问题是"恢复党的好作风"，"因为毛主席倡导的许多党的好作风被'四人帮'破坏干扰了"③。邓小平同志要求："切实把我们的党风搞好。"④陈云同志指出："执政党的党风问题是有关党的生死存亡的问题。因此，党风问题必须抓紧

---

① 《邓小平文选》（第2卷），北京：人民出版社，1994年，第269、147页。
② 《习近平总书记系列重要讲话读本》，北京：学习出版社，2016年，第101页。
③ 《陈云传》（下），北京：中央文献出版社，2005年，第1444页。
④ 《邓小平文选》（第2卷），北京：人民出版社，1994年，第269页。

搞，永远搞"①，强调"没有好的党风，改革是搞不好的"②。从具体实践看，党中央把坚持实事求是和坚持群众路线，作为抓党的作风建设的两个重点。邓小平同志提出："我认为，毛泽东同志倡导的作风，群众路线和实事求是这两条是最根本的东西……对我们党的现状来说，我个人觉得，群众路线和实事求是特别重要"，"培养好的风气，最主要的是走群众路线和实事求是这两条。"③党中央以恢复实事求是和群众路线的优良作风为重点，在党的建设中开展了拨乱反正的工作。

1980年11月，党中央为制定《关于党内政治生活的若干准则》召开了一次座谈会，会议纪要指出："党风不正，严重破坏了党和群众关系，损害了党的威信，削弱了党的战斗力，带坏了社会风气。"④这是对党的作风现状作出的历史反省。1983年10月，党中央作出《中共中央关于整党的决定》，指出必须"揭露和解决党内存在的思想、作风和组织严重不纯的问题，实现党风的根本好转，提高全党的思想水平和工作水平，更加密切党和人民群众的联系，努力把党建设成为领导社会主义现代化事业的坚强核心"⑤。时任党中央领导人强调："我们要通过这次整党，使党内政治生活进一步正常化，切实纠正不正之风，大大加强党同群众的密切联系"⑥，"要通过整党，加强党的建设，实现党风的根本好转"⑦。

在拨乱反正阶段性任务总体完成后，自20世纪90年代起，党中央深刻吸取世界上一些共产党失败的教训，高度重视党的执政能力问题，提出"要把提高党的执政能力同党的作风建设结合起来"⑧。强调"坚持和改善党的领导，提高党的执政水平和领导水平，一个重大问题是不断巩固和加强党同人民群众的血肉联系。有了这种联系，我们的改革和建设就有了胜利之本，就有了吸取智慧和力量的最深厚源泉，就有了正确决策，减少和防止失误的可靠保证"⑨。"要全面加强

---

① 《陈云文选》（第3卷），北京：人民出版社，1995年，第273页。
② 《陈云文选》（第3卷），北京：人民出版社，1995年，第275页。
③ 《邓小平文选》（第2卷），北京：人民出版社，1994年，第45、57页。
④ 《三中全会以来重要文献选编》（上），北京：人民出版社，1982年，第580页。
⑤ 《十二大以来重要文献选编》（上），北京：人民出版社，1986年，第392页。
⑥ 《十二大以来重要文献选编》（上），北京：人民出版社，1986年，第57页。
⑦ 《邓小平文选》（第3卷），北京：人民出版社，1993年，第38页。
⑧ 《十六大以来重要文献选编》（上），北京：中央文献出版社，2005年，第609页。
⑨ 《江泽民文选》（第1卷），北京：人民出版社，2006年，第359页。

党的思想作风、学风、工作作风、领导作风和干部生活作风建设。要结合新的实际，要努力发扬党的理论联系实际、密切联系群众、批评和自我批评的优良作风，同时要总结新的实践经验努力培育新的作风。一切不符合党的事业发展要求、不符合人们利益的不良习气，都应坚决克服。"[①]进入21世纪，江泽民同志、胡锦涛同志领导的党中央要求全党继承和发扬党的作风的优良传统，并结合中国特色社会主义新的实践，创造求真务实的新作风，从国内外形势深刻变动的情况出发，部署和推进党的作风建设向前发展。2004年，党的十六届四中全会通过《中共中央关于加强党的执政能力建设的决定》，从科学执政、民主执政、依法执政的要求出发，提出党的作风建设新任务。2009年，党的十七届四中全会提出"提高党的建设科学化水平"的要求，形成党的作风建设的更高要求。

2012年党的十八大后，党中央以全面从严治党的新部署推进党的建设创新发展，重点转变党的作风，开创了党的建设的崭新局面。历史实践推动中国特色社会主义进入新时代，党的作风建设必须适应新时代的要求迈出新步伐。以习近平同志为核心的党中央把全面从严治党纳入"四个全面"战略布局，把反对"四风"贯彻于从严管党治党的全过程，遏制了不正之风在党内的滋长，扭转了管党治党"宽松软"的局面。2017年，党的十九大提出新时代党的建设的总要求，继续狠抓党的作风建设不放松，强调必须警惕变相的不正之风的发生，尤其是突出强调反对形式主义，保持党的作风建设的强劲势头。在推进党的作风建设中，党中央和相关部门先后颁布了一系列重要文件，如《关于改进工作作风、密切联系群众的八项规定》《党政机关厉行节约反对浪费条例》《关于在党的群众路线教育实践活动中严肃整治"会所中的歪风"的通知》《关于完善党员干部直接联系群众制度的实施意见》《关于进一步整治"会所中的歪风"的通知》《关于在党的群众路线教育实践活动中全面清理整治奢华浪费建设的通知》《关于严禁党政机关到风景名胜区开会的通知》《中国共产党廉洁自律准则》等，使加强党的作风建设建立在制度保证的基础上。

---

① 《江泽民文选》（第3卷），北京：人民出版社，2006年，第291页。

## 四、思想淬炼：党的作风建设重要观点

社会主义发展史的500年历程中，中国共产党100年的思想和实践占有极其重要的地位，它不仅向世界展示了永葆青春的旺盛生命力，而且以共产党加强自身建设的丰富理论为马克思主义党建学说作出了巨大贡献。就党的作风建设而言，马克思、恩格斯、列宁等马克思主义经典作家虽然提出过一些十分重要的思想，具有指导意义，但由于其受实践深入展开不够的影响而缺乏系统性。与世界各国社会主义性质的政党相比，中国共产党的显著特点是在一以贯之的实践中在加强自身建设方面始终保持高度的自觉，并持之以恒地围绕党的中心工作提出作风建设的新要求、新任务。从毛泽东同志、邓小平同志、江泽民同志、胡锦涛同志到习近平总书记，历任党中央领导人对加强党的作风建设都作出了丰富的论述，用深入的实践推动我们党全面思考和不断创新作风建设，一系列重要观点显示了思想的深度。

### （一）党的作风是党性的体现

党的作风是党的组织思想和行为的整体呈现，每个党员都肩负着责任，党的作风从根本上说是党性问题。1941年7月通过的《中共中央关于增强党性的决定》正是针对党的作风存在的突出问题，突出强调党员加强党性锻炼的重要意义，指出"要提倡大公无私，忠实朴素，埋头苦干，眼睛向下，实事求是，力戒骄傲，力戒肤浅的作风。要改造那些把理论与实践、学习与工作完全脱节的现象，这样来更加坚定自己的阶级立场、党的立场与党性"[①]。毛泽东同志从坚守党性的角度强调树立理论联系实际的作风。任弼时同志指出，与群众建立密切的联系的优良作风"也是测量党性的一个主要标志"[②]。刘少奇同志指出："要有无产阶级的思想意识和道德品质的修养；要有坚持党内团结、进行批评和自我批评、遵守纪律的修养；要有艰苦奋斗的工作作风的修养；要有善于联系群众的修养，以及各种科学知识的修养。"[③]改革开放新时期，党中央始终把党的作风建设

---

[①]《建党以来重要文献选编》（第18册），北京：中央文献出版社，2011年，第445页。
[②]《建党以来重要文献选编》（第18册），北京：中央文献出版社，2011年，第810页。
[③]《刘少奇选集》（上），北京：人民出版社，1981年，第109页。

作为严肃党内政治生活和加强党性锻炼的重要内容，习近平总书记强调："作风问题根本上是党性问题。作风反映的是形象和素质，体现的是党性，起决定作用的也是党性"①，"作风问题本质上是党性问题。对我们共产党人来讲，能不能解决好作风问题，是衡量对马克思主义信仰、对社会主义和共产主义信念、对党和人民忠诚的一把十分重要的尺子"②。作风不纯的根源是党性出了问题，解决党的作风不是做表面文章，党性不强作风必然不正，反之，作风不正必然丧失党性。这样认识问题，对提升党的作风建设的地位有着重要意义。

### （二）党的作风建设是一项长期任务

保持党的优良作风是党的建设的永恒课题，是永无止境的建设任务。习近平总书记指出："风气养成重在日常教化，作风建设贵在常抓不懈，时刻摆上位置、有机融入日常工作，做到管事就管人，管人就管思想、管作风"③，"作风问题必须抓长、长抓，扭住不放，持之以恒，久久为功"④，"作风建设永远在路上，永远没有休止符，不可蜻蜓点水，不可虎头蛇尾，不可只是一阵风，否则不仅不可能从根本上解决问题，而且会导致作风问题不断反弹、愈演愈烈，最后失信于民"⑤。从党的百年实践可以看到，许多作风建设的内容始终在延续发展，如发扬三大优良作风、坚持"两个务必"思想从来都不是阶段性的建设任务，又如反对官僚主义、主观主义、形式主义不断被作为主要任务加以强调。党的作风建设必须常说常新，常做常新。一方面，形势变化和新的任务赋予党的作风新要求，已经树立的优良作风需要在发展中丰富和创造新的内涵以及新的表现形式；另一方面，不良作风具有顽固性，暂时得到纠正和克服并不意味着根治，稍有懈怠就有可能复萌再生。强调党的作风建设的长期性、艰巨性，是我们党永葆先进性的思想逻辑的内生之义。

---

① 《习近平关于全面从严治党论述摘编》，北京：中央文献出版社，2016年，第154页。
② 《在第十八届中央纪律检查委员会第六次全体会议上的讲话》，《人民日报》2016年5月3日。
③ 《习近平关于全面从严治党论述摘编》，北京：中央文献出版社，2016年，第154页。
④ 《习近平关于全面从严治党论述摘编》，北京：中央文献出版社，2016年，第161页。
⑤ 《习近平关于全面从严治党论述摘编》，北京：中央文献出版社，2016年，第162页。

### （三）党的优良作风是马克思主义政党区别于其他政党的显著标志

作风的塑党功能表明它具有政党标识的意义，一个政党具有什么样的作风是由其性质决定的，不同的政党具有不同的作风。近现代中国历史上，孙中山先生领导的中国国民党曾经作为先进政党发挥过进步作用，但后来蒋介石领导的国民党实行专制独裁，导致党内作风腐败，只顾升官发财，无视人民利益、镇压群众运动以及争权夺利，最终被中国人民所抛弃。我们党与国民党的本质区别不仅表现在路线方针政策上，而且表现在党的作风符合人民的利益和要求上。延安时期，毛泽东同志提出"延安作风打败西安作风"，这里的"延安作风"代表中国共产党的作风，"西安作风"指国民党的作风，两种作风有着本质的区别。毛泽东同志提炼概括三大优良作风时明确指出，这是我们共产党人区别于其他任何政党的显著标志。[1]习近平总书记指出，我们党有着强大的人格力量，"人格力量集中体现为我们党的优良作风"[2]。把党的作风与人格力量相联系，深刻揭示了马克思主义政党先进本质的独特性。中国共产党在领导革命、建设和改革的历史实践中，正是以优良作风彰显了人格力量，从而铸刻了马克思主义政党的显著标志。

### （四）执政党作风事关党的生死存亡

执政党作风事关党的生死存亡观点的提出具有历史实践的深厚基础。早在新民主主义革命时期，党中央就深刻认识到作风事关革命成败，毛泽东同志指出："如果作风不改变，不仅个人无成就，大则会使革命丧失前途。"[3]在敌强我弱和长期白色恐怖的残酷环境下，我们党只有保持和发扬优良作风才站得住脚。"执政以前，形势迫使我们党要有一个好的作风"[4]，"转到了执政党的地位这个根本变化，搞得不好，就有蜕化的可能，有变质的可能。我们不要忽略了这个问题。"[5]1980年1月，陈云同志提出一个重大论断："执政党的党风问题是攸关党

---

[1]《毛泽东选集》（第3卷），北京：人民出版社，1991年，第1093-1096页。
[2]《习近平关于全面从严治党论述摘编》，北京：中央文献出版社，2016年，第157页。
[3]《建党以来重要文献选编》（第21册），北京：中央文献出版社，2011年，第92页。
[4]《三中全会以来重要文献选编》（上），北京：人民出版社，1982年，第578页
[5]《三中全会以来重要文献选编》（上），北京：人民出版社，1982年，第579页。

的生死存亡的问题。"①邓小平等许多党中央领导人在讲话中反复引述和突出强调,这一重大论断既是对党的建设历史经验的深刻提炼,又是对执政党建设新实践的精辟揭示。世界政党政治实践尤其是社会主义国家共产党丧失执政地位的许多事实,为我们党提供了作风亡党的训诫,我们党得出了脱离群众是党执政的最大危险的结论,强调"得民心者得天下,失民心者失天下",依据的就是执政党作风事关党的生死存亡这个重大论断。

### (五) 发扬党的优良作风是党长期执政的必然要求

党的优良作风贵在坚持,发扬党的优良作风必须始终保持思想和行动自觉。马克思主义经典作家对加强共产党的建设形成了丰富的思想,但对于执政条件下如何加强共产党自身建设则没有形成系统和深刻的思想。我们党以全心全意为人民服务为根本组织宗旨,进一步延伸出"立党为公、执政为民"的诉求,在探索执政作风上迈出了马克思主义建党史上的创新步伐。中国共产党创造了人类历史上的新型政党制度,确立了长期执政的地位,怎样不断增强党的阶级基础和扩大党的群众基础,有力巩固党的执政地位,成为时代性的课题。传承党在局部执政时期作风建设的经验,党中央深刻认识到全面执政后,党的作风将直接影响执政地位的长期保持和巩固。尤其是在东欧剧变和苏联共产党垮台后,我们党把加强党的执政能力建设提上议程加以高度重视和突出强调,发扬党的优良作风植入党的执政话语,从执政作风全面地审视党的建设,为马克思主义党建思想作出了独特的贡献。

在党的百年实践中,党的作风建设思想极其丰富,上述列举的只是其中一些主要的观点。思想是实践的结晶,党的作风建设历史实践使我们党的思想认识不断深化。实践的程度取决于思想的程度,党的作风建设作为永恒主题,不是老生常谈的历史重复,实践每一步发展都展现着新的内容。党的作风建设思想创新结出理论成果,一系列重要观点指导实践向前推进。纵观党的作风建设百年历程,思想的淬炼促进了我们党不断走向成熟,不断收获成果,不断增添能量。

---

① 《陈云文选》(第3卷),北京:人民出版社,1995年,第273页。

## 五、崭新篇章：新时代党的作风建设的创新

在党的作风建设百年发展史上，党的十八大以来的历史实践占有极其重要的地位，以习近平同志为核心的党中央领导全党和全国各族人民，在历史接力棒的传承中开启了中国特色社会主义的新时代。新的历史起点和新的伟大斗争赋予在新历史方位上全面从严治党的新含义，党的作风建设因新时代的开启而形成新阶段的创造性实践。

党的十八大从适应形势的发展、开拓党和国家事业的要求、满足人民群众的期待出发，对党的建设作出了全面部署。党中央通过领导开展环环相扣的党内整风教育和实践活动，重点反对形式主义、官僚主义、享乐主义和奢靡之风，重点加强领导干部这个"关键少数"的作风建设，要求全体党员认真学习《中国共产党章程》，践行党的根本宗旨，坚持和发扬党的优良作风。党中央结合全面深化改革的新形势新要求，以新发展理念体现以人民为中心的发展思想，以严肃党内政治生活厚植发扬党的优良作风的基础，以推进党的制度化建设为党的作风激浊扬清提供保证，推动了新时代党的作风建设创新发展。党的作风建设全面从严的创新实践具有鲜明的新时代特征，党的建设的卓著成效使党的作风面貌发生历史性的变化。

历史的发展总是在阶段性的超越中实现的，马克思主义政党保持先进性和纯洁性的建设实践始终处在动态的过程中。党的十八大闭幕后，在第十八届中央政治局常委同中外记者见面时，习近平总书记发表讲话指出："新形势下，我们党面临着许多严峻挑战，党内存在着许多亟待解决的问题。"[①]新一届党中央登台亮相，就把加强党的自身建设加以突出强调，表明了中央领导人全面从严管党治党的决心，同时也透露了将聚焦党的作风问题加强管党治党力度的信息。

坚持党要管党、从严治党，不是党的十八大新提出的要求。早在1987年党的十三大时就明确提出必须从严治党，此后的实践中党中央始终强调治国必先治党、治党务必从严，把从严治党作为保持党的先进性和纯洁性、增强党的凝聚力和战斗力的保证，从严治党从来没有停止过实践。长期以来，党中央坚持从重大

---

[①]《十八大以来重要文献选编》（上），北京：中央文献出版社，2014年，第69页。

方针和重要任务的角度认识从严治党，这对加强党的建设有着重要意义。但是，从严治党如果停留在方针或任务的认识上是不深刻的，而且容易产生把从严治党演化为表面形式的倾向。现实中，形式主义地抓党建工作是客观存在的现象，例如，有些领导干部嘴上经常讲党的建设很重要，实际工作中却把它边缘化；有些领导干部将党建工作看作务虚的弹性的事情，出不了实绩，因此想起来抓一下，忘记了就丢一阵，空的时候就抓一下，忙的时候就放一放；有的领导干部抓党建工作热衷场面和形式，不求内容和成效。出现这些现象有许多原因，归根到底是对从严治党缺乏战略层面上的深刻认识。党的十八大布局党的建设形成的创新发展，就是在从严治党前面加上"全面"两字，与全面建成小康社会、全面深化改革、全面依法治国并列组合形成"四个全面"战略布局，从而确立了全面从严治党的地位。这一创新发展的重要贡献不是全面从严治党提法在概念上的变化，而在于它的战略定位强化了党的建设在中国特色社会主义事业中的地位，从而形成全面从严治党的强大动力来源和运行机制。全面从严治党是全面建成小康社会、全面深化改革、全面依法治国的根本保证，党的建设"严紧硬"，其他三个战略布局就能顺利推进。党的十八大以来党的建设各方面思想和实践的创新举措，都是为全面建成小康社会、全面深化改革、全面依法治国提供保证这一目的服务的。

习近平总书记指出，加强党的建设"既对全面从严治党提出系列要求，又把党风廉政建设作为突破口，着力解决人民群众反映强烈的'四风'问题，着力解决不敢腐、不能腐、不想腐的问题"[1]。党的十八大后加强党的作风建设实践体现出两个重要路向。一是提出围绕保持党的先进性和纯洁性，在全党开展以为民务实清廉为主要内容的党的群众路线教育实践活动，着力解决人民群众反映强烈的突出问题，提高新形势下群众工作的能力。这是对加强党的作风建设作出的具体部署。二是提出坚持艰苦奋斗、勤俭节约，下决心改进文风会风，着力整治庸懒散奢等不良习气，坚决克服形式主义、官僚主义、享乐主义和奢靡之风，以优良党风凝聚党心民心、带动政风民风。这是对加强党的作风建设聚焦问题的具体揭示。党的十八大以来，以习近平同志为核心的党中央就是按照这样的全面部署和具体要求，开创了党的作风建设新局面。

---

[1] 《十八大以来重要文献选编》（中），北京：中央文献出版社，2016年，第248页。

2013年5月9日，中共中央制定《关于在全党深入开展党的群众路线教育实践活动的意见》，从指导思想、目标要求、方法步骤、组织领导等方面对开展群众路线教育实践活动提出了具体的指导意见。该意见提出"照镜子、正衣冠、洗洗澡、治治病"的总要求①，明确"党的群众路线教育实践活动在全体党员中开展，重点抓好县处级以上领导机关、领导班子和领导干部；主要任务是教育引导党员、干部树立群众观点，弘扬优良作风，解决突出问题，保持清廉本色，使党员、干部思想进一步提高、作风进一步转变，党群干群关系进一步密切，为民务实清廉形象进一步树立。要坚持围绕中心、服务大局，全面贯彻落实党的十八大提出的各项任务要求，把作风建设放在突出位置，以作风建设的新成效凝聚起推动经济社会发展的强大力量"②。习近平总书记对开展党的群众路线教育实践活动发表了一系列重要讲话，强调要通过党的群众路线教育实践活动"对作风之弊、行为之垢来一次大排查、大检修、大扫除"③，"各级党委要增强责任感和紧迫感，把开展好教育实践活动作为一项重大政治任务抓紧抓好抓实"④。群众路线教育实践活动从2013年下半年开始，自上而下分两批开展，每批大体安排半年时间，至2014年7月基本完成。2014年10月8日，党中央举行党的群众路线教育实践活动总结大会，习近平总书记发表重要讲话，充分肯定了群众路线教育实践活动取得的成绩，并对巩固和拓展教育实践活动成果、加强党的作风建设、全面推进从严治党进行了再部署。

2014年3月9日，习近平总书记在参加十二届全国人民代表大会第二次会议安徽代表团审议时指出："我们抓作风建设，归根到底，就是希望各级干部都能树立和发扬好的作风，既严以修身、严以用权、严以律己，又谋事要实、创业要实、做人要实。"⑤2015年4月10日，中共中央办公厅印发《关于在县处级以上领导干部中开展"三严三实"专题教育方案》，从总体要求、方法措施、组织领导三个方面，对开展专题教育活动提出要求并作出安排。该方案指出，开展"三严三实"专题教育活动的目的是"为贯彻落实全面从严治党要求，巩固和拓展党

---

① 《十八大以来重要文献选编》（上），北京：中央文献出版社，2014年，第284页。
② 《十八大以来重要文献选编》（上），北京：中央文献出版社，2014年，第285页。
③ 《十八大以来重要文献选编》（上），北京：中央文献出版社，2014年，第313页。
④ 《十八大以来重要文献选编》（上），北京：中央文献出版社，2014年，第319页。
⑤ 《习近平关于全面从严治党论述摘编》，北京：中央文献出版社，2016年，第158页。

的群众路线教育实践活动成果，持续深入推进党的思想政治建设和作风建设"，要求"聚焦对党忠诚、个人干净、敢于担当，把思想教育、党性分析、整改落实、立规执纪结合起来，教育引导各级领导干部加强党性修养，坚持实事求是，改进工作作风，着力解决'不严不实'问题，切实增强践行'三严三实'要求的思想自觉和行动自觉，做到心中有党不忘恩、心中有民不忘本、心中有责不懈怠、心中有戒不妄为，努力在深化'四风'整治、巩固和拓展党的群众路线教育实践活动成效上见实效，在守纪律讲规矩、营造良好政治生态上见实效，在真抓实干、推动改革发展稳定上见实效"。①"三严三实"专题教育活动推进了党员领导干部作风建设的深入发展。

2016年2月，中共中央办公厅印发《关于在全体党员中开展"学党章党规、学系列讲话，做合格党员"学习教育方案》，提出围绕专题学习讨论、创新方式讲党课、召开党支部专题组织生活会、开展民主评议党员、立足岗位作贡献、领导机关领导干部作表率六项主要措施，要求各地区各部门认真贯彻执行。"两学一做"学习教育活动面向全体党员，是推动党内教育从"关键少数"向广大党员拓展、从集中性教育向经常性教育延伸的重要举措，也是党中央推进全面从严治党深入发展的又一项部署。作为拓展基层党的组织、面向全体党员的党性锻炼，"两学一做"学习教育内容全面，树立清风正气的作风是一个重要的方面。"两学一做"学习教育活动是基层党组织和广大党员作风整饬的一次成功实践。党中央对"两学一做"学习教育活动加强党的作风建设提出了明确要求。2017年2月21日，习近平总书记主持中共中央政治局会议，审议了《关于推进"两学一做"学习教育常态化制度化的意见》，指出："在品德合格方面，重点是继承发扬党的优良传统和作风，大力弘扬忠诚老实、光明坦荡、公道正派、实事求是、艰苦奋斗、清正廉洁等共产党人价值观，带头践行社会主义核心价值观。在发挥作用合格方面，重点是牢记党的根本宗旨，爱岗敬业、履职尽责，服务群众、奉献社会，敢担当、敢负责、敢作为，在促进改革发展稳定中作表率、当先锋。"②继承发扬党的优良传统和作风，牢记党的根本宗旨，体现"两学一做"学习教育活动对加强党的作风建设具有重要意义。

---

① 《十八大以来重要文献选编》（中），北京：中央文献出版社，2016年，第468页。
② 《推进"两学一做"学习教育常态化制度化》，《人民日报》2017年3月29日。

2017年10月，党的十九大提出新时代党的建设总要求，在全面建成小康社会决胜阶段、中国特色社会主义进入新时代的关键时期作出了推进党的建设全面部署的重大决策。2019年5月13日，中共中央政治局召开会议，决定从6月开始，在全党自上而下分两批开展"不忘初心、牢记使命"主题教育。会议强调，开展这次主题教育，要坚持思想建党、理论强党，推动全党深入学习贯彻习近平新时代中国特色社会主义思想；要贯彻新时代党的建设总要求，同一切影响党的先进性、弱化党的纯洁性的问题作坚决斗争，努力把我们党建设得更加坚强有力；要坚持以人民为中心，把群众观点和群众路线深深植根于思想中、具体落实到行动上，不断巩固党执政的阶级基础和群众基础；要引导全党同志勇担职责使命，焕发干事创业的精气神，把党的十九大精神和党中央决策部署特别是全面建成小康社会各项任务落实到位。①"不忘初心、牢记使命"主题教育是创新党的建设的重大举措，有力推进了党的作风建设的深入发展。

2019年年底，新型冠状病毒感染（新型冠状病毒肺炎）疫情暴发，突如其来的重大公共卫生事件是对党的领导和国家治理体系的一次大考。在以习近平同志为核心的党中央的坚强领导下，全党全国各族人民齐心合力，共克时艰，取得阶段性重大成果。在这场抗击疫情的伟大斗争中，发扬党的优良作风受到党中央高度关注，党中央反复强调形式主义、官僚主义是打赢疫情防控阻击战的大敌，必须坚决反对，否则将影响各项工作的开展。2020年4月，中共中央办公厅印发了《关于持续解决困扰基层的形式主义问题为决胜全面建成小康社会提供坚强作风保证的通知》，指出全党在统筹推进疫情防控和经济社会发展的斗争中，需要以优良作风狠抓工作落实，充分调动广大党员、干部的积极性、主动性、创造性。必须坚决杜绝形形色色的形式主义、官僚主义，持续为基层松绑减负，让干部有更多时间和精力抓落实。全面提出持续筑牢克服形式主义、官僚主义的思想政治根基，坚决纠治贯彻落实党中央决策部署中的形式主义问题，切实防止文山会海反弹回潮，进一步改进督查检查考核方式方法，着力提高调查研究实效，完善干部担当作为的激励机制，深化治理改革为基层放权赋能，坚持以上率下狠抓工作落实等要求，使加强党的作风建设落到实处。

加强党的作风建设是习近平新时代中国特色社会主义思想的重要内容，习近平总书记的重要论述为新时代加强党的作风建设提供了强大的思想武器。在继承

---

① 《中共中央召开政治局会议》，《人民日报》2019年5月14日。

党中央一贯坚持的思想基础上,习近平总书记围绕加强党的作风建设提出了一系列创新思想,集中体现在以下几个方面。第一,深刻揭示作风与权力的关系,指出"作风问题,很多是因公私关系没有摆正产生的","公权为民,一丝一毫都不能私用"①。"我们的权力是党和人民赋予的,是为党和人民做事用的,姓公不姓私,只能用来为党分忧、为国干事、为民谋利。"②破解作风与权力的关系之题,突出了新时代加强党的作风建设实践的本质。第二,深刻揭示作风与信念的关系,指出"只有在立根固本上下功夫,才能防止歪风邪气近身附体",强调理想信念对共产党人具有安身立命的意义,把作风问题与坚定理想信念紧密结合起来。第三,深刻揭示作风与政绩的关系,指出那些劳民伤财的"形象工程""政绩工程"严重败坏党的作风,树立正确的政绩观为党的作风建设提出了新的建设要求。第四,深刻揭示作风与制度的关系,指出加强党的作风建设"从根本上说还是要靠科学有效的制度",要"聚焦改作风转作风的重点难点问题,不断拓展制度建设的内容"③。从制度层面强调党的作风建设具有深刻意义。第五,深刻揭示作风与道德的关系,指出要坚持依规治党和以德治党相统一,既要注重规范惩戒、严明纪律底线,更要引导人向善向上,发挥理想信念和道德情操的引领作用,"保持共产党人的高尚品格和廉洁操守","以德修身、以德立威、以德服众"④,明确了新时代推进党的作风建设的指向。第六,深刻明确作风与家风的关系,指出"领导干部的家风,不仅关系自己的家庭,而且关系党风政风",要弘扬毛泽东同志、周恩来同志、朱德同志等老一辈革命家高度重视家风的优良传统,"做家风建设的表率","严格要求亲属子女,过好亲情关"⑤。强调家风问题丰富了党的作风建设范围,表明新时代党的作风建设不能只局限于党自身活动的组织空间,还要包括亲属活动的家庭空间。这些思想是新时代党的作风建设历史篇章中的重大理论创新成果。

---

① 《习近平关于党风廉政建设和反腐败斗争论述摘编》,北京:中央文献出版社,2015年,第79、80页。
② 《做焦裕禄式的县委书记》,北京:中央文献出版社,2015年,第10页。
③ 《做焦裕禄式的县委书记》,北京:中央文献出版社,2015年,第59页。
④ 《习近平关于全面从严治党论述摘编》,北京:中央文献出版社,2016年,第142页。
⑤ 《习近平谈治国理政》(第2卷),北京:外文出版社,2017年,第355、356页。

## 六、经验启示：党的作风建设永远在路上

党的十九大结束后，习近平总书记指出："全面从严治党永远在路上，不能有任何喘口气、歇歇脚的念头。我们将继续清除一切侵蚀党的健康肌体的病毒，大力营造风清气正的政治生态，以全党的强大正能量在全社会凝聚起推动中国发展进步的磅礴力量。"①党的作风建设伴随全面从严治党永远在路上，没有间歇的时候，更不允许有丝毫的松懈。百年历史实践积淀了党的作风建设丰富的经验，这笔宝贵的资源是我们党开启百年后新征程的历史遗产，更是把我们党建设得更加坚强有力的优势所在。

### （一）必须坚持以党的政治建设统领党的作风建设

党的作风本质上是政治的体现，必须以党的政治建设为根本，坚持作风建设正确的政治方向。政党是有着共同的政治纲领、政治路线、政治方针、政治立场、政治理想、政治生活的政治组织。党的政治立场、政治纪律、政治规矩、政治要求、政治标准融入党的作风之中。这就要求我们必须从政治的高度认识党的作风建设，作风问题是严重的政治问题。党中央强调，脱离群众是我们党最大的执政危险，这是把作风提到了政治层面最高的程度。党的政治建设决定着作风建设的方向和效果，党的政治建设发挥统领作用必须贯穿党的作风建设全过程。党的作风建设永远在路上，必须把继承党的优良传统、发扬党的优良作风与政治发展规律紧密结合，认真贯彻落实《中共中央关于加强党的政治建设的意见》，实现党的政治建设与作风建设相辅相成、协调推进的创新发展。

### （二）必须从决定党的事业成败的高度深刻认识党的作风建设的极端重要性

党对作风建设重要性的认识，是在革命、建设和改革历史实践正反两方面的经验教训中形成并深化的。作风健康就能促进政党兴旺发达，作风歪斜就会导致政党衰落腐朽。事实证明，党的作风是事关党的事业成败的关键。党的百年历史

---

① 《十九大以来重要文献选编》（上），北京：中央文献出版社，2019年，第87页。

实践中取得的每一个胜利，都证实了两个基本道理：一是要路线正确；二是要作风优良。"只有一套正确的政治路线、政策是不够的，还要有一套正确的组织路线和好的党的作风。这两个方面结合起来才能把我们的党搞好。"①优良作风是贯彻落实正确路线的保障，没有优良的作风，再好的路线在实践中也会偏离正确的目标。党的实践留给我们的启示是，路线错误必然产生作风不正的现象，而有时制定了正确路线也会出现这样那样的作风问题，我们更要警惕的是后一种情况，即如何以优良的作风确保正确路线得到有力执行。延安整风运动时，毛泽东同志就是在我们党路线正确的情况下看到了作风问题的严重性。党的十八大以来，以习近平同志为核心的党中央着力反对"四风"，也是在我们党路线完全正确的情况下作出的全面从严治党的战略部署。这足以表明，端正党的作风对于党的事业举足轻重。对于我们这样一个历经百年淬炼而愈发坚强的党来说，丢掉优良作风就意味着丧失了立足的根基。

### （三）必须深刻认识作风塑党对于质量强党的重要意义

党的作风建设作为塑造形象的重要工程，为社会和人民群众提供了观察和识别马克思主义政党的窗口。我们党的先进性和纯洁性在更大程度上是通过自身的作风来展示的，党组织、党员干部和党员无论是开展工作还是日常生活的言行举止，实际上都在展示着我们党是干什么的、图什么的、谋什么的。不忘初心、牢记使命需要通过党的作风来表现；为中国人民谋幸福，为中华民族谋复兴需要发扬党的优良作风来实现。广大人民群众拥护和支持党的全面领导和长期执政，不仅因为中国共产党领导国家建设取得显著成绩，而且因为认同它以优良作风彰显了先进本质。党的十九大提出新时代党的建设总要求，把质量强党作为追求目标，深刻认识作风塑党的重要意义，必须按照习近平总书记提出的"作风过硬"的要求，把过硬的作风作为质量强党的一项重要任务，在全面从严治党的路上永远保持优良作风。

### （四）必须围绕主线和重点不断把党的作风建设向纵深推进

党的作风建设的核心是保持党同人民群众的血肉关系。这个思想基础奠定于

---

① 《三中全会以来重要文献选编》（上），北京：人民出版社，1982年，第577页。

党的七大确立的群众路线，党的八大从我们党全面执政的新条件出发形成了更加深刻的认识。改革开放新时期，党中央逐渐明确以党的先进性和纯洁性为主线，确定以保持党和人民群众的血肉联系为重点加强党的作风建设。这是党的百年实践在作风建设上得出的最重要的经验，深刻揭示了马克思主义政党优良作风最核心的内容。历任党中央领导人关于全心全意为人民服务，一切从人民利益出发，实现好、维护好、发展好最广大人民的根本利益，以人民为中心，人民至上等一脉相承的思想，都是我们党密切联系人民群众优良作风的话语表达。习近平总书记指出："加强作风建设，必须坚持马克思主义群众观点、贯彻党的群众路线，把出发点和落脚点归结到实现好、维护好、发展好最广大人民根本利益上来，归结到为民务实清廉上来，使改进作风的过程成为贯彻执行党的理论和路线方针政策的过程，成为推动改革开放和社会主义现代化建设顺利进行的过程。"[①]全面从严治党永远在路上，必须不断增强群众观念和群众感情，不断厚植党执政的群众基础，着力构建党密切联系人民群众的长效机制，努力提高服务群众的水平，以优良作风团结群众和凝聚民心。

### （五）必须坚持把继承党的历史传统与创新优良作风相结合

党的作风不是自然生成的，也不是一时形成的，它既要经过历史的淬炼，又要推进现实的创新。历史淬炼是党的作风的筛选过程，把不良作风作为靶子进行批判，把优良作风树为示范加以弘扬，彰显党的先进性和纯洁性。现实创新是党的作风发展要求，结合形势发展和时代要求培育党的新作风，是加强党的作风建设的必然要求。党的优良作风体现党的精神品格，然而，继承传统不是简单地复制历史，创新才能更好地继承。以党的三大优良作风为例，理论与实际相结合，实际总在深入发展，理论需要随着实际的发展而与之结合；密切联系群众，群众的对象范围和愿望诉求不断在变化，需要根据新的形势加强与人民群众的联系；批评和自我批评，批评什么和怎样批评会因时因地而不同，需要按照新内容新要求开展。实践深入发展不断提出党的作风建设新要求，时代变化赋予党的优良作风新内涵。党的作风建设没有一劳永逸的效果，也没有一成不变的定局，党的优良作风必须在不断创新中传承，在传承中推进创新。

---

① 《习近平在中共中央政治局第十六次集体学习时的讲话》，《人民日报》2014年7月1日。

### （六）必须增强忧患意识加强党的作风建设的针对性

中国共产党人的忧患意识，就是忧党、忧国、忧民意识。这是一种责任，更是一种担当。忧患意识既承载着深厚的民族精神，又凝聚着中国共产党深刻的历史经验。我们党是在民族危机忧患中诞生、奋斗并不断壮大起来的马克思主义先进政党，无论是领导革命、建设还是领导改革，不管是战争的历史环境还是和平的时代条件，其发展都不是一帆风顺的，各种各样的危机伴随着党的百年实践。逆境下的奋斗需要顽强意志，顺境下的发展需要清醒头脑，从一定意义上说，在顺境下保持忧患意识比在逆境下更加重要。加强党的作风建设必须有问题意识，党的作风建设永远在路上的意义就在于不断发现问题，及时找到危害党的优良作风的痛点，并下决心坚决予以纠正。延安整风运动以来，党加强作风建设的每一次实践都是奔着问题去的，每一次整顿作风的成效都是实际解决问题的结果。习近平总书记强调，在国内外形势深刻变动的情况下，我们党面临的"四大考验"和"四大危险"更加严峻，始终保持强烈的忧患意识，坚持以问题为导向，加强靶向治疗，是党的作风建设永远在路上的重要原则。

### （七）必须抓好"关键少数"的作风建设

风成于上，俗化于下。党的作风建设中领导干部历来是重点，"上正下不歪"，领导干部作为"关键少数"，在党的作风建设上具有风向标的意义。领导干部承担着继承和发扬党的优良作风的责任。历史实践中，我们党涌现出许多深受群众爱戴的优秀领导干部，无论是党和国家的领导人，还是长期战斗在第一线的基层干部，他们身上表现出来的优良作风为全党树立了楷模。好作风塑造好干部，不同历史时期好干部的作风要求不一样。"好干部的标准，大的方面说，就是德才兼备。同时，好干部的标准又是具体的、历史的。不同时期，对干部德才的具体要求有所不同"[①]，"现在，我们提出政治上靠得住、工作上有本事、作风上过得硬、人民群众信得过等具体要求，突出了好干部标准的时代内涵"。[②] 习近平总书记这一论述明确指出了干部衡量标准的与时俱进问题，包含新时代的领

---

[①]《十八大以来重要文献选编》（上），北京：中央文献出版社，2014年，第337页。
[②]《十八大以来重要文献选编》（上），北京：中央文献出版社，2014年，第337页。

导干部既要发扬焦裕禄精神，又要根据党肩负的新使命形成更高的要求。必须把作风过硬与创新党的作风紧密结合，在统筹推进中国特色社会主义事业"五位一体"总体布局、"四个全面"战略布局和"四个伟大"历史使命中，以领导干部新的作风形塑党的新时代形象，用发展和创新的优良作风为党领导全体人民实现中华民族伟大复兴的目标提供坚强保证。

### （八）必须推动党的作风建设从解决表层现象向挖掘深层次问题发展

党的作风建设需要认真总结经验，遵循规律，实现发扬党的优良作风与永葆党的先进性和纯洁性相统一。从党的历史实践可以看到一个现象，许多作风上的问题不是没有发现，党中央也不是没有采取措施加以解决，但整治的效果往往不明显，有的不正之风经过整治虽然暂时有所缓解，但不久又重新发生，有的甚至一边在整治一边还在发生。习近平总书记把这个现象称为"怪圈"，"作风问题往往抓一抓就好一些，放一放就松下来，存在一个很难走出来的怪圈"[①]。这说明，保持发扬党的优良作风不容易，而不良作风又具有顽固性。走出这个"怪圈"，党的作风建设就不能局限于就事论事的思维方式，必须"既有治标举措，也有治本方略"[②]。"治本，就是要查找产生问题的深层次原因，从理想信念、工作程序、体制机制等方面下功夫抑制不正之风。"[③]党的作风建设永远在路上就要不停地向深处走，就要在解决深层次问题上形成突破性发展。除了在坚定理想信念、完善工作程序、改进体制机制等方面着力外，还必须在严肃党内政治生活、净化党的政治生态、建设党的先进文化上下功夫。这对加强党的作风建设具有治本的意义。

中国共产党在百年奋斗实践中遇到过很多惊涛骇浪，闯过激流旋涡、暗礁险滩一路向前，留下了惊心动魄的精彩故事，构成人们难以忘却的历史记忆。对坚持全面领导和长期执政的中国共产党来说，奋斗的历史已成为既往，更好地前进才能开辟历史的未来。中国共产党百年实践取得的辉煌成就令我们自豪，但切不可安躺于功劳簿上打盹。对期待生活更加美好的中国人民来说，新的奋斗目标召唤着人们砥砺奋进，实现中华民族伟大复兴和建设社会主义现代化强国的新时代

---

① 《习近平关于全面从严治党论述摘编》，北京：中央文献出版社，2016年，第161页。
② 《习近平关于全面从严治党论述摘编》，北京：中央文献出版社，2016年，第48页。
③ 《习近平关于全面从严治党论述摘编》，北京：中央文献出版社，2016年，第153页。

强音吹响了进军号。习近平总书记指出:"昨天的成功并不代表着今后能够永远成功,过去的辉煌并不意味着未来可以永远辉煌","决不能因为胜利而骄傲,决不能因为成就而懈怠,决不能因为困难而退缩,努力使中国特色社会主义展现更加强大、更有说服力的真理力量"①,建党百年是一件值得庆贺的喜事,但不能忘了我们党是从哪里出发、要到哪里去。"全党同志一定要不忘初心、继续前进,永远保持谦虚、谨慎、不骄、不躁的作风,永远保持艰苦奋斗的作风,勇于变革、勇于创新,永不僵化、永不停滞,继续在这场历史性考试中经受考验,努力向历史、向人民交出新的更加优异的答卷!"②习近平总书记提出的这一要求,突出了党的优良作风对于百年征程后再出发的重要意义,值得全党时刻铭记在心,并在新的历史实践中发扬光大。

(本文发表于《新疆师范大学学报(哲学社会科学版)》2021年第1期,略有删改)

---

① 《习近平关于"不忘初心、牢记使命"论述摘编》,北京:党建读物出版社,2019年,第37-38页。

② 《十八大以来重要文献选编》(下),北京:中央文献出版社,2018年,第359页。

# 中国共产党百年作风建设的基本经验

周良书 李 强

自1921年成立以来，中国共产党带领中国人民为完成民族独立、人民解放，实现国家繁荣富强、人民共同富裕已经奋斗了一百年。百年来，中国共产党之所以能够由小变大、由弱变强，在曲折中奋进，在战胜困难中不断取得成功，一个根本原因就在于其始终坚持以人民为中心的思想，高度重视党的作风建设，并深刻认识到这项工作关系着党和国家的生死存亡。因此，在庆祝中国共产党成立一百周年之际，从党的作风建设的发展历程中分析和总结其历史经验，对于在新时代建设新的"伟大工程"，实现党的"两个一百年"奋斗目标，无疑具有重要的现实意义。

## 一、以密切联系群众为核心内容

无产阶级政党有其独特的性质、宗旨。中国共产党作为无产阶级政党，更是具有其他政党所没有的优秀特质和精神形象。其中最根本的一个标志，就是把"全心全意为人民服务"，作为"一切行动的根本出发点和落脚点"，[1]并以此为核心内容持续推进作风建设。这既是践行中国共产党性质和宗旨的内在要求，也是党在加强自身建设中坚持的一条基本经验。

早在1922年党的二大通过的《关于共产党的组织章程的决议案》中，就明确指出：共产党不是学会或一般的革命团体，而是无产阶级中最有革命精神的分

---

[1] 《十八大以来重要文献选编》（上），北京：中央文献出版社，2014年，第697页。

子所组成的政党。为了把党建设成为革命的群众性的无产阶级政党，党的一切活动都必须深入广大的群众里面去。①自此之后，党的许多重要会议都把群众问题列入会议的重要议程，并作出相应的决议案，比如劳工运动、农民问题、青年运动、妇女运动等决议案。此外，在长期革命实践中，党也深刻认识到"兵民是胜利之本"②，"战争的伟力之最深厚的根源，存在于民众之中"③。因此，在党的七大报告中，毛泽东正式把"密切联系群众"概括为党的三大优良作风之一，认为"只有人民，才是创造世界历史的动力"④，强调党的根本宗旨就是"全心全意为人民服务"。

中华人民共和国成立后，中国共产党成为"执政党"这一身份变化，对党的自身建设尤其是作风建设提出更高要求。这一时期，党通过一系列整党整风运动，践行党的群众路线，使党的作风得到显著改进，其为民、务实、清廉的光辉形象深入民心，这为社会主义制度的建立以及社会主义事业的开拓奠定了深厚的群众基础。正如刘少奇指出的："在一切整风深入的地方，群众和干部的心情都大为畅快，他们之间过去存在着的某些隔阂消除了。群众亲切地感觉到党把心交给了他们，他们也把心交给党。"⑤

改革开放后，党的工作重心重新转移到社会主义现代化建设上来，一手抓经济建设，以提高人民的生活水平，一手抓党的建设，以增强党的执政本领。邓小平在同中央负责同志的谈话中强调：要"做几件使人民满意的事情。主要是两个方面，一个是更大胆地改革开放，另一个是抓紧惩治腐败"⑥。他认为只有将这两件事情结合起来，才能塑造党的光辉形象，构建良好党风，以获取广大人民群众的支持和拥护。邓小平还把人民"拥护不拥护""赞成不赞成""高兴不高兴""答应不答应"作为制定各项方针政策的出发点和归宿，作为衡量是否符合人民群众意愿的唯一标准。

---

① 《建党以来重要文献选编》（第1册），北京：中央文献出版社，2011年，第162页。
② 《毛泽东选集》（第2卷），北京：人民出版社，1991年，第477页。
③ 《毛泽东选集》（第2卷），北京：人民出版社，1991年，第511页。
④ 《建党以来重要文献选编（1921～1949）》（第22册），北京：中央文献出版社，2011年，第133页。
⑤ 《建国以来重要文献选编》（第11册），北京：中央文献出版社，1995年，第289页。
⑥ 《邓小平文选》（第3卷），北京：人民出版社，1993年，第313页。

此外，在苏联解体、东欧剧变的大背景下，我们党更加深刻地认识到"人心向背，是决定一个政党、一个政权兴亡的根本性因素"①，认识到"得民心者得天下，失民心者失天下"这个"人类社会发展所反复证明了的真理"②。为此，江泽民提出"三个代表"重要思想，要求把始终"代表中国最广大人民的根本利益"③作为党的建设的一项根本要求，并强调"把提高党的执政能力同党的作风建设结合起来"④，"不断巩固和加强党同人民群众的血肉联系"⑤。胡锦涛提出科学发展观，要求"以人为本"，"做到心里装着群众，凡事想着群众，工作依靠群众，一切为了群众"⑥，并坚持"权为民所用、情为民所系、利为民所谋"⑦，要求始终把实现好、维护好、发展好最广大人民的根本利益作为党和国家一切工作的出发点和落脚点。

进入新时代，党中央更是把密切联系群众当成作风建设的重中之重。2012年11月15日在新一届中央政治局常委见面会上，习近平强调"打铁还需自身硬"，要求全党下大力气解决"一些党员干部中发生的贪污腐败、脱离群众、形式主义、官僚主义等问题"⑧。接着，中央政治局又审议了关于改进工作作风、密切联系群众的八项规定，并带头践行这些规定，为全党作出表率。与此同时，党中央还积极开展各种主题教育活动，努力将党的群众路线贯彻到治国理政的全部活动中。党的十八大以来，党中央按照既定的目标，相继开展以"为民、务实、清廉"为主要内容的群众路线教育实践活动、"三严三实"专题教育和以"为民服务解难题"为目标要求的"不忘初心、牢记使命"主题教育活动，以密切党群关系为着力点，持续推进党的作风建设。

总之，中国共产党成立一百年来，不仅高度重视党的作风建设，而且强调以密切联系群众为其核心内容。正如习近平指出的："历史和现实都告诉我们，密

---

① 《江泽民文选》（第3卷），北京：人民出版社，2006年，第185页。
② 《十六大以来重要文献选编》（中），北京：中央文献出版社，2006年，第594页。
③ 《十六大以来重要文献选编》（上），北京：中央文献出版社，2005年，第8页。
④ 《十六大以来重要文献选编》（上），北京：中央文献出版社，2005年，第610页。
⑤ 《江泽民文选》（第1卷），北京：人民出版社，2006年，第359页。
⑥ 《十六大以来重要文献选编》（上），北京：中央文献出版社，2005年，第371页。
⑦ 《十六大以来重要文献选编》（上），北京：中央文献出版社，2005年，第225页。
⑧ 《习近平谈治国理政》（第1卷），北京：外文出版社，2018年，第4页。

切联系群众,是党的性质和宗旨的体现,是中国共产党区别于其他政党的显著标志,也是党发展壮大的重要原因;能否保持党同人民群众的血肉联系,决定着党的事业的成败。"①

## 二、紧紧围绕党的中心任务进行

围绕党的中心任务开展作风建设,也是党加强自身建设的一条宝贵经验。毛泽东认为,党的建设的核心工作就是制定和执行正确的政治路线。1937年8月,他在《矛盾论》中就曾指出:"一个政党要引导革命到胜利,必须依靠自己政治路线的正确和组织上的巩固。"②1939年10月,在《〈共产党人〉发刊词》中,他又进一步强调:"党的建设过程,党的布尔什维克化的过程",是"同党的政治路线密切地联系着"。③所以中国共产党特别重视围绕党的中心任务,紧密联系党的政治路线,来加强和改进包括党的作风在内的整个共产党的建设。

当然,这仅是一个方面。另一方面,自党成立以来,党内之所以多次出现"左"右倾路线错误,一个很重要的原因就是党尚未真正确立理论联系实际、密切联系群众和批评与自我批评的优良作风。比如,大革命失败以后,八七会议在其通过的告全党同志书中就明确指出:"中央所以陷于机会主义如此之深,而能绝不受警戒的去执行这些机会主义的政策,其原因之一,便是党内情形的不好"。④再如,六届四中全会以后,王明"左"倾教条主义又在党内占据统治地位。对此,党的六届七中全会通过的历史决议也明确指出:"它破坏了党内民主集中制的基本原则,取消了党内批评和自我批评的民主精神,使党内纪律成为机械的纪律,发展了党内盲目服从随声附和的倾向,因而使党内新鲜活泼的、创造的马克思主义之发展,受到打击和阻挠。"⑤

为此,党中央决定在全党范围内开展一次整风运动,其中心任务是反对主观主义以整顿学风,反对宗派主义以整顿党风,反对党八股以整顿文风。在整风过

---

① 《习近平谈治国理政》(第1卷),北京:外文出版社,2018年,第366—367页。
② 《毛泽东选集》(第1卷),北京:人民出版社,1991年,第303页。
③ 《毛泽东选集》(第2卷),北京:人民出版社,1991年,第605页。
④ 《建党以来重要文献选编》(第4册),北京:中央文献出版社,2011年,第437页。
⑤ 《毛泽东选集》(第3卷),北京:人民出版社,1991年,第986页。

程中，中国共产党不仅要求全体党员集中时间学习整风文件，而且要求以支部为单位，组织党员开展批评和自我批评。这样经过延安整风，全党达到空前的团结，广大党员干部思想作风也发生了根本转变。正如毛泽东在党的七大政治报告中指出："对于我们，经常地检讨工作，在检讨中推广民主作风，不惧怕批评和自我批评，实行'知无不言，言无不尽'，'言者无罪，闻者足戒'，'有则改之，无则加勉'这些中国人民的有益的格言，正是抵抗各种政治灰尘和政治微生物侵蚀我们同志的思想和我们党的肌体的唯一有效的方法。"①

中华人民共和国成立后，尤其是在社会主义制度确立以后，中国社会的主要矛盾已经转化为人民群众日益增长的物质文化需要同落后的社会生产之间的矛盾。这决定了党必须集中力量发展社会生产力，并围绕这一中心任务，加强党的作风建设。但是，在"左"倾错误思想的干扰下，党却主张"以阶级斗争为纲"，并开展一系列社会政治运动，试图通过这些运动来整顿党的作风。这既严重阻滞了中国社会生产力的发展，也使得党的优良传统与作风遭到严重破坏。有鉴于此，党的十一届三中全会后，在拨乱反正的基础上，党决定对自身的作风和组织进行一次全面整顿。但鉴于党所处客观社会环境的变化，以及此前运动式整党整风的教训，中央要求整党工作在两个约束条件下实现两个结合：一是整党与改革相结合，以整党保证和促进改革，促进现代化建设；二是整党与反对精神污染相结合，以整党保证和促进社会主义精神文明建设。

这次整党从1983年下半年开始，其主要任务是：统一思想，进一步实现全党思想上、政治上的高度一致；整顿作风，发扬全心全意为人民服务的革命精神；加强纪律，坚持民主集中制的组织原则；纯洁组织，按照党章规定，把坚持反对党、危害党的分子清理出来，开除出党。②其最大特点，就是围绕党的工作中心，突出政治路线，抛弃群众运动方式，采取批评与自我批评的方法。这次整党整风成效显著，在根本上保证了新时期党领导改革开放和现代化建设事业的顺利推进。

党的十八大以来，以习近平同志为核心的党中央，正是在总结党的历史经验和教训的基础上，主张把党的政治建设摆在首位，强调"全党要坚定执行党的政

---

① 《毛泽东选集》（第3卷），北京：人民出版社，1991年，第1096页。
② 《十二大以来重要文献选编》（上），北京：人民出版社，1986年，第393—397页。

治路线，严格遵守政治纪律和政治规矩，在政治立场、政治方向、政治原则、政治道路上同党中央保持高度一致"①；同时又结合新时代党的中心任务和党建工作实际，强调"党的政治建设是党的根本性建设"②，认为整个党的建设都要以党的政治建设为统领。这个要求体现在党的作风建设中，即新时代党风建设必须体现政治建设的要求。这是对围绕中心任务开展作风建设这一历史经验的运用和发展。

## 三、注重领导干部以上率下作用

在党的作风建设中，坚持领导干部以上率下至关重要。因为领导干部是"关键少数"，不同于一般的党员干部，他们肩负着领导重任，以及对其他党员以身作则的示范之责。正如毛泽东指出的："对于任何工作任务（革命战争、生产、教育，或整风学习、检查工作、审查干部，或宣传工作、组织工作、锄奸工作等等）的向下传达，上级领导机关及其个别部门都应当通过有关该项工作的下级机关的主要负责人，使他们负起责任来，达到分工而又统一的目的（一元化）。"③所以领导干部的重要职责就是上情下达，起到以上率下的作用。

毛泽东还把这一方法和经验应用到党的作风建设中。在《关于整顿三风》中，毛泽东强调中央机关都要行动起来，"要把中央的决心、高级干部的决心、中央学习组同志的决心带到下面去。一定要这样做，并且要进一步实行好"④。同时在具体工作中，他也特别重视领导干部的表率作用。毛泽东说："批评和自我批评是一个整体，缺一不可，但作为领导者，对自己的批评是主要的。"⑤在党的六届七中全会上，他更是明确指出："决议把许多好事挂在我的账上，我不反对，但这并不否认我有缺点错误，只是因为考虑到党的利益才没有写在上面，这

---

① 《决胜全面建成小康社会 夺取新时代中国特色社会主义伟大胜利——在中国共产党第十九次全国代表大会上的报告》，北京：人民出版社，2017年，第62页。

② 《决胜全面建成小康社会 夺取新时代中国特色社会主义伟大胜利——在中国共产党第十九次全国代表大会上的报告》，北京：人民出版社，2017年，第62页。

③ 《毛泽东选集》（第3卷），北京：人民出版社，1991年，第900页。

④ 《毛泽东文集》（第2卷），北京：人民出版社，1993年，第418页。

⑤ 《毛泽东文集》（第2卷），北京：人民出版社，1993年，第418页。

是大家要认识清楚的，首先是我。"①

中华人民共和国在成立之初，面临复杂的国际国内形势，为解决党内存在的不良之风问题，1950年5月，中共中央发出《关于在全党全军开展整风运动的指示》。虽然其中明确要求"在中央的总领导下"，在全党全军范围内开展"一次大规模的整风运动"，但是党中央也同时指出，这次整风运动"首先是整顿干部作风"②，"整风的重点是各级担负领导工作的党员干部"③。党的十一届三中全会后，为迎接改革开放和现代化建设的新任务和新挑战，党更加注重发挥领导干部在党的领导和党的建设中以上率下的作用。邓小平指出，"领导干部，特别是高级干部以身作则非常重要"，党的路线方针和政策，"能不能深入下去，工作能不能落实，关键在于领导干部是不是以身作则"④，所以在党风建设中，更需要"高级干部起模范带头作用"，以便"把我们党的艰苦朴素、密切联系群众的传统作风很好地恢复起来，坚持下去"。⑤

其实在改革开放的新征程中，党的历届中央领导同志也都十分重视在党风建设中发挥领导干部模范带头作用。比如，在《领导干部要在思想、作风建设中作出表率》中，江泽民就明确指出："领导干部的思想、作风端正不端正，关系十分重大，直接关系党的理论和路线方针政策能不能真正贯彻落实，关系党和人民的事业能不能不断取得新的胜利。"⑥在《增强忧患意识，把党建设好》中，胡锦涛更是强调："全党同志特别是领导干部都要讲党性、重品行、作表率。一是要始终保持同人民群众的血肉联系；二是要大力弘扬求真务实精神、大兴求真务实之风"，"党的各级领导干部特别是高级干部理想信念坚定，全党同志理想信念坚定，全国人民就有主心骨"。⑦

党的十八大以来，以习近平同志为核心的党中央在推进全面从严治党中，也特别重视抓住关键群体，以起到"抓住一小批，带动一大片"的效果。比如，党

---

① 《毛泽东文集》（第3卷），北京：人民出版社，1996年，第284页。
② 《建国以来重要文献选编》（第1册），北京：中央文献出版社，1992年，第217页。
③ 《陈云年谱》（中），北京：中央文献出版社，2000年，第50页。
④ 《邓小平文选》（第2卷），北京：人民出版社，1994年，第124页。
⑤ 《邓小平文选》（第2卷），北京：人民出版社，1994年，第229-230页。
⑥ 《江泽民文选》（第2卷），北京：人民出版社，2006年，第139页。
⑦ 《胡锦涛文选》（第3卷），北京：人民出版社，2016年，第14-16页。

的十八大刚结束,习近平就强调改进工作作风、密切联系群众,首先要从中央政治局做起,并审议通过八项规定。他还告诫党的领导干部:"要求别人做到的自己先要做到,要求别人不做的自己坚决不做,以良好党风带动政风民风,真正赢得群众信任和拥护。"①与此同时,党中央又制定并下发一系列条例、意见和规定,以落实中央八项规定精神,推动全面从严治党向纵深发展。这其中既有一般性的文件规定,如《中国共产党巡视工作条例》《中国共产党廉洁自律准则》《中国共产党问责条例》,也有专门针对领导干部的规章制度,如《党政领导干部选拔任用工作条例》《党政领导干部考核工作条例》《党政主要领导干部和国有企事业单位主要领导人员经济责任审计规定》等。这些法规意见都要求党的领导干部带头转变作风,身体力行,以上率下,形成"头雁效应"。

事实上,自党中央制定和执行中央八项规定开始,全党在纠正"四风"、开展反腐败斗争中已经取得重大成效,这充分说明领导干部以上率下的作用和影响力。因此新时代加强党的作风建设,还必须紧紧抓住领导干部这个"关键少数"。只有这样,党风建设才能更好发挥"头雁效应",纠正"特权思想",根治"特权现象",从而营造风清气正的良好政治生态。

## 四、坚持长效机制和专项治理相结合

党的作风建设不是一时之需,也非权宜之计。这主要是因为"作风问题具有顽固性和反复性,形成优良作风不可能一劳永逸,克服不良作风也不可能一蹴而就"②。事实上,在作风建设中,党也一直十分重视发扬优良传统,并积极探索一套具有系统性、实效性以及可操作性的做法,以形成作风建设的长效机制。同时,党又依据客观形势的变化,针对具体问题开展专项治理,以解决作风建设上不断出现的新问题。

建立长效机制,主要是源于作风问题的顽固性与反复性。其实早在民主革命时期,党就已经认识到解决这一问题的艰巨性。对此,毛泽东曾有一个很形象的

---

① 《中共中央政治局召开会议 审议关于改进工作作风、密切联系群众的有关规定 分析研究2013年经济工作》,《人民日报》2012年12月5日。

② 《习近平关于党风廉政建设和反腐败斗争论述摘编》,北京:中国方正出版社,2015年,第80页。

比喻，他说："房子是应该经常打扫的，不打扫就会积满了灰尘；脸是应该经常洗的，不洗也就会灰尘满面。我们同志的思想，我们党的工作，也会沾染灰尘的，也应该打扫和洗涤。"①中华人民共和国成立后，无论是面临何种外部环境，党都把作风建设作为执政兴国的重要着力点。但作风问题始终具有顽固性与反复性，只要稍有松懈，党内不良作风便会兴起。正因此，回顾党的作风建设历程，习近平严肃指出："这么多年，作风问题我们一直在抓，但很多问题不仅没有解决、反而愈演愈烈，一些不良作风像割韭菜一样，割了一茬长一茬。症结就在于对作风问题的顽固性和反复性估计不足，缺乏常抓的韧劲、严抓的耐心，缺乏管长远、固根本的制度。"②

以反腐败斗争为例。早在1926年，党中央就下发通告指出，"我们的党乘着革命的高潮，有突飞的发展"，但不少投机腐败分子借机混入党内，他们在"个人生活上表现极坏的倾向，给党以很恶劣的影响，最显著的事实，就是贪污的行为，往往在经济问题上发生吞款、揩油的情弊"，因此党要"很坚决的洗清这些不良分子，和这些不良倾向奋斗"。③中华人民共和国成立后，特别是改革开放以来，党中央高度重视廉政建设，并持续推进反腐败斗争，但伴随市场经济的深入发展，在市场竞争性、趋利性的负面影响下，党内贪污腐败问题也变得严峻起来。这主要是由于一些作风建设的举措，"还停留在治标的层面上，病原体并没有根除；还有一些是因为不敢才有所遏制的，不能、不想的问题远远没有解决"④。有鉴于此，党的十八大以来，以习近平同志为核心的党中央在推进作风建设中更加注重各项政策实施与改革举措之间的系统性、整体性和协调性，通过落实党风廉政建设"两个责任"、运用反腐巡视利剑、完善制度保障等多项举措构建长效机制，以促进党的作风持续好转。

开展专项治理，是中国共产党治国理政的重要路径，也是党加强作风建设、构建良好政治生态的传统做法。这项工作的关键是"专"，它要求紧抓党风问题要害，并对其共性问题作科学总结，强调专门抓、专门研究、专门部署、专门整

---

① 《毛泽东选集》（第3卷），北京：人民出版社，1991年，第1096页。
② 《习近平关于党风廉政建设和反腐败斗争论述摘编》，北京：中国方正出版社，2015年，第22页。
③ 《建党以来重要文献选编》（第3册），北京：中央文献出版社，2011年，第348页。
④ 《习近平关于全面从严治党论述摘编》，北京：中央文献出版社，2016年，第163页。

治,以此实现对重点问题的及时、有效解决。早在民主革命时期,为破除"左"倾错误的负面影响,党中央就曾在延安开展整风运动,对"主观主义""宗派主义""党八股"作专项整治。毛泽东要求"中央各个部委除了一些日常的必要的工作外,其余的全部精力就是做这个工作",其目的就是"要把我们的学风、党风、文风改变,扩大正风,缩小和消灭歪风"。①这次专项整治,纠正了党的作风,巩固了党的团结,为夺取民主革命的胜利奠定了基础。

中华人民共和国成立后,党中央更是把党风问题和廉政建设结合起来,开展了一系列专项治理工作。比如,1951年中国共产党就在党和国家机关内部进行一次专项整治,即反贪污、反浪费、反官僚主义的运动。在下发的《关于实行精兵简政、增产节约、反对贪污、反对浪费和反对官僚主义的决定》中,党中央要求各级领导机关围绕精兵简政、增产节约这一中心任务,在"精兵简政"工作中,在"增产节约"运动中,"在进行反对贪污和反对浪费的斗争中,同时展开一个反对官僚主义的斗争"②。这次专项整治,树立了党的良好形象,巩固了党的执政地位,为社会主义改造创造了有利条件。

改革开放以来,中国共产党为加强作风建设,深入推进反腐败斗争,又开展了一系列专项整治活动。进入新时代后,以习近平同志为核心的党中央也主张抓住重点问题,推进全面从严治党向纵深发展。比如,党中央针对群众反映的突出问题,以反"四风"为突破口,"抓住要害、集中发力、持续用劲,对群众反映强烈的共性问题,集中开展专项整治;对出现的'四风'种种变异问题,保持高度警惕,坚持露头就打;对顶风违纪现象,严肃责任追究,加大查处力度"③。这次专项整治,推动党风政风和社会风气展现新气象、再上新台阶,也使以习近平同志为核心的党中央赢得了党心民心。

总之,长效机制关注的是制度设计、整体推进,而专项整治强调的是集中发力、重点突破。二者结合起来就是"标本兼治",这也是中国共产党加强作风建设的一条宝贵经验。正如习近平指出的:"治标,就是要着力针对面上'四风'问题的各种表现,该纠正的纠正,该禁止的禁止。治本,就是要查找产生问题的

---

① 《毛泽东文集》(第2卷),北京:人民出版社,1993年,第413页。
② 《建国以来重要文献选编》(第2册),北京:中央文献出版社,1992年,第483-484页。
③ 《十八大以来重要文献选编》(中),北京:中央文献出版社,2016年,第89页。

深层次原因，从理想信念、工作程序、体制机制等方面下功夫抑制不正之风。"①

## 五、坚持思想教育和制度建设相结合

思想教育在于改造党员思想，制度建设在于规约党员行为。在作风建设中，坚持将思想教育与制度建设相统一，这是中国共产党从实践中得出的又一条重要经验。因为只有这样，才能凝聚思想与制度的合力，实现渐进和突破相衔接，进而不断攻克作风中的突出问题，增强党自我净化、自我完善、自我革新、自我提高的能力，为党的建设伟大工程的持续推进提供助力。

党的作风建设要以思想教育为基础。毛泽东建党思想一个最鲜明的特点，就是把思想建设放在首位，强调从思想上建设党。这是由中国国情的特殊性决定的。因为在一个工人阶级人数相对较少的半殖民地半封建国家里，如何建设"一个全国范围的、广大群众性的"无产阶级政党，是中国共产党诞生之初面临的一大难题。为此，早在1929年12月的古田会议决议中，毛泽东就主张用思想教育的办法来克服党内非无产阶级思想。②这一思想观点后来被1935年12月的瓦窑堡会议直接继承下来。在这次会议决议案中，中国共产党完全抛弃此前唯成分论的做法，强调"一切愿意为着共产党的主张而奋斗的人，不问他们的阶级出身如何，都可以加入共产党"；要"使党变为一个共产主义的熔炉，把许多愿意为共产党主张而奋斗的新党员，锻炼成为有最高觉悟的布尔什维克的战士。党内两条战线的斗争，与共产主义的教育，就是达到这一目的的方法"。③

上述建党思路在延安整风运动中得以付诸实践。其实，这场运动的本意是整顿党的组织和党的作风，但是党中央却从整顿党的思想入手。正如毛泽东指出的："为要领导革命运动更好地发展，更快地完成，就必须从思想上组织上认真地整顿一番。而为要从组织上整顿，首先需要在思想上整顿，需要展开一个无产阶级对非无产阶级的思想斗争。"④在这场思想教育运动中，毛泽东的"思想改

---

① 《习近平关于党风廉政建设和反腐败斗争论述摘编》，北京：中国方正出版社，2015年，第74页。
② 《建党以来重要文献选编》（第6册），北京：中央文献出版社，2011年，第762页。
③ 《建党以来重要文献选编》（第12册），北京：中央文献出版社，2011年，第549页。
④ 《毛泽东选集》（第3卷），北京：人民出版社，1991年，第875页。

造"和刘少奇的"自我修养",的确能让每一个党员在思想上、灵魂上得到磨炼和洗涤,从而逐步净化为一个"高尚的人""纯粹的人",一个"具有共产主义道德的人"。

中华人民共和国成立后,中国共产党将延安时期收获的经验,以一种"思想"的形式保留下来,所以无论在社会主义革命和建设过程中,还是在改革开放和现代化建设的新时期,党都一直强调思想建党的重要性。党的十八大以来,习近平更是明确指出:"加强党的建设,首要任务是加强思想政治建设,关键是教育管理好党员、干部。"[1]在具体实践中,习近平也很十分重视"思想"之于"作风"的基础性地位。因此在党的作风建设中,他一方面强调要"返璞归真、固本培元,重点突出坚定理想信念、践行根本宗旨、加强道德修养"[2];另一方面又要求以整风精神来解决党风问题,特别是以"自我革命"的整治力度和变革强度、以深挖根源和触动灵魂的态度狠抓作风建设。

党的作风建设要以制度建设为保障。这也是中国共产党加强自身建设的一个重要手段和优良传统。早在1938年10月党的六届六中全会上,针对当时张国焘破坏党风、违反党纪的行为,毛泽东就严肃指出:"为使党内关系走上正轨",除"重申党的纪律"以外,"还须制定一种较详细的党内法规,以统一各级领导机关的行动"。[3]于是在毛泽东主导下,这次全会通过《关于各级党委暂行组织机构的决定》《关于中央委员会工作规则与纪律的决定》《关于各级党部工作规则与纪律的决定》等一系列规章制度。

中华人民共和国成立后,党虽然也一直重视制度建设,但是真正从党和国家工作全局,来思考并落实这一问题,还是在改革开放以后。这当然也是党深刻总结历史经验和教训的结果。正如邓小平指出的:"制度问题更带有根本性、全局性、稳定性和长期性","我们过去发生的各种错误,固然与某些领导人的思想、作风有关,但是组织制度、工作制度方面的问题更重要"。[4]自此之后,党不仅要求加强制度建设,而且强调坚持制度治党,即将制度建设贯穿到整个党建工作中

---

[1] 《习近平谈治国理政》(第2卷),北京:外文出版社,2017年,第172页。
[2] 《习近平关于党风廉政建设和反腐败斗争论述摘编》,北京:中国方正出版社,2015年,第144页。
[3] 《毛泽东选集》(第2卷),北京:人民出版社,1991年,第528页。
[4] 《邓小平文选》(第2卷),北京:人民出版社,1994年,第333页。

去，这当然也包括党的作风建设。

党的十八大以来，制度治党又进入一个全新阶段，即从注重制度要素的建设，转向注重制度体系的构建。这主要是考虑到任何一项制度，都须在系统严密的制度体系中才能发挥其实际效能。正因此，党的十九届四中全会明确提出，要"固根基、扬优势、补短板、强弱项，构建系统完备、科学规范、运行有效的制度体系"①。这其中既含有弘扬党的优良作风方面的制度规定，如"建立不忘初心、牢记使命的制度"，"健全为人民执政、靠人民执政各项制度"等，也包括纠正党的不良作风方面的制度规定，如"完善党内监督体系"，"完善权力配置和运行制约机制"，"构建一体推进不敢腐、不能腐、不想腐体制机制"等。其目的就是要在制度设计上，"搞好配套衔接，做到彼此呼应，增强整体功能"②。

总之，在党的作风建设中，思想教育是基础，它为作风建设提供思想引领；制度建设是保障，它为作风建设提供制度规范。只有将二者统一起来，才能确保党的作风建设落实见效、行稳致远，否则，制度建设势必流于形式，迷失方向，而思想教育也会软弱无力，流于空谈。党的十八大以来，以习近平同志为核心的党中央，正是将二者结合起来，并充分发挥其在作风建设中的双核驱动作用，才使党的作风在新时代取得新的成效，展现新的风貌。

（本文发表于《马克思主义理论学科研究》2021年第6期，略有删改）

---

① 《习近平谈治国理政》（第3卷），北京：外文出版社，2020年，第127页。

② 习近平：《在党的群众路线教育实践活动总结大会上的讲话》，《人民日报》2014年10月9日。

# 百年党的纪律建设的特点、经验和启示

林绪武

习近平总书记指出:"我们党是靠革命理想和铁的纪律组织起来的马克思主义政党,纪律严明是党的光荣传统和独特优势。"[①]党自成立以来一直高度重视纪律建设,这为党的事业发展提供了重要保证,百年党的纪律建设呈现出鲜明的特点,积累了宝贵的经验,为继续推动党的纪律建设提供了重要启示。

## 一、党的纪律建设的鲜明特点

纵览中国共产党百年历程,党的纪律建设具有长期性和稳定性、权威性和平等性、政治性和时代性等鲜明特点。

### (一)党的纪律建设的长期性和稳定性

百年来党的纪律建设根据新形势、新任务、新要求,持之以恒不断向前推进,使党始终保持纪律严明,从而树立了良好的政党形象,不断巩固和扩大了党执政的阶级基础和群众基础。同时,党的纪律以相对稳定的制度规章呈现,虽然根据不同阶段的形势和任务,其具体内容有所变动或调整,但是,党的政治纪律、组织纪律、廉洁纪律、群众纪律、工作纪律、生活纪律则具有稳定性特征。稳定性恰似党的纪律建设的一条中心线、一颗定心丸,能够从整体上发挥党的纪律的约束作用,保障党的纪律建设不断发展、稳步向前。

---

① 《习近平关于严明党的纪律和规矩论述摘编》,北京:中央文献出版社,2016年,第3页。

## （二）党的纪律建设的权威性和平等性

"铁的纪律"，是对党的纪律权威性的形象描述。无产阶级及其政党之所以有力量，就在于其是严密的有组织的整体。而这种组织作用的有效发挥，有赖于党内严格的纪律。党的会议上讨论通过并形成的决议，党的每个组织和每位党员都必须执行，不可挑战党的纪律的权威性。同时，纪律的权威性暗含着强制性，任何党员、干部、党组织都不可违反党的纪律，谁若违反就要受到党纪的处罚。这就要求所有的组织和党员尤其是党员领导干部必须严格遵守党的纪律，敬畏纪律，不越底线，不踩红线，以党的纪律规范自身行为，确保全党在思想上、政治上、行动上的统一。同时，党的纪律面前人人平等，党员无论职位高低、功绩如何、年龄大小、工作轻重都要遵守党的纪律，党内不允许任何人有超越纪律之上的特权，任何人、任何组织违反了党的纪律都必须受到追究，决不允许干扰党纪执行的行为。

## （三）党的纪律建设的政治性和时代性

"严明党的纪律，首要的就是严明政治纪律。"[①]党的纪律的政治性包括政治路线、政治方向、政治原则、政治立场、政治观点等重大问题，直接关系到党的纪律建设的根本性质和发展方向。"党的纪律是多方面的，但政治纪律是最重要、最根本、最关键的纪律，遵守党的政治纪律是遵守党的全部纪律的重要基础。"[②]遵守政治纪律，就要坚持党的领导，坚持党的基本理论、基本路线、基本方略，同党中央保持高度一致，自觉维护党中央权威，严明党的政治纪律和政治规矩。政治纪律是各级党组织和全体党员在政治方向、政治立场、政治言论、政治行为方面必须遵守的规矩，是维护党的团结统一的根本保证。新时代，牢固树立政治理想，正确把握政治方向，坚定站稳政治立场，严格遵守政治纪律，不断巩固党执政的政治基础，维护党的团结统一，是每位共产党员的坚守和担当。与时俱进是马克思主义政党的内在品质，把握时代主题，体现时代精神，是党的理论创新

---

[①]《习近平关于党风廉政建设和反腐败斗争论述摘编》，北京：中国方正出版社，2015年，第30页。

[②]《习近平关于党风廉政建设和反腐败斗争论述摘编》，北京：中国方正出版社，2015年，第30页。

的逻辑起点。党的纪律建设亦然。执政前,党的纪律建设突出强调党的组织和党员队伍对党的忠诚;执政后,党的纪律建设在强调忠诚的同时重点要求党的组织和党员队伍的廉洁。党章中关于党的纪律建设主要内容的修改,充分体现了党的纪律建设的时代性。从第一部党章制定以来,党对自身严密的组织性和纪律性的基本认识和发展方向没有发生变化,但在不同的发展阶段和发展环境中,党根据自身所处的时代方位和具体的时代任务,科学把握党的纪律建设规律,不断加强和推进党的纪律建设。新时代以来,从用党章党规党纪的尺子衡量党员干部行为到严肃党内政治生活,从加强党内监督到净化政治生态,党的纪律建设的时代性不断凸显,全面从严治党的效果日益显著。

## 二、党的纪律建设的宝贵经验

纪律是党的生命,党的纪律建设永远在路上,百年党的纪律建设积累了许多宝贵的经验。

### (一)中国共产党章程是党的纪律建设的根本

"没有规矩,不成方圆。党章就是党的根本大法,是全党必须遵循的总规矩。"[①]党的一大奠定"纪律立党"的基础,二大党章形成党的纪律的最初框架,此后,党章皆根据实际情形的变化,不断丰富和完善党的纪律内容,不断推进党的纪律建设的进程。在百年奋斗历程中,党认真总结成功的经验,及时把党的创新成果写进党章,党章在推进党的事业、加强党的建设中发挥了重要指导作用。习近平总书记多次强调,全党要牢固树立党章意识,真正把党章作为加强党性修养的根本标准;党章是党的总章程,是全党必须遵循的根本行为规范,认真学习党章、熟悉掌握党章是党员应尽的义务;推动全党尊崇党章,增强政治意识、大局意识、核心意识、看齐意识,坚决维护党中央权威和集中统一领导。这些重要论述阐明了党章在党的纪律建设中所发挥的极其重要的作用。因此,从中国共产党成立起,党章就一直是约束全体党员的根本大法,党员要以自觉遵守党章作为纪律准则,养成遵守党章就是维护党的纪律的意识,同时用严明的纪律维护党章权威。

---

[①]《习近平关于严明党的纪律和规矩论述摘编》,北京:中央文献出版社,2016年,第3页。

## （二）科学的理论是党的纪律建设的指导

党的七大党章首次提出党员要"努力地提高自己的觉悟程度和领会马克思列宁主义、毛泽东思想的基础"①，党的八大党章明确要求党员"努力学习马克思列宁主义，不断提高自己的觉悟程度"②，党的十二大党章规定党员要"认真学习马克思列宁主义、毛泽东思想，学习党的基本知识和党的路线、方针、政策和决议，学习科学、文化和业务"③，对党员科学理论学习提出了更高的要求。随着党的指导思想的日益完善，历次修订党章对党员学习科学理论的要求也进一步提高，由十二大党章的"认真学习马克思列宁主义、毛泽东思想"到十九大党章扩展为认真学习马克思列宁主义、毛泽东思想、邓小平理论、"三个代表"重要思想、科学发展观、习近平新时代中国特色社会主义思想。党章对党员学习的要求，其基本出发点是要求共产党员以科学的理论指导自身的行为，保证每个党员自觉贯彻落实党的基本理论、基本路线、基本方略。因此，以毛泽东思想、邓小平理论、"三个代表"重要思想、科学发展观、习近平新时代中国特色社会主义思想为指导，就为党的纪律建设提供了思想上、理论上、行动上的重要保障，确保了党的纪律建设的基本属性和前进方向，指引了党的纪律建设实践的不断创新和发展。

## （三）为人民服务是党的纪律建设的核心

始终站在人民大众立场上，一切为了人民、一切相信人民、一切依靠人民，诚心诚意为人民谋利益是中国共产党人的初心和使命。党的纪律建设，维系的是党与人民群众的血肉联系，实现的是最广大人民群众的根本利益，严明的纪律是同损害人民群众利益行为作斗争的锐利武器，贯穿纪律建设始终的根本思想方法和工作路线是党的群众路线，归根结底是为了让人民群众真正得到实惠。推进党的纪律建设，要始终以维护最广大人民的根本利益为核心，同一切损害群众切身利益的行为作坚决斗争。任何时候都把群众利益放在第一位，与群众同甘共苦，保持最密切的联系，坚持权为民所用、情为民所系、利为民所谋，不允许任何党

---

① 《建党以来重要文献选编》（第22册），北京：中央文献出版社，2011年，第417页。
② 《建党以来重要文献选编》（第16册），北京：中央文献出版社，2011年，第472页。
③ 《十二大以来重要文献选编》（上），北京：人民出版社，1986年，第69页。

员脱离群众，凌驾于群众之上。

### （四）从严管党治党是党的纪律建设的抓手

"党要管党、从严治党，靠什么管，凭什么治？就是要靠严明纪律。"①党是用革命理想和铁的纪律组织起来的马克思主义政党，组织严密、纪律严明是党的优良传统和政治优势，也是党的力量所在。21世纪以来，党面临的执政考验、改革开放考验、市场经济考验、外部环境考验是长期的、复杂的、严峻的，精神懈怠危险、能力不足危险、脱离群众危险、消极腐败危险更加尖锐地摆在全党面前。2018年10月1日，新修订的《中国共产党纪律处分条例》施行，是对全面从严治党、加强纪律建设的再部署、再落实，进一步释放了用铁的纪律管党治党的强烈信号。全面从严治党永远在路上，全党要把严的标准、严的措施贯穿于管党治党全过程和全方位。坚持依规治党、标本兼治，坚持把纪律挺在前面，加强组织性纪律性，在党的纪律面前人人平等。强化管党治党主体责任和监督责任，加强对党的领导机关和党员领导干部特别是主要领导干部的监督，不断完善党内监督体系。深入推进党风廉政建设和反腐败斗争，以零容忍态度惩治腐败，构建不敢腐、不能腐、不想腐的有效机制，真正让党的纪律严而又严，真正让纪律这个带电高压线不能碰、不敢碰、碰不得，真正发挥党的纪律的威慑和震慑作用。只有把纪律挺在前面，守住纪律这条底线，靠纪律全覆盖地管、全方位地治，从源头上阻断不正之风和腐败滋生的通道，才能维护好党内政治生态。

## 三、党的纪律建设的重要启示

纪律严明是党与生俱来的鲜明烙印，党的纪律建设是与时俱进的永恒课题。百年党的纪律建设的特点、经验，为继续推进党的纪律建设提供了重要启示。

### （一）把党的纪律建设摆在重要位置，强化党的纪律教育

马克思强调："必须绝对保持党的纪律，否则将一事无成。"②列宁也认为：

---

① 《习近平关于党风廉政建设和反腐败斗争论述摘编》，北京：中国方正出版社，2015年版，第36页。
② 《马克思恩格斯全集》（第29卷），北京：人民出版社，1972年，第413页。

"无产阶级实现无条件的集中和极严格的纪律,是战胜资产阶级的基本条件之一。"①在领导中国革命的进程中,毛泽东同志说过:"加强纪律性,革命无不胜。"②改革开放以来,邓小平同志指出:"没有一个由具有高度觉悟性、纪律性和自我牺牲精神的党员组成的能够真正代表和团结人民群众的党,没有这样一个党的统一的领导,是不可能设想的,那就只会四分五裂,一事无成。"③江泽民同志认为:"全党纪律严明,朝气蓬勃,我们就能无往而不胜。"④胡锦涛同志也提出:"只有纪律严明,才能保证党的理论和路线方针政策的贯彻落实,才能维护党的团结统一。"⑤新时代以来,习近平总书记多次阐明党的纪律的重要,他指出:"党的性质、宗旨都决定了纪严于法、纪在法前。要把党的纪律和规矩挺在前面,用纪律和规矩管住大多数,使所有党员干部严格执行党规党纪、模范遵守法律法规。"⑥党要管党、从严治党,纪律建设是治本之策,必须把党的纪律建设摆在重要位置,这样党的纪律建设才能发挥治本作用。

要使党的纪律转变为党员的自觉行动,就需要加强纪律教育。党员干部只有真正了解党的纪律,才能够做到使党纪党规入脑入心,从而自觉遵守党的纪律。毛泽东同志指出:"必须对党员进行有关党的纪律的教育,既使一般党员能遵守纪律,又使一般党员能监督党的领袖人物也一起遵守纪律。"⑦邓小平同志认为:"对于违反中央规定的党员干部,一定要进行认真的教育,教育无效的就要实行组织措施以至纪律处分。"⑧习近平总书记提出:"党的各级组织要加强对党员、干部遵守政治纪律的教育。"⑨新时代以来,党的群众路线教育实践活动、"三严三实"专题教育、"两学一做"学习教育、"不忘初心、牢记使命"主题教育、党史学习教育等,丰富了党的纪律教育的内容和形式,推动着党的纪律建设的前进步伐。党的纪律教育,就是要使党员树立牢固的纪律意识,知晓应该干什么、不

---

① 《列宁全集》(第39卷),北京:人民出版社,2017年,第4页。
② 《邓小平文集(一九四九~一九七四年)》(下),北京:人民出版社,2014年,第131页。
③ 《邓小平文选》(第2卷),北京:人民出版社,1994年,第341-342页。
④ 《论党的建设》,北京:中央文献出版社,2001年,第337页。
⑤ 《十六大以来重要文献选编》(中),北京:中央文献出版社,2006年,第626页。
⑥ 《习近平关于严明党的纪律和规矩论述摘编》,北京:中央文献出版社,2016年,第60页。
⑦ 《毛泽东选集》(第2卷),北京:人民出版社,1991年,第528页。
⑧ 《改革开放三十年重要文献选编》(上),北京:中央文献出版社,2008年,第114页。
⑨ 《十八大以来重要文献选编》(上),北京:中央文献出版社,2014年,第764页。

该干什么,能做什么、不能做什么,违反了纪律有什么危害、会受到什么惩罚,从而自觉地尊崇纪律、敬畏纪律、维护纪律、严守纪律。要把加强纪律教育与严格纪律执行密切结合起来,有机融入监督执纪问责全过程,以从严执纪的惩戒震慑作用强化纪律教育的效果,并以党规党纪进行自我教育,实现自我净化、自我完善、自我革新、自我提高。

**(二)以完善党内法规体系为基础,健全党的纪律检查体制机制**

党内法规制度带有根本性、全局性、稳定性、长期性,既"禁于未然之前",又"禁于已然之后",为党员、干部拉起了高压线、划出了警戒线,具有规范引导、控制约束、警诫告诫、惩罚威慑的作用。党内法规是中国特色社会主义法治体系的重要组成部分,加强党内法规建设,不断完善党内法规体系,既是全面从严治党、依规治党的必然要求,也是全面推进依法治国的应有之义。1980年2月29日,党的十一届五中全会通过的《关于党内政治生活的若干准则》,是加强党内法规体系建设的重要探索。党的十三大以后,党内法规体系建设逐渐深入,先后颁布《关于共产党员在经济方面违法违纪党纪处分的若干规定(试行)》《关于中央纪委派驻纪检组和各部门党组纪检组(纪委)若干问题的规定(试行)》《中国共产党纪律检查机关控告申诉工作条例》等多部文件,党的纪律建设逐步走向规范化、科学化。新时代以来,党内法规体系建设进入全新阶段,党的十九大报告提出:"增强依法执政本领,加快形成覆盖党的领导和党的建设各方面的党内法规制度体系,加强和改善对国家政权机关的领导。"①《中国共产党纪律处分条例》《中国共产党党内监督条例》《中国共产党问责条例》《中国共产党巡视工作条例》《关于新形势下党内政治生活的若干准则》《中国共产党廉洁自律准则》等党内法规的颁行,丰富了党的纪律建设内容,完善了党的纪律建设体系,使各级党组织及全体党员有规可循、有章可依、有法可究,党的纪律建设迈上了依规治党的新征程。这启示我们要进一步丰富和完善党内法规体系,为党的纪律建设提供各种党内法规的指引和保证。

确保各级党组织及全体党员严格按纪律、按规矩行事,关键是要构建一整套行之有效的监督、检查体制机制。良好的纪律检查体制机制对加强党的纪律建设

---

① 《十九大以来重要文献选编》(上),北京:中央文献出版社,2019年,第48页。

具有长期性、根本性、全局性影响。党的各级纪律检查机构是保证党的纪律建设贯彻和落实的重要机构。党的五大创建中央监察委员会以后，党的纪律检查体制不断向前发展。改革开放以来，党的纪律检查体制得以恢复，并逐渐走向成熟，愈加完善。新时代以来，党的纪律检查体制改革在新起点上不断深化。今后要根据党章对党的纪律建设提出的新要求，总结历史经验，依据实际情况，修订、制定党纪处分条例、纪律检查机关监督执纪工作规则等党内法规。同时要加强上级纪委对下级纪委班子建设的领导，切实担负起协助党委推进全面从严治党和党的纪律建设等责任。要不断深化党的纪律检查机关和国家监察机关的改革，推进一体化建设。

### （三）以强化政治纪律和组织纪律为重点，把党的纪律建设推向新阶段

政治纪律是最重要、最根本、最关键的纪律。党的五大首次提出"政治纪律"的概念，并将其放在党的纪律内容的首要位置，从此，政治纪律成为全党各级党组织和全体党员在政治方向、政治立场、政治言论、政治行为方面必须遵守的规矩，成为维护党的团结统一的根本保证。百年来，政治纪律一直处于重要的地位，党章多次规定党员必须在政治上同党中央的路线、方针和政策保持高度一致。新时代以来，习近平总书记指出："党的纪律是刚性约束，政治纪律更是全党在政治方向、政治立场、政治言论、政治行动方面必须遵守的刚性约束"[1]，"政治纪律是打头、管总的"。[2]全党只有把政治纪律这个"纲"举起来，才能很好地把严肃其他纪律带起来，形成纲举目张的效果。因此，这就要求党的各级组织自觉担负起执行和维护政治纪律的责任，加强对党员遵守政治纪律的教育，使全党在关系全局的重大原则问题上与党中央保持高度一致，自觉维护党中央权威，确保党的集中统一领导。所以，"遵守党的政治纪律，最核心的，就是坚持党的领导"，[3]这是新时代各项事业最重要、最关键的政治保证。

民主集中制是党的根本组织制度和领导制度，组织严密是党的光荣传统和独特优势。"四个服从"，既是党最基本的组织原则，也是最基本的组织纪律。组织

---

[1]《习近平关于全面依法治国论述摘编》，北京：中央文献出版社，2015年，第117页。
[2]《习近平关于严明党的纪律和规矩论述摘编》，北京：中央文献出版社，2016年，第30页。
[3]《习近平关于党风廉政建设和反腐败斗争论述摘编》，北京：中国方正出版社，2015年，第31页。

严密与铁的纪律，成为加强党的战斗力，巩固党的组织的重要原则。这就要求党的组织和党员必须有坚定的组织观念和服从意识，自觉维护党在组织上的团结统一和在行动上的步调一致，自觉遵守党的组织纪律，这是不断增强党的凝聚力和战斗力的重要保障。这启示我们，强化组织纪律，加强党的组织纪律性，是党的建设取得成果的重要保证。习近平总书记强调，要坚持问题导向，把严守政治纪律和政治规矩放在首位；重点强化政治纪律和组织纪律，带动廉洁纪律、群众纪律、工作纪律、生活纪律严起来。因此，我们要不断把党的纪律建设推向新阶段，为党的全面建设提供严格的纪律约束和保障。

（本文发表于《新湘评论》2022年第7期，略有删改）

# 中国共产党纪律建设的百年历程及基本经验

姚宏志

中国共产党是靠革命理想和铁的纪律组织起来的马克思主义政党，纪律严明是党的光荣传统和独特优势。党在革命、建设和改革的伟大实践中，对纪律建设作了艰辛探索，积累了宝贵的经验。在中国共产党诞辰百年之际，回望和梳理党的纪律建设的历史进程，总结和提炼党的纪律建设的基本经验，对于新时代全面推进从严治党、推动党的建设新的伟大工程具有重要意义。

## 一、新民主主义革命时期："加强纪律性，革命无不胜"[①]

纪律严明是无产阶级政党的本质特征。马克思指出："我们现在必须绝对保持党的纪律，否则将一事无成。"[②]列宁在领导布尔什维克党斗争过程中，多次强调纪律建设的重要性，认为无产阶级政党"需要有铁一般的纪律，铁一般的组织"[③]，否则就不能完成巩固政权和开展建设的历史任务。1920年7月，列宁为各国共产党加入共产国际所列的条件中指出："在目前激烈的国内战争时代，共产党只有按照高度集中的方式组织起来，在党内实行近似军事纪律那样的铁的纪律，党的中央机关成为拥有广泛的权力、得到党员普遍信任的权威性机构，只有这样，党才能履行自己的职责。"[④]

---

① 《毛泽东文集》（第5卷），北京：人民出版社，1996年，第194页。
② 《马克思恩格斯全集》（第29卷），北京：人民出版社，1972年，第413页。
③ 《列宁全集》（第38卷），北京：人民出版社，2017年，第287页。
④ 《列宁选集》（第4卷），北京：人民出版社，2012年，第254页。

为了建设一个纪律严明的无产阶级政党，中国共产党从诞生之日起，就进行了行之有效的探索。1921年7月，党的一大通过的《中国共产党第一个纲领》规定：入党前"必须与企图反对本党纲领的党派和集团断绝一切联系"①，同时要求党员必须遵守党的纪律，保守党的秘密，接受党组织的监督。1922年7月，党的二大通过的首部党章专辟一章规定党的纪律。二大还在《关于共产党的组织章程决议案》中阐述了纪律建设的重要性，提出"严密的集权的有纪律的组织与训练"的七条原则，指出："无论何时何地个个党员的言论，必须是党的言论，个个党员的活动，必须是党的活动，不可有离党的个人的或地方的意味。"②这些规定，为党的纪律建设作了最初的奠基。

　　第一次国共合作兴起后，党员队伍迅速发展壮大，一些投机分子也趁机混入党内，发生贪污的行为。针对该情况，中共中央于1926年8月发布关于坚决清洗贪污腐化分子的通告，宣布将他们"不容情的洗刷出党"，唯其如此，"才能坚固我们的营垒，才能树立党在群众中的威望"。③这是中国共产党最早制定的关于反腐败的文件。

　　井冈山斗争时期，毛泽东在探索革命新道路过程中，认识到党纪军纪的极端重要性，花了很大精力抓部队纪律建设，提出"三大纪律、六项注意"思想。"三大纪律"即"行动听指挥""不拿工人农民一点东西""打土豪要归公"；"六项注意"即"上门板""捆铺草""说话和气""买卖公平""借东西要还""损坏东西要赔"。④这些纪律规定，看似简单，实则具有很强的针对性，抓住了问题的关键。它们的提出及严格实施，有助于提升人民军队的战斗力和凝聚力，有助于树立人民军队的良好形象。1929年12月，古田会议决议重申了"三大纪律、六项注意"的重要性，强调要"严格地执行纪律，废止对纪律的敷衍现象"⑤。在随后的革命斗争实践中，"三大纪律、六项注意"进一步演变为"三大纪律、八项注意"，成为共产党领导的人民军队必须遵守的行为准则，体现了人民军队的本质和宗旨。

---

① 《建党以来重要文献选编》（第1册），北京：中央文献出版社，2011年，第1—2页。
② 《建党以来重要文献选编》（第1册），北京：中央文献出版社，2011年，第162、163页。
③ 《建党以来重要文献选编》（第3册），北京：中央文献出版社，2011年，第348页。
④ 《毛泽东年谱（1893—1949）》（上卷），北京：人民出版社，1993年，第237—238页。
⑤ 《毛泽东文集》（第1卷），北京：人民出版社，1993年，第90页。

抗日战争时期，中国共产党把纪律建设摆在党的建设中更加突出的位置。1938年10月，毛泽东在党的六届六中全会上总结中国共产党成立以来的经验，着重阐述了党的纪律问题，指出："纪律是执行路线的保证，没有纪律，党就无法领导群众与军队进行胜利的斗争。"①毛泽东在会上首次提出"四个服从"原则，即个人服从组织、少数服从多数、下级服从上级、全党服从中央，并被全党普遍接受。这一原则成为党的民主集中制的首要原则，也是党的纪律建设的重要内容。1945年6月，"四个服从"原则被明确写入党的七大党章，成为党的纪律建设走向成熟的重要标志。此外，七大党章首次把严守党章党纪写入新增设的"总纲"部分，首次明确规定了党员权利和义务的条款，并将纪律要求融入其中，进一步发展了党的纪律建设思想与实践。

伴随着解放战争的迅猛发展，为纪念中国共产党创立28周年，毛泽东于1949年6月发表《论人民民主专政》一文，深刻指出，"一个有纪律的，有马克思列宁主义的理论武装的，采取自我批评方法的，联系人民群众的党"②，是中国共产党在新民主主义革命斗争中战胜敌人的三个主要武器之一，也是新民主主义革命取得胜利的宝贵经验。毛泽东特别把"有纪律"放在党的建设的最前面，这不是偶然的。因为这是中国共产党本质特征的重要表现，是决定中国共产党能否集聚革命力量、战胜艰难险阻、夺取斗争胜利的首要条件。

## 二、社会主义革命和建设时期："党要受监督，党员要受监督"③

随着新民主主义革命在全国范围的胜利，中国共产党的历史方位发生了根本性转换，由以前领导人民为夺取全国政权而奋斗的党，成为领导人民掌握全国政权并长期执政的党。中国共产党根据新形势新变化，突出了执政条件下纪律建设的新内容，开启了执政党纪律建设的新探索。中华人民共和国成立后，中国共产党高度重视党内监督制度建设。1949年11月，党中央决定设立中央及各级党的纪律检查委员会，目的在于"更好地执行党的政治路线及各项具体政策，保守国

---

① 《建党以来重要文献选编》（第15册），北京：中央文献出版社，2011年，第645页。
② 《毛泽东选集》（第4卷），北京：人民出版社，1991年，第1480页。
③ 《邓小平文选》（第1卷），北京：人民出版社，1994年，第270页。

家与党的机密,加强党的组织性与纪律性,密切地联系群众,克服官僚主义,保证党的一切决议的正确实施"①。就领导体制而言,中华人民共和国成立初期党的纪律检查委员会受同级党的委员会领导,但在党内地位比其他党委部门要高。为加强对党员干部的监督,1955年3月,党的全国代表会议决定成立中国共产党中央和地方监察委员会,以代替中央和地方各级纪律检查委员会,并且赋予其更大的权限;各级监察委员会不仅有权检查和处理违反党纪国法的案件,而且上级监察委员会有权检查下级监察委员会的工作,从而强化了上级监察委员会对下级监察委员会的纵向领导。1956年9月,作为执政后的首部党章,党的八大党章明确指出:"任何党员和党的组织都必须受到党的自上而下的和自下而上的监督"②,并且专设一章,从产生程序、主要任务、领导体制三个方面对党的监察机关作了明确规定。所有这些为此后纪检监察机关双重领导体制奠定了重要基础。

为整饬党纪,防止剥削阶级糖衣炮弹的袭击以及党内骄傲自满和官僚主义倾向的产生,自1950年5月开始,中国共产党有计划、有步骤地开展了一次大规模的整风运动,主要整治"破坏党与人民政府的威信,引起人民不满,甚且有贪污腐化、政治上堕落颓废、犯法乱纪等极端严重现象"③。这次整风运动对广大党员干部进行教育、监督和考核,整顿和净化了党的组织。自1951年5月开始,中国共产党又开展了为期三年的整党运动,围绕执政条件下"怎样做一个合格的共产党员"这一新课题,全党开展了一次普遍的思想政治教育,在组织清理过程中,党的队伍更加纯洁。通过以上整风整党运动,党员的政治素质和纪律意识得以提高,党的组织纪律性和战斗力得到增强,党的路线方针政策的贯彻执行得到进一步保障,为执政条件下党的建设积累了经验。

中国共产党成为执政党后,延续了革命战争年代对党员干部违法违纪的"零容忍"态度。针对中华人民共和国成立后党政机关中的贪污浪费等现象,毛泽东批示,对此"需要来一次全党的大清理"④。从1951年年底开始,中国共产党相继开展了反贪污、反浪费、反官僚主义的"三反"运动,以及反行贿、反偷税漏

---

① 《中国共产党廉政法制史研究》,北京:人民出版社,2005年,第281页。
② 《建国以来重要文献选编》(第9册),北京:中央文献出版社,2011年,第273页。
③ 《建国以来重要文献选编》(第1册),北京:中央文献出版社,2011年,第187页。
④ 《毛泽东年谱(1949—1976)》(第1卷),北京:中央文献出版社,2013年,第425页。

税、反盗骗国家财产、反偷工减料、反盗窃国家经济情报的"五反"运动，清理了党员干部中的贪污腐败分子，整顿了党的纪律，使廉洁纪律成为不可触碰的"高压线"。此后，中国共产党又颁布系列文件，严肃党纪党规，严惩违法违纪行为。1962年12月，中央监察委员会在《关于严肃处理违法乱纪、腐化堕落等错误和反对特殊化行为的意见》中指出："一切谋取个人或少数人的私利，破坏党和国家的政策和制度，争求特殊待遇，假公济私，铺张浪费，以至滥用职权，欺压群众，违法乱纪，腐化堕落的行为，都是党的纪律不能容许的。"[①]1964年1月，中共中央批转中央监察委员会《关于"五反"运动中对贪污盗窃、投机倒把问题的处理意见的报告》，明确要求对共产党员从严执纪，对于贪污盗窃等非法所得数额较大的党员，一律开除党籍。

总体来看，社会主义革命和建设时期党的纪律建设取得了一些成效，积累了若干经验。但遗憾的是，由于种种原因，有关党的纪律建设的好政策、好做法并没有得到一以贯之的坚持和落实，特别是到了"文化大革命"期间，党章党纪基本上处于废驰状态，包括党的纪律在内的各方面建设遭受严重挫折，教训十分惨痛。

## 三、改革开放和现代化建设时期："坚持和加强党的纪律"[②]

1978年年底召开的党的十一届三中全会是党的纪律建设的转折点。针对"文化大革命"期间党纪意识淡薄、党章党规被践踏等严重情况，邓小平谆谆告诫："国要有国法，党要有党规党法。党章是最根本的党规党法。"[③]经过反复酝酿，十一届三中全会决定成立中央纪律检查委员会，根本任务就是维护党规党法，切实搞好党风。此后不久，中央纪律检查委员会和地方以及军队和国家机关各部委的纪律检查机构相继建立或恢复。1980年2月，党的十一届五中全会审议通过《关于党内政治生活的若干准则》，该准则明确规定："每个党员要把维护党

---

[①]《中国共产党组织史资料》（第9卷），北京：中共党史出版社，2000年，第979页。
[②]《邓小平文选》（第2卷），北京：人民出版社，1994年，第341页。
[③]《邓小平文选》（第2卷），北京：人民出版社，1994年，第147页。

的集中统一,严格遵守党的纪律,作为自己言论和行动的准则。"①这是中国共产党首次以准则形式重申党内政治生活纪律,对新时期正风肃纪具有指导性意义。1982年9月,党的十二大党章对党的纪律建设作出许多新规定,如首次在党员权利和义务中加强纪律约束,新增"党的干部"一章并强调要从严监督等。自1983年下半年开始,中共中央用三年时间对全党进行了一次全面整顿,查处和整治违反党的纪律等现象和行为,在整党中加强纪律建设。1987年10月,党的十三大报告指出,党员必须"严格接受党的纪律约束……仅仅靠教育不能完全解决问题,必须从严治党,严肃执行党的纪律"②。此后,中国共产党强化了纪律监督,使党纪党规更加符合从严治党要求。以上这些推动着中国共产党自身组织的健康发展。

随着改革开放的逐步推进和社会主义市场经济的迅速发展,党的纪律建设面临着许多新情况新问题。江泽民指出:"要把整顿和加强党的纪律,作为全面加强党的建设的一个重大问题抓紧抓好。"③1992年10月,党的十四大在加强党的纪律建设方面作了诸多新探索,如突出党的纪律建设的历史作用以及严格执行和维护党的纪律的重要性;建立健全党内和党外、自上而下和自下而上相结合的监督制度;把反腐败纳入党的建设的总体要求之中等。这些探索体现了新时期党的纪律建设的鲜明特征。十四大后,中国共产党在推进党的纪律建设方面主要做了以下工作。一是查处政治违纪行为,维护中央权威。各级纪律检查委员会把党的政治纪律放在突出位置,严肃查处违反政治纪律的党员干部,自1992年10月至1997年6月期间,共查处党员干部3700多人。二是建立健全规章制度,出台了《中国共产党纪律处分条例(试行)》《关于重申和建立党内监督五项制度的实施办法》等文件,使党的纪律建设更加制度化、法制化。三是加大执纪监督力度,改革党政监督体制,纪检机关与行政监察机关合署办公,建立党风廉政责任制,完善党内巡视制度。

进入21世纪后,面对世情、国情、党情的深刻变化以及全面建设小康社会的历史任务,中国共产党更加迫切需要加强纪律建设,更加需要严明党的纪律。胡锦涛指出:"我们党要团结带领全国各族人民全面建设小康社会、建设中国特

---

① 《三中全会以来重要文献选编》(上),北京:中央文献出版社,1982年,第363页。
② 《十三大以来重要文献选编》(上),北京:中央文献出版社,1993年,第45页。
③ 《十五大以来重要文献选编》(中),北京:中央文献出版社,2001年,第661页。

色社会主义，面临的考验是严峻的，面对的挑战是巨大的，必须发挥纪律严明这个优势。"①党的十六大指出："一定要坚持党要管党、从严治党的方针，进一步解决提高党的领导水平和执政水平、提高拒腐防变和抵御风险能力这两大历史性课题。"②十六大后，党的纪律建设主要从以下方面得以加强。一是开展党章党纪教育，检查纠正党员干部在遵守廉洁纪律方面存在的突出问题，重点是对贪污腐败问题进行专项治理，颁布了《建立健全教育、制度、监督并重的惩治和预防腐败体系实施纲要》等文件，以提高广大党员干部廉洁从政的自觉性和拒腐防变能力。二是有重点地查办违法违纪案件，加大查办各领域的违纪违法案件工作力度，不断提高查案能力、办案质量，严肃党纪国法。三是加快体制机制改革步伐，制定、修订和完善党政法规、纪律处分条例、党内监督条例等，加强党风廉政的法制化建设，为经济社会发展和执政兴国大业提供纪律保证。

## 四、中国特色社会主义进入新时代："使纪律真正成为带电的高压线"③

中国特色社会主义进入新时代以来，以习近平同志为核心的党中央审时度势，以巨大的政治勇气和强烈的自我革命精神，毫不动摇地推进全面从严治党向纵深发展，并把全面加强纪律建设作为推进新时代全面从严治党的有力之举和治本之策，将新时代党的纪律建设提升到一个新高度。

习近平总书记多次强调党的纪律的极端重要性，他指出："党要管党、从严治党，靠什么管，凭什么治？就要靠严明纪律。"④中国共产党有近9200万党员，在一个幅员辽阔、人口众多的发展中大国长期执政，如果不严明党的纪律，不执行铁的纪律，党的凝聚力和战斗力就会大大削弱，党的领导能力和执政能力就会大大削弱，党就有可能沦为各取所需、各行其是的"私人俱乐部"。一些党员干部出问题，一些地方政治生态受污染，往往都是从不守纪律、破坏纪律开始的。因此，纪律建设尤为重要，尤其迫切，全面从严治党必须把纪律挺在前面。

---

① 《十六大以来重要文献选编》（中），北京：中央文献出版社，2006年，第636页。
② 《十六大以来重要文献选编》（上），北京：中央文献出版社，2005年，第38页。
③ 《十八大以来重要文献选编》（上），北京：中央文献出版社，2014年，第770页。
④ 《十八大以来重要文献选编》（上），北京：中央文献出版社，2014年，第764页。

全面从严治党，首先要使广大党员干部自觉学习和掌握党的纪律，努力增强遵纪守纪意识，对党纪党规常怀敬畏之心，只有这样才能从源头和根本上预防违犯党纪国法行为的滋生和蔓延。为此，党的十八大以来，党中央从贯彻落实中央八项规定精神破题，坚定不移正风肃纪，从整顿"四风"开始，通过开展群众路线教育实践活动、"三严三实"教育实践活动、"两学一做"教育活动、"不忘初心、牢记使命"主题教育等，突出强调党的纪律教育，教育广大党员干部自觉维护和遵守纪律，推动党章党规党纪入脑入心，使铁的纪律转化为党员干部的日常习惯和自觉遵循。

依规治党，首先要把纪律立起来，建立健全党内制度体系。党的十八大后，以习近平同志为核心的党中央全方位推进党内法规制度体系建设，取得历史性成就，各领域、各层面的党内法规制度建设有序展开，先后修订和出台了近200部党内法规，比较突出的有《中国共产党党内监督条例》《中国共产党巡视工作条例》《中国共产党廉洁自律准则》《中国共产党纪律处分条例》《中国共产党纪律检查机关监督执纪工作规则》等。党规党纪的笼子越扎越紧，基本构建起以党章为根本、若干配套党内法规为支撑的党内法规制度体系。只有这些明规则立了起来，才能破除潜规则，才能在党内形成弘扬正气的大气候，为严明党纪、依规治党奠定前提条件和思想基础。

纪律一经制定和形成，就要严格遵守，防止形同虚设。小到生活规定，大到政治纪律，所有党员干部都要严格遵守，谁也不能例外，任何人都不能拿纪律当儿戏，不能逾越红线，越过了就要追究责任，否则我们就没有纪律可言了。党的十八大以来，以习近平同志为核心的党中央坚持党纪面前党员人人平等原则，对党内一切消极腐败现象认真查处、严肃执纪，不允许有超越党纪的特殊党员存在，特别是全党上下对腐败问题始终保持高压态势，坚持"打虎""拍蝇""猎狐"一齐抓，持续形成强大震慑，推进党的纪律建设不断向前。对于违犯党纪党规行为的党员领导干部，无论职务高低，一律铁腕执纪。与此同时，在执行党的纪律过程中，党中央高度重视纪检监察干部队伍的自身建设，反复强调要加强纪检监察干部的廉洁与忠诚，严防"灯下黑"问题的出现。

## 五、中国共产党百年纪律建设的基本经验

百年来,中国共产党纪律建设取得了重要成就,也积累了丰富经验。这些经验对新时代中国共产党管党治党、全面从严治党具有重要意义,是新时代推动党的建设新的伟大工程的宝贵财富和思想源泉。

### (一)纪律严明是共产党的光荣传统和独特优势

古人云:"欲知平直,则必准绳;欲知方圆,则必规矩。"没有规矩成不了现代政党,更成不了马克思主义政党。纪律严明是马克思主义政党的生命,是中国共产党的光荣传统和独特优势。作为世界上最大的政党和世界上最大的执政党,中国共产党靠什么来管好治好自己的党员队伍?靠什么来战胜前进道路上的艰难险阻?除了共同的理想信念、严密的组织体系、全党同志的高度自觉外,还要靠严明的纪律。作为党的各级组织和全体共产党员必须遵守的行为规范和规则,严明的纪律是中国共产党在团结带领人民进行革命、建设和改革的百年奋斗中逐步形成和发展起来的,既包括全党必须遵循的总章程、总规矩即党章,也包括一系列具体规章制度和刚性约束的党纪国法,同时包括党在长期斗争实践中形成的优良传统和工作惯例。这些优良传统和工作惯例业经实践的反复检验,已经证明行之有效,且约定俗成,反映了党对纪律规矩问题的深刻思考和科学总结,是中国共产党进行自我约束的努力和实践。中国共产党正是靠着这些严明纪律的保证,不仅在革命战争年代团结带领人民打败了穷凶极恶的敌人,夺取了革命斗争的伟大胜利,而且在改革开放新时期团结带领人民开辟了中国特色社会主义新道路,夺取了全面建成小康社会的伟大胜利。中国特色社会主义进入新时代,中国共产党要团结带领人民全面建成社会主义现代化国家,实现中华民族伟大复兴,同样要靠严明的纪律。党肩负的任务越艰巨,就越要发挥好自身的光荣传统和独特优势,越要严明纪律,维护党的团结统一,确保全党统一意志、统一行动,步调一致向前进。

### (二)遵守政治纪律是遵守党的全部纪律的基础

党的纪律是多方面的,是由政治纪律、组织纪律、廉洁纪律、群众纪律、工

作纪律、生活纪律等组成的一个逻辑严密的纪律系统，各方面的纪律在该纪律系统中发挥着不同的功能。但要指出的是，它们在纪律系统中的地位和作用并非等量齐观，而是有着原则区别的，其中政治纪律是打头的，具有头等重要地位，是党的所有纪律中最重要、最根本、最关键的纪律，是各级党组织和全体共产党员在政治方向、政治立场、政治言论、政治行为等方面必须遵守的规矩。遵守党的政治纪律是遵守党的全部纪律的重要基础。只有政治纪律严明，才能保证其他方面纪律的严明，才能维护中央权威。中国共产党历来重视政治纪律建设。早在1927年，党的五大就首次提出"政治纪律"的概念，明确指出："党内纪律非常重要，但宜重视政治纪律。"[1]1945年，党的七大党章规定："在党内不容许有离开党的纲领和党章的行为，不能容许有破坏党纪、向党闹独立性、小组织活动及阳奉阴违的两面行为。中国共产党必须经常注意清除自己队伍中破坏党的纲领和党章、党纪而不能改正的人出党。"[2]中华人民共和国成立后，党的政治纪律建设任务没有放松，针对高岗、饶漱石的反党分裂活动，党的八大党章旗帜鲜明地指出："在党内不容许有违反党的政治路线和组织原则的行为，不容许有分裂党、进行小组织活动、向党闹独立性、把个人放在党的集体之上的行为。"[3]十一届三中全会后，中国共产党在推进改革开放和社会主义现代化建设过程中更加重视政治纪律建设。1980年，党的十一届五中全会强调："派性同无产阶级的党性是根本不相容的。"[4]1997年，中共中央颁布《中国共产党纪律处分条例（试行）》，专章规定党员"政治类错误"的具体情形，并规定了相应的处罚措施。党的十八大以来，以习近平同志为核心的党中央突出抓政治纪律，教育引导广大党员干部自觉增强"四个意识"，坚定"四个自信"，做到"两个维护"，在政治方向、政治立场、政治原则、政治道路等问题上同党中央保持高度一致，把维护党中央权威和集中统一领导作为最高政治纪律，做政治纪律上的明白人，不断增强党员干部的政治判断力、政治领悟力和政治执行力。

---

[1]《建党以来重要文献选编》（第4册），北京：中央文献出版社，2011年，第208页。
[2]《建党以来重要文献选编》（第22册），北京：中央文献出版社，2011年，第535页。
[3]《建国以来重要文献选编》（第9册），北京：中央文献出版社，1994年，第319页。
[4]《三中全会以来重要文献选编》（上），北京：中央文献出版社，1982年，第421页。

## （三）严格执行纪律是全面从严治党的根本保证

古人云："盖天下之事，不难于立法，而难于法之必行。"法的生命力在于执行，党的纪律同样如此。制定党的纪律，目的在于执行。如果党的纪律没有刚性约束，只是停留于挂在墙上、写在书上，或者对其采取变通政策，合意的就执行，不合意的就拒斥，那么党的纪律就会变成纸老虎、稻草人，就会形成"破窗效应"。百年来，中国共产党始终坚持纪律面前人人平等、遵守纪律没有特权、执行纪律没有例外的原则要求，使纪律成为广大党员干部的硬约束，做到有纪必执，有违必查，坚决维护制度的严肃性和权威性。早在土地革命时期，中国共产党就严肃执纪，查处了一批违犯党纪和苏维埃法律的贪污案件，如时任中央互济会总财务部部长谢开松贪污案，叶坪村苏维埃政府主席谢步升贪污腐化案，于都县苏维埃政府领导和工作人员挪用公款经商案，中华苏维埃共和国国家银行出纳袁雨山、刘道彬贪腐案等。这些案件的被检举揭发以及被及时处理，对维护党纪和根据地的稳定起到重要作用。中华人民共和国成立后，中国共产党执行纪律的严格程度没有减弱，而是积极查处违纪违法案件，清理了党内一批不合格党员，原中共天津地委书记刘青山，原中共天津地委副书记、天津专区专员张子善就是其中的反面典型，他们作为害群之马被依法判处死刑。党的十八大以来，针对新形势下中国共产党面临的"四大考验"和"四大危险"，以习近平同志为核心的党中央突出强调要严肃执纪，推动管党治党从"宽松软"走向"严紧硬"。无数案例反复证明，党员干部的"破法"，无不从"破纪"开始。只有坚持纪严于法、纪在法前，才能用纪律管住党员干部。中国特色社会主义进入新时代以来，中国共产党大大加强了对违纪行为的整肃和治理力度，不少干部经历了从不适应到适应、从不相信到相信、从被动到主动的变化过程，并就此校准了自我思想之标，调整了自我行为之舵，绷紧了自我作风之弦。质言之，严明党的纪律，严格执行党的纪律，已经成为党的十八大以来贯穿党的各方面建设的一条思想红线。

## （四）强化监督执纪是压实党的纪律的关键之举

加强对党员干部的常态化监督和从严执纪，让每一个党员干部接受严格的党纪约束，是永葆党的肌体健康的重要保障。早在民主革命时期，中国共产党就比较注重利用制度来约束和监督党员干部的行为。1927年，党的五大选举产生了党的中央监察委员会，五大党章专设"监察委员会"一章，明确规定监察委员会的产生方式、权利等内容，标志着党的纪律监督检查制度的初步创建。抗日战争时期，党的七大党章对监察机关的领导体制作出规定，指出："党的各级监察委员会，在各该级党的委员会指导下进行工作。"[①]这为日后建立纪检监察体制打下了基础。改革开放后，监督执纪问题再次受到高度重视，并将其列入党的工作重要议事日程。1982年，党的十二大改变了八大党章有关"党的监察委员会由同级党的委员会选举产生"的规定，决定中央纪委和地方各级纪委由党的全国代表大会和地方党的各级代表大会选举产生，并向其报告工作，从而明确了纪检机关的双重领导体制，凸显了纪检机关监督执纪的权威性。1993年，党的纪律检查机关和行政监察机关合署办公，有助于整合纪检监察队伍力量，强化执纪监督。党的十八大以来，以习近平同志为核心的党中央反复强调要加强对权力运行的制约和监督，强化监督执纪问责，同时围绕以下方面做了探索：一是压实"两个责任"，即党委的主体责任和纪委的监督责任，以进一步明确党委与纪委的职责分工，既做到守土有责，又能增强监督合力；二是强化巡视工作，创新巡视方法，着眼于发现问题，将常规巡视与专项巡视结合起来，将巡视与巡查结合起来，增强巡视工作的威慑力；三是打造纪检监察铁军，不断强化自我监督，加强党内监督，接受社会监督，把监督执纪的权力关进制度的笼子里。通过这些举措，为全面从严治党提供坚强纪律保证。

（本文发表于《安徽师范大学学报（人文社会科学版）》2021年第4期，略有删改）

---

[①] 《建党以来重要文献选编》（第22册），北京：中央文献出版社，2011年，第547页。

# 中国共产党从严治党的百年历程和基本经验

唐皇凤　杨　洁

中国共产党是一个具有强烈责任担当的使命型政党，也是一个具有鲜明现代化取向的发展型政党，还是一个同时拥有领导和执政地位的领导型执政党。一以贯之和坚定不移地推进从严治党，既是无产阶级政党的优良传统，也是中国共产党长期执政和永葆生机活力的根本原因。正如习近平总书记所言："勇于自我革命，从严管党治党，是我们党最鲜明的品格。"[①]深入探究中国共产党从严治党的理论依据，系统梳理百年大党推进从严治党实践的历史进程与基本经验，有效回答无产阶级政党"为什么能"以及"如何推进"从严治党的重大理论和实践命题，对于坚持和加强党的全面领导、促进经济社会高质量发展、全面建设社会主义现代化国家均具有重要的战略意义。

## 一、中国共产党从严治党的理论依据

中国共产党"为什么要"和"为什么能"从严治党，具有深厚的理论渊源。中国共产党积极推进全面从严治党，不仅是保持无产阶级政党本质属性的必然要求，也是科学把握世情、国情、党情深刻变化而作出的重大战略抉择，更是中国共产党对自身管党治党历史正反两方面经验的深刻总结和理性反思。中国共产党从严治党的主要理论依据包括以下几个方面。

---

[①]《决胜全面建成小康社会，夺取新时代中国特色社会主义伟大胜利》，《人民日报》2017年10月28日。

## （一）保持无产阶级政党本质属性的必然要求

无产阶级政党是工人阶级的先锋队，先进性和纯洁性是无产阶级政党的本质属性。在马克思主义建党理论中，无产阶级政党是由无产阶级当中的先进分子组成的，共产党人"没有任何同整个无产阶级的利益不同的利益"[①]。要始终保持党的先进性和纯洁性，就必须从严要求、从严管理、从严监督党员、干部，必须严格贯彻"从严管党治党"的基本方针。对于无产阶级政党而言，从严治党的要求从来都不是抽象的，而是具体的。一名党员一面旗帜，一个支部一座堡垒，这是人民群众对中国共产党永葆先进性和纯洁性的冀望最为直接而生动的体现。在革命战争年代严酷的生存和斗争环境下，要确保党的团结一致和战斗力，必须通过从严治党来增加无产阶级革命政党的组织性和纪律性，为夺取国家政权和上升为统治阶级奠定坚实的政治基础。在长期执政的和平建设时期，党会面临各种执政考验和风险挑战，党的力量会遭受各种消极腐败因素的削弱和侵蚀，必须通过从严治党来增加马克思主义执政党的先进性和纯洁性，不断巩固和加强党的全面领导和长期执政地位。从严治党的根本目的，就在于确保中国共产党人始终牢记初心使命、坚定理想信念，持续推进党风廉政建设和反腐败斗争，清除影响党的肌体健康的腐败痼疾，不断增强党自我净化、自我完善、自我革新、自我提高的能力，确保无产阶级政党永不变色和永不变质。

## （二）履行历史使命和责任担当的根本保证

党的初心和使命就是为中国人民谋幸福，为中华民族谋复兴，初心和使命是激励中国共产党人不断前进的根本动力。作为马克思主义使命型政党的典范，中国共产党具有强烈的历史使命感和时代责任感，使命和责任彰显着其独特的精神气质。[②]事实上，从严治党既是提升党的凝聚力和战斗力的重要途径，也是党有效履行历史使命和责任担当的政治保证。要有效履行历史使命和社会责任，中国共产党就必须不断健全和完善从严治党制度体系，确保从严治党有效向基层延伸和纵深拓展，通过严密的组织体系和严格的纪律保障使超大规模政党凝聚为一个

---

[①] 《马克思恩格斯文集》（第2卷），北京：人民出版社，2009年，第44页。
[②] 《使命型政党：执政党建设的中国范式》，《浙江学刊》，2020年第1期。

坚强有力的有机整体。对于处于全面领导和长期执政地位的中国共产党而言，必须保持清醒的政治头脑和坚定的政治定力，强化忧患意识和底线思维，始终从政治的高度看待和重视从严治党。习近平总书记特别强调："越是长期执政，越不能丢掉马克思主义政党的本色，越不能忘记党的初心使命。"[①]在社会主义现代化建设的历史进程中，唯有持续不断地推进从严治党，才能保证党的坚强有力，才能避免党在执政业绩光环的照耀下出现忽视自身问题、最后积重难返的现象，才能从容化解前进道路上面临的各种风险挑战，有效提升马克思主义执政党适应和驾驭现代化变革浪潮的能力。

### （三）巩固和加强党的领导和执政地位的客观需要

从严治党的战略目标是巩固党的领导和执政地位，核心是提高党的建设质量，以高质量党建促进高质量发展。习近平总书记深刻指出："全面从严治党，核心是加强党的领导，基础在全面，关键在严，要害在治。"[②]在社会主义国家，党与国家的关系决定了党的领导是党执政的前提，而党的执政是党的领导的具体体现。党执政的本质内涵是党通过国家政权领导、组织和管理社会，实现党对国家和社会的领导核心作用。[③]党要有效领导国家和社会，党要有效掌握和运用国家政权的力量组织和管理社会，首要的前提条件就是党自身必须坚强有力，而从严治党则是实现高质量党建，提高党的领导力、执政力和组织力的基本途径。从严治党的质量事关党的领导水平和执政能力，贯穿于党的领导和执政体系建设的全过程。中国共产党坚定不移推进从严治党最主要的原因，就在于随着生产力的不断提高，尤其是受市场经济和各种西方社会思潮交织叠加的影响和冲击，党内存在的思想不纯、政治不纯、组织不纯现象会日益彰显，直接威胁党的领导和执政地位。因此，我们必须"把全面从严治党的要求进一步落到实处，确保党始终成为中国特色社会主义事业的坚强领导核心"[④]。实践表明，中国共产党持续推进的从严治党的伟大政治变革，是巩固和加强党的领导和执政地位的客观需要。

---

① 《牢记初心使命，推进自我革命》，《求是》，2019年第15期。
② 《习近平总书记系列重要讲话读本》，北京：人民出版社，2016年，第105页。
③ 《中国共产党与国家建设》，天津：天津人民出版社，2009年，第260页。
④ 《在学习〈胡锦涛文选〉报告会上的讲话》，《人民日报》2016年9月30日。

### （四）实现中国经济社会持续健康发展的政治保障

办好中国的事情，关键在党。在中国特色社会主义发展道路和模式中，从严治党既是高质量党建的重要内容，也是实现经济社会高质量发展的政治保障。首先，从严治党有利于增强经济社会发展主体力量的领导力。在中国，中国共产党是最高政治领导力量，也是经济社会发展的核心领导力量。党领导经济社会发展，主要是把握方向、谋划全局、提出战略和制定政策、推动立法、营造良好环境，最重要的是提高决策的科学化水平。①正是有了中国共产党的坚强领导，才能确保经济社会发展的正确方向，才能用社会主义的价值目标和行为准则引领经济社会高质量发展。事实上，管党治党越全面、越严格，党领导经济社会发展的能力和水平就越高。其次，从严治党能够为经济社会发展提供精神动力。从严治党通过加强党员思想教育管理，充分发挥党员先锋模范作用，强化基层党组织的战斗堡垒作用，真正达到"党建也是生产力"的目的。从严治党越往纵深发展，党的领导核心地位就越巩固，党的组织领导力越强大，全体党员的精神力也就越充沛，经济社会高质量发展的动能就越充沛。最后，从严治党有利于提高经济社会发展的制度化水平。从严治党通过完善党内法规制度体系，加强党领导经济社会发展的制度建设，改革创新党领导经济社会发展的体制机制，优化党组织的程序规范和工作机制，增强党领导制度变革的能力和水平，在实现思想建党和制度治党有机结合、党内法规和国家法律有效衔接的过程中，推动国家权力运行体系的规范化、制度化发展，有效实现经济发展和社会治理的科学化和制度化。

面对错综复杂的外部环境和全面建设社会主义现代化国家的艰巨任务，随着党组织的规模日趋扩大和内部结构逐渐复杂化以及党员的思想观念和社会构成日益多元化，从严治党的任务和压力只会愈来愈大。因此，从严管党治党是一场永远在路上的持久战，坚定不移推进从严治党彰显了中国共产党高超的政治智慧和强大的调适能力。在领导革命、建设、改革的百年进程中，从严治党始终是化解党内突出矛盾和建设强大马克思主义政党的核心秘诀。一方面，从严治党集中体现了无产阶级的本质属性；另一方面，有效推进从严治党无疑是夯实党的领导和

---

① 《百年大党有效领导经济社会发展的历史进程和基本经验》，《武汉大学学报（哲学社会科学版）》，2021年第2期。

执政地位的重大战略举措，也为经济社会持续健康发展奠定了坚实的政治保障。

## 二、中国共产党从严治党的百年历程

百年大党推进从严治党本身就是一项复杂的社会系统工程，从严治党是多维度、多层次的，涉及党的领导和执政方式，事关党的建设的各领域各方面，党的政治建设、思想建设、组织建设、作风建设、纪律建设、反腐败斗争和廉洁建设、制度建设等方面，都与从严治党之间存在深刻而密切的相互作用和内在关联。同时，从严治党与党所处的外部环境、党面临的历史任务、经济社会发展水平之间，也有复杂而微妙的互动关系。因此，如何从复杂系统中准确把握中国共产党从严治党的历史进程和基本规律，需要依据不同历史时期我们党面临的中心任务和履行的制度角色进行相应的具体分析。

### （一）新民主主义革命时期

中国共产党自诞生之日起就是以马克思列宁主义为指导思想的无产阶级政党，在极端险恶的革命环境中从事武装斗争，从严治党主要服务于党的革命目标，服务于不断增强党和人民军队战斗力的基本目标。这一时期，中国共产党通过思想建设、组织建设、纪律建设等一系列创新举措，对从严治党的理论和实践进行了艰辛探索，尤其在思想教育、干部管理、党内政治生活、改进作风、惩治腐败等方面积累了宝贵经验。主要内容包括以下几点。

首先，严密的组织和严明的纪律是从严治党的坚固基石。党的一大到党的七大通过的决议文件，分别对党的组织体系、纪律建设等内容进行了较为严格的规定，初步奠定了从严治党的组织保障和制度基础。一大纲领对入党程序、党员纪律、地方党组织工作作出了明确规定；二大党章首设"纪律"专章；三大党章第一次对党章进行修改，进一步强化组织纪律、完善入党手续等；四大党章规定"凡有三人以上均成立支部"，加强了对党组织和党员的日常管理；五大党章首次设立党的历史上的首个中央级纪律检查机构———中央监察委员会，为从严治党提供了组织保障；七大党章规定监察机关在党委指导下工作，明确"惩前毖后、治病救人"的纪律方针等内容，标志着从严治党基本规范的形成和确立。这一时期，党始终坚持把党章作为开展各项工作的根本依据，展开了一系列严肃党纪的斗争，包括将"脱离党的领导"的中共一大代表陈公博和周佛海开除党籍，集中展现出中国共产党创建初期就具备"从严治党"的鲜明态度。

其次，坚决惩治腐败分子是从严治党的重要手段。以毛泽东为代表的中国共产党人坚决反对、严厉打击党内腐败。中共苏维埃干部谢步升是党内被枪决的第一个贪腐分子，针对谢步升案，毛泽东主张从严处理，强调："腐败不清除，共产党就会失去威望和民心！"①1937年10月，陕甘宁边区发生的黄克功案就是彰显中国共产党坚持从严治党政治勇气和坚定决心的重大事件。尽管黄克功对革命事业作过较大贡献，但毛泽东认为，"根据党与红军的纪律，处黄克功以极刑，正是因为他不同于普通人，他是一个多年的共产党员，是一个多年的红军，所以不能不这样办"②。严明党纪，严惩腐败，党才能在严酷的革命环境中赢得民心，不断扩大党的政治影响力和社会支持度。同时，我们党从"厉行廉洁"目标出发，先后制定了《陕甘宁边区抗战时期施政纲领》《陕甘宁边区政务人员公约》等政策法规，为推动反腐败工作和廉政建设奠定了制度基础。

最后，思想从严和作风整顿相结合是从严治党的主要表现。1929年6月，针对党员队伍成分复杂问题，"农民占党员总数的76.6%、工人占10.9%、知识分子占6.9%、士兵占0.8%、其他成分占4.8%"③，毛泽东意识到："无产阶级思想领导的问题，是一个非常重要的问题。"④在党员社会构成多样化的条件下，坚持以马克思列宁主义思想严格教育党员，方能确保党员队伍的先进性和纯洁性。1929年12月，古田会议通过的《关于纠正党内的错误思想》是中国共产党思想建设史上的第一个重要文件，明确了党领导军队、思想建军的原则，成为从严治党、从严治军的重要里程碑。1941年，毛泽东撰写了《改造我们的学习》，1942年毛泽东又发表了《整顿党的作风》等文章，明确规定将《马恩列斯思想方法论》作为党员学习材料，并要求党员干部"结合学习检查自己的非无产阶级思想"⑤。在延安整风运动中，我们党以克服全体党员尤其是高级干部的主观主义、宗派主义和党八股等错误思想为重点，开展了批评与自我批评相结合的作风整治

---

① 《中央苏区反腐肃贪实录》，北京：中国检察出版社，2009年，第72页。
② 《毛泽东同志给雷经天的信》，《法学杂志》，1981年第4期。
③ 《中国共产党历史》（第1卷），北京：人民出版社，2002年，第99页。
④ 《毛泽东选集》（第1卷），北京：人民出版社，1964年，第76页。
⑤ 《毛泽东传（1893—1949）》，北京：中央文献出版社，2004年，第663页。

运动，对党员领导干部进行严格要求、严格管理和严格监督，同时通过创办抗日军政大学、陕北公学、中央马列学院等干部学校，开展政治谈论会、政治理论学习等活动，进一步加强全党的马克思列宁主义教育、廉洁奉公教育和专业知识教育，党员综合素质得到了极大提高，实现了党员思想信仰和日常工作的高度一致，党风实现了根本性好转。

### （二）社会主义革命和建设时期

中华人民共和国成立后，中国共产党的工作重心从农村转入城市，从领导人民进行革命斗争并在局部地区执政的党转变为在全国范围内全面执政的党，党员数量急剧增加，党员质量反而有所下降，一些坏分子和投机分子趁机混入党内，侵蚀和损害了党的先进性和纯洁性。同时，部分党员领导干部居功自傲情绪凸显，党内命令主义、官僚主义之风盛行，严重损害了党的权威和形象，从严治党遭受严峻考验。坚决清除党内贪污腐败分子，从严教育和管理党员干部、从严实施党的组织纪律，确保党的肌体健康，成为管党治党和党的建设的重要内容。具体举措包括以下几点。

首先，从严惩治腐败是从严治党的关键举措。早在党的七届二中全会上，毛泽东就告诫全党同志，"务必使同志们继续地保持谦虚、谨慎、不骄、不躁的作风，务必使同志们继续地保持艰苦奋斗的作风"[①]。在全国性政权的建立和巩固过程中，我们党一直保持着对贪污腐败行为的高压态势。1951年底，先后开展"三反""五反"运动，清除了一大批党内腐败分子。1952年4月，《中华人民共和国惩治贪污条例》颁布实施，明确了惩治贪污罪的处罚原则和主要措施，加大了从严治党的力度。据统计，截至1952年10月，全国有23.8万人被开除党籍，对犯有严重贪污行为的罪犯，判处有期徒刑的9942人，判处无期徒刑的67人，判处死刑的42人，判处死缓的9人。[②]其中，影响最大的就是党员领导干部刘青山、张子善被处决，对各种贪腐行为起到了很大的震慑作用。1956年11月，毛泽东在中共八大二次会议上再次痛批党内腐败现象，强调党员干部贪污、浪费等行为直接危及党和国家的前途，彰显了我们党从严治党和坚决惩治腐败的信心和

---

① 《毛泽东选集》（第4卷），北京：人民出版社，1991年，第1438页。
② 《若干重大决策与事件的回顾（修订本）》（上），北京：人民出版社，1997年，第150页。

决心。

其次，以作风整顿和组织整顿为核心开展整党整风运动。针对党内存在的突出问题，我们党先后开展了7次较大规模的整党整风运动，其中以1950年下半年至1951年春的全党整风运动，1951年下半年至1954年党的基层组织整顿，1957年至1958年夏的以反对主观主义、宗派主义和官僚主义为主要内容的整风运动最为典型，整党整风运动成为从严治党的鲜明主题。1950年下半年至1951年春的整风运动重点在于整顿领导干部作风，有针对性地克服上级机关的官僚主义和中下级机关的命令主义，纠正干部、党员中的骄傲自满情绪和"革命到头"思想，加强党和人民群众的联系。1951年下半年至1954年对全党的基层组织进行了普遍整顿，对全体党员进行关于共产主义、社会主义前途的教育，并对每一个党员进行认真的审查和登记，对犯有严重错误的和不够党员条件的党员进行组织处理。经过整党，有41万人被开除出党或被劝告退党[1]，纯洁了党的组织肌体。1957年至1958年夏，为克服官僚主义、宗派主义和主观主义，正确处理人民内部矛盾，全党以批评和自我批评为重点开展全面整风。通过一系列整党整风活动，党的思想建设和作风建设得到明显加强，党的组织成分更加纯洁，党员的党性修养和综合素质有了显著提高，从严治党为提升党的领导力和组织力奠定了坚实的政治基础。

最后，严明党的纪律是从严治党的重要举措。中华人民共和国成立初期，党员干部违纪现象时有发生。根据不完全统计，属于违反政策、破坏党纪法纪者共2507起，占案件总数的28.8%。[2]为此，在强调党员纪律教育的同时，我们党开始严格执行报告请示制度，"一切超越规定以外的重要政策问题，皆不许先斩后奏"[3]。同时，成立专门的纪检机构，充分发挥党的纪律检查委员会的作用。1955年3月，成立党的中央和地方各级监察委员会，代替中央和地方各级党的纪律检查委员会[4]，加强维护党的纪律的机构建设。1956年9月，党的八大通过的党章对党员和党员干部提出了更高的要求，规定所有党员都要严格遵守党章和共产主义道德，无一例外；对完善党的纪律尤其是政治纪律作出了新的规定，将党

---

[1]《中国共产党九十年》（中），北京：中共党史出版社，2016年，第452页。
[2] 朱德：《为加强党的纪律性而斗争》，《党的文献》，1995年第5期。
[3]《建国以来重要文献选编》（第1册），北京：中央文献出版社，1992年，第52页。
[4]《中国共产党组织史资料》（第9卷），北京：中共党史出版社，2000年，第285页。

的纪律处分划分为五类并沿用至今，体现了中国共产党对从严治党和纪律建设的高度重视。

### （三）改革开放和社会主义现代化建设新时期

随着社会主义市场经济体制改革和对外开放的不断深入，市场经济催生多元化的社会思想观念，人财物流动性大幅增加，党内开始出现资产主义自由化思想，以及功利主义、消费主义和享乐主义等错误思潮，各种消极腐败现象滋生蔓延，严重损害党的执政基础。如何巩固党的领导和执政地位，加强党的思想建设、组织建设、作风建设和制度建设，成为该时期从严治党的重大议题。党的十三大报告指出："必须从严治党，严肃执行党的纪律。"[①]这是在党的全国代表大会报告中第一次出现"从严治党"一词。邓小平指出，"制度问题不解决，思想作风问题也解决不了"[②]，强调制度建设对于从严治党的重要保障作用。江泽民指出："始终坚持党要管党，从严治党。这是我们党的优良传统和宝贵经验。"[③]党的十四大首次把坚持从严治党载入党章的总纲，从严治党正式成为管党治党的根本原则。从严治党的具体举措主要包括以下几点。

首先，党员集中教育学习活动成为从严治党的重要手段。这一时期，从严治党的具体实践方式实现了从整党整风运动为主向党员集中教育学习为主的转变，中共中央先后进行了5次常规性的党员集中教育学习，具体包括1998—2000年"三讲"教育活动、2000—2002年"三个代表"教育活动、2005—2006先进性教育活动、2008—2010年"科学发展观"学习活动、2010—2012年"创先争优"活动。1983年的全面整党运动，从中央到基层组织，自上而下、分期分批对党的作风和党的组织进行了有效整顿，清除了资本主义腐朽思想和封建主义残余思想，确保了全党思想、组织和作风的纯洁性。从1998年开始的5次党员集中教育学习活动，历时15年，时间跨度较长，教育主题特色鲜明，参与党员人数众多，重在发现问题和及时整改。以2008—2010年全党开展深入学习实践"科学发展观"活动为例，共计320余万个党组织、7500余万党员参加，新建基层党组织

---

[①]《十三大以来重要文献选编》（上），北京：人民出版社，1991年，第53页。
[②]《邓小平文选》（第2卷），北京：人民出版社，1994年，第328页。
[③]《十五大以来重要文献选编》（中），北京：中央文献出版社，2001年，第1551页。

13万个，整顿软弱涣散基层党组织15.6万个。①通过开展系列党员集中教育学习活动，党员干部的思想理论水平有所提升，党组织的工作作风得到改进，党群干群关系更加和谐，从严治党效果得到了基本保证。

其次，制度治党成为从严治党的鲜明特征。邓小平反复强调以制度建设强化从严治党的效能，明确指出："领导制度、组织制度问题更带有根本性、全局性、稳定性和长期性。"②在邓小平理论的指导下，从严治党的制度建设取得了显著成效。1980年2月，党的十一届五中全会通过了《关于党内政治生活的若干准则》，这对于健全党内民主生活、严守党的政治纪律、维护党的集中统一、推进从严治党制度化建设具有深远的历史意义。1980年8月，邓小平提出对党和国家领导制度实行重大改革，提出选拔任用干部的"四化"（革命化、年轻化、知识化、专业化）标准，废除了干部领导职务实际上存在的终身制，为从严治党注入强大的制度力量。

最后，制度反腐成为从严治党的利器。反腐败一直是从严治党的重中之重。但在党的历史上，反腐败斗争一度具有典型的运动式反腐的特征。改革开放以来，我们党开始高度重视制度反腐，强调常态化、长效化反腐机制的建设。党的十七大首次提出"以完善惩治和预防腐败体系为重点加强反腐倡廉建设"③，相继出台了修订后的《中国共产党纪律处分条例》和《中国共产党党内监督条例》等一系列党内法规，初步形成了从严治党相对健全完备的党内法规制度体系，建立健全教育、制度、监督并重的惩治和预防腐败体系。仅2007年11月至2012年6月，全国纪检监察机关共立案64.37万余件，结案63.9万余件，给予党纪政纪处分66.8万余人。涉嫌犯罪被移送司法机关处理2.4万余人，共查办商业贿赂案件8.13万余件，涉案金额222亿余元。④制度反腐提升了从严治党的效能和威慑力，为改善党的形象、巩固党的长期执政地位提供了政治保障。

### （四）中国特色社会主义新时代

随着中国特色社会主义进入新时代，以习近平同志为核心的党中央将"全面

---

① 《中国共产党的九十年》（下），北京：人民出版社，2016年，第984页。
② 《邓小平文选》（第2卷），北京：人民出版社，1994年，第333页。
③ 《胡锦涛文选》（第2卷），北京：人民出版社，2016年，第652页。
④ 《十八大以来重要文献选编》（上），北京：中央文献出版社，2014年，第52页。

从严治党"纳入"四个全面"战略布局，以"打铁必须自身硬"为逻辑起点统揽"四个伟大"，大幅提升了从严治党质量和水平，有效开拓了管党治党的新境界。习近平总书记反复强调："全面从严治党基础在全面，关键在严。"①习近平总书记关于全面从严治党的重要论述既从系统思维视角凸显从严治党的"全面"内涵，也从协同治理视角凸显"从严"这一特征，运用"自我革命"的综合性手段对党内存在的贪污腐败、脱离群众、形式主义、官僚主义等突出问题进行彻底整顿，极大地发挥了全面从严治党的整体效能。

首先，思想建党与制度治党同向发力是新时代从严治党的战略路径。思想建党重视理想信念教育的牵引作用，制度治党重视党内法规制度的规制作用。党的十八大以来，全党集中开展5次党内教育活动，具体包括：2013年6月起，用一年左右时间开展党的群众路线教育实践活动；2015年4月起，在县处级以上领导干部中开展"三严三实"专题教育；2016年2月起，在全体党员中开展"两学一做"学习教育；2019年6月起，在全党自上而下分两批开展"不忘初心、牢记使命"主题教育；在建党一百周年之际，全党开展"四史"（党史、新中国史、改革开放史、社会主义发展史）学习教育活动，有利于坚定全体党员的理想信念，补足共产党人精神之"钙"，以期使共产党人更好地守初心、担使命。在制度治党方面，从党的十八大召开到2017年9月，制定、修订的中央党内法规有80多部，占现行有效中央党内法规的四成。2018年全年共印发中央党内法规74部。在这期间，从严治党的党内法规制度体系不断发展与完善，制定或修订了包括《关于新形势下党内政治生活的若干准则》《中国共产党党内监督条例》《中国共产党巡视工作条例》《中国共产党问责条例》《中国共产党纪律处分条例》《党政领导干部考核工作条例》《中国共产党党员教育管理工作条例》《中国共产党重大事项请示报告条例》《中国共产党廉洁自律准则》在内的多部党内法规，为全面从严治党奠定了坚实的制度基础。

其次，作风建设与执纪监督问责协同推进是新时代从严治党的关键举措。中国共产党高度重视作风建设和执纪监督，并通过落实问责制度协同推进全面从严治党。具体包括以下几点。第一，在全国范围内持之以恒落实中央八项规定精

---

① 《在第十八届中央纪律检查委员会第六次全体会议上的讲话》，北京：人民出版社，2016年，第16页。

神,坚决纠正"四风",持续整治形式主义、官僚主义,推进作风建设常态化、长效化。2020年全国共查处享乐主义、奢靡之风问题5.7万个,批评教育帮助和处理8万人,其中给予党纪政务处分5.7万人;共查处形式主义、官僚主义问题7.9万个,批评教育帮助和处理11.8万人。第二,推动落实全面从严治党主体责任和监督责任,精准有力监督执纪。党的十九大以来,坚持精准问责,问责成为推进全面从严治党的重要利器。2020年全国共问责党组织7292个,问责党员领导干部、监察对象8.6万人。全国纪检监察机关精准运用"四种形态"批评教育帮助和处理195.4万人次。其中,谈话函询、提醒批评占68.1%;给予轻处分、组织调整占24.8%;给予重处分、职务调整占3.6%;严重违纪违法、触犯刑律占3.5%。[①]此外,深化政治巡视工作,十九届中央巡视覆盖率超过70%。协同推进作风建设与执纪监督问责,充分彰显了党中央推进全面从严治党的智慧与魄力。

最后,持续保持反腐高压震慑与从严治吏相互促进是新时代从严治党的重要方略。腐败问题事关中国共产党执政之基,是推进从严治党工作的重中之重。我们在构建以不敢腐、不能腐、不想腐为核心的反腐败战略体系的同时,持续深化纪检监察体制改革,促进党内监督同其他监督方式贯通协同和有机衔接,确保反腐治理的全覆盖和无死角。一方面,中央纪委国家监委通过坚决惩处金融风险背后的腐败问题,开展追逃追赃专项行动等一系列重大反腐举措。十九大以来,全国纪检监察机关共立案61.8万件,处分60.4万人,其中处分金融系统违纪违法人员9420人;"天网2020"行动追回外逃人员1421人,追回赃款29.5亿元。另一方面,坚决整治群众身边的腐败和作风问题,做到反腐为民、反腐惠民。深入治理民生领域的"微腐败"现象,重点解决妨碍惠民政策落实等侵害群众切身利益的问题,共查处民生领域腐败和作风问题12.4万个,共查处涉黑涉恶腐败和"保护伞"问题3.8万个。[②]同时,抓住领导干部这一"关键少数",坚持党管干部原则,强化党组织领导和把关作用,坚持正确选人用人导向,突出政治标准,坚决惩治选人用人的不正之风,加强选人用人的监督问责力度,坚持严管和厚爱结合、激励和约束并重的从严治吏机制,将"从严"态度贯穿干部队伍建设的选

---

① 具体数据参见赵乐际:《推动新时代纪检监察工作高质量发展,以优异成绩庆祝中国共产党成立100周年》,《人民日报》2021年3月16日。

② 具体数据参见赵乐际:《推动新时代纪检监察工作高质量发展,以优异成绩庆祝中国共产党成立100周年》,《人民日报》2021年3月16日。

拔、管理、教育、监督各个环节，使从严治吏成为新时代全面从严治党的战略性工程。

中国的民族民主革命和社会主义现代化建设具有独特性，这种独特性意味着中国共产党在百年发展进程中兼具革命党、领导党和执政党等多重属性。正是基于党在国家和社会生活中的关键性地位，从严治党的质量和水平在很大程度上决定了国家治理的效能。在有效领导超大规模政党和超大规模国家的历史进程中，我们党积累了从严治党正反两方面的宝贵经验。在百年的发展进程中，中国共产党始终坚持以"严"的主基调推进从严治党的理论探索和实践创新，政治建设、思想建设、组织建设、作风建设、纪律建设、制度建设和严惩腐败成为从严治党一以贯之的主题，彰显出中国共产党强大的行动自觉与政治自信。

## 三、中国共产党百年从严治党的基本经验

百年大党一以贯之地推进从严治党，取得了举世瞩目的执政奇迹。中国共产党百年从严治党发展历程表明，党要管党、从严治党，最根本的环节就是加强党的政治建设，突出政治建设的统领地位。同时，从严治党离不开思想建党和制度治党的有机结合，离不开"正风、肃纪、反腐"的整体联动效应，离不开从严治吏和加强党员教育管理这一基础性工程。百年大党从严治党的基本经验主要体现在以下几点。

### （一）政治建设是从严治党的根本

政治性是政党的首要属性，旗帜鲜明讲政治更是无产阶级政党的本质特征和优良传统。长期以来，中国共产党内部在一定程度上存在着一些党组织和党员干部忽视政治、淡化政治、不讲政治的问题，部分党员干部存在政治意识不强、政治立场不稳、政治能力不足、政治行为不端等突出问题，这些问题成为从严治党必须力图破解的痼疾。毛泽东曾说："没有正确的政治观点，就等于没有灵魂。"①党的政治建设事关党的理想信念，事关党中央权威和集中统一领导，事关党的全面领导和长期执政地位，是管党治党的根本性问题。突出政治建设的根本

---

① 《毛泽东著作选读》（下），北京：人民出版社，1986年，第780页。

性和统领性地位,不仅是党在长期领导革命、建设、改革历史进程中的优良传统和政治优势,更是新时代推进从严治党纵深发展的根本保障。在新民主主义革命时期,中国共产党重视从政治上建党治党,强调"党指挥枪",政治纪律和政治规矩成为确保党内团结和行动一致的重要资源。在社会主义革命和建设时期,中国共产党强调从政治上从严治党,使党永远保持为人民服务的本色,实现对经济建设和社会管理的全面领导。改革开放和社会主义现代化建设新时期,党坚持以政治建设为统领,针对党内存在的政治生活不规范,组织生活质量不高,官僚主义、形式主义之风盛行等影响党的团结、损害党的权威、弱化党的领导的一系列问题,加强党的政治建设,持续提高从严治党的质量和水平。在中国特色社会主义新时代,我们党将政治纪律定位为党最根本的纪律,深刻意识到一些党员干部违规违纪违法,根本上还是政治上出了问题,如政治意识淡漠、政治纪律松弛。因此,坚决维护习近平总书记在党中央、在全党的核心地位,坚决维护党中央权威和集中统一领导,按照党的政治纲领、政治路线、政治要求来管理教育党员,引导他们树立正确的权力观、事业观、价值观,为推进全面从严治党提供坚实的政治保证。党的政治建设作为新时代党建工作的鲜明特色和核心内容,是不断提高全面从严治党实效性的根本保证。因此,强化党的政治建设的根本性和统领性地位,不断增强党员干部的政治意识和政治能力,确保党员干部坚定政治信仰、把准政治方向、站稳政治立场、坚守政治底线和防范政治风险,是百年大党有效推进从严治党的首要经验。

### (二)思想建设是从严治党的基础

中国共产党成立后,党员的社会成分事实上一直比较复杂,农民和小资产阶级知识分子一度占据了较高的比例。无产阶级思想与非无产阶级思想的矛盾,一度成为党内最本质的矛盾,思想问题甚至成为党内各种不良习气的根源,成为从严治党急需解决的突出问题。在中国共产党领导革命、建设和改革的百年发展历程中,党曾遭受各种错误思想的侵害与腐蚀,严重影响和削弱党的先进性和纯洁性。思想建设是党的基础性建设,而坚定理想信念则是党的思想建设的首要任务。建设马克思主义学习型政党,积极开展各种集中学习教育活动,将思想建党放在第一位,坚决与各种错误思想作坚决斗争,不断提高全党的理论水平和马克思主义素养,加强党的思想建设成为从严治党的重要基础。中国共产党坚持不懈地加强理想信念建设、意识形态建设、党内政治文化建设，有效解决了部分党员干部理想动摇、信仰缺失等问题。首先，坚定理想信念是从严治党的必然要求。理想信念直接决定党员干部的思想意识、价值取向及行为方式，对马克思主义信仰、共产主义理想和社会主义信念的坚守，需要通过加强思想政治教育、道德教育、党性教育等方式，发挥理想信念的定向导航功能。其次，加强意识形态建设是从严治党的基本途径。巩固马克思主义的指导地位，维护主流意识形态安全，既是意识形态建设的主要内容，也是推进从严治党的重大举措。只有主流意识形态的地位巩固了，从严治党的社会心理支撑才是坚固的。同样，从严治党的战略成果也能成为支撑主流意识形态建设的重要资源。最后，培育积极健康先进的党内政治文化是从严治党的重要条件。良好的政治生态、积极健康先进的政治文化，都是顺利推进从严治党的坚强保障。一方面，将中华优秀传统文化中的道德规范创造性地转化为党内政治文化的价值理念，如"为政以德""见不贤而内自省""以修身为本""俭以养德、廉以立身"的观念、褒廉扬清的举措，以及先义后利、勤劳节俭、德法相济等廉政文化，并赋予其新的时代内涵，可以切实增强从严治党的有效性。另一方面，我们要积极弘扬中国共产党人缔造的革命文化，如红船精神、井冈山精神、长征精神、延安精神等，深入挖掘红色基因的内涵特质和时代价值，不断提高党员的党性修养，为从严治党奠定坚实的社会支持基础。总之，要坚决抵制党内各种消极文化的影响，以有效的思想政治教育净化党员干部的灵魂，这既是加强思想建设的基本内容，也是推进从严治党的精神基石。

### （三）"正风、肃纪、反腐"是从严治党的关键环节

不良作风、纪律松弛和腐败毒瘤等问题，既是中国共产党党内存在的突出矛盾和问题，也是人民群众最为痛恨的现象。"正风、肃纪、反腐"是党在长期领导革命、建设、改革历史进程中从严治党的重要内容和关键环节。首先，以作风建设为核心塑造党的执政形象。新民主主义革命时期，毛泽东根据延安整风运动中的探索实践，创造性地提出了党的三大优良作风，对推进不同时期党的作风建设发挥了重要作用。习近平将党的作风建设提升至党和国家兴衰成败的战略高度加以重视，主张"党的作风就是党的形象，关系人心向背，关系党的生死存

亡"①。针对党内存在的脱离群众、形式主义、官僚主义等作风问题，我们党以整治"四风"为突破口，狠抓公款吃喝，整治铺张浪费，不正之风得到有效遏制。我们始终坚持"作风建设永远在路上"，坚持与发扬党的优良传统作风，如理论联系实际、密切联系群众、批评与自我批评、解放思想、实事求是等，并与时俱进提出新时代作风建设的新要求，如"为民、务实、清廉的干部准则""改革创新意识"等，把作风建设融入党员干部的日常工作和生活中，并转化为务实管用的制度机制，确保作风建设的常态化和长效化，使之成为有效推动从严治党的重要工作抓手。其次，严明党的纪律是管党治党的重要依靠。建设纪律严明的政党，是从严治党的重要目标指向。我们始终把严明政治纪律作为建党、强党的重要主题，严肃整饬违反党纪党规等突出问题，构建严密的党规党纪体系，严格纪律规范和纪律执行。我们坚持把政治纪律摆在纪律建设的首位，坚持党的领导、维护党中央权威和党的集中统一领导，持续深化纪检监察体制改革，构建系统集成、协同高效的党和国家监督体系，强化监督执纪主体的精准问责，执纪监督力度持续增强。我们坚持通过加强纪律教育增强党员的纪律意识，不断增强党纪执行的规范性和精准性，从严治党的效能稳步提升。最后，以严厉惩治腐败为重点，维护党的肌体健康。马克思主义政党是反对特权和官僚主义、反对浪费和厉行节约、同党内腐败分子作坚决斗争的政党。从严惩治腐败是中国共产党百年发展实践中一贯坚持的基本原则。习近平意识到："腐败是社会毒瘤。如果任凭腐败问题愈演愈烈，最终必然亡党亡国。"②坚决以零容忍态度清除腐败，有效维护党的肌体健康和安全，是中国共产党百年从严治党的鲜明主题。我们切实加强党对腐败工作的统一领导，坚持全面反腐和精准反腐相结合，强化对权力运行的制约和监督，积极构建不敢腐、不能腐、不想腐的有效机制，加强党内监督体系建设，推动党内监督和其他各类监督有机贯通和相互协调，反腐败斗争取得压倒性胜利，从严治党取得重大战略性成果。总之，抓住"正风、肃纪、反腐"这一关键环节，充分发挥三者的整体联动效应，方可实现从严治党的重大突破。

---

① 《习近平总书记系列重要讲话读本》，北京：人民出版社，2016年，第113页。
② 《习近平关于党风廉政建设和反腐败斗争论述摘编》，北京：中央文献出版社，2015年，第5页。

### （四）制度建设是从严治党的基本保证

制度带有根本性、全局性、稳定性、长期性。中国共产党历来高度重视党的制度建设工作。陈云提出"严守党的制度和党规党法"是防止党执政腐化堕落的保证。① 推进从严治党，既要解决思想问题，也要解决制度问题。加强制度建设是从严治党的必然要求，全方位扎紧制度笼子，更多用制度治党、管权、治吏，从严治党才会取得更大成效。自成立以来，中国共产党始终坚持用制度管党治党，党章成为从严治党的总规矩和根本标准。中共扩大的六届六中全会召开前后相继通过了《中国共产党中央执行委员会组织法》《中央巡视条例》等多部重要党内法规，以及后来通过的《中共中央关于增强党性的决定》《中共中央关于严格执行报告制度的指示》等，要求各级党组织增强纪律性，继续克服成分不纯、思想不纯、作风不纯等不良现象，为从严治党奠定了基本的制度框架。中华人民共和国成立后，中共中央1949年11月发布的《关于成立中央及各级党的纪律检查委员会的决定》、1950年5月发布的《关于在全党全军开展整风运动的指示》、1953年1月发出的《关于反对官僚主义、反对命令主义和反对违法乱纪的指示》、1954年2月通过的《关于增强党的团结的决议》，以及中共中央、国务院1962年3月发布的《关于厉行节约的紧急规定》等，为加强党的纪律建设、作风建设和反对官僚主义、纠正违法乱纪等问题提供了制度保障，进一步健全完善了从严治党的党内法规制度体系。在管党治党的鲜活实践中，我们党深刻认识到，铲除不良作风和腐败现象滋生蔓延的土壤，构建保障从严治党的优良党内政治生态和政治文化，根本上要靠法规制度。在中国共产党的百年发展历程中，以构建严密有效的从严治党制度体系为目标，坚持思想建党与制度治党相结合，在思想政治教育中增强制度意识，强化制度权威和制度执行力，层层传导落实从严治党责任，形成党委主抓、书记主管、班子成员共同负责的从严治党制度执行体系，健全从严治党制度执行的监督机制。中国共产党高度重视扎牢制度笼子，不断健全从严治党的党内法规制度体系，制定和实施《中国共产党巡视工作条例》《中国共产党廉洁自律准则》《中国共产党纪律处分条例》《中国共产党问责条例》《中国共产党党内监督条例》《党委（党组）落实全面从严治党主体责任规定》等，持续

---

① 《陈云文选》（第2卷），北京：人民出版社，1995年，第233页。

创新从严治党的体制机制。总之，我们党把制度建设作为从严治党的重要战略和关键环节，将其融入政治建设、思想建设、组织建设、作风建设、纪律建设、反腐败斗争之中，发挥管党治党各领域制度建设的联动效应，推动从严治党常态化、长效化机制建设，制度建设成为开拓从严治党新境界的战略路径和基本保证。

### （五）"从严治吏"，抓好"关键少数"是从严治党的关键任务

党的干部是党的事业的骨干，在党和国家政治生活中负有重要的领导和治理责任。中国共产党始终将建设一支忠诚、干净、担当、高素质的党员干部队伍作为从严治党的坚实基础。毛泽东曾用"干部决定一切"[①]强调干部工作的极端重要性。邓小平主张："党要管党，一管党员，二管干部。对执政党来说，党要管党，最关键的是干部问题，因为许多党员都在当大大小小的干部。"[②]习近平也明确指出："党要管党，首先是管好干部；从严治党，关键是从严治吏。"[③]中国共产党高度重视党员领导干部的教育管理工作，构建和发展了包括从严选拔、从严教育、从严管理、从严监督在内的一套完整的党员领导干部教育管理体系。具体包括以下几点。第一，以严格的标准和程序选拔干部。中国共产党一直以选拔德才兼备的好干部为标准，着重突出政治标准，培养选拔信念坚定、为民服务、勤政务实、敢于担当、清正廉洁的党员领导干部。同时，严格按照《党政领导干部选拔任用工作条例》规定的程序，把好动议提名关、考察考核关、民主推荐关、程序步骤关，切实提高干部选拔任用的质量。第二，从严教育和管理干部。很多干部出问题，都是从放松思想教育和改造开始的。我们党一直坚持把思想政治教育放在首位，把理论学习与党性修养锻炼、党内法规教育与党内生活、正面教育与反面警示紧密结合起来，不断提升党员干部教育的实效。同时，改进干部考察工作，加强对政治品质和道德品行、科学发展实绩、作风表现、廉洁自律情况的考察，全面历史辩证地评价干部，从严考核干部。另外，对违反选拔任用条例和组织人事纪律的人员从严处理，切实防止"带病提拔""带病上岗"。第三，从严监督干部。针对干部监督"缺位"等问题，我们党高度重视在干部管理的重点对象、重点环节、重点领域上从严，制定实施领导班子和领导干部权力清单，对重

---

[①]《毛泽东文集》（第2卷），北京：人民出版社，1996年，第60页。
[②]《邓小平文选》（第1卷），北京：人民出版社，1994年，第328页。
[③]《在全国组织工作会议上的讲话》，《党建研究》，2013年第8期。

大决策、重大事项跟踪监督。同时，及时预防和纠正干部身上出现的苗头性、倾向性问题，严明组织人事纪律，完善和落实责任追究制度，坚决整治选人用人上的不正之风。另外，构建由党内监督、民主监督、群众监督、舆论监督、网络监督等组成的多层次监督体系，加强干部选拔任用的全程监督，确保容错纠错机制与精准问责机制共同发力，不断提高从严治吏的能力和水平。中国共产党成立百年来，从严治党的内涵不断丰富与发展，从严治党的制度体系日趋成熟与完善，从严治党的战略格局持续优化。正是从严治党的优良绩效，保证了百年大党的勃勃生机，展示出百年大党的强大生命力。在全面建设社会主义现代化国家的历史征程中，我们要一如既往地坚持以政治建设为统领，以思想建设为基础，坚持理想信念教育，以正风、肃纪、反腐为关键，不断营造良好的政治生态，以制度建设为战略突破口，健全完善党内法规制度体系，以从严治吏和从严教育管理监督普通党员为基础性工程，不断开拓全面从严治党的新境界。

## 四、基本结论

在中国特色的国家治理现代化过程中，党的性质及其所肩负的历史使命，共同决定了党在国家和社会生活中所起的决定性作用，党的建设质量是事关社会主义现代化建设全局的重大战略议题。治国必先治党，治党务必从严，积极推进从严治党不仅是锻造世界上最强大政党的重大举措，也是顺利推进社会主义现代化建设的必然要求。全面从严治党，治国方能正确有效。永葆马克思主义政党的先进性和纯洁性，持续唤醒初心使命与历史担当，巩固和加强党的执政领导地位，既是激励中国共产党勇于自我革命的精神密码，也是不断推进中国共产党从严治党的根本动力。从严治党的百年发展历程表明，随着党在不同历史阶段所面临的中心任务和目标使命的不同，从严治党的具体实践内容也会呈现出阶段性差异。但是，中国共产党人始终牢牢把握无产阶级政党建设的基本规律，创造性地提出中国特色从严治党的理论体系和创新实践，从严治党的优良传统得以有效继承与创新发展，党的历史是一部从严治党的光辉历史。在中国共产党的大战略、大棋局中，从严治党既是一种高明的制度设计，又是一项伟大的战略规划，决定着党的建设和社会主义现代化国家建设的质量和未来。

（本文发表于《浙江学刊》2021年第4期，略有删改）

# 中国共产党制度建设百年实践历史纵论

齐卫平

中国共产党建设的伟大工程中,制度建设贯穿党的百年实践全过程,党中央的高度思想自觉和全党的行动自觉,呈现了持续推进制度建设步步深入的发展图景。连贯的实践促进了党的制度建设认识不断实现思想升华,积累了党的制度建设的丰富经验,在庆祝中国共产党成立一百周年之际,回顾党的百年奋斗历程,总结党的制度建设历史经验,对新时代中国特色社会主义伟大实践中把我们党建设得更加坚强有力,具有重要的经验启迪和现实意义。

## 一、党的制度建设百年实践发展的历史轨迹

近代意义上的政党与以前各种社会团体的重要区别在于它是制度化的政治组织,不管什么性质的政党,都有相关制度作为建立基础。政党把自己的价值诉求体现在各种形式的制度规定中,以期对加盟成员形成约束的规范。马克思主义政党具有铁一般的组织质地,这就要求它必须以认真的态度对待制度建设,为实现自己的奋斗目标提供制度保证。

中国共产党百年奋斗历程极不平凡,领导革命、建设和改革实践的场域不同,各个时期的情况差别很大,因此,党的建设也在完全不一样的环境下开展。作为党的建设的重要内容,制度建设一以贯之的实践呈现发展的历史轨迹。

### (一)新民主主义革命时期党的制度建设

中国共产党的建立具有明确的制度基础。中共一大通过的《中国共产党的第一个纲领》和《中国共产党的第一个决议》,包含党的制度初步构建的内容,主要内容包括规定党的名称、明确党的组织原则、设置党的组织机构、提出入党的条件、形成党内民主基本规定等。中共一大是党的制度建设的起点,起到了奠基性作用。1922年中共二大提出了实行民主集中制度的要求,规定"本党一切会议均取决多数,少数绝对服从多数"①。中共四大通过的《对于组织问题决议案》中强调"实行民主的集权主义"②。中共五大在党章修正决议案中明确了"党的指导原则为民主集中制"③。1938年6月,中共六届六中全会通过《关于中央委员会工作规则与纪律的决定》《关于各级党部工作规则与纪律的决定》《关于各级党委暂行组织机构的决定》等文件,初步形成了党内的组织法规体系。1945年中共七大通过的党章第一次对党员权利作出了具体规定。解放战争时期,毛泽东强调必须建立报告制度,要求从中央到地方和基层各级党组织"都必须建立健全的党委会议制度"④。在领导人民进行反帝反封建斗争中,党的制度建设发挥了积极作用。

### (二)社会主义革命和建设时期党的制度建设

中华人民共和国成立后,根据党所处方位、内外环境、中心任务的变化,以毛泽东为代表的中国共产党人从领导社会主义建设的新任务出发,在推进党的制度建设上迈出了新步伐。中共八大在七大的基础上,丰富和发展了民主集中制度。1957年,毛泽东在《关于正确处理人民内部矛盾的问题》中强调民主集中制的目标是:"要造成一个又有集中又有民主,又有纪律又有自由,又有统一意志又有个人心情舒畅,生动活泼的政治局面,以利于社会主义革命和社会主义建设。"⑤完善党的集体领导和发扬党内民主成为党的制度建设的重要内容。党中央

---

① 《中共中央文件选集》(第1册),北京:中共中央党校出版社,1982年,第62-63页。
② 《中共中央文件选集》(第1册),北京:中共中央党校出版社,1982年,第308-309页。
③ 《中共中央文件选集》(第3册),北京:中共中央党校出版社,1983年,第125页。
④ 《毛泽东选集》(第4卷),北京:人民出版社,1991年,第1340-1341页。
⑤ 《建国以来毛泽东文稿》(第6册),北京:中央文献出版社,1992年,第543页。

还提出探索党代会常任制，仿照人民代表大会的办法，设党的常任代表，作为党代会的补充。①在中国共产党全面执政条件下，党内监督制度成为加强制度建设的新要求，邓小平在中共八大关于修改党章的报告中提出"从国家制度和党的制度上作出适当的规定，以便于党的组织和党员实行严格的监督"②。1949年至1956年，党的制度建设取得了显著的进展，以党章为根本制度，以民主集中制为重点的基本制度得到完善和加强，党的制度建设逐渐向规范化方向发展，一个标志性的成果就是确立了社会主义基本制度。然而，由于对国内形势作出了错误的判断，加之党的制度和国家法律还不够健全，日益滋生的"左"倾错误思想影响了党的制度建设健康发展。1966年至1976年"文化大革命"的发生，使党的制度建设遭到严重破坏，留下的教训十分惨痛。

### （三）改革开放新时期党的制度建设

1978年底中共十一届三中全会以改革开放的历史抉择，引领中国走上新的发展道路，邓小平指出："为了保障人民民主，必须加强法制。必须使民主制度化、法律化。"③1980年2月，党中央制定《关于党内政治生活的若干准则》，对集体领导制度、党内民主建设、党内选举制度、党内监督制度、党的干部制度作出了规定。同年8月18日，邓小平作关于党和国家领导制度改革的报告，这是一篇加强党的制度建设的纲领性文献，为新时期党和国家制度建设定下了总基调。1983年10月11日，党中央在《关于整党的决定》中明确提出，"在党的建设上走出一条不搞政治运动，而靠改革和制度建设的新路子"④。1990年7月，中共中央颁布《中国共产党党内法规制定程序暂行条例》，党的建设在深刻吸取教训的基础上走向制度化、规范化、程序化的发展轨道。1994年9月28日，中共十四届四中全会通过的《中共中央关于加强党的建设几个重大问题的决定》指出："特别要注重制度建设，以完备的制度保障党内民主，维护中央权威，保证全党在重大问题上的统一行动。"⑤中共十六大报告中具体规划了党内制度建设主要内

---

① 《毛泽东文集》（第7卷），北京：人民出版社，1999年，第54页。
② 《建国以来重要文献选编》（第9册），北京：中央文献出版社，1994年，第112页。
③ 《三中全会以来重要文献选编》（上），北京：人民出版社，1982年，第23页。
④ 《十三大以来重要文献选编》（上），北京：人民出版社，1991年，第54页。
⑤ 《十四大以来重要文选选编》（中），北京：人民出版社，1997年，第958页。

容,"要以保障党员民主权利为基础,以完善党的代表大会制度和党的委员会制度为重点,从改革体制机制入手,建立健全充分反映党员和党组织意愿的党内民主制度"①。2007年,中共十七大从全局和战略的高度对党的制度建设作了全面布置,将党务公开制度、党代会代表任期制、报告工作制度、巡视制度等写入党章,以党的根本大法形式固定下来。2012年5月,中共中央印发《中国共产党党内法规制定条例》,6月又印发了《中国共产党党内法规和规范性文件备案规定》《关于开展党内法规和规范性文件清理工作的意见》,为推进党的建设制度化、规范化、程序化提供了标准,对提高党的制度建设科学化水平发挥了重要作用。

### (四)新时代中国特色社会主义时期党的制度建设

中共十八大以来,以习近平同志为核心的党中央认真查找党的制度建设存在的差距,以问题为导向,明确提出深化党的建设制度改革重大命题。一是提出建设完善的党内法规体系任务,明确党的建设制度改革的总体要求和基本目标,加强党的建设制度改革的顶层设计,作出统筹安排。二是以党的作风建设为切入点和突破口,扎紧织密制度笼子,使管党治党的制度体系更加严密。三是加强党内法规的清理工作,体现党的建设制度体系的科学性。在中共十八大后的五年间,共制定或修订140多部法规,约占220多部现行有效中央党内法规的63%,同时加强党内各部委和地方党委法规的清理工作,现行有效部委党内法规约240部、地方党内法规约3700部,保持党内法规中央与地方、点与面的协调统一。习近平关于全面从严治党重要论述中,党的制度建设被摆在更加突出显著的位置,他强调必须把权力关进制度的笼子,以制度管权管事管人,强调严明党的纪律和规矩,强调必须以党章为党的根本大法,严格执行各项党内法规。习近平指出:"相比过去,新时代改革开放具有许多新的内涵和特点,其中很重要的一点就是制度建设分量更重。"②他要求全党"不断推动各方面制度完善和发展","确保制度时时生威、处处有效"。③中共十九大提出新时代党的建设总要求,以崭新的布局部署突出党的制度建设,为把全面从严治党向纵深推进指明了方向。中国特

---

① 《江泽民文选》(第3卷),北京:人民出版社,2006年,第570页。
② 《习近平谈治国理政》(第3卷),北京:外文出版社,2020年,第112页。
③ 《习近平谈治国理政》(第3卷),北京:外文出版社,2020年,第128页。

色社会主义进入新时代,以习近平同志为核心的党中央在深化党的制度建设思想和实践上取得了一系列创造性成果,"党内法规制定力度之大、出台数量之多、制度权威之高、治理效能之好都前所未有,党的制度建设取得历史性成就"①,在党的建设百年发展史上谱写了新的历史篇章。

## 二、党的制度建设百年实践发展的思想升华

马克思主义原理告诉我们,人们的认识是一个动态的发展过程,一方面,人们认识问题总会受历史条件的限制;另一方面,事物的发展存在由表及里、从浅到深的表现规律。因此,任何思想都不可能一下子认识到位,也不会一次性完成,人们对事物规律的发现和揭示也会经历不断提高的过程,由此而言,中国共产党百年奋斗实践中对制度建设的认识也伴随着思想的提高而不断升华。

新民主主义革命时期党的制度建设处于初创和探索阶段,更多的努力是结合党组织的运行机制建立相关制度。从基本特点看,以民主集中制为核心开展具体制度建设,主要在党的代表大会制度、选举制度、党内民主制度、集体领导制度、党内生活制度以及纪律制度等方面进行了探索,同时确立了党对军队的绝对领导制度以及在革命根据地建设实践中党的政权建设制度,为制度建设打下了基础。

中华人民共和国成立后,党的制度建设的一个重大成果是确立了社会主义基本制度。从内容上说,主要是通过各种法规的制定,确立党的领导制度,实行人民代表大会制度、中国共产党领导的多党合作和政治协商制度、民族区域自治制度,以及生产资料公有制等。在延续实行历史形成的制度的同时,实现人民当家作主的新型国家制度目标,成为社会主义建设实践中党的制度建设努力的方向。制度建设对党在国家政权中的地位、与各民主党派的关系、党内和社会监督的机制、党的组织体系的建构、党员思想行为的规范、基层党组织的社会作用等方面进行了积极的探索,取得的成绩为提升党对制度建设的思想认识创造了条件。

改革开放推动党的制度建设进入快速发展的新阶段,一系列重要论断的提出和重大举措的出台,形成思想升华的标志性成果。邓小平基于对历史教训的反

---

① 《中国共产党党内法规体系》,《人民日报》2021年8月4日。

思，最先向全党揭示制度问题的极端性，他指出："领导制度、组织制度问题更带有根本性、全局性、稳定性和长期性。这种制度问题，关系到党和国家是否改变颜色，必须引起全党的高度重视。"①这个论断深刻揭示了党的建设和中国特色社会主义事业中制度建设的重要地位，开启了新时期党的制度建设思想升华的先河。在邓小平理论的指导下，党和国家制度改革有序推进，尤其是党中央把依法治国作为治国理政基本方略明确提出来后，党的制度建设与法治建设紧密结合，在创新实践中推动党的思想不断实现认识上的飞跃。其中一个标志性成果是党的制度建设被纳入党的建设布局之中。2003年2月，胡锦涛在中共十六届二中全会上发表讲话，提出"从思想上、组织上、作风上和制度上全面推进党的建设新的伟大工程"②。第一次将制度建设与思想建设、组织建设、作风建设并立，从布局上奠定了党的制度建设的地位。中共十七大明确"以健全民主集中制为重点加强制度建设"③，对党的制度建设作出了全面部署。制度建设在党的建设伟大工程布局中的地位确立，是制度具有根本性、全局性、稳定性和长期性的重要论断贯彻到党的建设之中的体现。

2012年中共十八大以来，党的制度建设在深入实践中形成突破性的思想飞跃。第一，中共十八大第一次形成中国特色社会主义制度内涵概括的理论成果，号召全党坚定"制度自信"，提出"要把制度建设摆在突出位置"④。中国特色社会主义制度同中国特色社会主义道路、中国特色社会主义理论体系一道被写入党章。第二，以习近平同志为核心的党中央把全面从严治党提升为战略布局，在重点转变党的作风、严明党的纪律和规矩、严肃党内政治生活、净化党的政治生态实践中，对党的制度建设作出一系列重要论述，以丰富的思想强化了全党的制度意识，认识的深刻程度得到极大提高。第三，明确提出"制度治党"，这个概念是党的制度建设思想发展的重大创新。"制度治党"的深刻含义在于切实把制度用起来，制度不能停留于文本的"建"，更要着力于管理的"治"。制度的建制本身不是目的，制度功能得到有效发挥才是用力的目的所在。从一定意义上说，建立党的制度相对容易，难的是怎样将其用于治党。第四，形成制度体系构建的新

---

① 《邓小平年谱（1975—1997）》（上），北京：中央文献出版社，2004年，第663页。
② 《十六大以来重要文献选编》（上），北京：中央文献出版社，2005年，第152页。
③ 《十七大以来重要文献选编》（上），北京：中央文献出版社，2009年，第38页。
④ 《十八大以来重要文献选编》（上），北京：中央文献出版社，2014年，第12-13、20页。

思路。党的制度建设必须以一项项制度制定为基础,但制度只有形成体系性的构造才能使优势得到最大限度的发挥,构建制度体系是习近平关于党的制度建设一系列重要论述的思想亮点,强调制度匹配、衔接,整合制度资源,发挥制度合力等重要观点,体现了从一般的制度建设到制度体系构建的思想升华。第五,把党的制度与中国特色社会主义制度有机融合,从中共十八届三中全会到十九届四中全会,坚持和完善中国特色社会主义制度、推进国家治理体系和治理能力现代化,成为党中央治国理政创新实践的新焦点。这个新焦点促进了党的制度建设思想进一步升华。党的制度与国家和社会治理制度浑然一体,从制度建设层面上厘清了党的领导和执政的关系。第六,提出"依法治国"和"依规治党"相统一,"思想建党"和"制度治党"相统一的新思想,强调党纪严于国法,要求思想建党和制度治党同向发力,统筹推进党的各项建设。第七,突出强调必须提高制度执行力,反对制度建设的形式主义,杜绝有令不行、有禁不止的现象,维护制度权威,用制度筑牢全体党员思想和行为的藩篱。第八,重新布局党的建设,对党的制度建设作出新定位,中共十九大把制度建设从原先"五位一体"布局中分列出来,用贯穿党的各项建设新论断,彰显了制度建设更加突出的位置。2018年1月11日,习近平在十九届中央纪委二次全会上发表讲话指出:"坚持思想建党和制度治党相统一。五年来的实践告诉我们,推进全面从严治党,既要解决思想问题,也要解决制度问题,二者一柔一刚、刚柔相济,同向发力、同时发力,能产生一加一大于二的功效。"①以上这些思想表明,中国特色社会主义进入新时代,党的制度建设在新的伟大实践中收获了思想升华的丰硕成果。这既是对党的制度建设的历史继承,又是以习近平同志为核心的党中央对推进党的制度建设作出的创造性贡献。

## 三、党的制度建设历史实践的主要经验

党的制度建设发展过程是实践深入发展中经验的积累过程。事实证明,党的制度建设健康发展,党的事业就会顺利前行;党的制度建设遭受挫折,党的事业

---

① 《十九大以来重要文献选编》(上),北京:中央文献出版社,2019年,第188页。

就会徘徊不前。中国共产党制度建设百年实践积累的经验是一笔宝贵财富，必须把它传承好、发扬好。

### （一）坚持以马克思主义为指导提高党的制度建设科学化水平

马克思主义是中国共产党领导中国革命、建设和改革的一面鲜亮的旗帜，它的理论体系内涵的科学思想是指导党的建设健康发展的实践指南。中国共产党自建立起就以马克思主义为思想武装，在长期实践中坚持把马克思主义普遍真理运用于中国化的实践，"成功地实现了中国历史上最深刻最伟大的社会变革，为当代中国一切发展进步奠定了根本政治前提和制度基础"[①]。就党的制度建设而言，不管具体的历史条件如何不同、制度内容如何发展、制度规定如何调整、制度形式如何变化，坚持马克思主义思想指导是确定不移的根本原则。坚持以马克思主义为指导决定着党的制度建设的科学走向。

### （二）坚持以党章为统领加强党的制度建设

党章是党的根本章程，是全党最基本的行为规范，是党的政治立场和组织原则的集中反映，是党的全部活动的基础和依据。邓小平强调："党章是最根本的党规党法。"[②]习近平指出："党章就是党的根本大法，是全党必须遵循的总规矩。"[③]从中共二大制定第一部正式章程起一直到党的十九大，每次修订和完善的党章都是党内制度建设最重要的内容。在党章中补充内容的新条文体现了认识和把握党的建设规律的不断深化，每一次修订党章都带动了新一轮党内规章制度建设的创新发展。党章对制度建设的统领意义集中体现为与时俱进地创新思想和实践，形成党的制度新规范，从而为新的实践提供保证。

### （三）坚持以民主集中制为重点加强党的制度建设

民主集中制是党的领导原则、根本组织原则，也是党的工作原则。党的民主集中制以坚持民主基础上的集中和集中指导下的民主相结合为规定，体现了党的

---

[①]《十八大以来重要文献选编》（上），北京：中央文献出版社，2014年，第8页。
[②]《邓小平文选》（第2卷），北京：人民出版社，1994年，第147页。
[③]《习近平关于严明党的纪律和规矩论述摘编》，北京：中央文献出版社，2016年，第3页。

集中领导和党员民主权利的辩证关系。毛泽东指出："我们主张有领导的自由，主张集中指导下的民主。"①邓小平指出："民主集中制是党和国家的最根本的制度，也是我们传统的制度。坚持这个传统的制度，并且使它更加完善起来，是十分重要的事情，是关系我们党和国家命运的事情。凡是违反这个制度的，都要纠正过来。"②江泽民指出："要在充分发扬民主的基础上实行正确的集中，使全党在思想上政治上保持统一，在行动上做到步调一致。"③习近平指出："完善和落实民主集中制的各项制度，坚持民主基础上的集中和集中指导下的民主相结合，既充分发扬民主，又善于集中统一。"④加强以民主集中制为重点的制度建设，对实现党的领导、巩固党的执政地位、提高党的领导水平和执政水平有着极其重大的意义。

### （四）坚持用党的制度建设为党的其他方面建设提供保证

党的建设是一个结构系统的整体工程，各个方面的建设相辅相成，缺一不可，党的制度建设以根本支撑的保证作用在工程建设中占据重要地位。"必须始终把制度建设贯穿党的思想建设、组织建设、作风建设和反腐倡廉建设之中，坚持突出重点、整体推进，继承传统、大胆创新，构建内容协调、程序严密、配套完备、有效管用的制度体系。"⑤把党的制度建设和党的其他方面建设紧密相结合，是党的建设历史传统，更是改革开放新时期和新时代中国特色社会主义时期创造的鲜活经验。习近平关于制度建设一系列重要论述中，反复强调党的建设各个方面必须同向发力，要求"突出系统集成、协同高效"，"统筹顶层设计和分层对接，统筹制度改革和制度运行"⑥。中共十八大、十九大以来，以习近平同志为核心的党中央以党的建设一体贯通、一体落实、一体推进的创新实践，为深化党的制度建设提供了新的发展路径。

---

① 《毛泽东著作选读》（下），北京：人民出版社，1986年，第762页。
② 《邓小平文选》（第1卷），北京：人民出版社，1994年，第312页。
③ 《十三大以来重要文献选编》（下），北京：人民出版社，1991年，第1656页。
④ 《十九大以来重要文献选编》（上），北京：中央文献出版社，2019年，第44页。
⑤ 《十七大以来重要文献选编》（下），北京：中央文献出版社，2013年，第443页。
⑥ 《习近平谈治国理政》（第3卷），北京：外文出版社，2020年，第114、115页。

### (五) 坚持使党的制度建设同国家建设的总体要求相契合

作为长期执政的党，中国共产党在政权架构和国家治理中处于核心领导地位，党的制度建设直接关系到国家的政局稳定、经济和社会的安定有序。治理好国家的前提是治理好党，党的制度建设服务于国家建设。党的全面领导要适应改革开放和社会主义现代化建设的要求，就必须坚持科学执政、民主执政、依法执政。中共十八届四中全会通过的《关于全面推进依法治国若干重大问题的决定》，第一次以党的文件的形式对在历史新起点上带领全国人民全面推进依法治国、加快建设法治中国，作出了具有里程碑意义的战略部署。新时代中国特色社会主义的伟大实践在依法治国战略实施中加速了党内法规的建设步伐，不断细化党内相关制度，体现了党的制度建设科学化、规范化、程序化与国家建设总体要求相契合。

### (六) 坚持立足现实与着眼长远相统一推进党的制度创新

深入发展的实践不断出现新情况新矛盾，这是不断推进党的制度创新的动力。党的制度创新必须坚持立足现实，充分考虑制度建设的紧迫性，丰富和完善既定制度，及时建立新的制度，对过时的或失效的制度进行修订或调整，该遵守的制度必须得到切实执行。同时，必须兼顾制度建设的长远性，要从战略的高度和顶层的思维作出筹谋和设计，建立完整完善的制度后续措施和配套设施。党的制度建设必须立足于世情、国情和党情，扎根本土，又放眼全球，结合改革开放40多年来伟大的实践创新和理论创新的丰富经验，"及时把成功的实践经验转化为制度成果"①。这是把历史、现实与未来相贯通的科学思维在党的制度建设实践中的运用。

## 四、新时代党的建设高质量发展的制度治党路径

历史启迪我们，加强制度建设是立党强党兴党的重要路径。习近平突出强调要充分发挥制度优势，指出"制度优势是一个国家的最大优势，制度竞争是国家

---

① 《习近平谈治国理政》（第3卷），北京：外文出版社，2020年，第122页。

间最根本的竞争。制度稳则国家稳"①。由此演绎,制度优势也是一个政党的最大优势,尤其是对肩负全面领导国家和社会发展进步使命的中国共产党来说,加强党的制度建设更为重要。

中共十九大提出不断把全面从严治党向纵深推进,新时代党的建设总要求突出了"不断提高党的建设质量"的新任务。强化制度治党为推动新时代党的建设高质量发展提供有力保证,新时代党的建设要有新气象新作为,需要全党大力开拓制度治党的新路径。

### (一) 必须以党的政治建设为统领,切实落实把制度建设贯穿于各方面建设的新时代要求

"党的政治建设是党的根本性建设,决定党的建设方向和效果。"②把政治建设摆在党的建设第一位置上加以定位,是新时代以习近平同志为核心的党中央基于马克思主义政党先进本质的认识而形成的重大理论创造,是认识和把握共产党执政规律的重大创新成果。党的政治建设的统领作用主要表现为树立政治方向、站稳政治立场、把握政治定力、坚持政治原则,这是关系到加强党的各方面建设的根本性问题。偏离正确的政治轨道,党的思想建设、组织建设、作风建设、纪律建设就会迷失方向,就难以取得效果。必须从政治上深刻认识党的制度建设具有重要地位,深刻把握党的政治建设与党的制度建设有机统一的辩证关系。党的政治建设统领作用的发挥以制度建设的功能彰显为依托,一方面,党的政治建设本身需要以制度为支撑;另一方面,党的各方面建设贯彻以党的政治建设为统领的要求必须落脚在制度化的实践路径上。党的制度建设首先要贯穿党的政治建设各环节,才能为统领党的各方面建设提供制度保证。

### (二) 必须把党的制度建设与国家的制度建设紧密结合,通过协同作用提高国家治理体系和治理能力现代化水平

当代中国特色社会主义建设发展现实表明,中国共产党不仅是赢得广大人民群众坚决支持的执政党,而且是始终站在时代前列引领国家发展和社会进步的领

---

① 《习近平谈治国理政》(第3卷),北京:外文出版社,2020年,第119页。
② 《十九大以来重要文献选编》(上),北京:中央文献出版社,2019年,第44页。

导党。执政党和领导党的双重角色决定了党的制度建设与国家的制度建设不可分割。与西方国家治理权力分割离散的政党制度不同，中国共产党长期执政和全面领导的制度安排和使命担当，形成了"治国必先治党"的政治建设逻辑。执政党利益与国家利益和人民利益的同质化、一体性的特征，决定了建设好国家务必从严治党的规则。中共十九届四中全会提出中国特色社会主义制度体系建构十三个方面的任务，摆在首要位置的就是坚持和完善党的领导制度体系，强调"中国共产党领导是中国特色社会主义最本质的特征，是中国特色社会主义制度的最大优势"，要求"把党的领导落实到国家治理各领域各方面各环节"[①]。从这次大会通过的文件可以看到，党的制度建设融入国家治理所有的制度建设之中，在中国特色社会主义制度体系中占据核心地位。从推进国家治理体系和治理能力现代化的新时代要求出发，必须以党的制度建设与国家制度建设相结合为路径，充分发挥中国特色社会主义制度的整体优势。

**（三）必须着力制度的体系建构，促进中国特色社会主义制度更加成熟和定型**

在中华民族伟大复兴的战略全局和世界百年未有之大变局交织的新时代，层出不穷的变化和不确定的因素构成党领导中国人民接续奋斗新征程上的严峻挑战，如何沉着应对挑战、攻克难题、化解风险，成为新时代摆在党面前的重大问题。面对"两个大局"，我们拥有很多的优势，制度优势是其中最显著的优势。百年奋斗实践中，加强制度建设使中国共产党不断发展壮大，中国特色社会主义进入新时代，以习近平同志为核心的党中央在继承历史经验的基础上，进一步提出了加强制度体系建设的新任务。习近平对邓小平提出使我国社会主义制度更加成熟和定型的要求有着紧迫的时间感和强烈的使命感，以注重制度建设的科学性、制度的配套和衔接、制度的守正和创新、制度的落实和执行等一系列丰富论述，为构建党和国家制度体系的新时代伟大实践指明了方向。

---

① 《中国共产党第十九届中央委员会第四次全体会议文件汇编》，北京：人民出版社，2019年，第23页。

### （四）必须牢固树立制度意识，强化制度敬畏感，不断提高制度执行能力

加强党的制度建设既是理论层面上的思想意识问题，又是实践层面上的行动能力问题。"治理离开制度就会迷失方向，而制度离开治理就成了空中楼阁。"① 党的制度建设首先要以具备好的制度为前提，但制度再好，得不到有力执行也会成为一纸空文。党的建设实践中经常出现两种现象，一种是制度虚置，挂在墙壁上摆样子使制度成为不管用的形式，有规定不执行，无视制度的存在，制度空转成为形式主义的一大表现；另一种是制度规避，找制度缝隙，钻规定空子，寻条文盲点，采取打"擦边球"的手段，绕制度而行。这两种现象都暴露了制度执行力的软肋。制度执行力的强弱影响依法治国、依规治党的效果，如何让人们增强制度意识、敬畏制度权威，是新时代加强党的制度建设必须考虑的主要问题。习近平指出："制定制度很重要，更重要的是抓落实，九分气力要花在这上面"，"要狠抓制度执行，扎牢制度篱笆，真正让铁规发力、让禁令生威"②。他反复强调，制度执行决不能留选择空间，决不能使制度成为"稻草人""壁上挂"，制度面前没有任何特权，任何人在任何情况下都不能在制度执行上打折扣、搞变通。这些重要论述揭示了新时代党的制度建设取得实效的具体路径。

### （五）必须坚持问题导向，以改革精神推进党的制度建设，建立和完善制度运行的保障机制

党的制度建设滞后必将阻碍党和国家事业的发展，找准问题，发扬勇于自我革命精神，针对存在的突出问题进行靶向治疗，是党的建设的一条重要经验。以习近平同志为核心的党中央把这一经验运用于全面从严治党的创新实践，成功地解决了许多长期没有得到解决的老大难问题。从现实看，虽然党的制度已进入体系化建构的阶段，但一些软肋还有待强化，尤其是制度运行的保障机制亟须完善。新时代加强党的制度建设，必须从制度执行情况的督查、党内制度匹配建设和协调机制的完善、党内法规体系的建构、党的制度执行效果评估等方面入手，通过建立和完善制度运行保障机制，推动党的制度建设向纵深发展。

---

① 《积极促进我国制度优势转化为治理效能》，《理论与改革》，2020年第1期。
② 《习近平关于党风廉政建设和反腐败斗争论述摘编》，北京：中央文献出版社，2015年，第129、127页。

习近平在庆祝中国共产党成立一百周年大会上的重要讲话，回顾历史，展望未来，在全面总结党的百年实践基础上，对新时代把全面从严治党不断向纵深推进提出了明确要求。他指出："我们党历经千锤百炼而朝气蓬勃，一个很重要的原因就是我们始终坚持党要管党、全面从严治党，不断应对好自身在各个历史时期面临的风险考验，确保我们党在世界形势深刻变化的历史进程中始终走在时代前列，在应对国内外各种风险挑战的历史进程中始终成为全国人民的主心骨！"①从历史中汲取智慧，必须把党的建设持续发力作为常态，把制度治党作为全面从严治党向纵深推进的路径遵循，不断提高党的建设质量。全面从严治党是一篇大文章，续写新时代"打铁必须自身硬"的新篇章，对加强党的制度建设提出了更高的要求，沿着党中央确定的制度治党路径把全面从严治党进行到底，是新时代提高党的建设质量的内在要求。

（本文发表于《南昌大学学报（人文社会科学版）》2021年第4期，略有删改）

---

① 《在庆祝中国共产党成立100周年大会上的讲话》，北京：人民出版社，2021年，第19页。

# 中国共产党百年来统一战线工作的历程和经验

丁俊萍　颜苗苗

统一战线，就其广义而言，是指不同社会政治力量在一定条件下，为了一定的共同目标而建立的政治联盟或联合；就其狭义而言，是指无产阶级及其政党的战略策略，主要关涉无产阶级自身团结和同盟军问题。马克思、恩格斯在《共产党宣言》中指出："共产党人到处都努力争取全世界民主政党之间的团结和协调。"[①]在领导无产阶级和人民大众争取自身解放的斗争中建立统一战线，这是马克思主义的基本原理之一。1921年，党的一大宣告了中国共产党的成立，这是开天辟地的大事件。从此，中国人民争取民族独立、人民解放和国家富强、人民幸福的斗争就有了主心骨，中国人民就从精神上由被动转为主动，中国革命有了正确前进方向，中国人民和中华民族的命运有了光明的发展前景。中国共产党以马克思主义为指导，在领导中国革命、建设、改革和走进新时代的各个历史时期，始终高度重视和努力做好统一战线工作，在此基础上积累了一整套关于统一战线的成功经验。本文简要考察共产党百年来统一战线工作的历程，在此基础上总结了若干历史经验。

## 一、新民主主义革命时期党的统一战线工作的成功实践

统一战线是中国新民主主义革命取得胜利的一大法宝。由于新民主主义革命

---

① 《马克思恩格斯选集》（第1卷），北京：人民出版社，1995年，第307页。

经历了不同的发展阶段，各个阶段的任务不同，统一战线的构成、具体形式、内容特征等也不尽相同。新民主主义革命时期的统一战线大致经历了四个阶段：大革命时期以国共合作为基础的民主联合战线；土地革命战争时期以工农联盟为基础的工农民主统一战线；全民族抗战时期以国共再次合作为基础的抗日民族统一战线；解放战争时期的人民民主统一战线。

### （一）大革命时期的民主联合战线

1921年党的一大提出了为共产主义奋斗的最终目标，但并没有提出现阶段的革命纲领以及实现现阶段革命纲领的政策和策略。在对待中国革命统一战线问题上，党明确提出无产阶级"始终站在完全独立的立场上，只维护无产阶级的利益，不同其他党派建立任何关系"①。这一定程度上反映出年轻的中国共产党对中国革命的性质、任务等重大问题还缺乏全面的认识。1922年共产国际举行远东各国共产党及民族革命团体第一次代表大会，阐明了被压迫民族所面临的反帝反封建的历史任务，强调被压迫民族所有的阶级、阶层必须联合起来，结成统一战线。这对中国共产党产生了积极影响。1922年6月，中共中央发表了《中国共产党对于时局的主张》，提出为将中国人民从帝国主义和封建军阀的双重压迫下解放出来，中国共产党愿同各民主党派、革命团体等建立民主主义的联合战线，"来争取中国的统一、中国民族的独立解放"②。同年7月召开的党的二大提出了反帝反封建的民主革命纲领，并通过《关于民主的联合战线的议决案》，正式确立了建立"民主联合战线"的方针，号召全国的工人、农民团结在共产党的旗帜下进行斗争；同时，联合全国一切革命党派，联合资产阶级民主派，组织民主的联合战线，并决定邀请国民党等革命团体举行联席会议，共商具体办法。1923年1月，共产国际执委会作出《关于中国共产党与国民党的关系问题的决议》，对国共合作起了推动作用。1923年6月，党的三大决定共产党员以个人身份加入国民党，以实现国共合作；并规定共产党员加入国民党时，党必须在政治上、思想上、组织上保持自己的独立性。三大后，国共合作步伐大大加快。1923年11

---

① 《建党以来重要文献选编（1921—1949）》（第1册），北京：中央文献出版社，2011年，第6页。

② 《建党以来重要文献选编（1921—1949）》（第9册），北京：中央文献出版社，2011年，第5页。

月，党的三届一中全会提出，"吾党在国民党及其他有政治性质的重要团体中，应组织党团，从中支配该党和该团体的活动"[①]。党团作为中国共产党在统一战线联盟内部的派出机构，是中共中央建立统战工作机构的最早探索。1924年召开的国民党一大实际上确立了"联俄、联共、扶助农工"三大政策，改组后的国民党成为由工人、农民、城市小资产阶级、民族资产阶级四个阶级组成的民主革命联盟。国共两党正式结成民主联合战线，掀起了大革命的高潮。

国共合作的统一战线确立以后，中国革命形势呈现崭新局面，如何正确处理同国民党的关系成为巩固和发展统一战线的新课题。1925年1月，党的四大提出了无产阶级在民主革命中的领导权问题和工农联盟问题，并总结了国共合作以来的经验教训及国民党内部左右分化情况，指出共产党要坚持彻底的民主革命纲领，保持党的独立性，在思想上、组织上和群众宣传上坚持"打击右派，争取中派，扩大左派"的方针，加紧同国民党内的妥协倾向作斗争。1925年3月孙中山逝世后，原先就坚持反共立场的国民党右派重新活跃起来，国民党内左右两派进一步分化，国共合作建立的统一战线面临更加复杂的局面。中国共产党调整统一战线政策，加强与国民党左派的合作，不断加深对中国社会各阶级的认识，巩固和发展国民革命联合战线。

党在创建初期和大革命时期，团结带领工农商学兵各界群众，促成了以国共合作为基础的民主联合联合战线，为北伐战争的胜利和中国革命新局面的出现创造了有利条件。但由于此时党还处在幼年时期，缺乏应对复杂环境的政治经验，还不善于将马克思主义基本原理同中国具体实际结合起来，在反革命力量强大、资产阶级发生严重动摇、蒋介石集团和汪精卫集团先后叛变革命时未能挽救革命。虽然轰轰烈烈的大革命失败了，但是经过大革命，党从正反两方面积累了深刻的经验和教训。

## （二）土地革命战争时期的工农民主统一战线

大革命失败后，党认真总结经验教训，进一步认识到坚持党对统一战线的领导是革命统一战线巩固和发展的关键。1927年党的八七会议通过的《告全党党

---

[①]《建党以来重要文献选编（1921—1949）》（第2册），北京：中央文献出版社，2011年，第260页。

员书》中指出，"在严重的环境之下，又是革命危机的时候，我们要整顿改编自己的队伍，纠正过去严重的错误；而找着新的道路"①。1928年毛泽东在《中国红色政权为什么能够存在？》一文中强调，"中国迫切需要一个资产阶级的民主革命，这个革命必须由无产阶级领导才能完成"②。在中国革命转入低潮的情况下，以毛泽东为代表的中国共产党人开始把统一战线工作的重心放在建立和巩固工农联盟上，在农村建立革命根据地，开展土地革命，建立革命武装和工农政权，开创了一条农村包围城市、武装夺取政权的中国革命新道路。党及其领导的工农红军和农村革命根据地，使工农联盟获得了坚实的政治基础和革命武装，成为实现统一战线领导权的中坚力量和根本保障。

与此同时，党在1933年夏秋间成立中央局白区工作部，作为统一领导和指挥开展对苏区附近白区工作的机构，以农民、城市工人、苦力商贩、白军士兵等为统战对象开展统一战线工作。党在白区统一战线工作的开展，有力地配合了党在苏区的工作。此外，党还高度重视团结文化界人士，促进文化界联合起来，"左联"就是在党的直接领导下建立起来的具有明确革命纲领的革命文学工作者的统一战线组织，它公开打出了无产阶级革命文学的旗帜，体现了中国进步作家在党领导下的团结和统一。

九一八事变后，中国共产党率先高举武装抗日的旗帜，党中央发表宣言提出"反对日本帝国主义强占东三省！"，东北各地党组织积极开展抗日武装斗争。1933年，中共发表"停止内战，一致抗日"的宣言。1934年，党中央发出《为日本帝国主义占领华北并吞中国告全国民众书》，号召一切真正愿意反对帝国主义的不甘做亡国奴的中国人，不分政治倾向，不分职业与性别，都联合起来，在反帝统一战线下，与日本帝国主义作战。③接着，又以中华民族武装自卫委员会筹委会的名义发布《中国人民对日作战的基本纲领》，提出了著名的抗日救国六大纲领，主张联合日本帝国主义的一切敌人，共同抗日。

1935年华北事变后，中日民族矛盾逐渐上升为中国社会主要矛盾。1935年8

---

① 《建党以来重要文献选编（1921—1949）》（第4册），北京：中央文献出版社，2011年，第439-440页。

② 《毛泽东选集》（第1卷），北京：人民出版社，1991年，第48页。

③ 《建党以来重要文献选编（1921—1949）》（第11册），北京：中央文献出版社，2011年，第320页。

月1日，中共驻共产国际代表团以中共中央和中华苏维埃政府的名义，发表《为抗日救国告全体同胞书》（即"八一宣言"），提出"停止内战，一致抗日"的主张，号召一切不愿当亡国奴的同胞、爱国的官兵、抗日的党派和团体、爱国的侨胞、被压迫民族的兄弟们，组织全中国统一的国防政府和抗日联军。同年底，经过长征到达陕北的中共中央在瓦窑堡举行政治局会议，通过《关于目前政治形势与党的任务的决议》，确定了建立抗日民族统一战线的策略方针。1936年8、9月，中共中央根据形势的进一步变化情况，又发出致国民党书和《关于逼蒋抗日问题的指示》，明确提出第二次国共合作，组成以国共合作为基础的全民族的抗日民族统一战线，并把"抗日反蒋"口号改为"逼蒋抗日"。1936年12月12日，发生了震惊中外的西安事变。中国共产党独立自主地确定了用和平方式解决西安事变的方针。西安事变的和平解决，成为推动时局转换的关键，对促进以国共两党第二次合作为基础的抗日民族统一战线的建立起到了重要作用。

西安事变后，中国共产党将动员全党和全国人民巩固和平、争取民主，早日实现全民族共同抗战作为主要任务。为促进国共合作的实现，党中央于1937年2月致电国民党五届三中全会，提出"五项要求"并表示愿意实行"四项保证"。为促进国民党早日制定联共抗日政策，党中央先后派周恩来、叶剑英、林伯渠、博古等同国民党代表分别在西安、杭州、庐山、南京等地举行多次谈判。党在积极促成抗日民族统一战线、做好抗战准备的同时，也系统总结历史经验，努力加强自身建设，使党的各方面建设走上健康发展轨道，为即将到来的全民族抗战奠定了思想上、政治上、组织上的坚实基础。

### （三）全民族抗战时期党的抗日民族统一战线

1937年7月7日卢沟桥事变后，日本开始了全面侵华战争，中国则展开了全民族抗战。同年9月22日，国民党中央通讯社公布《中共中央为公布国共合作宣言》；次日，蒋介石发表实际上承认共产党合法地位的谈话。这宣告了国共两党重新合作和中国抗日民族统一战线的形成。"正是抗日民族统一战线这面旗帜，召唤着全中国的各党各派各军各界，召唤着全中国的工农兵学商，召唤着海内外的中华儿女，众志成城，同仇敌忾，筑起了中华民族抗击日本侵略者的钢铁长城。"①全民族抗战总体上是在以国共两党再次合作为基础的抗日民族统一战线条件下进行的。为巩固和扩大抗日民族统一战线，以长期的统一战线支撑持久的抗日战争，中国共产党做出了巨大努力。

一是坚持统一战线中的独立自主原则，坚持党对抗日民族统一战线的政治领导权。党认识到，"离开了无产阶级及其政党的政治领导，抗日民族统一战线就不能建立，和平民主抗战的目的就不能实现，祖国就不能保卫，统一的民主共和国就不能成功"②。为此，党制定和实施了全面抗战路线，制定和实施了持久战的战略总方针，领导人民军队深入敌后发动群众，开展抗日游击战争，建立和发展抗日民主根据地，成为全民族抗战的中流砥柱。二是正确处理阶级矛盾与民族矛盾的关系、阶级斗争与民族斗争的关系，制定和实施发展进步势力、争取中间势力、孤立顽固势力的抗日民族统一战线策略方针，广泛地发动工人、农民、城市小资产阶级等，争取民族资产阶级、开明绅士、地方实力派等中间势力；提出"坚持抗战、反对妥协，坚持团结、反对分裂，坚持进步、反对倒退"的方针，坚持"人不犯我，我不犯人，人若犯我，我必犯人"的自卫立场和"有理、有利、有节"的斗争原则，对国民党顽固派进行了有理有利有节的斗争，连续打退或制止了顽固派的三次反共高潮，巩固和发展了抗日民族统一战线。三是建立党的统一战线工作机构，加强统一战线工作。1938年中共扩大的六届六中全会通过了《关于各级党委暂行组织机构的决定》，规定在区委以上各级党委之下设立统一战线部，负责"管理对友党联络及各机关中之党员的工作"③。1939年1月，中央书记处会议决定"组织中央统一战线部"，自此，中央统战部正式成立。这是党的历史上第一次设立专门负责统一战线工作的中央职能部门。与此同时，党中央还成立了统一战线委员会。1939年3月，中共中央书记处《关于统战部工作的指示》要求：各局各省委各特委如"还无统一战线部者"，必须"赶速成立"，各局各省委各特委"必须经常讨论和领导统一战线部的工作"④。1943年3月，

---

① 《中国共产党的九十年》，北京：党建读物出版社，2016年，第187页。

② 《毛泽东选集》（第1卷），北京：人民出版社，1991年，第262页。

③ 《建党以来重要文献选编（1921—1949）》（第15册），北京：中央文献出版社，2011年，第775页。

④ 《建党以来重要文献选编（1921—1949）》（第16册），北京：中央文献出版社，2011年，第145页。

党中央决定调整精简中央领导机构，由中央政治局和书记处下设的中共中央组织委员会统管中央统战部和其他几个部门的工作，刘少奇为书记。1944年6月，党的六届七中全会第二次全体会议在讨论城市工作问题时，提出设立中央城市工作委员会；9月，党的六届七中全会主席团会议决定同时设立中央城市工作委员会和中央城市工作部。由于革命形势与党的任务的变化需要，中央城市工作部主要负责统一战线工作，这一时期，中央统战部工作纳入中央城市工作部之中，统一战线工作以中央城市工作部的名义开展。直至1948年9月，中央将中央城市工作部改名为中央统一战线工作部。

### （四）解放战争时期的人民民主统一战线

1945年抗战胜利后，中国共产党立即发表了《对目前时局的宣言》，提出"巩固国内团结，保证国内和平，实现民主，改善民生，以便在和平民主团结的基础上，实现全国的统一，建设独立自由与富强的新中国"[①]。这一主张得到了全国人民和各民主党派的响应和拥护。毛泽东的重庆之行，让全国人民看到了中国共产党谋求和平的愿望和诚意。重庆谈判期间，以毛泽东为首的中共代表团把原则的坚定性和策略的灵活性结合起来，一方面坚决拒绝国民党的无礼要求，另一方面根据具体情况作适当让步，表明了中共维护国共合作与和平建国的诚意。此外，毛泽东、周恩来等中共代表还充分利用重庆谈判的机会在国统区进行统一战线活动，为扩大人民民主统一战线打下了基础。经过谈判，国民党承认了和平建国的基本方针，它要再发动内战，就在全国和全世界面前输了理，在政治上陷入被动地位。重庆谈判和达成的协议，还有力地推动了国民党统治区的民主运动。在1946年1月政治协商会议闭幕的第二天，党中央发出党内指示，要求全党准备为坚决实现政协协议而奋斗。抗战胜利后中国共产党为争取和平民主做出的巨大努力，为全面内战爆发后人民民主统一战线的形成和发展奠定了基础。

解放战争期间，中国共产党团结各民主党派揭露国民党破坏政协协议、发动全面内战的罪行，进行反对伪"国大"、伪宪法和伪政府的斗争，反对国民党的法西斯专政，为人民解放战争的胜利和新中国的建立作出了重要贡献。期间，党

---

[①]《建党以来重要文献选编（1921—1949）》（第22册），北京：中央文献出版社，2011年，第655页。

提出联合工农兵学商各被压迫阶级、人民团体、民主党派、少数民族、各地华侨和其他爱国分子，在党的领导下组成人民民主统一战线，打倒蒋介石政府，成立民主联合政府的政治纲领，并就农民问题、资产阶级问题、知识分子问题等提出了一系列正确政策。这些纲领和政策获得了全国人民的拥护，成为当时中国共产党领导统一战线的政治基础。1948年4月30日，中共中央发布纪念"五一"劳动节口号，得到各民主党派和无党派代表人士的积极响应，他们表示愿在政治上接受中国共产党的领导，建立起最广泛的人民民主统一战线，并与中共共商建国大计，筹备建立民主联合政府。

1949年9月，中国人民政治协商会议第一届全体会议召开，会议讨论通过了具有临时宪法性质的《中国人民政治协商会议共同纲领》（以下简称《共同纲领》），进一步确定了中国共产党的领导地位，将各民主党派和无党派代表人士紧紧团结在党的周围，进一步巩固和发展了人民民主统一战线。会议还制定了《中国人民政治协商会议组织法》，人民民主统一战线在组织上完备和固定下来。人民政协的成立，标志着百年来中国人民争取民族独立和人民解放运动取得了伟大胜利，标志着人民民主统一战线和全国人民的团结联合在组织上完全形成，标志着中国共产党领导的多党合作和政治协商制度的主要机构从此产生，具有重大历史意义。

民主革命时期的实践证明，建立广泛的统一战线，是坚持和发展革命的政治基础；巩固和扩大统一战线的关键，是坚持工人阶级及其政党的领导权。党领导的统一战线是夺取中国革命胜利的三大法宝之一，也是新民主主义革命胜利的一条基本经验。

## 二、社会主义革命和建设时期统一战线工作在曲折中前进

1949年10月1日，中华人民共和国宣告成立，揭开了中国历史的新篇章。在为实现国家富强、民族振兴、人民幸福而奋斗的新征程中，中国共产党领导的统一战线也揭开了新的篇章。

## （一）过渡时期人民民主统一战线

中华人民共和国成立后，党领导人民巩固新生的人民政权，迅速恢复国民经济，初步建立了社会主义基本制度，实现了从新民主主义向社会主义的历史性转变。这一时期党的统一战线工作面临着新形势与新任务，统一战线的性质、政治基础、组织形式、历史任务、地位作用等都发生了重要变化。中国共产党兼具领导党和执政党双重身份，各民主党派成为党的亲密友党，中国共产党与各民主党派建立起新型的亲密合作共事关系。《共同纲领》成为统一战线各方面团结合作的共同政治基础和行为准则，人民民主统一战线内部团结更加巩固。统一战线组织形式为中国人民政治协商会议。统一战线的任务是"在实行共同纲领、巩固工农联盟的基础上，密切团结全国各民族，各民主阶级，各民主党派，各人民团体，广大华侨，各界民主人士及其他爱国分子，争取尽可能多的能够同我们合作的人，为着稳步地实现新时期的历史任务而奋斗"[①]。毛泽东多次强调，"全党都要认真地、谨慎地做好统一战线工作"[②]，"在国内，我们必须团结各民族、各民主阶级、各民主党派、各人民团体及一切爱国民主人士，必须巩固我们这个已经建立的伟大的有威信的革命统一战线"[③]。

过渡时期党的统一战线工作内容主要有五个方面。一是支持和动员民主党派组织发展，号召并帮助各民主党派加强自身建设，为在人民民主专政的历史条件下继续坚持和发展中国共产党与民主党派的合作打下了坚实基础。二是对知识分子实行团结、教育、改造的政策，强调必须把知识分子团结在党和政府的周围，充分发挥他们在科技教育文化方面的作用，并在1956年关于知识分子问题的会议上作出知识分子的绝大部分"已经是工人阶级的一部分"[④]的判断，奠定了社会主义时期党对知识分子政策的基础，也极大地鼓舞了广大知识分子投身社会主义事业的积极性。三是采取一系列政策举措建立新型平等的民族关系，保障民族平等权利，促进民族平等团结，初步建构起党的民族政策体系，为建立新型民族关系奠定了坚实基础。四是坚持独立自主自办宗教的政策，并成立专责机关具体

---

① 《建国以来重要文献选编》（第1册），北京：中央文献出版社，1992年，第145页。
② 《建国以来重要文献选编》（第1册），北京：中央文献出版社，1992年，第259页。
③ 《建国以来重要文献选编》（第1册），北京：中央文献出版社，1992年，第324页。
④ 《建国以来重要文献选编》（第8册），北京：中央文献出版社，1994年，第16页。

处理宗教事务，贯彻宗教信仰自由政策。五是加强与海外华侨的联系，制定了侨务工作的一系列方针政策，出台了系列法令和文件，在多个领域制定惠侨政策，加强了祖国与海外华侨的联系，发展了人民民主的爱国统一战线。

在过渡时期，人民政协实现了职能转变。1954年第一届全国人民代表大会第一次会议召开后，人民政协不再代行全国人民代表大会的职权，但作为统一战线组织，人民政协在国家政治生活、社会生活及对外交往中发挥着重要作用。会议通过的《中华人民共和国宪法》，作为国家根本大法，明确了人民民主统一战线的性质、地位、作用，为人民民主统一战线的巩固和发展提供了最根本的法律保证；同时还以法律形式把国家的性质、人民民主的政治制度、向社会主义过渡的方针步骤、民族区域自治等重大问题明确地规定下来，成为各民族、各民主党派和各界人士团结的政治基础。

这一时期党的统一战线工作服从、服务于人民民主专政的巩固、国民经济的恢复发展和过渡时期总路线的贯彻执行，参与了抗美援朝战争、土地制度改革和镇压反革命运动，完成了"三反""五反"和知识分子思想改造等任务，顺利进行了对农业、手工业和资本主义工商业的社会主义改造，进一步巩固和发展了人民民主统一战线。

### （二）全面建设社会主义时期党的统一战线工作的良好开端与曲折发展

1956年我国基本完成生产资料私有制的社会主义改造，建立起了社会主义制度，我国历史发展进入一个新的时期。1956年9月召开的中共八大，宣告了社会主义改造的基本完成和社会主义制度的基本确立，确立了把我国建设成为一个先进的社会主义工业化国家的方针政策，并强调团结全党和国内外一切可能团结的力量，为社会主义而共同奋斗。会议强调，继续巩固和扩大以工农联盟为基础的人民民主统一战线，这是加强人民民主专政的必要条件；在民族资产阶级和上层小资产阶级的成员将变成社会主义劳动者、民主党派将变成这部分劳动者的政党的情况下，今后应当采取共产党和民主党派长期共存、互相监督的方针。共产党员同党外人士建立良好的合作共事关系，是巩固人民民主统一战线的重要任务之一。会议阐明必须继续贯彻执行党的知识分子、民族资产阶级、民族、宗教、华侨等统一战线工作各个方面的基本方针，进一步巩固人民民主统一战线。

社会主义改造基本完成之后，中国开始进入全面建设社会主义时期，党带领全国人民对社会主义道路开始了艰辛的探索，党的统一战线也在探索中曲折发展。

全面建设社会主义时期，党的中心任务就是团结一切可以团结的力量，动员更多可以动员的因素参加社会主义建设。党的统一战线工作在探索过程中取得了一定的成果，人民民主统一战线在这一时期得到不断巩固和发展。一是党提出和确定了"长期共存、互相监督"的方针，继续加强与各民主党派的团结合作关系。二是为满足广大民主党派成员、无党派民主人士开展政治学习和理论学习的要求，于1956年10月创办了中央社会主义学院，在培养同中国共产党亲密合作的民主党派和无党派人士等统一战线代表人士方面发挥了重要作用。三是采取诸多措施做好民族工作，巩固和发展了民族团结和祖国统一，促使我国的民族关系开始成为新型的社会主义民族关系。四是重申宗教信仰自由政策，推行宗教制度民主改革运动，做好宗教统战工作。五是继续贯彻执行团结、教育、改造知识分子的政策，肯定我国知识分子是工人阶级的一部分，提出建立一支宏大的工人阶级自己的知识分子队伍，强调党员干部要善于团结知识分子，从根本上改善同他们的关系，对他们要给予信任，善于团结；同时加强对他们的教育和思想工作，并在科学文化工作方面实行"百花齐放、百家争鸣"的方针，先后制定颁布了"科学十四条""高教六十条""文艺八条"等条例，充分调动了广大知识分子参与社会主义建设的积极性。六是贯彻"保护华侨正当利益，为华侨服务"的方针，全面落实党的各项侨务政策，努力做好归侨的接待和安置工作，充分调动了归侨、侨眷建设社会主义的积极性。

这一时期，党中央高度重视对统一战线对象的政治领导和思想改造工作，并取得了一定成就。主要是明确统一战线工作要转移到为社会主义服务的方向上来，团结和推动民主党派、知识分子、工商界投身于为社会主义服务的实践，并在这种实践中继续进行自我改造；提出"五不变"，即定息不变、高薪不变、学衔不变、政治安排不变和教育改造不变；肯定"三个大有进步"，即知识分子大有进步，民主党派大有进步，工商界大有进步，这对统一战线各方面人士起到了团结和稳定的作用；召开"神仙会"以增强统一战线的内部团结，最终达到自我教育、共同提高的目的。这既是正确处理人民内部矛盾、深入进行思想政治工作的一种形式，也是调动人们为社会主义服务的积极性、推动自我改造的方式。在国民经济调整时期，党进一步调整统一战线内部的各种关系，发扬人民民主，加强思想政治工作，团结一切爱国人士，充分调动一切积极因素，共同克服困难，争取社会主义建设的新胜利。此外，党和人民政府对全部在押战犯给予教育及生活上的照顾，后又予以分批特赦，体现了中国共产党的宽广胸怀，在海峡两岸和国际社会产生了很大影响。

在整个社会主义革命和建设时期，党的领导人多次就统一战线工作相关问题发表重要讲话，党中央先后出台相关方针政策和文件规定，中央统战部先后召开了十三次全国统战工作会议，各级党组织认真落实党中央关于统一战线工作的部署，所有这些都对做好这一时期的统一战线工作发挥了保障作用。但是由于这一时期党在指导思想上开始出现"左"倾错误，统一战线工作也出现曲折，特别是在1957年反右派斗争扩大化和1966年开始的"文化大革命"中，统一战线受到严重破坏，留下了深刻教训。

## 三、改革开放新时期统一战线工作的全面推进

1978年12月召开的党的十一届三中全会，作出把全党工作着重点转移到社会主义现代化建设上来、实行改革开放的历史性决策，实现了中华人民共和国成立以来党的历史上具有深远意义的伟大转折，开启了改革开放和社会主义现代化建设新时期，也开启了统一战线工作的新时期。

### （一）历史转折时期的统一战线工作

历史转折时期党的统一战线工作主要从以下三个方面展开。一是统一战线工作逐步恢复。1977年10月，中共中央批转了中央统战部《关于爱国民主党派问题的请示报告》，重新确立了"长期共存、互相监督"的方针，为各民主党派工作的恢复和开展打开了新局面。1977年12月，中国人民政治协商会议第四届全国委员会常务委员会第七次扩大会议召开，表明中国共产党的统一战线工作开始恢复。1978年春，全国政协五届一次会议举行，宣告了统一战线的恢复和发展，体现了党领导下各族人民和爱国力量的大团结。1979年2月，中共中央批准了《关于建议为全国统战、民族、宗教工作部门摘掉"执行投降主义路线"帽子的请示报告》，极大鼓励了全国统战、民族、宗教部门和这些部门的干部，对他们放下包袱、解放思想、焕发精神开辟新时期统一战线工作的新局面起了很大的促

进作用。

二是统一战线理论与时俱进。历史转折新时期，我国阶级状况和整个形势发生根本性变化，以邓小平为核心的第二代领导集体对统一战线的性质、任务、范围、方针政策等作出新的论述。首先是明确新时期统一战线是爱国的统一战线，强调新时期统一战线仍将是必要的、重要的，仍然有强大生命力，仍然是党的一大法宝。统一战线的对象具有广泛性，就是"把一切能够联合的力量都联合起来，范围以宽为宜，宽有利"①，指出爱国统一战线要在社会主义和爱国主义的基础上更加巩固和发展。全国政协五届五次会议通过的《中国人民政治协商会议章程》，首先在总纲开宗明义地表述了"最广泛的爱国统一战线"，并申明"中国人民政治协商会议是中国人民爱国统一战线的组织"②；其次进一步明确了新时期统一战线工作的范围、对象和任务，指出当前有两个统一战线，一个是国际范围的反霸统一战线，一个是国家范围的爱国统一战线，并将统一战线工作对象范围归纳为十个方面，明确提出统一战线在新时代的历史任务是把我国建设成为社会主义现代化强国和促进祖国统一；最后丰富了爱国统一战线工作方针的内涵，1982年党的十二大在"长期共存、互相监督"基础上增加了"肝胆相照、荣辱与共"，这成为新时期中国共产党领导的多党合作的基本方针。同年12月，五届全国人大五次会议通过的《中华人民共和国宪法》指出："在长期的革命和建设过程中，已经结成由中国共产党领导的，有各民主党派和各人民团体参加的，包括全体社会主义劳动者、拥护社会主义的爱国者和拥护祖国统一的爱国者的广泛的爱国统一战线，这个统一战线将继续巩固和发展。"③从而在国家根本大法层面确立了爱国统一战线的称谓、性质和作用。

三是拨乱反正落实各项统战政策。党的各级组织部门、统战部门妥善处理历史遗留问题，复查平反了大量冤假错案。在全部摘掉右派分子帽子之后，又为1957年被错划为右派分子的人平反，其受株连的家属子女也得到了妥善安置；摘掉地主、富农分子的帽子，改正其子女的个人成分；为国民党起义、投诚人员落实政策，宽大释放了在押的原国民党县以下党政军特人员，落实了居住在大陆

---

① 《邓小平论统一战线》，北京：中央文献出版社，1991年，第158-159页。
② 《中国人民政治协商会议第五届全国委员会第五次会议文件》，北京：人民出版社，1983年，第2页。
③ 《十二大以来重要文献选编》（上），北京：人民出版社，1986年，第218页。

的台湾同胞及去台人员在大陆亲属的政策；把小商小贩、小手工业者及小业主从原工商业者中区别出来；肯定了原工商业者中的绝大部分人已经成为社会主义社会中的劳动者，其成分一律改为干部或工人；重申知识分子是工人阶级的一部分，认真执行党的知识分子政策；支持各民主党派恢复活动，发展组织，推动他们在国家政治生活、经济建设和文教科技等领域积极发挥作用，认真解决民族区域自治中存在的问题，贯彻落实党的民族政策；进一步阐明中国共产党在宗教问题上的基本观点和基本政策，恢复爱国宗教组织的活动，修复和恢复各地的寺堂庙观，落实宗教房产等政策；重申党的侨务工作政策，恢复侨务机构，维护华侨的正当利益。

通过落实各项统一战线政策，解决了上亿人口的历史或政治遗留问题，调动了各方面人士的爱国主义、社会主义积极性，增强了全国各族人民的团结，维护了社会的稳定，巩固了爱国统一战线，同时也增强了台港澳同胞和国外侨胞对祖国的向心力，提高了中国共产党和人民政府的威望，对促进社会主义现代化建设和祖国统一、振兴中华大业起了重要的作用。

## （二）中国特色社会主义开创时期党的统一战线工作

1982年召开的党的十二大上，邓小平明确提出"建设有中国特色的社会主义"的重大命题。自此，中国特色社会主义成为指引改革开放和社会主义现代化建设的伟大旗帜。这一时期统一战线已经发展为"工人阶级领导的工农联盟为基础的全体社会主义劳动者、拥护社会主义的爱国者和拥护祖国统一的爱国者组成的，包括台湾同胞、港澳同胞和国外侨胞在内的最广泛的联盟"①。随着改革开放的深入发展和中国特色社会主义事业的开创，党对新时期统一战线的认识不断深化，爱国统一战线工作也进入新的历史阶段。

实现祖国统一始终是中华儿女的共同愿望。党的十一届三中全会后，邓小平在毛泽东、周恩来等老一辈革命家关于争取和平解放台湾思想的基础上，创造性地提出了"一国两制"科学构想，开辟了以和平方式实现祖国统一的新途径。1986年召开的第十六次全国统战工作会议提出，当前爱国统一战线的工作布局和主要任务是"以统一祖国、振兴中华为总目标，团结全国各族人民、各民主党

---

① 《十三大以来重要文献选编》（中），北京：人民出版社，1991年，第1125页。

派、有关人民团体和无党派民主人士，团结台湾同胞、港澳同胞、国外侨胞和一切爱国力量，积极推动'一国两制'方针的实施，为统一祖国服务；发扬统一战线的爱国传统和智力优势，为改革、开放、建设社会主义物质文明和精神文明服务；完善发展中国共产党领导下的多党合作，为社会主义民主和法制建设服务"[①]。

1987年召开的党的十三大阐述了社会主义初级阶段统一战线的特点，指出在新的历史条件下，统一战线具有前所未有的长期性、重要性、广泛性、复杂性以及任务的艰巨性，必须充分认识统一战线在社会主义初级阶段的法宝作用。1990年6月召开的第十七次全国统战工作会议通过了《中共中央关于加强统一战线工作的通知》，进一步强调了党领导的最广泛的爱国统一战线的重要性。通知明确提出要高举爱国主义、社会主义两面旗帜，使爱国统一战线的性质更加鲜明。新时期爱国统一战线的范围和规模不断扩大，形成了两个范围的联盟，一个是大陆范围内以爱国主义和社会主义为政治基础的团结全体劳动者和爱国者的联盟，一个是大陆范围外以爱国和拥护祖国统一为政治基础的团结台、港、澳同胞和国外侨胞的联盟。这两个范围的联盟表明，新时期统一战线工作无论在广度和深度上都有了很大的发展，对促进改革开放和社会主义现代化建设事业的顺利发展，促进港澳顺利回归祖国、海峡两岸关系发展，以及海内外中华儿女的大团结具有重大意义。

这一时期，中国共产党领导的多党合作理论进一步丰富和发展。1989年颁布的《中共中央关于坚持和完善中国共产党领导的多党合作和政治协商制度的意见》对我国多党合作和政治协商制度的长期实践进行了深刻总结，明确将"长期共存、互相监督、肝胆相照、荣辱与共"作为党与各民主党派合作的基本方针，明确了多党合作制度的指导思想、基本原则等。以该意见的颁发为标志，中国多党合作逐步走上制度化、规范化的轨道。

这一时期，统一战线工作不断取得新成就。不仅中国共产党领导的多党合作和政治协商制度不断完善，党的民族政策和民族区域自治制度也不断法律化。我国实施民族区域自治的第一部基本法——《中华人民共和国民族区域自治法》的制定和实施，进一步健全了民族区域自治的法制建设，有力推动了社会主义民族

---

① 《开创爱国统一战线新局面》，《人民日报》1986年12月4日。

关系的发展，促进了各民族的共同繁荣。党还确立了新时期民族工作总的指导思想和根本任务，确立社会主义初级阶段民族工作的行动纲领，加强了民族团结进步教育与宣传。与此同时，进一步明确社会主义时期宗教问题的基本观点和基本政策，大力推进宗教治理法制化、科学化。党制定和实施了以"尊重知识、尊重人才"为核心的知识分子政策，做到政治上充分信任、工作上放手使用、生活上关心照顾，同时积极引导、严格要求，使他们更好地承担起工人阶级的历史使命。伴随着"一国两制"构想的提出、实施，海外统一战线工作不断开拓新局面。

### （三）改革开放新阶段党的统一战线工作

1992年，邓小平视察南方并发表重要谈话和党的十四大的召开，标志着我国改革开放和社会主义现代化建设迈入新的发展阶段。统一战线也迈入爱国统一战线新的历史发展阶段。这一时期，党强调："在建设社会主义的历史进程中，统一战线仍然是中国共产党的总路线、总政策的重要组成部分，仍然是我们排除万难、夺取胜利的一大法宝。"①在2000年第十九次全国统战工作会议上，江泽民以"三个绝不能""四个离不开"再次重申统一战线的重要性。党进一步明确了新时期统一战线的根本职能和任务就是争取人心、凝聚力量，为实现党和国家的宏伟目标而团结奋斗；明确新时期统一战线的基本要求是"高举爱国主义、社会主义旗帜，团结一切可以团结的力量，调动一切积极因素，化消极因素为积极因素，为建设有中国特色社会主义的政治、经济、文化服务，为维护安定团结的政治局面服务，为实现祖国完全统一服务，为维护世界和平与促进共同发展服务"②。明确新时期统一战线的主题是大团结大联合，强调"实现最广泛的大团结大联合，是一个重大的政治问题"③，"统一战线的本质就在于大团结、大联合"④。

随着社会主义市场经济体制的建立和社会主义市场经济的发展，党的十六大报告明确指出，在社会变革中出现的民营科技企业的创业人员和技术人员、个体

---

① 《江泽民文选》（第2卷），北京：人民出版社，2006年，第412页。
② 《江泽民文选》（第3卷），北京：人民出版社，2006年，第139页。
③ 《十四大以来重要文献选编》（中），北京：人民出版社，1997年，第1813页。
④ 《十四大以来重要文献选编》（上），北京：人民出版社，1996年，第500页。

户、私营企业主等社会阶层，都是中国特色社会主义事业的建设者。这一划分，界定了新的社会阶层的社会属性和政治地位，为正确认识和对待新的社会阶层提供了科学依据，巩固和扩大了党的阶级基础和群众基础，也为社会主义现代化建设汇聚了重要力量。这一时期，党明确提出党外知识分子工作是统一战线的基础性工作，指出做好党外知识分子工作，可以为统一战线工作各个领域源源不断地输送党外代表人士和干部，对于巩固和扩大爱国统一战线具有重要意义，并强调统战部门要把党外知识分子工作摆到重要位置。对此，党中央明确了统战部门知识分子工作职责，推动党外知识分子工作逐步走向规范化；明确留学人员工作方针，即支持留学、鼓励回国、来去自由。各级统战部门和有关政党部门不断探索党外知识分子工作新形式、新载体、新方法，有力推动了党外知识分子工作的开展。

1993年，八届全国人大一次会议通过宪法修正案，"中国共产党领导的多党合作和政治协商制度将长期存在和发展"被载入宪法，上升为党和全国人民的共同意志。党进一步推进政治协商和民主党派的参政议政，民主监督走向具体化、运行机制化和操作规范化，中央和各级地方党委结合实际，制定了要贯彻落实的实施意见和配套措施，并出台多个文件，指导各民主党派组织发展，开创了各民主党派组织建设工作新局面。这一时期，党明确了宗教工作的重点是全面贯彻执行党的宗教政策、依法加强对宗教事务的管理、积极引导宗教与社会主义社会相适应、坚持独立自主自办原则，确立了宗教工作基本方针。

### （四）全面建设小康社会时期党的统一战线工作

2002年，党的十六大提出了全面建设小康社会的奋斗目标。进入全面建设小康社会新时期，以胡锦涛为总书记的党中央牢牢把握时代特征，继承、丰富和发展了爱国统一战线理论，推动了统一战线工作的进一步发展。

在统一战线理论方面，党中央提出了一系列主要观点，其中包括：要适应新形势新任务的要求，加强和改善党对统一战线工作的领导，坚持从战略高度重视和抓好统一战线工作，建立健全统一战线工作体制机制，切实加强统一战线部门建设，推动统一战线工作迈上新台阶；要坚持科学执政、民主执政、依法执政，提高执政党的领导水平和参政党的参政水平，要将巩固和壮大统一战线作为提高党的执政能力的一项重要任务；巩固和发展我国社会主义政党关系，实现我国政党关系长期和谐,根本在于坚持走中国特色社会主义政治发展道路,关键在于坚持和完善中国共产党领导的多党合作和政治协商制度。新世纪新阶段爱国统一战线是全体社会主义劳动者、社会主义事业的建设者、拥护社会主义的爱国者、拥护祖国统一和致力于中华民族伟大复兴的爱国者的广泛的爱国统一战线,这一表述被载入宪法修正案。强调大团结大联合始终是统一战线的主题,要努力把统一战线建设成为坚持以人为本、具有强大凝聚力的统一战线,建设成为具有空前广泛性和巨大包容性的统一战线,共创幸福生活和美好未来。①将统一战线的地位和作用概括为"三个重要法宝",即统一战线是党夺取革命、建设、改革事业胜利的重要法宝,是党执政兴国的重要法宝,是实现祖国完全统一和中华民族伟大复兴的重要法宝②,进一步丰富和发展了爱国统一战线理论,对开创新阶段统一战线事业新局面发挥了重要的指导作用。在先进的统一战线理论的指导下,统一战线充分发挥自身优势,积极围绕中心、服务大局,在协调和处理政党关系、民族关系、宗教关系、阶层关系、海内外同胞关系五方面重大关系中发挥重要作用,开启了新时期统一战线工作新局面。

这一时期,党坚持贯彻"一国两制"、"港人治港"、"澳人治澳"、高度自治方针,保持香港、澳门的繁荣稳定;申明"坚持一个中国原则绝不动摇",把促进两岸关系和平发展作为统一战线的重要使命。2005年,胡锦涛就新形势下发展两岸关系提出四点意见,即坚持一个中国原则决不动摇,争取和平统一的努力决不放弃,贯彻寄希望于台湾人民的方针决不改变,反对"台独"分裂活动决不妥协,强调要采取一切积极措施,加强两岸各领域的交流合作,促进人员往来,密切两岸同胞感情,充分照顾台湾同胞利益,促进两岸关系和平稳定发展,维护台海地区和平稳定。③

新形势下,党中央根据党和国家中心工作,不断丰富和完善海外统一战线工作政策。一方面,党强调海外侨胞具有热爱祖国的光荣传统和报效祖国的强烈愿望,是实现祖国完全统一和中华民族伟大复兴的重要力量,以凝聚侨心、汇集侨智、发挥侨力为目标,坚持把维护海外侨胞和归侨侨眷的根本利益作为侨务工作

---

① 《新中国70年大事记(1949.10.1—2019.10.1)》(中),北京:人民出版社,2020年,,第1252页。

② 《改革开放三十年重要文献选编》(下),北京:中央文献出版社,2008年,第1620页。

③ 《十六大以来重要文献选编》(中),北京:中央文献出版社,2006年,第986页。

的出发点和落脚点①;另一方面,高度重视海外爱国力量的培养,引导他们进一步认识中国、了解中国政府的政策,深化对中国改革开放的认识,同时进一步促进彼此间的交流与合作。

## 四、新时代统一战线工作全面加强

党的十八大以来,以习近平同志为核心的党中央高度重视统一战线工作,召开一系列重要会议,出台一系列重要文件,作出一系列重大部署,科学回答了新时代统一战线的一系列重大理论和实践问题,为新时代统一战线事业发展提供了根本遵循。

### (一)突出政治领导,强调坚持党的领导是巩固和发展新时代统一战线的根本保证

中国共产党的领导是中国特色社会主义最本质的特征,是中国特色社会主义制度的最大优势,是中国特色社会主义事业从胜利走向胜利的根本保证。中国特色社会主义进入新时代,必须始终坚持中国共产党的领导,这是历史的选择,也是人民的选择。统一战线是中国共产党领导的统一战线。新形势下做好统一战线工作,最根本的是要坚持党的领导②,把党的领导体现在统一战线工作各领域各方面。

一是导之有方。凝聚共识不是无区别的强求一律,而是有方向的启发引领。③加强党对统一战线的领导,要提升政治站位、坚持正确方向。加强党对统一战线的政治领导,是做好统一战线工作的根本保证。党对统一战线的领导主要是政治领导,即对政治原则、政治方向和重大方针政策的领导,主要体现为党委统一领导而不是部门领导,体现为集体领导而不是个人领导,这是巩固和发展新时代统一战线的政治保证。二是导之有力。坚持党对统一战线的领导,必须健全强有力的领导机制,健全各级统一战线工作领导小组运行机制,规范考核机制,

---

① 《十六大以来重要文献选编》(下),北京:中央文献出版社,2008年,第561页。
② 《习近平谈治国理政》(第2卷),北京:外文出版社,2017年,第303页。
③ 《中国人民政治协商会议第十三届全国委员会第三次会议文件》,北京:人民出版社,2020年,第26页。

整合有效资源，调动各方力量，形成最大合力。习近平总书记强调，统一战线工作是各级党委必须做好的分内事、必须种好的责任田，各级党委要把统一战线工作摆在重要位置，纳入党委重要议事日程，纳入党政领导班子考核内容，纳入宣传工作计划，纳入党校、行政学院、干部学院、社会主义学院的重要教学内容。① 三是导之有效。统一战线是由不同政党、派别、团体组成的政治统一联盟，要实现其巩固和发展，必须坚定不移地坚持中国共产党的领导，同时也必须尊重、维护、照顾同盟者的利益，这是党的职责，是实现党对统一战线领导的重要条件，也是保证统一战线稳固持久的有效条件。进入新时代，为适应新的形势发展需要，党对兼顾同盟者利益作出更加具体完善的政策规定，如加大党外代表人士培养、选拔和使用工作力度，以期帮助党外人士排忧解难，这受到了广大统一战线成员的高度赞扬，有力增强了统一战线的凝聚力和向心力，巩固和发展了爱国统一战线。

### （二）创新统一战线理论，赋予新时代统一战线新内涵

十八大以来，以习近平同志为核心的党中央立足新的历史方位，不断发展和完善统一战线理论，赋予统一战线新的时代内涵。

一是立足新的历史方位和时代坐标，准确把握时代发展新阶段，科学认清时代发展新问题，理性识别时代发展新课题，在接力推进中国特色社会主义伟大实践中，高度重视巩固和发展爱国统一战线，始终坚持高举爱国主义和社会主义的旗帜，牢牢把握大团结大联合的主题，坚持正确处理一致性与多样性关系的方针政策，积极寻求最大公约数，努力画出最大同心圆，在传承统一战线优良传统和宝贵经验的基础上，赋予其新的历史内涵和时代特色，不断开创新时代统一战线事业发展新局面。

二是将统一战线的工作范围和对象调整为十二个方面，并添加了以往没有的"其他需要联系和团结的人员"这一方面，扩大了统一战线的工作对象，体现了新时代统一战线工作的包容性与开放性。2015年9月发布的《中国共产党统一战线工作条例（试行）》，首次把"致力于中华民族伟大复兴爱国者"写进统一战线范畴，实际上明确了以下思想，即凡是有利于中国特色社会主义事业蓬勃发展

---

① 《习近平关于社会主义政治建设论述摘编》，北京：中央文献出版社，2017年，第138页。

的进步力量，凡是有利于维护社会安定有序和长治久安的进步力量，凡是有利于实现中华民族伟大复兴中国梦的进步力量，就是统一战线的团结对象，这极大拓展了统一战线的内涵和外延。2018年的宪法修正案里还将其上升至宪法高度，为增强统一战线的广泛性、包容性提供了法制保障。新时代统一战线是指在中国共产党领导下，以工农联盟为基础的，由全体社会主义劳动者、社会主义事业建设者、拥护社会主义爱国者、拥护祖国统一和致力于中华民族伟大复兴爱国者组成的最广泛的爱国统一战线。作为最广泛的爱国统一战线，新时代统一战线工作范围涵盖十几亿致力于中华民族伟大复兴的海内外中华儿女；其工作对象是包括民主党派、无党派人士、党外知识分子等在内的各类统一战线成员；其任务范围涉及政党关系、民族关系、宗教关系、阶层关系、海内外同胞关系在内的"五大关系"。

三是明确促进"五大关系"和谐发展与实现"三个服务"是新时代统一战线工作的任务要求和着力点，突出统一战线在党和国家工作大局中的重要地位，明确其在统筹推进"五位一体"总体布局、协调推进"四个全面"战略布局中的重要作用。"五大关系"即政党关系、民族关系、宗教关系、阶层关系、海内外同胞关系；"三个服务"即为实现两个一百年奋斗目标、实现中华民族伟大复兴的中国梦服务，为维护社会和谐稳定、维护国家主权安全发展利益服务，为保持香港澳门长期繁荣稳定、实现祖国完全统一服务。

### （三）突出制度保证，健全完善统一战线工作制度

党的十八大以来，党中央适时出台党内第一部统一战线法规《中国共产党统一战线工作条例（试行）》（以下简称《条例（试行）》），对新时代统一战线性质、地位作用作了新概括，对其指导思想、主要任务、范围和对象等作了新完善，为巩固和拓展统一战线提供了强大的制度支撑。为推动《条例（试行）》贯彻落实，党中央还先后出台了多部法规性文件，逐步推进统一战线工作制度化、规范化和程序化建设。2018年，宪法修正案从宪法高度为统一战线工作保驾护航，进一步丰富了统一战线的内涵，拓展了统一战线的外延，为统一战线提供了保障。2020年，中共中央根据新的形势、任务和要求，修订并印发了《中国共产党统一战线工作条例》（以下简称《条例》），作为统一战线领域的基础主干党内法规，《条例》着力提高统一战线科学化、规范化、制度化水平，是新时代统

一战线工作的基本遵循。根据《条例》规定，做好统一战线工作，必须坚持党委统一领导、统战部牵头协调、有关方面各负其责的大统战工作格局。在党委统一领导下，坚持充分尊重、广泛联系、加强团结、热情帮助、积极引导的方针，建立由统战部牵头、党政有关部门参加、社会有关团体参与的联席会议制度，加强组织间的联系与沟通，以更高效率、质量地做好党的统一战线工作。

人民政协制度是统一战线制度的重要内容。人民政协作为统一战线的组织形式，其最基本属性为统战属性，最基本职能为统战职能。进入新时代，党中央对人民政协工作作了一系列重大部署，对人民政协工作提出了一系列新要求，其中包括：人民政协要坚持性质定位；要发挥好统一战线组织功能；要教育引导和凝聚各党派团体、各界别代表人士，充当好界别群众反映诉求、汇聚民智、凝聚共识的桥梁纽带，把人民政协制度优势转化为国家治理效能，不断增进其对中国共产党和中国特色社会主义的政治认同、思想认同、理论认同、情感认同；要以改革创新精神推进履职能力建设，着力增强政治把握能力、调查研究能力、联系群众能力、合作共事能力，建设一支懂政协、会协商、善议政，守纪律、讲规矩、重品行的政协委员队伍。新形势下，必须始终坚持和发展人民政协制度，坚守人民政协的初心使命，不断发展好人民政协事业，增强开展统一战线工作的责任担当，把更多的人团结在党的周围。

### （四）打牢统一战线的组织和人才基础，建设一支政治坚定、业务精通、作风过硬的统战干部队伍

立足新的历史方位，习近平总书记对统战干部队伍建设提出了明确要求，指出要打牢统一战线的组织和人才基础，必须加强统战干部队伍的思想、组织、作风建设，努力培养造就一支政治坚定、代表性强、品行良好、作风过硬的高素质代表人士队伍，概括起来就是建设一支政治坚定、业务精通、作风过硬的统战干部队伍。为此，要加大培训教育力度，不断提高统战干部的综合素养；要强化实践锻炼，推动各种实践锻炼制度化、规范化，进一步提高党外干部的综合能力；加强统战干部队伍的作风建设，锻造一支忠诚、干净、担当的高素质统战干部队伍。同时也要加强对统战干部队伍的管理监督，坚持从严管理、从严监督；完善监督体系，加强对统战干部队伍的监督。进入新时代以来，党和国家的监督体系不断完善，自上而下的组织监督不断强化，自下而上的民主监督逐渐改进，同级

相互监督的作用有效发挥，日常管理监督与党内外领导干部如影随形，有效构建了不敢腐、不能腐、不想腐的体制机制，为确保统战干部成为政治坚定、业务精通、作风过硬的新时代合格统战人提供了硬保障。

**（五）照顾同盟者的政治利益，关注统战成员的思想和精神追求**

一方面，照顾同盟者的政治利益。《条例》以党内法规的形式，规定了党外干部配备工作，确保党外人士在各级政协中占有适当比例，并与党内担任同级职务的领导干部享受同等待遇；保证了在政府和司法机关担任领导职务的党外领导干部有职有权，以更好地发挥他们的力量；不断增强统战干部队伍建设的工作合力，调动其全心全意进行社会主义现代化建设的积极性，形成统一战线工作的"聚合效力"。另一方面，关注统战成员的思想和精神追求，积极为党外人士发挥作用搭建平台；加强统一战线工作储备人才的发现、培养、使用和管理，尤其是要健全党外代表人士队伍建设制度，切实做好加强党外代表人士的人才储备、加强政治培训与实践锻炼、加强日常管理考核等工作，努力建设一支自觉接受党的领导、数量充足、结构合理、素质精良、业务突出、群众认同的党外代表人士储备队伍，为新时代统一战线的持续健康发展提供有力保证。

**（六）新时代统一战线工作开启新局面**

走进新时代，统一战线工作面临着"三个更加多样""四个前所未有"的复杂形势，统一战线凝心聚力的任务更加艰巨繁重。在以习近平同志为核心的党中央领导下，新时代统一战线工作开启了新局面。

一是中国特色社会主义新型政党制度不断完善。习近平总书记指出："中国共产党同各民主党派和无党派人士团结合作，是建立在共同思想政治基础之上的。今天，我们的共同思想政治基础就是中国特色社会主义。"[①]新时代党中央就统一战线工作先后发布了《条例（试行）》《条例》等中央法规和文件，辅之以相关配套文件，积极支持各民主党派加强自身建设，有力提升了中国共产党领导的多党合作制度化、规范化、程序化水平，也不断推动了新型政党制度的巩固和发展。党支持民主党派加强自身建设，加强思想、组织、制度特别是领导班子建

---

① 《习近平关于社会主义政治建设论述摘编》，北京：中央文献出版社，2017年，第123页。

设，努力把中国特色社会主义参政党建设提高到新水平，使参政党呈现新面貌。

二是铸牢中华民族共同体意识。党坚持和加强党对民族工作的领导，使民族团结统一有了充分的政治保障；党的民族工作紧紧围绕"共同团结奋斗、共同繁荣发展"主题，紧扣铸牢中华民族共同体意识这条主线，不断满足各族群众的美好生活需要，促进各民族文化的传承保护和创新交融，巩固和发展平等、团结、互助、和谐的社会主义民族关系。党中央坚定不移走中国特色解决民族问题的正确道路，围绕改善民生推进民族地区经济社会发展，紧扣民生抓发展，缩小差距，补齐短板，着力解决好各族群众最关心、最直接、最现实的生产生活问题，夯实民族团结的物质基础。进入新时代以来，党中央强调铸牢中华民族共同体意识，让"三个离不开""五个认同"思想更加深入人心，推动了民族团结。坚持和完善民族区域自治制度，为维护民族团结提供了根本的制度保障。

三是坚持和发展中国特色社会主义宗教理论，坚持我国宗教中国化方向，坚持以"导"的态度对待宗教，提高宗教工作法制化水平，构建积极健康的宗教关系。党的十八大以来，党中央支持宗教界对教义教规作出符合我国国情和时代进步要求的阐释，修订并颁布《宗教事务条例》，按照"保护合法、制止非法、遏制极端、抵御渗透、打击犯罪"①的原则，着力解决宗教领域存在的突出问题，确保各种宗教活动在我国宪法和法律范围内有序开展，引导宗教与我国社会主义社会相适应；同时加强宗教信仰自由和无神论宣传。

四是全面贯彻信任、团结、服务、引导、教育的方针，构建亲清政商关系，促进非公有制经济健康发展和非公有制经济人士健康成长。坚持"两个毫不动摇"，把团结好、引导好民营经济人士作为一项重要任务。2020年，中共中央办公厅印发了《关于加强新时代民营经济统战工作的意见》，这是改革开放以来党中央第一次就民营经济统战工作制定专门文件。文件指出，"各级统一战线工作领导小组和党委统战部要发挥牵头协调作用，工商联要发挥群团组织作用，把民营经济人士团结在党的周围"②，为社会主义现代化建设凝聚力量。文件还对做好新时代民营经济统战工作作了一系列管根本、管长远的部署，极大鼓舞了广大民营经济人士的发展信心，民营经济统战工作呈现崭新局面。

---

① 《十八大以来重要文献选编》（中），北京：中央文献出版社，2016年，第549页。
② 《加强新时代民营经济统战工作》，《人民日报》2020年9月16日。

五是坚定不移贯彻"一国两制"方针和基本法,坚定不移维护港澳地区的长期繁荣发展。坚持和完善"一国两制"制度体系,支持港澳融入国家发展大局;号召香港特别行政区同胞、澳门特别行政区同胞,以国家和香港地区、澳门地区整体利益为重,共同维护和促进香港、澳门长期繁荣稳定。近年来,习近平总书记高度关注香港问题,心系香港人民,坚定不移、全面准确地贯彻"一国两制"、"港人治港"、高度自治方针,确保"一国两制"实践行稳致远,坚持"爱国者治港"这一事关国家主权、安全、发展利益,事关香港长期繁荣稳定的根本原则。面对"一国两制"在香港的实践中遇到的一些新情况新问题新挑战,党中央立足当前,谋划长远,先后出台了《中华人民共和国香港特别行政区维护国家安全法》《全国人民代表大会常务委员会关于香港特别行政区立法会议员资格问题的决定》《全国人民代表大会关于完善香港特别行政区选举制度的决定》等法规文件,始终准确把握"一国"和"两制"的关系,始终依照宪法和基本法办事,始终聚焦发展这个第一要务,始终维护和谐稳定的社会环境。中央政府一如既往支持香港,为推进香港政制发展、经济发展、民生改善等付出艰辛努力,为"一国两制"事业和香港繁荣稳定作出了重要贡献。积极宣导"两岸一家人"理念,号召广大台湾同胞和大陆同胞携起手来,支持、维护、推动两岸关系和平发展,增进两岸同胞福祉,共同开创中华民族新前程,同心实现中华民族伟大复兴。广泛团结台湾同胞,发展壮大爱国统一力量,反对"台独"分裂活动,不断推进祖国和平统一进程。面对"台独"等影响两岸和平的不和谐因素,习近平总书记强调,争取人心是全方位的,既要巩固爱国力量,争取中间力量,还要分化敌对力量,"我们推动两岸关系和平发展的方针政策不会改变,促进两岸交流合作、互利共赢的务实举措不会放弃,团结台湾同胞共同奋斗的真诚热情不会减弱,制止'台独'分裂图谋的坚强意志不会动摇"①,"祖国必须统一,也必然统一"②。

六是做好新的社会阶层统一战线工作。2015年,习近平总书记在中央统战工作会议上对新的社会阶层人士统一战线工作进行了深刻阐述,提出了明确要求。《条例(试行)》把新的社会阶层人士单独作为一个方面的统战对象,并作出明确规定。2016年,经党中央批准,中央统战部专门成立了负责新的社会阶

---

① 《习近平谈治国理政》(第1卷),北京:外文出版社,2018年,第242页。
② 《为实现民族伟大复兴推进祖国和平统一而共同奋斗——在〈告台湾同胞书〉发表40周年纪念会上的讲话》,北京:人民出版社,2019年,第4页。

层人士工作的职能部门。2017年,党中央专门召开全国新的社会阶层人士统战工作会议,对做好新时代新的社会阶层人士统一战线工作作出全面部署。根据党中央决策部署,在各级党委的领导和推动下,各级统战部门和有关方面大胆创新、积极探索,新的社会阶层人士队伍不断壮大,共同思想政治基础更加巩固,代表人士队伍建设持续加强,服务大局的优势作用日益凸显,平台载体和工作体制不断健全,实践创新基地建设成效显著。

七是加强海外统一战线工作和侨务工作。党中央强调广大海外侨胞是建设中国特色社会主义的宝贵资源,是连接中国梦和世界梦的重要桥梁和纽带,必须紧密团结海内外中华儿女,为实现中华民族伟大复兴中国梦凝聚起强大力量;强调要致力于维护和促进中国统一,要始终坚持以凝聚侨心侨力同圆共享中国梦为主题,努力凝聚侨心、汇聚侨智、发挥侨力、维护侨益,实现中华民族伟大复兴,增进中国人民与世界人民的友好合作交流,推动构建人类命运共同体。新修订的《条例》把海外统一战线工作和侨务工作单列出来,体现了中央对海外统一战线工作和侨务工作的高度重视,为开创新时代海外统一战线工作和侨务工作新局面提供了思想指导与原则遵循,是今后开展对外联络工作的重要行动指南,也进一步推动了新时代海外统一战线工作的开展,开创了海外统一战线工作新局面。

## 五、百年来统一战线工作的历史经验

中国共产党成立百年来,始终高度重视统一战线,认真做好各个时期的统一战线工作,积累了丰富的经验。第一,必须坚持中国共产党对统一战线的领导。这是巩固和发展统一战线的根本任务,也是统一战线百年历史发展的最根本经验。毛泽东指出:"没有中国共产党的坚强的领导,任何革命统一战线也是不能胜利的。"[1]实践证明,中国共产党放弃或忽视对统一战线的领导,则统一战线必然失败;反之,则革命事业必然取得胜利。习近平总书记强调:"做好新形势下的统战工作,必须掌握规律、坚持原则、讲究方法,最根本的是要坚持党的领导。"[2]进入新时代以来,以习近平同志为核心的党中央进一步加强和改善了党对

---

[1]《毛泽东选集》(第4卷),北京:人民出版社,1991年,第1257页。
[2]《习近平谈治国理政》(第2卷),北京:外文出版社,2017年,第303页。

统一战线的领导，牢牢掌握统一战线工作的领导权和主动权，始终坚持和加强党委对统一战线的领导，加强对统一战线的政治原则、政治方向和重大方针政策的领导。这有利于统一战线及其成员保持政治定力、思想定力和战略定力，增强"四个意识"，树立"四个自信"，做到"两个维护"，引导统战成员特别是党外领导干部牢牢把握正确政治方向，不断增进对中国共产党和社会主义道路的政治认同、思想认同、理论认同和情感认同，努力把各级统战部门领导班子建设成为坚强的领导集体。

第二，必须坚持以科学理论指导统一战线工作。统一战线是马克思主义的基本原理之一。百年来，中国共产党创造性地运用马克思主义统一战线理论，先后建立了民主联合战线、工农民主统一战线、抗日民族统一战线、人民民主统一战线、爱国统一战线，丰富了统一战线理论内容、表现形式等，为夺取革命、建设和改革事业的胜利凝聚了人心共识，夯实了组织基础，汇聚了支撑力量，成为推进党和人民事业发展的重要法宝。进入新时代以来，统一战线工作面临新形势新挑战新任务，统一战线内部结构复杂性前所未有，改革发展稳定任务之重前所未有，矛盾风险挑战之多前所未有，多元思想文化交流交融交锋前所未有，统一战线凝聚人心、凝聚力量、凝聚智慧、凝聚共识的工作更加艰巨繁重。以习近平同志为核心的党中央进一步巩固和发展了统一战线，系统回答了新时代需不需要统一战线、需要什么样的统一战线以及怎样巩固和发展统一战线等重要问题。这是马克思主义中国化的最新成果，是21世纪的马克思主义。这一理论的创新成果，是习近平新时代中国特色社会主义思想的重要组成部分，是指导和推动新时代统一战线事业发展的根本遵循。新时代统一战线要以习近平新时代中国特色社会主义思想为指导，坚持党对统一战线的集中统一领导，牢牢把握大团结大联合的主题，坚持一致性和多样性相统一，找到最大公约数，画出最大同心圆，充分发挥统一战线凝聚人心、汇聚力量的作用，为实现中华民族伟大复兴中国梦提供最坚实、最广泛的力量支撑。

第三，必须以思想政治建设为核心抓好统一战线工作。思想政治工作是经济工作和其他一切工作的"生命线"，是中国共产党的优良传统和政治优势。统一战线工作是特殊的群众工作，广大统战成员的思想政治工作，是党的思想政治工作与统一战线的本质、特点的有机结合。加强和改进统战成员的思想政治工作，是统一战线当前和今后的一项非常重要的任务。百年来，党高度重视统一战线工作的思想政治建设，加强政治教育和思想引导，不断提高统战成员的思想政治素养，推动爱国主义统一战线实现思想上的共同进步，为巩固和扩大爱国统一战线奠定了坚实的思想基础。进入新的历史发展阶段，加强统战成员的思想政治建设必须坚持以习近平新时代中国特色社会主义思想为指导，自觉用习近平新时代中国特色社会主义思想来武装头脑、统一思想、指导实践、推动工作，在统一战线工作中打牢共同思想基础、凝聚共识，确保统一战线事业始终沿着正确的方向前进。

第四，必须把统战干部队伍建设作为抓好统一战线工作的关键。统一战线工作归根结底是做人的工作，解决的是人心与力量的问题，免不了与社会各界人士打交道，这就对统战干部队伍提出了更高的要求。做好统一战线工作的关键是要把统战干部队伍建设好。百年来，在统一战线巩固和发展的历程中，党始终重视选贤任能，把选人用人作为关系统一战线事业的关键性、根本性问题，并吸收了大批优秀分子到统一战线队伍当中，造就了一支政治坚定、代表性强、规模庞大的统战干部队伍，保证了党的统战路线方针政策的贯彻落实。新时代，统一战线面临着所有制形式更加多样、社会阶层更加多样、社会思想观念更加多样的复杂形势，这就对统战干部队伍建设提出了更高的要求。对此，以习近平同志为核心的党中央提出要打牢统一战线的组织基础和人才基础，加强对统战干部队伍的思想、组织、作风建设，努力培养造就一支政治坚定、代表性强、品行良好、作风过硬的高素质代表人士队伍。[1]通过理论学习、政治引领和实践锻炼，使统战干部经受严格的思想淬炼、政治历练、实践锻炼和专业训练[2]，不断提高统战干部的综合素养，既使广大统战干部严格遵守政治纪律和政治规矩，强化制度意识和制度思维，不断强化自律意识；又通过不断完善监督体系，加强对统战干部队伍的监督，为确保统战干部成为政治坚定、业务精通、作风过硬的新时代合格统战人才提供了硬保障。与此同时，还要健全党外代表人士队伍建设，努力建设一支自觉接受党的领导、数量充足、结构合理、素质精良、业务突出、群众认同的党外代表人士队伍。

第五，必须推进统一战线工作的制度化、规范化、程序化、科学化。统一战

---

[1]《习近平同党外人士共迎新春》，《人民日报》2019年1月29日。

[2]《中国共产党第十九届中央委员会第四次全体会议文件汇编》，北京：人民出版社，2019年，第67页。

线工作是中国特色社会主义政治建设的重要组成部分，不断提高统一战线工作的制度化、规范化、程序化、科学化的程度和水平是统一战线工作发展的必然趋势。百年来，党从各领域各方面逐步推动统一战线工作实现制度化、规范化、程序化和科学化，包括政党体制、多党合作、政治协商、民族政策、宗教政策、知识分子政策、非公有制经济政策、港澳台工作政策、海外统一战线等均以制度形式加以保障。近百年来，党的统一战线工作积累了丰富的制度资源，从最初尚未形成制度的系列方针政策，到相关制度的确立与发展，为中国革命、建设和改革的胜利提供了重要条件。

党的十八大以来，面对复杂多变的国内外形势，以习近平同志为核心的党中央高度重视统一战线工作，召开了一系列重大会议，发表了一系列重要讲话，深刻回答了统一战线工作方向性、全局性、战略性重大问题，并将党长期以来特别是党的十八大以来统一战线工作形成的宝贵经验等以党内法规的形式固定下来，为统一战线工作提供了基本遵循。2019年10月，党的十九届四中全会通过的《中共中央关于坚持和完善中国特色社会主义制度　推进国家治理体系和治理能力现代化若干重大问题的决定》，将"巩固和发展最广泛的爱国统一战线"作为坚持和完善人民当家作主制度体系、发展社会主义民主政治的一项重要任务和主要内容，进一步提升了统一战线的地位和作用。2020年12月，中共中央发布修订后的《中国共产党统一战线工作条例》，把统一战线工作不断推向深入，进一步推动了统一战线工作的制度化、规范化、程序化和科学化，开创了新时代统一战线工作新局面。

中国共产党作为一个百年大党风华正茂，党领导的统一战线也在"两个一百年"的历史交汇期开启了新征程。在这个历史节点上，回顾中国共产党百年统一战线工作的历程并总结其经验，将激励我们继续运用好统一战线这一法宝，为全面建设社会主义现代化国家、实现中华民族伟大复兴而奋斗。

（本文发表于《江苏社会科学》2021年第3期，略有删改）

# 中国共产党党性教育的百年历程及经验

丁俊萍 王 欣

"党性"是马克思主义建党学说的核心概念之一。"党性是高度发展的阶级对立的结果和政治表现"①,"党性,就是人们这种阶级性最高而集中的表现"②。中国共产党的党性,是中国工人阶级的阶级性的最高最集中的体现,是衡量党员立场和觉悟的准绳,是党员立身、立业、立言、立德的基石,是保持党的先进性和纯洁性、提高领导水平和执政能力的重要保证。共产党员的坚强党性不会与生俱来,不会随着党龄的增长或职务的升迁而必然提高,需要党组织持续不断地教育和引导。因此,全党必须通过系统的、连续的党性教育来引导党员加强党性锻炼,不断提高党性修养,铸就坚强的党性,从而自觉贯彻落实党的路线方针政策,密切与群众的联系,保持党的先进性和纯洁性。中国共产党的党性教育,就是指各级党组织通过各种形式对党员、干部进行的党的思想理论性质、宗旨、理想信念、党章党规党纪、优良传统作风、反腐倡廉以及党史、新中国史、改革开放史、社会主义发展史等教育。"党性教育的本质是对共产党人的政治引导和精神塑造。"③党性教育是共产党人培养党性、锻炼党性、坚守党性的根本途径,也是每个党员正心、修身、明道的必修课程。

在中国共产党百年自身建设历程中,党性教育一直都是管党治党的内在要求,是党的建设的一项重要内容。党的性质、宗旨等决定了党性教育的根本目的

---

① 《列宁全集》(第13卷),北京:人民出版社,2017年,第273页。
② 《刘少奇论党的建设》,北京:中央文献出版社,1991年,第224页。
③ 《党性教育学新论》,北京:人民出版社,2019年,第6页。

是提升党员、干部的素养，保持共产党人的本色，进而保持党的先进性和纯洁性，使党能够肩负起历史赋予的重任。由于党在不同历史时期肩负的具体任务不同，其对党员的党性具体要求是动态发展的，要求共产党人必须紧密围绕党的政治任务去讲党性，坚定党性和提高党性修养。由此，党性教育在不同历史时期有着不同的具体内容和形式。考察中国共产党百年党性教育历程并总结其经验，可以为推动新时代党性教育工作与全面从严治党向纵深发展提供历史借鉴。

## 一、民主革命时期的党性教育的成功实践

中国共产党是一个按照马克思主义建党原则建立起来的中国工人阶级先锋队。党从成立之日起，就重视对党员的党性要求和党性教育，1921年党的一大通过的《中国共产党第一个纲领》即明文规定党员必须"成为忠实党员"[①]，实际上提出了"对党忠诚"这一最基本的党性要求。1922年党的二大制定的《中国共产党章程》和通过的《关于共产党的组织章程决议案》，要求党员绝对服从党的全国大会及中央执行委员会的决议；强调要对党员进行"严密的集权的有纪律的组织与训练"[②]；党员要在言论和行动上表现出是共产主义者，"无论何时何地个个党员的言论，必须是党的言论，个个党员的活动，必须是党的活动"。[③]这就明确了对党员的政治纪律、组织纪律方面的党性要求。1924年党的三届一中执委会通过《党内组织及宣传教育问题议决案》，要求中央宣传部在党报上加强党的教育工作，并指导马克思主义研究会；提出"党内教育的问题非常重要，而且要急于设立党校养成指导人才"[④]，并提出要用唯物主义世界观和集体主义人

---

① 《建党以来重要文献选编（1921—1949）》（第1册），北京：中央文献出版社，2011年，第1页。

② 《建党以来重要文献选编（1921—1949）》（第1册），北京：中央文献出版社，2011年，第162页。

③ 《建党以来重要文献选编（1921—1949）》（第1册），北京：中央文献出版社，2011年，第163页。

④ 《建党以来重要文献选编（1921—1949）》（第2册），北京：中央文献出版社，2011年，第74页。

生观教育党员和群众,要反对个人主义。①这里既明确了马克思主义理论教育是党内教育的内容,也涉及党员思想意识问题,还提出了设立党校以加强干部教育。1924年底中国共产党历史上第一所党校——安源地委党校创立,虽然它存在时间不足一年,却积累了党校建设和党性教育的初步经验。1925年党的四大通过《对于宣传工作之议决案》,决定在党内加强马列主义理论教育和时事政策教育,加强党报党刊工作,并指出党的支部是党的基本教育机关,应注重对政治报告和党的策略的学习和解释。根据四大的部署,党加强了中央宣传部的工作,以规划党员教育、设立党校和人才培养、出版马克思主义理论书籍、广泛设立马克思主义研究会等。1925年党的四届执委会二次会议通过《宣传问题议决案》,明确提出"开办各地党校确是一种重要的工作"②,并决定开办两类党校,一类是训练工人党员的普通党校,另一类是训练政治素质较高和已有工作经验党员的高级党校。"此后,通过创办党校教育培训党员、党员领导干部成为中国共产党进行党性教育的一个重要形式。"③显然,在党的幼年时期,中国共产党不仅明确了党性教育的内容是马克思主义理论教育、时事政策教育和党员干部的思想修养,而且找到了创办和发行革命刊物、出版马克思主义理论著作、开办党校等党性教育的有效形式,是党性教育历史的良好开端。

1928年党的六大提出了加强党的思想建设的问题,指出要肃清党内一切纠纷、地方主义、小团体主义的倾向,加紧党员群众的教育,增加他们的政治程度,有系统地宣传马克思列宁主义,研究中国革命过去几个时期的经验。④为贯彻六大决议,周恩来起草了党中央《告全体同志书》中的"坚决肃清党内一切非无产阶级意识"这一部分,指出党要布尔塞维克化,就需要加强无产阶级的基础,坚决反对小资产阶级的意识。⑤同年,毛泽东在写给中央的报告中明确提出:

---

① 《建党以来重要文献选编(1921—1949)》(第1册),北京:中央文献出版社,2011年,第354页。

② 《中共中央文件选集(1924—1925)》(第1册),北京:中央党校出版社,1989年,第481页。

③ 《党性教育学新论》,北京:人民出版社,2019年,第37页。

④ 《建党以来重要文献选编(1921—1949)》(第5册),北京:中央文献出版社,2011年,第395页。

⑤ 《中共中央文件选集(1928)》(第4册),北京:中共中央党校出版社,1989年,第704页。

"无产阶级思想领导的问题,是一个非常重要的问题。边界各县的党,几乎完全是农民成分的党,若不给以无产阶级的思想领导,其趋向是会要错误的。"①1929年中国共产党红军第四军第九次代表大会通过的毛泽东起草的古田会议决议,明确提出了思想建党、政治建军的重要原则,强调把思想建设放在党的建设的首位,通过党内教育提高党内政治水平,肃清党内各种非无产阶级思想,并列"党内教育"专章,论述了党内教育的意义、材料和方法,指出"有计划地进行党内教育,纠正过去之无计划的听其自然的状态,是党的重要任务之一"②;认为党内教育的材料包括政治分析、对上级指导机关通告的讨论、组织常识、党内错误思想的纠正、群众工作的策略和技术、社会经济的调查研究、马克思列宁主义的研究等;党内教育的方法包括编辑出版党报、政治简报、教育的小册子,以及办训练班,为不识字的党员读书报、进行个别谈话,组织小组会、支部大会、支委会、联席会议、政治讨论会、参加实际工作等。古田会议决议对党内教育的系统论述,标志着中国共产党党性教育思想的初步形成。古田会议决议所提出的建党路线和精神在红军和农村革命根据地先后不同程度地得到贯彻,表明党性教育在实践中广泛展开。整个土地革命战争时期,尽管党性教育的概念尚未正式提出,但"无产阶级思想领导""党内教育"等思想的提出及贯彻,无疑都是在进行党性教育。民主革命时期的党性教育在延安时期达到高峰。1935年12月,中共中央政治局在瓦窑堡召开会议,会议在实现党的政治策略向抗日民族统一战线转变的同时,也提出应该使党变成一个共产主义的熔炉,把许多愿意为共产党主张奋斗的新党员,锻炼成为有最高阶级觉悟的布尔什维克的战士。③这里,党的"熔炉"冶炼实际上就是党性教育和党性锻炼。

七七事变后,鉴于党员队伍不断扩大,党员成分更加复杂,各种非无产阶级思想侵蚀着党的肌体,党内存在着组织纪律散漫现象,毛泽东于1937年9月发表《反对自由主义》一文,提出并回答了"怎样才算是一个共产党员"的问题。他指出:"一个共产党员应该是襟怀坦白,忠实,积极,以革命利益为第一生命,以个人利益服从革命利益;无论何时何地,坚持正确的原则,同一切不正确的思

---

① 《毛泽东选集》(第1卷),北京:人民出版社,1991年,第77页。
② 《毛泽东文集》(第1卷),北京:人民出版社,1993年,第94页。
③ 《建党以来重要文献选编(1921—1949)》(第12册),北京:中央文献出版社,2011年,第549页。

想和行为作不疲倦的斗争,用以巩固党的集体生活,巩固党和群众的联系;关心党和群众比关心个人为重,关心他人比关心自己为重。这样才算得一个共产党员。"①毛泽东还提出要拿起"积极的思想斗争"这个"达到党内和革命团体内的团结使之利于战斗的武器"②,反对党内一部分人的自由主义的倾向,"用马克思主义的积极精神,克服消极的自由主义"③。毛泽东的这篇文献,不仅提出了共产党员党性的标准,也提出了进行"积极的思想斗争"这一党性教育的重要方式。马克思主义建党原理指出,工人阶级政党只有以先进理论为指南,才能实现先进战士的作用。因此,科学对待马克思主义,正是中国共产党党性教育的核心内容。1938年10月,毛泽东在中共扩大的六届六中全会上作《论新阶段》的政治报告,其中明确提出马克思主义中国化的重大命题和重大任务。毛泽东强调,马克思主义必须和我国的具体特点相结合并通过一定的民族形式才能实现。马克思列宁主义的伟大力量,就在于它是和各个国家具体的革命实践相联系的。对于中国共产党来说,就是要学会把马克思列宁主义的理论应用于中国的具体环境。"成为伟大中华民族之一部分而与这个民族血肉相连的共产党员,离开中国特点来谈马克思主义,只是抽象的空洞的马克思主义。因此,马克思主义的中国化,使之在其每一表现中带着中国的特性,即是说,按照中国的特点去应用它,成为全党亟待了解并亟须解决的问题。洋八股必须废止,空洞抽象的调头必须少唱,教条主义必须休息,而代替之以新鲜活泼的、为中国老百姓所喜闻乐见的中国作风与中国气派。"④毛泽东明确提出马克思主义中国化的重大命题和重大任务,从党的理论创新和理论武装的高度,揭示了中国共产党党性教育的核心内容。

同样是在《论新阶段》中,毛泽东论述了中国共产党在民族革命战争中的地位,强调共产党要担负起团结全国人民克服困难、战胜敌人、建设新中国的重大责任,共产党员应在民族战争中表现其高度的积极性,这种积极性具体表现为共产党员在军队、统一战线、政府工作、民众运动中,都要发挥先锋作用和模范作用。"共产党员无论何时何地都不应以个人利益放在第一位,而应以个人利益服

---

① 《毛泽东选集》(第2卷),北京:人民出版社,1991年,第361页。
② 《毛泽东选集》(第2卷),北京:人民出版社,1991年,第359页。
③ 《毛泽东选集》(第2卷),北京:人民出版社,1991年,第361页。
④ 《建党以来重要文献选编(1921—1949)》(第15册),北京:中央文献出版社,2011年,第651页。

从于民族的和人民群众的利益。因此，自私自利，消极怠工，贪污腐化，风头主义等等，是最可鄙的；而大公无私，积极努力，克己奉公，埋头苦干的精神，才是可尊敬的。""共产党员应是实事求是的模范，又是具有远见卓识的模范。""共产党员又应成为学习的模范。"①毛泽东关于共产党员先锋模范作用的论述，既指出了党性内涵及其表现，也指出了党性教育的指向是使党坚强有力，进而担负起重大责任。

鉴于全民族抗战爆发后党员队伍迅速发展壮大中党内出现的一些新问题，以毛泽东为代表的中国共产党人将加强对党员的培训教育、提高党员的素质作为巩固党的中心一环。1939年8月，中共中央政治局作出《关于巩固党的决定》，该决定指出："巩固党的中心一环，就是加强党内马克思列宁主义的教育、阶级教育与党的教育"，"纠正各种'左'倾或右倾的不正确观点"。②这里所说的"党的教育"，实际上就是后来概括的党性教育。1939年5月，陈云撰写《怎样做一个共产党员》的文章。1939年7月，刘少奇在延安马列学院作《论共产党员的修养》，将共产党员的立场、道德同党性联系在一起，指出"共产党员应该具有人类最伟大、最高尚的一切美德，具有明确坚定的党的、无产阶级的立场（即党性、阶级性）"③。文章从思想意识修养角度系统论述了共产党员的党性修养。张闻天则从同年9月起，连续发表《共产党员的权利与义务》等六篇文章，这些论著为党性教育提供了重要教材。

马克思主义是中国共产党的指导思想，以科学态度对待马克思主义无疑是中国共产党人党性的内在要求和外在表现。1941年5月，毛泽东在延安高级干部会议上所作的《改造我们的学习》报告中，明确将共产党人对待马克思主义的不同态度与是否有党性联系在一起，强调应当用实事求是的态度对待马克思列宁主义，"要使马克思列宁主义的理论和中国革命的实际运动结合起来"，"有实事求是之意，无哗众取宠之心。这种态度，就是党性的表现，就是理论和实际统一的马克思列宁主义的作风。这是一个共产党员起码应该具备的态度"④；而主观主

---

① 《毛泽东选集》（第2卷），北京：人民出版社，1991年，第522、523页。
② 《建党以来重要文献选编（1921—1949）》（第16册），北京：中央文献出版社，2011年，第580页。
③ 《刘少奇选集》（上），北京：人民出版社，1981年，第133页。
④ 《毛泽东选集》（第3卷），北京：人民出版社，1991年，第801页。

义这种对待马克思列宁主义的态度是非常有害的,"是党性不纯的一种表现","没有科学的态度,即没有马克思列宁主义的理论和实践统一的态度,就叫做没有党性,或叫做党性不完全","只有打倒了主观主义,马克思列宁主义的真理才会抬头,党性才会巩固,革命才会胜利"。①这里,毛泽东将对待马克思主义的态度与党性联系在一起,将实事求是对待马克思主义的态度作为党性的表现不仅赋予了党性概念以马克思主义中国化的科学内涵,而且彰显了马克思主义理论与中国实际相结合对于中国共产党人党性的极端重要性。

1941年7月1日,中共中央政治局通过了《中共中央关于增强党性的决定》(以下简称《决定》),向全党发出了"增强党性锻炼"的号召。这是中国共产党成立以来第一次把"党性"概念写入中央决定。《决定》强调了增强党性锻炼的重要性,指出伟大而艰难的革命事业"要求我们的党更进一步的成为思想上、政治上、组织上完全巩固的布尔塞维克的党,要求全党党员和党的各个组成部分都在统一意志、统一行动和统一纪律下面,团结起来,成为有组织的整体","因此今天巩固党的主要工作是要求全党党员,尤其是干部党员更加增强自己党性的锻炼,把个人利益服从于全党的利益,把个别党的组成部分的利益服从于全党的利益,使全党能够团结得像一个人一样"。②加强党性锻炼的目的,是建设"坚强统一的、集中的党",以"应付革命过程中长期残酷复杂的斗争","实现我们所担负的伟大历史任务"。③《决定》针对当时党员中存在的个人主义、英雄主义、无组织的状态、独立主义、反集中的分散主义等违反党性的倾向,提出了纠正违反党性倾向的办法,即:党内更加强调全党的统一性、集中性和服从中央领导的重要性;更严格地检查一切决议决定之执行,坚决肃清阳奉阴违的两面现象;及时发现和纠正错误,不纵容错误继续发展;在全党加强纪律教育;用自我批评的武器和加强学习的方法来改造自己,使之适合于党与革命的需要;从中央委员到每个支部的领导者,都必须参加支部组织,参加党的组织生活。《决定》在党的建设史上具有重要意义,对于统一全党意志、统一全党行动和严明全党纪律起到了

---

① 《毛泽东选集》(第3卷),北京:人民出版社,1991年,第800页。
② 《建党以来重要文献选编(1921—1949)》(第18册),北京:中央文献出版社,2011年,第443页。
③ 《建党以来重要文献选编(1921—1949)》(第18册),北京:中央文献出版社,2011年,第443页。

巨大历史作用，为中国共产党党性教育和党的建设指明了方向。毛泽东对《决定》给予了高度评价。他在1942年4月中央学习组讲话中说："从我们党的历史上来看，全面的、全党的、由中央领导进行的干部内部教育，过去还很少。从去年七月中央发出关于增强党性的决定开始，我们才全体地、从上而下地、一致地注意了这个问题，这个意义非常之大。"①

《决定》颁布后，"党性的概念开始更加广泛地进入党的建设领域，增强党性锻炼成为党的建设的重要内容"②。这一时期的党性教育，无论在理论方面还是在实践方面都得到很大发展。

从理论上看，党的领导人发表了一系列关于党性及党性教育的文章，主要有毛泽东的《反对党八股》《整顿党的作风》，刘少奇的《人的阶级性》《党内团结与党内民主集中制的执行》《反对党内各种不良倾向》《论党员在组织上和纪律上的修养》，任弼时的《关于增强党性问题的报告大纲》，等等。毛泽东还在党的七大口头报告中，以专章论述了关于党性与个性的关系问题。刘少奇在七大上所作的《关于修改党章的报告》中，亦指出党性问题实际上是党内无产阶级思想与非无产阶级思想的矛盾的具体体现。这一时期，中国共产党关于党性教育的一系列重要文献，蕴含了党性教育的丰富思想，既揭示了党性的丰富内涵，也指出了党性问题存在的深刻根源；既指出了党组织对党员、干部进行党性教育的必要性，也明确了党员、干部加强党性修养的路径和方法；既提出了衡量一个共产党员是否讲党性的标准，也明确了党组织对党员、干部进行党性教育的责任，以及对违反党性的种种现象进行斗争、纠正违反党性倾向的办法。

从实践上看，这一时期开展的延安整风运动创造了大规模集中教育的党性教育全新形式，使全党特别是党的干部受到了一次深刻的党性教育，普遍增强了党性，党也由此积累了党性教育的丰富经验。解放战争时期，党在农村基层党组织开展的"三查""三整"工作在全党广泛开展的纪律教育，以及进京"赶考"前"两个务必"的警示教育等，也都是结合当时党内实际情况进行的党性教育，均收到了良好效果，有力推进了党的建设伟大工程的实施，进而为夺取中国革命胜利提供了根本的政治保证和组织保证。

---

① 《毛泽东选集》（第3卷），北京：人民出版社，1991年，第412页。
② 《党性教育学新论》，北京：人民出版社，2019年，第42页。

## 二、社会主义革命和建设时期党性教育的继续开展

中华人民共和国成立后,党在领导社会主义革命和建设以及对中国社会主义建设道路的初步探索中,注意加强全面执政条件下党的自身建设。党性教育虽然经历了曲折,但也从未中断,并取得了相当大的成绩。这一时期党性教育工作主要表现在以下方面。

一是进行整党整风及"三反"运动以解决党内思想组织作风不纯的问题。20世纪50年代初,鉴于党执政之初面临的新形势和新任务,以及党内存在的一些新党员思想作风不纯,部分老党员作风不正、居功自傲、官僚主义甚至贪污腐化等问题,先是在全党范围开展了整风运动,初步解决了工作作风方面存在的问题;接着又开展了整党运动,着力解决党内存在的思想不纯、组织不纯的问题。在1951年党的第一次全国组织工作会议上,刘少奇在其所作的报告中,提出了共产党员标准的八项条件。这八项条件经过整理和修改,被写入会议通过的《关于整顿党的基层组织的决议》。根据全国组织工作会议的部署,整党运动有步骤地展开,其中第一步就是对广大党员进行关于党纲党章和怎样做一个共产党员的教育。这实际上就是一次普遍的党性教育。中华人民共和国成立初期的整风、整党运动和反对贪污、反对浪费、反对官僚主义的"三反"运动等,对中国共产党全面执政初期增强党员党性意识、提高党员素质和党组织战斗力、保持党的先进性和纯洁性发挥了重要作用。

二是针对高岗、饶漱石事件在全党特别是党的高级干部中进行维护党的团结的教育。1953年党内发生了高岗、饶漱石进行分裂党的活动、破坏党的团结的严重事件。1954年党的七届四中全会通过《关于增强党的团结的决议》,强调党的团结是党的生命,要求全党特别是党的高级干部提高维护党的团结的自觉性,同一切破坏党的团结、损害中央威信、妨碍中央统一领导的言行作坚决斗争,并作出了党的高级干部必须遵守的六项规定,从而使全党特别是党的高级干部受到了一次深刻的党性和党纪的教育。

三是加强干部理论教育工作。中华人民共和国成立后,为适应党全面执政、领导国家建设和社会主义事业发展的需要,中国共产党加强了对党员、干部的理论培训工作。1951年3月中共中央下发的《关于加强理论教育的决定》,对党内

的理论学习进行了部署。之后党又连续多次发出通知，提出党员、干部理论学习的具体要求，从而掀起了理论学习的高潮。党还建立了以各级党校为中心的干部理论教育培训体系，从体制机制上保证了干部教育的常态化、制度化。

四是对新的历史条件下党员和领导干部的党性教育和党性修养提出了新要求。1956年党的八大在正确分析国内形势和主要矛盾变化、明确规定党和全国人民在新形势下主要任务的同时，着重提出了执政党建设问题。邓小平在《关于修改党的章程的报告》中，突出提出反对党内主观主义、宗派主义、官僚主义，批评那种脱离实际、脱离群众的思想作风，强调坚持群众路线，反复进行群众路线教育。与此同时，鉴于苏联社会主义建设的经验教训，强调坚持民主集中制和集体领导制度，反对个人崇拜，反对对个人歌功颂德，从而在新的历史条件下对党员、领导干部提出了党性教育和党性修养的新要求。

五是大兴调查研究之风。1958年开始的"大跃进"和人民公社化运动，背离了实事求是的原则，脱离了中国社会生产力的发展水平，违背了经济和社会发展的客观规律，给国家经济社会发展和人民生活带来严重后果，也促使全党逐步清醒过来。党中央于1960年11月发出《关于农村人民公社当前政策问题的紧急指示信》，翌年1月召开的党的八届九中全会，正式决定对国民经济实行"调整、巩固、充实、提高"的方针。在党的指导方针发生重要转变之际，毛泽东号召全党恢复实事求是、调查研究的作风，要求1961年成为实事求是年、调查研究年。同年3月，中共中央又发出《关于认真进行调查工作问题给各中央局，各省、市、区党委的一封信》，强调深入基层调查研究是领导工作的首要任务。"中央发出的这个指示，实际上向全党干部提出了端正思想路线的问题。党的调查研究、实事求是的优良作风在一定程度的恢复，使党在60年代前期重新掌握了工作的主动权。"①

六是学习先进典型和模范人物的时代精神。在十年社会主义建设中，党和人民顶住外来压力，克服重重困难，坚持独立自主、自力更生、艰苦奋斗，涌现出无数先进典型和英雄模范人物，形成了具有特定内涵的时代精神，其中包括大庆精神、大寨精神、红旗渠精神、"两弹一星"精神以及铁人精神、雷锋精神、焦裕禄精神等。对先进典型和英雄模范人物的学习和对这些精神的弘扬，成为这一

---

① 《中国共产党的九十年》，北京：党建读物出版社，2016年，第513页。

时期党性教育的重要内容,这些精神也是激励全中国人民在中国共产党领导下艰辛探索、艰苦奋斗、积极进取的精神动力。

这一时期党性教育工作也曾因党的指导思想上"左"倾错误的发展而遭受严重挫折。1957年的全党整风运动旨在揭露各方面的矛盾,克服党内存在的不良倾向,密切党和人民群众的关系,推进党的作风建设,但在少数右派进攻面前开展的反右派斗争发生了扩大化的错误。1963年开始的社会主义教育运动中的整党"客观上在改善基层干部作风、打击贪污盗窃、投机倒把歪风等方面起到了一定作用,但由于混淆了敌我矛盾和人民内部矛盾的界限,扩大了打击面,伤害了许多基层的干部和党员,同时也把党员的思想引向了'左'的错误方向"①。"文化大革命"的十年内乱,"使党、国家和各族人民遭到新中国成立以来时间最长、范围最广、损失最大的挫折"。党的优良传统在相当程度上被毁弃,党组织一度基本瘫痪。其间开展的大规模整党建党运动虽然对"重建"党组织、恢复党组织生活起到一定作用,但由于"采取阶级斗争的方法'重建'党的各级组织",对党的建设产生了破坏性的影响,留下了极其惨痛的教训。②

## 三、改革开放新时期的党性教育从教育、制度、反腐倡廉等多方面展开

1978年党的十一届三中全会后,中国共产党团结带领各族人民在改革开放中开辟了一条中国特色社会主义建设道路,同时也开启了党的建设新的伟大工程,党性教育由此揭开了新的篇章。这一时期党性教育从教育、制度、反腐倡廉等多方面展开。

在改革开放起步和全面展开阶段,以邓小平为主要代表的中国共产党人大力恢复党的优良传统,加强对党员、干部的党性党风党纪教育,并加强党的制度建设。1980年党的十一届五中全会通过了《关于党内政治生活的若干准则》,在坚持党的政治路线和思想路线、坚持集体领导、反对个人专断、坚持党性、根绝派性、要讲真话、言行一致、发扬党内民主、接受党和群众的监督、不搞特权等方

---

① 《党性教育学新论》,北京:人民出版社,2019年,第52页。
② 《中国共产党的九十年》,北京:党建读物出版社,2016年,第629、635页。

面,明确提出了增强党性的要求,成为改革开放后的党性教育的规范性文献。1982年党的十二大通过的新党章,明确回答了改革开放和社会主义现代化建设新时期如何加强执政党建设的问题。认真学习十二大党章,成为之后一个时期党员教育的主要内容。同年10月,中共中央、国务院颁布《关于中央党政机关干部教育工作的决定》,提出要不失时机地抓紧培训干部。1983年4月,中央纪委下发《关于充分运用宣传工具加强党性、党风、党纪教育的通知》,并专门成立教育室,为党性、党风、党纪教育工作提供组织保证。之后,中央纪委又通过发布通知、召开工作会议进行部署等,推进党规党纪教育。鉴于党内存在思想不纯、作风不纯和组织不纯的突出问题,根据1983年10月党的十二届二中全会作出的关于整党的决定,从1983年11月到1987年4月,全党分期分批开展了一次以统一思想、整顿作风、加强纪律、纯洁组织为基本任务的全面整党。这次整党主要采取党员集中学习、开展批评与自我批评的方法。经过这次整党,党内思想、作风、组织严重不纯和纪律松弛的状况有了改变和好转。

党的十三届四中全会后,以江泽民为主要代表的中国共产党人在把中国特色社会主义推进到21世纪的同时,全面推进党的建设新的伟大工程。在党性教育方面主要开展了以下工作。一是在认真开展清理、清查工作的基础上,按照从严治党的方针,在全党开展做合格共产党员的教育,并进行了党员重新登记工作。1992年党的十四大根据发展社会主义市场经济的新形势,提出要切实加强和改进对党员的教育和管理,提高素质,增强党性。二是提出用邓小平理论武装全党的战略任务,全党兴起学习邓小平理论热潮。三是提出党的建设总目标,要求全党认真研究和解决党的建设所面临的"提高领导水平和执政水平、增强拒腐防变和抵御风险的能力"这两大历史性课题。四是大力加强干部队伍建设,强调领导干部要自重、自省、自警、自励,要讲政治,坚持正确的政治方向、政治立场、政治观点,严守党的纪律。1998年11月开始至2000年年底,党在县(处)级以上党政领导班子、领导干部中深入开展了以"讲学习、讲政治、讲正气"为主要内容的党性党风教育。"通过'三讲'教育,广大干部普遍受到一次深刻的马克思主义教育,经受了一次党内政治生活的锻炼,贯彻党的基本路线和民主集中制原则的自觉性得到提高","在各级党组织的积极努力和推动下,广大党员干部自党加强党性锻炼，努力提高自身素质，始终站在改革开放和现代化建设前列"。①四是在加强党风廉政建设和反腐败斗争中，利用重大典型案例对党员、干部进行警示教育，促进党员、干部提高党性觉悟，增强拒腐防变能力，解决思想作风、学风、工作作风、领导作风和生活作风中存在的突出问题。2001年9月，党的十五届六中全会通过《关于加强和改进党的作风建设的决定》，对加强和改进作风建设作出了全面部署，并提出了"八个坚持、八个反对"的要求。这一时期还进行了"三个代表"重要思想的学习教育，以加强党员、干部的思想理论武装。

党的十六大以后，以胡锦涛为主要代表的中国共产党人在全面建设小康社会进程中推进党的执政能力建设和先进性建设，确立了把党建设成为立党为公、执政为民，求真务实、改革创新，艰苦奋斗、清正廉洁，富有活力、团结和谐的马克思主义执政党的总目标。在党性教育方面主要做了以下工作。一是牢牢把握党的执政能力建设和先进性建设这条主线，进行以实践"三个代表"重要思想为主要内容、以学习贯彻党章为重点的保持共产党员先进性的教育活动，引导广大党员学习贯彻党章，坚定理想信念，坚持党的宗旨，增强党的观念，认真解决党组织和党员在思想、组织、作风及工作方面存在的突出问题，着眼于取得实效和群众满意，在提高党员素质、加强基层组织、服务人民群众、促进各项工作上下功夫。在此基础上，提出建立保持共产党员先进性的长效机制，印发《关于加强党员经常性教育的意见》《关于做好党员联系和服务群众工作的意见》等文件，为巩固和发展先进性教育成果、进一步推进党的先进性建设提供制度依据。二是开展深入学习实践科学发展观活动，着力解决影响和制约科学发展的突出问题以及党员、干部在党性党风党纪方面群众反映强烈的突出问题。在学习实践活动中，党中央对如何加强和改进新形势下党的建设作出新的决策部署。2009年党的十七届四中全会提出不断提高党的建设科学化水平的重大任务，并从建设马克思主义学习型政党、坚持和健全民主集中制原则、弘扬党的优良传统、加快推进惩治和预防腐败体系建设等方面进行了战略部署。三是加强党的制度建设，进一步规范党内法规制定程序，为推进从严治党和科学执政、民主执政、依法执政提供制度保证。四是着眼于保持党的先进性和纯洁性，始终把党风廉政建设和反腐败斗争放在突出位置，逐步确立标本兼治、综合治理、惩防并举、注重预防的方针，

---

① 《中国共产党的九十年》，北京：党建读物出版社，2016年，第876页。

建立健全惩治和预防腐败体系，走出了一条中国特色反腐倡廉之路，对保持党的先进性和纯洁性发挥了重要作用。

改革开放新时期围绕保持党的先进性和纯洁性开展的上述工作，都贯穿着党性教育这一红线，构成党的建设新的伟大工程不可或缺的部分，为党领导改革开放和社会主义现代化建设提供了有力保障。

## 四、党的十八大以来党性教育的思想系统阐述、实践全面展开和制度不断完善

党的十八大以来，以习近平同志为核心的党中央站在党和国家全局的高度，在坚持和发展新时代中国特色社会主义、推进全面从严治党的实践中，针对党内存在的党性不纯等问题，加大了党性教育力度，取得了显著成绩。十八大以来的党性教育主要从理论、实践、制度三个方面展开，在理论上系统阐述了新时代党性教育的重要思想，在实践中开展了一系列主题教育活动，在制度上逐步健全全面从严治党制度。

### （一）党性教育思想的系统阐述

党的十八大以来，习近平总书记在众多场合的讲话和所发表的文章中，对党性问题作出一系列重要论述，涉及党性教育的地位和作用、党性教育的主要内容、共产党人党性的特点及其具体表现、党员干部进行党性锻炼和提高党性修养的方法路径等多方面的内容。可以说，党性是习近平总书记论述新时代党的建设的高频词，讲党性是他关于全面从严治党重要论述中最重要的内容之一。习近平总书记关于党性教育的系统论述主要有以下八个方面的内容。

一是从党性与党的命运关系以及与共产党人个人发展关系的角度，揭示了党性的地位和作用。习近平总书记指出，党性是共产党人"立身、立业、立言、立德的基石"①。"中国共产党人的坚强党性，是我们党保持先进性和纯洁性、提高领导水平和执政能力的重要保证。"②坚持党性原则，不仅是共产党人的根本责

---

① 《习近平关于全面从严治党论述摘编》，北京：中央文献出版社，2016年，第25页。
② 《在纪念万里同志诞辰100周年座谈会上的讲话》，北京：人民出版社，2016年，第8页。

任，也反映了党员干部的政治品格。共产党人服膺的党性，不仅体现在"必须坚持党的原则第一、党的事业第一、人民利益第一"上，也体现在"爱党、忧党、兴党、护党"上。①他指出："决定一个人如何的是品行，决定一名党员如何的是党性。"②如果共产党人"背离了党性，丢掉了宗旨，就可能在'围猎'中被人捕获"③。因此，全体中国共产党人都要坚持党性原则，都要同那些违背党性原则的人和事作坚决的斗争。

二是从党性教育与共产党员关系的角度阐述了党性教育的重要性。习近平总书记在总结历史经验、借鉴中国古代文明中的道德教育思想资源的基础上指出："党性教育是共产党人修身养性的必修课，也是共产党人的'心学'。"④一方面，作为党的理想信念、组织作风、道德品质要求的集中体现，党性对于共产党人有着很高的先进性、纯洁性的规范要求；另一方面，作为党的执政人格化的体现，党员特别是领导干部的作风修养、道德水平，是人民群众在社会主义核心价值规范引导下行动的风向标，影响着大众的行为选择。所以，共产党人要通过党性教育来修身养性，涵养道德操守，怀德自重，慎独慎微，以共产党人应有的品格引领社会风尚。

三是把党性教育作为党要管党、全面从严治党的内在要求。习近平总书记强调，各级党校要把党性教育作为教学的主要内容，深入开展理想信念教育、党的宗旨教育，深入开展党史国史教育、革命传统教育，深入开展道德品行教育、法治思维教育、反腐倡廉教育，把党章和党规党纪学习教育作为党性教育的重要内容。党校党性教育单元要加大力度、增加分量，安排足够时间，形成党性教育课程体系，有效改进党性教育方式方法，提高党性教育实效。⑤领导干部要从信仰信念的党性基本内涵出发，外延至小事小节见党性、有反省，认识到"小事小节是一面镜子，小事小节中有党性、有原则、有人格。要牢记'堤溃蚁孔，气泄针

---

① 《十八大以来重要文献选编》（中），北京：中央文献出版社，2016年，第194页。
② 《在纪念朱德同志诞辰130周年座谈会上的讲话》，北京：人民出版社，2016年，第8页。
③ 《习近平总书记重要讲话文章选编》，北京：中央文献出版社，2016年，第374页。
④ 《在全国党校工作会议上的讲话（2015年12月11日）》，北京：人民出版社，2016年，第17页。
⑤ 《在全国党校工作会议上的讲话（2015年12月11日）》，北京：人民出版社，2016年，第17-18页。

芒'的古训,坚持从小事小节上加强修养,从一点一滴中完善自己,严以修身,正心明道,防微杜渐,时刻保持人民公仆本色"。①要推动党性教育的日常化基础化;各级党组织要在各种专题教育和"三会一课"中,为党员的党性教育和党性锻炼积极搭建平台。

四是从不同角度揭示党性的内涵和本质特征。习近平总书记指出:"党性说到底就是立场问题。共产党人无论是想问题、搞研究,还是作决策、办事情,都必须站在党和人民立场上,而不能把个人利益放在第一位。这就是共产党人的党性原则"②,"共产党员要自觉坚持全心全意为人民服务的宗旨,密切同人民群众的血肉联系,这是党性的核心和最高准则"③,"人民性是马克思主义最鲜明的品格"④,"坚持党性和人民性相统一,就是要坚持讲政治,把握正确导向,把体现党的主张和反映人民心声统一起来。只有坚持党性、站在党的立场上,才能更好、更全面反映人民愿望"⑤。习近平总书记关于党性内涵的阐释,揭示了中国共产党党性的核心含义和本质特征,彰显了人民是历史的创造者这一历史唯物主义的基本观点。

五是从共产党人处理不同关系时应有的态度和做法角度,指出了共产党人党性的具体表现。概括习近平总书记关于党性具体表现的论述,主要包括以下内容:对党和组织忠诚老实、言行一致、始终忠诚不渝;对人民群众满怀深情,亲民爱民、无私奉献,为民解忧、为民谋利;为人处事方面要当老实人、讲老实话、做老实事,谨慎对待朋友交往,远离低级趣味,培养健康、有品位的工作生活方式;对待工作方面要干干净净做事、讲实话、干实事。"能不能干干净净干事,是由世界观、人生观、价值观所决定的,说到底是个党性问题。"⑥在大是大非问题面前,要立场坚定,态度鲜明,决不能听之任之、置身事外。

---

① 《习近平李克强栗战书赵乐际分别参加全国人大会议一些代表团审议》,《人民日报》2016年3月11日。
② 《十八大以来重要文献选编》(中),北京:中央文献出版社,2014年,第766页。
③ 《实干才能梦想成真——习近平同志在福州工作期间倡导践行"马上就办"纪实》,《秘书工作》2015年第2期。
④ 《在纪念马克思诞辰200周年大会上的讲话》,北京:人民出版社,2018年,第17页。
⑤ 《习近平关于社会主义文化建设论述摘编》,北京:中央文献出版社,2017年,第26页。
⑥ 《领导干部要认认真真学习 老老实实做人 干干净净干事》,《学习时报》2008年5月25日。

六是提出了衡量党员、干部党性强弱的标准。习近平总书记指出："衡量党性强弱的根本尺子是公、私二字。"①对于掌握着公共权力的党员干部来说，能否正确处理公与私的关系，一要看能否站在全党和人民的角度来思考和实践；二要看是否坚持公共权力属于人民而不是为个人所有和为私人谋利。在公与私的评判上，需要特别注意避免陷入经验主义和主观主义的错误中。对此，习近平总书记提出了衡量标准问题，指出："党员的党性有没有标准？干部的作风有没有标准……区别就在是不是坚持标准、按标准行事"②，"能不能正确对待、自觉接受党和人民监督，是衡量领导干部党性修养水平的一个重要尺度"③，能否积极主动思考和营造从严治党的大气候和小气候，也检验着各级领导干部的党性。

七是揭示了作风问题、纪律问题与党性问题的关系。习近平总书记多次强调："作风问题本质上是党性问题"④，"作风反映的是形象和素质，体现的是党性，起决定作用的也是党性"⑤。忠诚、干净、老实的作风，本质上体现的是共产党人应有的党性。同样，纪律性和党性不能分离。纪律严明是中国共产党的光荣传统和独特优势，是党始终保持战斗力的重要保证。党的力量来自严密的组织体系和严格的纪律。各项组织纪律和政治纪律是规范党员干部站稳立场，牢记党和人民利益高于个人利益的刚性约束和高压线。如果党的组织纪律、政治纪律失效失范，党员随心所欲、散漫游离于组织之外，党的组织就会失去凝聚力和战斗力。因此，"组织纪律性是党性修养的重要内容。加强组织纪律性必须增强党性"⑥。

八是论述了共产党人加强党性锻炼和党性修养的内容、路径、方式方法等问题。具体而言，主要有以下观点。第一，明确党性锻炼和党性修养的主要内容。主要包括坚定信仰、坚定理想信念，坚持实事求是，把深入改进作风和加强党性修养结合起来。第二，在党内生活中进行党性锻炼，提高党性修养。第三，牢固

---

① 《习近平关于全面从严治党论述摘编》，北京：中央文献出版社，2016年，第155页。
② 《做焦裕禄式的县委书记》，北京：中央文献出版社，2015年，第37页。
③ 《十八大以来重要文献选编》（中），北京：中央文献出版社，2016年，第678页。
④ 习近平：《做焦裕禄式的县委书记》，北京：中央文献出版社，2015年，第43页。
⑤ 《习近平关于全面从严治党论述摘编》，北京：中央文献出版社，2016年，第154页。
⑥ 《十八大以来重要文献选编》（上），北京：中央文献出版社，2014年，第766页。

树立党章意识,把党章作为"加强党性修养的根本标准"[①],把讲规矩作为对党员、干部党性的重要考验。第四,读书修身从政立德。不断从马克思主义基本理论及其中国化的理论成果和历史中汲取智慧,增强"四个自信","自觉从中华优秀传统文化中汲取营养,老老实实向人民群众学习,时时处处见贤思齐,以严格标准加强自律、接受他律,努力以道德的力量去赢得人心、赢得事业成就"[②]。第五,用好批评与自我批评这个共产党人坚持党性原则、加强党性锻炼和提高修养的重要法宝和武器。第六,学习革命前辈面对大风大浪、大起大落的"千磨万击还坚劲,任尔东西南北风"的党性定力。第七,在加强党性修养和党性锻炼过程中,需要培养信仰意识、公仆意识、自省意识、敬畏意识、法治意识、民主意识等。第八,党员、干部要在改造客观世界的实践中自觉用党性原则规范自己的行为,共产党人在党性修养方面要做到知行合一。

党的十八大以来,习近平总书记关于共产党人党性的重要论述,深刻阐述了"党性原则""党性立场""党性标准""讲党性""党性锻炼""党性修养""党性教育"等概念的具体内涵和关联,剖析了共产党人党性的表现形式与特点,深刻论证了党性和党性教育的地位、作用,阐述了党员加强党性锻炼和党性修养的内容、路径、方式方法、平台载体、法宝武器、榜样人物以及衡量尺度等。这表明,以习近平同志为核心的党中央在继承党的优良传统、总结历史经验、加强党性教育、指导党员干部加强党性锻炼和提高修养实践中,升华了中国共产党人的党性观,丰富和发展了马克思主义党性理论。习近平总书记关于党性的重要论述,将坚守人民立场、坚定党性原则融入了党的执政能力现代化与国家治理体系和治理能力现代化建设中,以党的意志和人民意志的高度统一,实现了马克思主义党性理论的与时俱进和时代发展。

### (二)党性教育实践的全面展开

在习近平总书记关于党性教育重要论述的指导下,党的十八大以来,针对党内存在的党性意识模糊,不讲政治规矩、政治原则和政治纪律,理想信念滑坡,生活堕落、品德败坏,在大是大非面前没有态度等问题,以习近平同志为核心的

---

① 《习近平总书记重要讲话文章选编》,北京:中央文献出版社,2016年,第4页。
② 《习近平在河南考察时强调深化改革发挥优势创新思路统筹兼顾确保经济持续健康发展社会和谐稳定》,《人民日报》2014年5月11日。

党中央在党性教育实践中进行了多方面的创新。

一是连续开展党的群众路线教育实践活动、"三严三实"专题教育、"两学一做"学习教育、"不忘初心、牢记使命"主题教育等一系列集中教育，将学习党的创新理论特别是习近平新时代中国特色社会主义思想作为学习重点，并强调"要把学习贯彻党的创新理论作为思想武装的重中之重，同学习马克思主义基本原理贯通起来，同学习党史、新中国史、改革开放史、社会主义发展史结合起来，同新时代我们进行伟大斗争、建设伟大工程、推进伟大事业、实现伟大梦想的丰富实践联系起来，在学懂弄通做实上下苦功夫，在解放思想中统一思想，在深化认识中提高认识，切实增强贯彻落实的思想自觉和行动自觉"[①]。一系列主题教育的开展，加强了党员、干部党性锻炼和党性修养，促进了党员、干部作风的转变，推动了党员干部在政治立场、理论信仰、纪律、道德品质方面的整体提升，对保持党的先进性和纯洁性，增强党的凝聚力和战斗力，提升党执政的硬实力和软实力，巩固党执政的阶级基础和群众基础，都发挥了极为重要的促进作用。

二是统筹利用和优化整合党性教育资源，在充分发挥各级党校在理论教育和党性教育中的主渠道主阵地作用的同时，大力加强党性教育基地建设，评选命名了一批国家级和省级党性教育基地，推动党性教育的主渠道主阵地与其他教育机构、教育基地结合起来，构建更加开放的党性教育格局，推动形成党性教育合力。

三是在正面教育的同时加大警示教育力度。一方面，通过有示范作用的正面典型弘扬正气，引导和鼓励党员、干部忠诚对党、勤政为民、清正廉洁；另一方面，通过对少数党员、干部违纪违法案件的深刻剖析，以案释纪，以案释戒，以身边人身边事对广大党员、干部进行警示教育，教育广大党员、干部引以为戒，警钟长鸣，任何时候都不能丧失理想信念、党性立场、党性原则，时刻保持清醒头脑和高度警惕，自觉增强拒腐防变的能力。

四是在加强党员党性教育的日常管理、发挥好党性教育传统阵地作用的同时，充分利用互联网和信息技术，将大数据、云计算、"互联网＋"引入党性教育领域，发挥信息网络在党性教育中的作用。既依托共产党员网建设了全国党性

---

① 《习近平谈治国理政》（第3卷），北京：外文出版社，2020年，第540—541页。

教育基地网上展馆项目，创办面向全党和全社会的"学习强国"学习平台，也充分利用电视、手机、互联网等大众传媒，开办党员教育网站、电视专栏、手机报、微信公众号等，极大地延展了党性教育的渠道，"形成单项培训与双向互动相结合、线下教育培训与线上线下学习交流相结合、'键对键'与'面对面'相结合的生动局面"[①]。

### （三）党性教育制度的不断完善

党的十八大以来的党性教育更加注重制度建设，大大推进了党内教育制度化。党中央以及中央有关部门出台了《关于在干部教育培训中加强理想信念和道德品行教育的通知》《中国共产党党委（党组）理论学习中心组学习规则》《关于推进"两学一做"学习教育常态化制度化的意见》，以及《2014—2018年全国党员教育培训工作规划》《2018—2022年全国干部教育培训规划》等，对新时代党性教育进行了全面部署。

党的十九届四中全会通过的《中共中央关于坚持和完善中国特色社会主义制度推进国家治理体系和治理能力现代化若干重大问题的决定》，明确提出建立不忘初心、牢记使命的制度。要求确保全党遵守党章，恪守党的性质和宗旨，坚持用共产主义远大理想和中国特色社会主义共同理想凝聚全党、团结人民，用习近平新时代中国特色社会主义思想武装全党、教育人民、指导工作，夯实党执政的思想基础。把不忘初心、牢记使命作为加强党的建设的永恒课题和全体党员、干部的终身课题，形成长效机制，坚持不懈锤炼党员、干部忠诚干净担当的政治品格。全面贯彻党的基本理论、基本路线、基本方略，持续推进党的理论创新、实践创新、制度创新，使一切工作顺应时代潮流、符合发展规律、体现人民愿望，确保党始终走在时代前列、得到人民衷心拥护。[②]这使中国共产党长期以来形成的集中教育优良传统上升到不忘初心、牢记使命的制度层面，为新时代党性教育提供了根本的制度保障。

党的十九届四中全会通过的决定还将完善全面从严治党制度作为坚持和完善党的领导制度体系的重要组成部分，其中有关规范党内政治生活，严明政治纪律

---

[①]《党性教育学新论》，北京：人民出版社，2019年，第68页。

[②]《中共中央关于坚持和完善中国特色社会主义制度推进国家治理体系和治理能力现代化若干重大问题的决定》，北京：人民出版社，2019年，第6-7页。

和政治规矩，发展积极健康的党内政治文化，全面净化党内政治生态，坚决同一切影响党的先进性、弱化党的纯洁性的问题作斗争，大力纠治形式主义、官僚主义等内容，也指明了全面从严治党中党性教育的重要内容。

总之，党的十八大以来的党性教育不仅在思想理论层面得到极大丰富发展，而且在实践层面全面展开、压茬推进，同时也在制度层面得到健全完善，从而为深化全面从严治党奠定了坚实基础。

## 五、百年来党性教育的历史经验

中国共产党在领导人民曲折奋进中走过了百年历程，使中华民族迎来了从站起来、富起来到强起来的伟大飞跃。百年来党在引领伟大社会革命的同时不断加强自身建设，而党的自身建设的一个重要内容就是不断加强党性教育。百年来党性教育的历史积累了丰富经验，给当代中国共产党人的党性教育以有益启示。

第一，必须把理想信念教育作为党性教育的首要任务。尽管不同历史时期党性教育针对的问题不同，但无论在哪一时期哪一阶段，党性教育的基本内容是不变的。首先就是要进行马克思主义理论教育和理想信念教育，教育引导党员、干部在政治上坚定对马克思主义的信仰、对社会主义和共产主义的信念，这是共产党人安身立命的根本，也是党性教育和党性修养的灵魂。习近平总书记指出："政治上的坚定、党性上的坚定都离不开理论上的坚定。干部要成长起来，必须加强马克思主义理论武装。"[①]党性教育必须高举马克思主义的旗帜，把马克思主义特别是中国化的马克思主义作为党性教育的首要内容，用党的创新理论武装全党、教育人民、指导工作。每一位党员特别是党员干部都要坚持党性原则，加强理论学习，坚定对马克思主义的信仰，坚定执行和宣传党的路线方针政策，不断提高政治觉悟和政治能力，坚决同党中央保持高度一致，维护中央权威，对党忠诚，永葆共产党人政治本色。

第二，必须把不忘初心、牢记使命教育作为党性教育的一项经常性工作。为中国人民谋幸福，为中华民族谋复兴，这是中国共产党人的初心和使命。为了实现初心和使命，一代又一代共产党人前仆后继、接续奋斗，经历了无数艰难困

---

① 《习近平谈治国理政》（第3卷），北京：外文出版社，2020年，第518页。

苦，创造了一个又一个奇迹。艰苦卓绝的奋斗历程铸就了共产党人特有的革命精神，这些精神是党的性质、宗旨、作风的集中体现，是流淌在共产党人血脉之中的红色基因，是中国共产党区别其他政党的显著特征，也是中国共产党能够坚持中国道路、弘扬中国精神、凝聚中国力量，为实现中华民族伟大复兴而奋斗的自信和底气所在。习近平总书记指出："我们党要求全党同志不忘初心、牢记使命，就是要提醒全党同志，党的初心和使命是党的性质宗旨、理想信念、奋斗目标的集中体现，越是长期执政，越不能丢掉马克思主义政党的本色，越不能忘记党的初心使命，越不能丧失自我革命精神"①，"只要我们党牢牢坚持立党为公、执政为民，牢牢坚持为中国人民谋幸福、为中华民族谋复兴，不断检视自己，不掩饰缺点，不文过饰非，坚决同一切弱化党的先进性和纯洁性、危害党的肌体健康的现象作斗争，就一定能够始终立于不败之地"②。党性教育要充分挖掘和利用革命传统资源，引导党员、干部把不忘初心、牢记使命作为终身课题，弘扬革命精神、传承红色基因，接续书写党的历史华彩篇章，创造无愧于时代、无愧于人民、无愧于历史、无愧于先辈的业绩。

第三，必须围绕党的中心工作、聚焦解决党的建设面临的问题进行党性教育。党性的具体要求、党性教育的进行，是与党在各个历史时期、历史阶段的政治路线、组织路线联系在一起的。党性教育就是通过多种方式教育引导党员增强贯彻执行党的路线方针政策的自觉性和坚定性，并解决党内存在的违背初心和使命的各种问题，以保持党的先进性和纯洁性，提高党的战斗力、凝聚力、创造力，进而担负起历史赋予的重任。因此，党性教育必须围绕党的中心工作，聚焦于解决党的建设面临的问题。党的中心工作是随着形势和任务的变化而确定的，在不同形势下党的建设面临的问题也不同。党内教育必须围绕党的中心工作来展开，聚焦破解党的建设面临的问题来进行，这是党性教育的一条重要经验。党的历史上的党性教育有时重点解决理论武装问题，有时重点解决思想意识问题，有时重点解决作风不纯问题，有时重点解决党规党纪意识淡薄、纪律松弛问题，但都围绕着党的中心工作，着力解决党内存在的各种影响党的战斗力、凝聚力、创造力的问题。只有围绕党的中心工作、聚焦解决党的建设面临的问题进行党性教

---

① 《习近平谈治国理政》（第3卷），北京：外文出版社，2020年，第529页。
② 《习近平谈治国理政》（第3卷），北京：外文出版社，2020年，第530页。

育，才能使党性教育更有针对性和实效性，才能为贯彻党的路线方针政策扫清思想障碍，为推进党的建设和党的事业发展奠定坚实思想基础。

第四，必须把党组织对党员、干部进行的党性教育同党员、干部自身的党性修养和党性锻炼结合起来。党性教育是中国共产党用工人阶级的优良特性、辩证唯物主义和历史唯物主义世界观、党的优良传统作风教育党员、干部，对党员、干部进行政治引导和精神塑造，从而提高党员、干部的党性修养，增强党性，保持党的先进性和纯洁性，提升党的凝聚力和战斗力。党组织有针对性地开展党性教育活动，是党性教育的主要形式。党内政治生活是锻造党员干部坚强党性和提高思想政治觉悟的熔炉，是党员改造主观世界、洗涤思想和灵魂、进行党性锻炼的重要途径与平台。党员干部要在严肃的党内政治生活中加强党性修养、增强党的意识，加强"自我省察，不折不扣执行党的各项制度和纪律，及时发现和解决自身存在的问题。要融通党的优良传统、中华优秀传统文化、革命文化、社会主义先进文化，建设正气充盈的党内政治文化，努力实现党内政治生态风清气正"①，带动全党党性修养，境界觉悟的提高。与此同时，还要经常教育引导党员、干部树立党章意识，时刻用共产党员的标准要求自己，读书思考、修身养性、慎微慎独，培养高尚道德情操，把加强道德修养作为人生必修课。党员、干部要不断从马克思主义基本理论及其中国化的理论成果和"四史"中汲取智慧，增强"四个自信"，"自觉从中华优秀传统文化中汲取营养，老老实实向人民群众学习，时时处处见贤思齐，以严格标准加强自律、接受他律，努力以道德的力量去赢得人心、赢得事业成就"②。

第五，要把开展批评与自我批评作为党性教育的重要法宝和武器。批评与自我批评是共产党人坚持党性原则，也是加强党性锻炼和修养的重要法宝和武器，是中国共产党的优良传统作风，是中国共产党区别于其他任何政党的显著标志。党员、干部要勇于坚持真理、修正错误，要敢于担当，敢于突破人情困境和私心杂念，襟怀坦白地、大胆地用好批评与自我批评这个锐利的思想武器。"对自己的缺点错误，要敢于正视、主动改正。对别人的缺点错误，要敢于指出、帮助改

---

① 《习近平在山西考察工作时强调　扎扎实实做好改革发展稳定各项工作　为党的十九大胜利召开营造良好环境》，《人民日报》2017年6月24日。

② 《习近平在河南考察时强调　深化改革发挥优势创新思路统筹兼顾　确保经济持续健康发展社会和谐稳定》，《人民日报》2014年5月11日。

进。"①在红红脸、出出汗中，在加强党内监督、接受人民监督的同时主动进行自我监督，"不断纯洁党的思想、纯洁党的组织、纯洁党的作风、纯洁党的肌体"②，增强正视问题的自觉，鼓起刀刃向内的勇气，勇于进行自我革命，推进党的自我革命。

第六，要与时俱进地不断创新党性教育的形式，并推进党性教育的制度化。创新是事物存在和发展的常态，是人类社会发展进步的永恒主题，也是党的建设的不竭动力。党的性质、宗旨决定了党性教育的基本内容是稳定的，主要是理论、思想、理想信念、性质宗旨、党章党规、党风党纪等，但由于不同时期的形势和任务对党员的党性要求不一样，不同形势下党内存在的问题及其表现也不一样，不同时期党性教育的重点也就不可能完全一样。要使不同历史时期党性教育都收到理想效果，必须不断探索和创新新形势下进行党性教育的有效方式。在中国共产党百年党性教育史上，党既依托各级党组织开展经常性的党性教育，又创造了集中教育的有效形式，并开始探索在"互联网＋"时代如何更加有效地进行党性教育。党性教育形式的创新，对于形成立体多元的党性教育格局、进一步加强党性教育、不断提升党性教育效果具有重要意义。与此同时，还需要加强党性教育的制度化建设，以保障党性教育实践取得成效。

新时代，中国共产党肩负着进行伟大斗争、建设伟大工程、推进伟大事业、实现伟大梦想的历史使命，这对广大党员、干部提出了更高的党性要求。各级党组织和每一名党员、干部都要认真学习习近平总书记关于党性和党性教育的重要论述，在党内生活和工作实践中结合实际，切实抓好党性教育，加强党性修养，进行党性锻炼，坚定共产党人的党性原则，做合格的共产党人，进而保持党的先进性和纯洁性，增强党的凝聚力、战斗力、创造力，切实担当起团结带领各族人民实现中华民族伟大复兴的历史重任。

（本文发表于《上海交通大学学报（哲学社会科学版）》2021年第1期，略有删改）

---

① 《习近平在第十八届中央纪律检查委员会第六次全体会议上的讲话》，北京：人民出版社，2016年，第27页。

② 《习近平谈治国理政》（第3卷），北京：外文出版社，2020年，第532页。

# 中国共产党百年历史视域下的新时代

陈金龙　章　静

中国特色社会主义新时代的提法始于党的十九大报告，但其历史演进的过程从党的十八大之后已经开启。置于中国共产党百年历史长河，如何把握新时代的历史方位，如何评价新时代的历史贡献，需要理论界作出回答和说明。新时代在中国共产党百年时间轴上并不算长，但它承前启后，开启了中国共产党历史新的一页。新时代是使中国共产党成为百年大党的时代，是全面建成小康社会、开启全面建设社会主义现代化国家新征程、迎来中华民族强起来的时代，是马克思主义中国化实现新发展的时代，也是中国为人类作出更大贡献的时代。认清新时代的历史方位，既有利于把握新时代在中国共产党百年历史进程中的位置，也有利于整体把握中国共产党百年历史在中华民族、人类文明发展进程中的地位。

## 一、新时代是使中国共产党成为百年大党的时代

中国共产党的百年发展经历了从弱小到强大的演进过程，特别是经历了新时代全面从严治党的实践探索与理论创新，中国共产党经受了各种困难和风险的考验，成为世界上党员人数最多、执政时间最长、执政能力最强的政党。

### （一）中国共产党是世界上党员人数最多的政党

有党员才有政党，政党力量是基于党员力量的集合。中国共产党诞生之时，全国只有50多名党员，且处于秘密状态，党员身份不能公开。党的一大通过的

《中国共产党第一个纲领》明确提出："在党处于秘密状态时，党的重要主张和党员身份应保守秘密。"[①]国共合作实现后，中国共产党的影响逐步扩大，至1927年党的五大召开时，党员人数扩展至5.7万多。大革命失败后，党的力量遭遇重挫；经过革命根据地的建设，党员人数发展至1934年的30万。第五次反"围剿"的失败和红军长征初期的突围使党的力量再次遭遇重大损失，至1937年初，仅存党员4万余人。伴随抗日根据地的建立和发展，党员队伍逐步壮大，至1945年党的七大召开时，拥有党员121万人。随着解放战争的胜利，党员队伍进一步壮大，至中华人民共和国成立时，拥有党员448万人。中国共产党掌握全国政权后，注重在城市发展党员，党员队伍得到迅速发展，至1956年党的八大召开时，党员人数突破1000万，达到1073万。经历社会主义建设和改革开放新时期的发展，至2012年底，党员人数达到8512.7万，基层党组织420.1万。新时代，中国共产党在注重提高党员质量的同时，进一步壮大党员队伍规模，基层党组织日趋健全，到2019年底，已发展成为拥有9191.4万党员、468.1万基层党组织的世界第一大政党。中国共产党的生命力源于党员队伍规模的不断发展壮大和质量的逐步提升。

### （二）中国共产党是世界上执政时间最长的政党

政党是以取得和维护政权为目标的政治团体，中国共产党自然也不例外。中国共产党成立之后十年，便开始了局部执政的尝试。1931年11月中华苏维埃共和国临时中央政府的成立，是中国共产党局部执政的起步。经历抗日民主政权和解放区政权局部执政的实践，中国共产党积累了治国理政的经验。中华人民共和国成立后，中国共产党由局部执政走向全国执政。执掌全国政权，对党的执政能力、执政水平提出了新的要求。党的十八大以来，随着全面从严治党走向深入，经历中国共产党的自我革命，党的执政能力和执政水平不断提升，党的执政地位不断巩固，日益赢得人民群众的信任和支持，为长期执政奠定了重要基础。就执政时间而言，如果从局部执政算起，中国共产党的执政实践已达90年；如果从掌握全国政权算起，中国共产党的执政实践已达72年。当国际社会一些大党、

---

[①]《建党以来重要文献选编（1929—1949）》（第1册），北京：中央文献出版社，2011年，第2页。

老党先后丧失执政资格，呈现衰败态势之时，中国共产党却日益发展壮大，执政地位日益巩固，执政绩效日益显著，人民群众的政党认同度日益提升。

### （三）中国共产党是世界上执政能力最强的政党

中国是世界上超大规模的国家，革命、建设和改革都面临一系列矛盾和问题需要解决，这些矛盾和问题往往形成原因复杂、解决难度大。为此，中华人民共和国成立后不久，就开始强调党领导一切。1953年12月，毛泽东在听取卫生部负责人的汇报后指出，"党必须领导一切，领导我们的各种工作"，"我们是依靠政治来领导，离开了政治就谈不上领导"。①这是中华人民共和国成立后强调党领导一切的发端，适应了当时国家治理的需要，也是能够集中力量办大事的制度基础。党的十八大以来，在总结历史经验的基础上，更加明确了党领导一切的原则，认定党是最高政治领导力量。党的十九大报告指出："党政军民学，东西南北中，党是领导一切的。"②中国共产党对共产党执政、社会主义建设、人类社会发展三大规律的认识和把握，中国共产党通过制定五年规划（计划）的方式实现对经济社会发展的领导，中国共产党团结带领人民取得革命、建设和改革事业的胜利，充分展现了中国共产党的政治领导力、思想引领力、群众组织力、社会号召力，彰显了百年大党的执政能力和执政水平。

## 二、新时代是全面建成小康社会的时代

为人民谋幸福、为民族谋复兴，是中国共产党的初心和使命。全面建成小康社会既是为人民谋幸福的实践要求，也是为民族谋复兴的必然选择，新时代是确立和实现全面建成小康社会目标的时代。

### （一）中国共产党对小康社会的追求

中国共产党成立之初，就提出"消灭社会的阶级区分""消灭资本家私有

---

① 《毛泽东年谱（1949—1976）》（第2卷），北京：中央文献出版社，2013年，第205页。
② 《十九大以来重要文献选编》（上），北京：中央文献出版社，2019年，第14页。

制"①的目标,其目的在于消灭社会存在的不平等,改变人民的生存境遇,让人民过上幸福的日子。中华人民共和国的成立实现了民族独立、人民解放,为国家发展、人民幸福奠定了重要基础。中华人民共和国成立后,中国共产党致力于探索社会主义建设道路,在发展经济的基础上满足人民生活需要,提高人民生活水平。1979年12月,邓小平在会见日本首相大平正芳时首次提出"小康"的概念,将四个现代化的目标描述为"小康之家"。②按邓小平当时的设想,"小康之家"也就是国民生产总值人均一千美元,日子比较好过。1984年3月,邓小平在会见日本首相中曾根康弘时提出"小康社会"的概念,并下调了小康社会的预期目标,国民生产总值由人均一千美元降为人均八百美元。党的十三大在谋划中国发展步骤时,将20世纪末"人民生活达到小康水平"作为"三步走"战略的第二步。③人民生活总体上达到小康水平的目标实现后,其实还是低水平、不全面、发展很不平衡的小康。依据这一现实,江泽民在庆祝中国共产党成立80周年大会上的讲话,正式宣告"我国已进入了全面建设小康社会、加快推进社会主义现代化的新的发展阶段"④。党的十六大重申全面建设小康社会的奋斗目标,并从经济、政治、文化等方面勾勒了全面建设小康社会的宏伟蓝图。

### (二)新时代是确立全面建成小康社会目标的时代

党的十八大基于"我国发展仍处于可以大有作为的重要战略机遇期"⑤的判断,将2020年的发展目标由"全面建设小康社会"调整为"全面建成小康社会",并确立了经济、政治、文化、社会、生态文明发展的具体目标。由"建设"到"建成",内涵和目标要求发生了较大变化。党的十九大提出,"从现在到二〇二〇年,是全面建成小康社会决胜期"⑥,并将防范化解重大风险、精准脱贫、污染防治作为决胜全面建成小康社会的三大攻坚战。如此,全面建成小康社会的

---

① 《建党以来重要文献选编(1929—1949)》(第1册),北京:中央文献出版社,2011年,第1页。
② 《邓小平年谱(1975—1997)》(上),北京:中央文献出版社,2004年,第582页。
③ 《十三大以来重要文献选编》(上),北京:人民出版社,1991年,第16页。
④ 《十五大以来重要文献选编》(下),北京:人民出版社,2003年,第1923页。
⑤ 《十八大以来重要文献选编》(上),北京:中央文献出版社,2014年,第13页。
⑥ 《十九大以来重要文献选编》(上),北京:中央文献出版社,2019年,第19页。

目标日益明确，思路更加清晰。

### （三）新时代是实现全面建成小康社会目标的时代

党的十八大以来，经过精准扶贫、精准脱贫，以攻坚战的形式抓重点、补短板、强弱项，集中社会各方面力量，激发贫困群众内生动力，到2020年底，全国832个贫困县全部摘帽，12.8万个贫困村全部出列，区域性整体贫困得到解决，全面建成小康社会的目标即将实现。全面建成小康社会，使中国消除了绝对贫困，让人民过上了幸福日子，实现了中国共产党的初心，成就了中国共产党的第一个百年梦想，无论对于中华民族历史发展，还是对于中国共产党历史发展，都是具有里程碑意义的事件。同时，全面建成小康社会目标的实现，有利于建构国家形象、政党形象，彰显了中国特色社会主义制度优势，诠释了共同富裕的社会主义本质，也有利于增进民众的政治认同，对世界减贫事业作出了重要贡献。全面建成小康社会为实现第二个百年奋斗目标、实现中华民族伟大复兴奠定了重要基础。

## 三、新时代是开启全面建设社会主义现代化国家新征程的时代

实现国家现代化是近代以来仁人志士的梦想，是中国共产党的奋斗目标和追求，也是为中国人民谋幸福、为中华民族谋复兴的理性选择。新时代开启了全面建设社会主义现代化国家的新征程，党领导人民向着建成社会主义现代化国家的奋斗目标迈进。

### （一）中国共产党对现代化的谋划和实践

现代化是任何国家走向发展必经的过程，中国共产党成立之后，即开始谋求实现国家的现代化。毛泽东在党的七大报告中指出，中国共产党的任务"不但是为着建立新民主主义的国家而斗争，而且是为着中国的工业化和农业近代化而斗争"[①]。这里所说的工业化、农业近代化是国家现代化的两个重要方面，而新民

---

① 《毛泽东选集》（第3卷），北京：人民出版社，1991年，第1081页。

主主义国家是"独立、自由、民主、统一和富强的新国家"①，这些国家禀赋只有经过现代化才能生成与获得。新民主主义革命的胜利，为实现国家现代化准备了前提条件。

中华人民共和国成立后，开启了推进国家现代化的实践。1954年9月，周恩来在一届全国人大一次会议上所作的《政府工作报告》中提出建设"强大的现代化的工业、现代化的农业、现代化的交通运输业和现代化的国防"②，成为"四个现代化"概念形成的前奏。这里所说的现代化，主要是经济、国防的现代化。从经济现代化入手启动国家现代化进程，奠定国家发展的经济基础，是世界各国现代化的普遍规律，起步阶段的现代化只能聚焦若干领域，而不可能齐头并进。国防现代化既是维护国家主权的需要，也反映了当时国际局势的特点。为顺应世界科学技术发展潮流，1960年3月，毛泽东在同尼泊尔首相谈话时提出，要安下心来，"建设我们国家现代化的工业、现代化的农业、现代化的科学文化和现代化的国防"③。交通运输业的现代化为科学文化的现代化所取代，现代化的领域得到拓展。1964年12月，周恩来在三届全国人大一次会议的《政府工作报告》中指出：要在不太长的历史时期内，建立独立的比较完整的工业体系和国民经济体系，"全面实现农业、工业、国防和科学技术的现代化，使我国经济走在世界的前列"④。科学文化的现代化为科学技术的现代化所替代，并在较长时间内保持了稳定。"四个现代化"的内涵变化与目标设定，记录了20世纪50—80年代中国共产党人的现代化追求和努力。改革开放以来，随着对现代化规律认识的深化，现代化的领域从经济、科技、国防扩展到政治、社会、生态、国家治理等方面。党的十三大报告在界定党在社会主义初级阶段基本路线的内涵时，将"建设成为富强、民主、文明的社会主义现代化国家"⑤确立为发展目标，拓展了现代化的内涵，富强、民主、文明分别指向经济、政治、文化现代化。随后，现代化的视野延伸至社会、生态文明和国家治理领域。

---

① 《毛泽东选集》（第3卷），北京：人民出版社，1991年，第1030页。
② 《建国以来重要文献选编》（第5册），北京：中央文献出版社，1993年，第584页。
③ 《毛泽东年谱（1949—1976）》（第4卷），北京：中央文献出版社，2013年，第349页。
④ 《建国以来重要文献选编》（第19册），北京：中央文献出版社，1997年，第483页。
⑤ 《十三大以来重要文献选编》（上），北京：人民出版社，1991年，第15页。

## （二）新时代是谋划全面建设社会主义现代化国家的时代

现代化是全方位的社会变革，也是长期而有阶段的过程。党的十九大报告对第二个百年的奋斗目标分两个阶段进行了具体部署：到2035年基本实现社会主义现代化；到21世纪中叶建成富强民主文明和谐美丽的社会主义现代化强国。全面建设社会主义现代化国家新征程囊括这两个阶段，从"十四五"时期开始，到21世纪中叶，都属于全面建设社会主义现代化国家的阶段。2035年基本实现社会主义现代化的目标达成之后，有可能依据我国现代化的实际发展程度，将全面建设社会主义现代化国家，调整为全面建成社会主义现代化国家，以对接21世纪中叶建成富强民主文明和谐美丽的社会主义现代化强国的目标。[①]新时代是基本实现现代化，建成社会主义现代化强国的时代。

## （三）新时代是实现全面建设社会主义现代化国家的阶段

党的十九届五中全会基于全面建成小康社会目标即将实现的现实，提出开启全面建设社会主义现代化国家新征程。全面建设社会主义现代化国家的任务，就是在全面建成小康社会的基础上，提升国家现代化的程度和水平，提升现代化的整体性和协调性，基本实现现代化，实现第二个百年奋斗目标。新时代我国经济总量已稳居世界第二位；新时代全面深化改革走向深入，解决了一些长期想解决而没能解决的深层次问题；新时代开启了国家治理体系与治理能力现代化的步伐，明确了制度建设的方向和重点；通过疫情防控的中外对比，我国国家制度和国家治理体系的显著优势凸显，这些为全面建设社会主义现代化国家奠定了重要基础。新时代我国社会主要矛盾发生变化，解决社会主要矛盾的关键在于全面建设社会主义现代化国家。

## 四、新时代是中华民族走向强起来的时代

中国共产党成立于民族危亡之时，登上中国历史舞台便担负实现中华民族伟大复兴的重任。习近平总书记指出，中国共产党的成立，"深刻改变了近代以后

---

① 《全面建设社会主义现代化国家的内涵、方位与功能》，《思想理论教育》，2021年第1期。

中华民族发展的方向和进程,深刻改变了中国人民和中华民族的前途和命运,深刻改变了世界发展的趋势和格局"[①]。这是将中国共产党的历史置于中华民族发展史、人类文明发展史的高度而得出的结论。新时代是确立中华民族伟大复兴目标的时代,是中华民族迎来从站起来、富起来到强起来伟大飞跃的时代,也是中华民族共同体意识显著增强的时代。

### (一)新时代是确立中华民族伟大复兴目标的时代

实现中华民族伟大复兴,是近代以来仁人志士的向往和追求。党的二大通过的宣言,将"推翻国际帝国主义的压迫,达到中华民族完全独立"[②]纳入党的最低纲领,表达了对民族复兴的追求。卢沟桥事变爆发后,民族危机加剧。1938年6月,中共中央发布《关于中共十七周年纪念宣传纲要》指出,中国共产党是中国工人阶级的马列主义的党,同时是"中华民族与中国人民的先锋队"[③],直接赋予中国共产党实现民族复兴的使命和担当。1941年7月1日,《解放日报》为纪念中国共产党成立20周年而刊发的社论明确指出,中国共产党20年的历史已经证明,"中国共产党不但是中国工人阶级的先锋队,而且是中国人民和中华民族的先锋队"[④]。"两个先锋队"的表述,强化了中国共产党实现民族复兴的责任。新民主主义革命的胜利赢得民族独立,为实现中华民族伟大复兴创造了前提条件。中华人民共和国成立后,中国共产党谋求国家现代化的努力,目的在于实现民族复兴。党的十三大报告在界定社会主义初级阶段的内涵时,强调社会主义初级阶段是"全民奋起,艰苦创业,实现中华民族伟大复兴的阶段"[⑤],凸显了中国共产党实现中华民族伟大复兴的使命。2012年11月29日,习近平总书记在参观《复兴之路》展览时指出,"实现中华民族伟大复兴,就是中华民族近代以来最伟大的梦想"[⑥]。"中国梦"成为实现中华民族伟大复兴的通俗表达,赢得了

---

[①]《十八大以来重要文献选编》(下),北京:中央文献出版社,2018年,第342页。
[②]《建党以来重要文献选编(1921—1949)》(第1册),北京:中央文献出版社,2011年,第133页。
[③]《中国共产党宣传工作文献选编》(第2卷),北京:学习出版社,1996年,第23页。
[④]《纪念中国共产党二十周年》,《解放日报》1941年7月1日。
[⑤]《十三大以来重要文献选编》(上),北京:人民出版社,1991年,第13页。
[⑥]《十八大以来重要文献选编》(上),北京:中央文献出版社,2014年,第84页。

广泛的社会关注和认同。此后，习近平总书记在多个场合表达了实现中华民族伟大复兴的信心和决心，并将国家富强、民族振兴、人民幸福作为实现中华民族伟大复兴的基本内涵，将走中国道路、弘扬中国精神、凝聚中国力量作为实现中华民族伟大复兴的具体路径。中华民族伟大复兴中国梦目标的确立，为新时代提供了方向指引。

### （二）新时代是中华民族迎来从站起来、富起来到强起来伟大飞跃的时代

从中国共产党成立到改革开放之前，是中华民族站起来的时代。中华人民共和国的成立为站起来奠定了政治基础；社会主义建设的展开和完整国民经济体系的建立，为站起来奠定了经济基础。从改革开放到党的十八大召开，是中华民族富起来的时代。经过改革开放以来经济的高速增长，到2010年中国经济总量超过日本，位居世界第二，中华民族实现了从站起来到富起来的飞跃。党的十八大之后，中华民族迎来了强起来的时代，建成社会主义现代化强国是党的十九大确立的发展目标。依据这一总体目标，党的十九届五中全会确立到2035年建成文化强国、教育强国、人才强国、体育强国、健康中国的具体发展目标。2020年，我国统筹推进疫情防控和经济社会发展，国内生产总值达101.6万亿元，比2019年增长2.3%，是全球唯一实现经济正增长的主要经济体，成为推动全球经济复苏的主要力量。中华民族走向强起来的时代，将进一步改变国家面貌、中华民族面貌和中国人民面貌，为实现中华民族伟大复兴奠定坚实基础。

### （三）新时代是中华民族共同体意识显著增强的时代

中华民族共同体是历史共同体、命运共同体、发展共同体和未来共同体的集合，在长期历史发展过程中，各民族共同开拓辽阔的疆域、共同书写悠久的历史、共同创造灿烂的文化、共同培育伟大的精神，建立了统一的多民族国家，形成了守望相助的中华民族大家庭。党的十九大报告指出："铸牢中华民族共同体意识，加强各民族交往交流交融，促进各民族像石榴籽一样紧紧抱在一起，共同团结奋斗、共同繁荣发展。"①中华民族共同体意识是国家统一之基、民族团结之本、精神力量之魂，随着区域性贫困问题的消除和全面建成小康社会目标的实

---

① 《十九大以来重要文献选编》（上），北京：中央文献出版社，2019年，第28页。

现，少数民族地区的经济社会发展水平得到大幅度提升，中华民族共同体意识显著增强。新时代是各民族共同繁荣发展的时代，也是中华民族凝聚力、向心力日益增强的时代。

## 五、新时代是马克思主义中国化实现新发展的时代

中国共产党百年历史发展的过程，是将马克思主义普遍原理与中国具体实际、时代特征相结合，推进理论创新和理论创造，实现马克思主义中国化的过程，这是中国共产党百年历史的主线之一。中国共产党百年历史上实现了马克思主义中国化的两次历史性飞跃，形成了毛泽东思想、中国特色社会主义理论体系两大理论成果。新时代开启了马克思主义中国化的新阶段，为马克思主义中国化提供新动力、确立新坐标、创造新条件，实现了马克思主义中国化的新发展。

### （一）新时代为马克思主义中国化提供新动力

任何理论的产生及发展，都植根于深刻的时代背景。中国特色社会主义进入新时代，表明中国社会发生了深层次、根本性变革，具有许多新的特点。随着我国社会主要矛盾的变化，发展不平衡不充分的问题如何解决，人民日益增长的美好生活需要是什么、如何满足，需要从理论上作出回答。世界正经历百年未有之大变局和实现中华民族伟大复兴的战略全局，也有诸多理论问题需要回答。比如：百年未有之大变局"变"在何处、"变"的原因什么、如何应对？实现中华民族伟大复兴的预期目标是什么、衡量尺度是什么、实现路径是什么？这些都需要从理论上进行阐释。新时代是呼唤新理论而且能够产生新理论的时代，新时代的理论诉求是马克思主义中国化的动力之源。

### （二）新时代为马克思主义中国化确立新坐标

理论是时代的折射和反映，一个时代有一个时代的问题，由此形成每一时代各具特色的理论，理论主题、理论内容、理论风格都是由时代决定的。中国特色社会主义进入新时代，如何坚持和发展中国特色社会主义，为马克思主义中国化设置了新议题、确立了新坐标。习近平新时代中国特色社会主义思想正是围绕这一议题和坐标而展开的，"八个明确""十四个坚持"系统回答了新时代坚持和发

展中国特色社会主义的重大时代课题,形成了一个系统完备、相互贯通的思想体系,是当代中国马克思主义、21世纪马克思主义,打上了鲜明的时代烙印。

### (三)新时代为马克思主义中国化创造新条件

马克思主义中国化需要多方面的条件支撑,新时代中国特色社会主义实践经验的积累、人民主体作用的发挥、社会主义相对于资本主义比较优势的彰显、当代中国马克思主义的国际传播,为马克思主义中国化创造了有利条件。习近平新时代中国特色社会主义思想的形成,以一系列原创性理论丰富和发展了马克思主义,也为中国化马克思主义增添了新内容,拓展了马克思主义中国化的空间和视野。

## 六、新时代是中国为人类作出更大贡献的时代

中国共产党是为人类进步事业而奋斗的党,"改造中国与世界"是早期共产党人的抱负,为人类作出更大贡献是中国共产党人的追求和目标。习近平总书记说:"大就要有大的样子。中国共产党所做的一切,就是为中国人民谋幸福、为中华民族谋复兴、为人类谋和平与发展。"①这里所说的样子,就是大党的责任与担当。新时代提升了中国的国际地位和国际影响力,开启了为人类谋和平与发展、为人类作出更大贡献的历史进程。

### (一)构建人类命运共同体倡议的提出

2013年3月,习近平总书记在莫斯科国际关系学院演讲时,首次提出构建人类命运共同体的倡议,得到国际社会的支持和赞同,并正在从理念转化为行动。建设亚洲基础设施投资银行、搭建"一带一路"合作平台、推动世界各国卫生健康共同体的构建等,都是构建人类命运共同体的具体行动,推动了构建人类命运共同体的历史进程。构建人类命运共同体是实现人类持久和平和共同繁荣的价值理想,是新时代具有战略眼光和现实诉求的伟大构想,是推进国际关系变革和国际秩序重塑的中国智慧和中国方案。

---

① 《十九大以来重要文献选编》(上),北京:中央文献出版社,2019年,第113页。

### (二)世界社会主义生机和活力的展现

东欧剧变、苏联解体之后,世界社会主义发展遭遇重大挫折,"历史终结论""中国崩溃论"一时甚嚣尘上。新时代中国特色社会主义的发展,使世界社会主义发展摆脱危机,走出困境,重现世界社会主义的生机和活力,展现了世界社会主义的光明前景,在世界社会主义发展史上具有重大意义。新时代中国特色社会主义发展的经验,如以发展作为解决一切问题的基础和关键、坚持以人民为中心的根本立场和发展取向、通过全面深化改革获得发展动力、实践新发展理念引领高质量发展、时刻保持社会主义的发展定力,拓展了世界社会主义的发展空间,为世界社会主义的发展贡献了中国智慧和中国方案。

### (三)为发展中国家走向现代化提供中国智慧

发展中国家如何发展,是一个世界性难题,尽管每个国家的历史积淀、文化传统与现实基础不同,发展道路也不可能完全一样,但一些共性问题的解决仍然是相通的,可以相互借鉴。中国是世界上最大的发展中国家,中国的成功为发展中国家走向现代化提供了经验,为解决人类发展问题贡献了中国智慧和中国方案。适时确立和调整现代化目标,从国情出发自主选择现代化道路,汇聚多方力量推动现代化进程,有效协调现代化过程中的各种关系,构建有助于现代化的国内外环境,这些经验为发展中国家走向现代化提供了新的选择。

总之,新时代是社会主义初级阶段向更高发展水平迈进的重要阶段,也是政党发展、国家发展、民族发展、理论创新、国际贡献的新阶段。把握新时代的历史方位应有大历史观,将其置于百年历史进程和广阔空间背景下来考察。除置于中国共产党百年历史视域审视外,还应置于中华文明发展史、中国近现代发展史、世界社会主义发展史、人类文明发展史的坐标来评价,如此更能彰显新时代在中国和世界历史发展进程中的重要地位。

(本文发表于《华南师范大学学报(社会科学版)》2021年第3期,略有删改)

# 参考文献

[1] 本书编委会.中国共产党历次党章汇编（1921~2017）[M].北京：中国方正出版社，2019.

[2] 李君如.七大党章对中国革命和党的建设的创造性贡献[J].中共党史研究，2015（6）：19-23.

[3] 唐皇凤.使命型政党：执政党建设的中国范式[J].浙江学刊，2020（1）：69-79.

[4] 习近平.在庆祝中国共产党成立100周年大会上的讲话[M].北京：人民出版社，2021.

[5] 习近平.做焦裕禄式的县委书记[M].北京：中央文献出版社，2015.

[6] 习近平.论坚持党对一切工作的领导[M].北京：中央文献出版社，2019.

[7] 习近平.论中国共产党历史[M].北京：中央文献出版社，2021.

[8] 徐勇.历史延续性视角下的中国道路[J].中国社会科学，2016（7）：4-25，204.

[9] 岳奎.政党基因：内涵、特征与价值[J].兰州学刊，2021（4）：5-14.

[10] 张乾元，刘甲星.中国共产党百年政治建设的宝贵经验[J].党的文献，2021（6）：32-34.

[11] 中共中央文献研究室.毛泽东文集（第8卷）[M].北京：人民出版社，1999.

[12] 中共中央文献研究室.十二大以来重要文献选编（上）[M].北京：人民出版社，1986.

[13] 中国中央文献研究室.十八大以来重要文献选编（上）[M].北京：中央文献出版社，2014.

[14] 中央档案馆.中共中央文件选集（第1册）[M].北京：中共中央党校出版社，1989.